“十三五”国家重点出版物出版规划项目

诺 / 贝 / 尔 / 经 / 济 / 学 / 奖 / 获 / 得 / 者 / 丛 / 书

Library of Nobel Laureates in Economic Sciences

非理性繁荣

（第三版）

Irrational Exuberance

(Revised and Expanded Third Edition)

罗伯特·J. 希勒（Robert J. Shiller）著

李心丹　俞红海　陈莹　岑咏华　译

中国人民大学出版社

·北京·

译者序

我是一名金融学者，也是一名普通的投资者。2007 年 9 月我对自己有限的资金做了一次大类资产配置的转换，自此离开股票市场近 6 年。2013 年 6 月 25 日上证综指最低下探至 1 849.65 点的阶段性低点，6 月 27—29 日上海陆家嘴金融论坛隆重召开，我有幸参加并聆听了众多重量级的政策制定者、实践者及学者的报告。而此时正值十八大后的半年，整个会议期间，我有一种心潮澎湃的冲动。基于对新一届国家领导集体的强烈信心和期待，我坚信中国的新时代将要来临！2013 年 7 月我重回阔别 6 年之久的二级市场。

市场的发展正如我的判断，上证综指从 1 849 点开始缓慢上升。国家的主流媒体开始关注未来的改革与股票市场的关系，资本市场对创新创业的作用被提到前所未有的高度，金融市场的改革加速，走在其他领域的前列。随着改革政策的逐步推出，分析师们唱出了“改革牛”的旋律，投资者加快入市，政策制定者和市场监管者走上前台推动金融改革与市场化进程。而 2014 年 11 月的一次降息，加上后来的带有杠杆性质的政策，进一步促使股票市场走势如火箭般蹿升，投资者情绪空前高涨，市场又一次迎来了 10 000 点不是梦的喊声，也迎来了盈利只有 200 万元，价格却达到 500 元的股票，甚至仅仅通过股票改名，就可以实现连续涨停。

就在此时，2015 年 5 月，中国人民大学出版社给我发来了希勒教授《非理性繁荣》（第三版）的电子手稿，并希望我能尽快翻译。但由于其他琐事的耽误，直到 7 月，我才开始翻译工作。重读大师名著，醍醐灌顶！甚至后悔为什么不在 2015 年 6 月之前进行翻译。

2000 年希勒教授的《非理性繁荣》（第一版）问世。书中描绘了美国股市自 20 世纪 90 年代后期出现的繁荣景象，并预言了由此可能产生的脱离实际的市场泡沫，种种情景在此后数月间于美国资本市场展现得淋漓尽致。《纽约时报》的评论文章这样写道：“希勒先生像是一位洞悉华尔街的先知，他认为投资者们正在被冲动、从众行为、席间闲谈、直觉、新闻媒体，以及不甘人后等各种非理性因素所左右。他的理论为不断蔓延的对股票市场的不安提供了及时而合理的解释。”《经济学家》杂志将该书评为“2000 年最佳图书”。彼时，我开始行为金融的研究不过两三年。

2004 年，我作为富布莱特访问学者赴耶鲁大学当面聆听希勒教授的指导，那时“非理性繁荣”已经成为经济学的流行术语，然而希勒教授的思考并未止步。2000—2005 年，美国中等住宅平均房价从 14.36 万美元暴涨到 21.96 万美元，涨幅达 52.9%。针对这一现象，希勒教授出版了《非理性繁荣》（第二版），专门增加了一章内容来讨论 20 世纪 90 年代以来许多国家经历的房地产泡沫，并对第一版内容作了相当大幅度的修订。作为大师第二版理论思想形成过程的见证者，再加之我亲睹了 2006—2008 年美国次贷危机的爆发，使我对行为金融学的理解更加深刻，并有幸承担了第二版的翻译工作。

此后十年，行为金融学在国内外学术界都有了长足的发展，其中希勒教授因行为金融领域的研究工作和尤金·法马、拉尔斯·彼得·汉森共同获得了 2013 年的诺贝尔经济学奖。我本人也先后主持了包括国家自然科学基金重点项目、教育部科学技术研究重点项目、证监会重点项目在内的十余项行为金融相关课题的研究工作，其间还邀请了希勒教授等多位国际著名行为金融学教授来华开展学术交流与合作研究，深切地感受到行为金融研究对金融理论和实务界的重要意义。

2015 年，《非理性繁荣》再版，在希勒教授和中国人民大学出版社的大力支持下，我们再次进行了《非理性繁荣》（第三版）的翻译工作，其间中国股市在短短半年多的时间内涨幅超过一倍，正当人们欢呼中国经济进入“新常态”、股票市场迎来“理性繁荣”新时代的时候，危机却接踵而至。理性还是非理性？经历了痛苦、彷徨和困惑之后，投资者、研究者和政策制定者都开始反思，这一轮市场异常波动背后究竟发生了什么？

《非理性繁荣》（第三版）探讨了跨越百年历史长河的西方金融市场波动规律，基于对股票、债券、房地产市场的回顾，诊断了危机产生的结构、文化及心理根源，分析了市场传导和放大机理，提出了紧急政策应对的建议来减少泡沫的可能性和严重性，同时也提出了在下一次泡沫破灭前降低个人风险的应对办法。将那些人们的茶余饭后、街谈巷议与资本市场的波动生动而深刻地联系起来，并将希勒教授2013年12月在诺贝尔奖颁奖仪式上的演讲稿作为全书的有力结尾，对投机性资产价格及其波动做出了更为系统的阐述。2000年《非理性繁荣》的第一版，希勒教授成功地预测了美国股票市场的互联网泡沫与危机；2005年的第二版，希勒教授增加了房地产市场非理性的分析，预警了美国房地产的泡沫和危机；而2015年的第三版，进一步增加了对债券市场非理性的分析，希望这一次能引起政策制定者、市场监管者和参与者的重视，不要再次一语成谶。

2000年，我初涉行为金融领域时，窃以为它是对传统金融理论完美框架的拾遗补阙，在《非理性繁荣》（第三版）面世的今天，行为金融已经构建起一个更大的、以人的行为为主体的金融理论研究体系。我们衷心希望能够与更多的中国读者分享世界著名行为金融学家最新的思想光芒和独到见解，并肩躬行中国本土的行为金融研究，对中国资本市场发展有所启迪，希望“新常态”下的中国经济一路走好！

虽然译者和校者尽了很大的努力，但由于种种原因，译文中可能还存在着一些不尽如人意甚至纰漏之处，对此我一直心怀不安和歉疚，真诚希望读者的批评指正！

李心丹

2016年3月于南京大学

第三版序

人们或许会想，在经历了导致 2007—2009 年全球金融危机的投机泡沫破灭之后，我们正身处一个完全不同的后泡沫时代。也或许会想，经过这场危机，我们饱受教训，理应不会再像危机之前一样，扎堆到不断膨胀的市场中，使得那些初生的泡沫恶化。然而现实情况却是，这场危机之后，泡沫更甚于前。美国以及其他一些国家的股票和债券市场价格居高不下，许多国家的房地产市场价格急剧增长。尽管全球经济复苏不尽如人意，国际形势紧张加剧（加沙、伊拉克、以色列、叙利亚和乌克兰战乱频发），美国、欧洲和亚洲等地区频繁出现具有潜在灾难性的民族主义情绪和政治极端主义，但这些都没能阻止市场泡沫增加，价格不断攀升。

在本版书稿成稿前不久，国际货币基金组织（IMF）针对亚洲、欧洲、拉丁美洲以及澳大利亚、加拿大和以色列等地区发出了房地产市场过热预警。[1]国际清算银行（BIS）亦发出了类似预警。[2]

当前的市场泡沫和显著不稳定局势，尽管程度不如本书第一版发出股票市场价格虚高以及过于脆弱的预警时那么极端（参见本书 2000 年第一版序），也不如本书第二版发出房地产市场价格虚高以及过于脆弱的预警时极端（参见本书 2005 年第二版序），但仍然值得我们关注。

当各位读者拿到本书时，市场或已迥异。形势瞬息万变，截至本书完稿时（2014 年 10 月），市场最优价格仍然无法预测。当前的价格可能不会持续太久，其可持续的时间可能还不及本书出版时滞以及读者拿到本书印本所需的时间。然而，本书是为未来几年而作，是为那些试图解读 21 世纪 20 年代中期市场的读者而作。本书很多例子都试图描述这期间的市场，这些例子所蕴含的都是一些更宽泛意义上的趋势和不确定性。

也正因为如此，本书第一版的主题，在经过一些更新后，今天仍然适用，或许永远适用。2000 年，当本书第一版问世时，我曾煞费苦心地告知世人，那个时期的股票市场泡沫，尽管规模不同寻常，但在本质上与过去的历次泡沫如出一辙。该版第 8 章，“新时代与全球泡沫”，细数了我们所经历的诸次覆辙重蹈的股票市场繁荣和崩溃（尽管其中一些规模较小或者只有局部影响）。正如我们所知道的，发生在 2000 年早期的股市繁荣是世界性的。在第一版中，我称这次繁荣为千禧繁荣，因为其发生于新千年之际。这次繁荣之后的泡沫，自然也可称之为千禧泡沫。较之于 1929 年爆发的股市崩盘，千禧繁荣或者泡沫虽没有那么大，但仍属罕见。纵观历史，千禧泡沫虽不能说“前无古人”，但难料“后无来者”。

在本书第二版（2005 年）中，我增加了新的一章，通过列举大量事实，从国家整体层面解读美国房地产市场。始于 20 世纪 90 年代后期的房地产市场价格飙涨是史无前例的，至少自 1890 年（我所列举数据所能追溯的最早时间）以来是史无前例的。尽管受限于数据，所增加的章节仍然重现了早期的房地产泡沫以及几个世纪以来的土地价格泡沫。几个世纪以前，不动产投机行为更多地表现为土地投资——对建设家园的农场或者村镇进行圈地。20 世纪中期之后，房地产市场发生的另一个重大改变是用于房屋抵押的贷款标准大幅下滑。这个下滑以及全球房地产价格上涨幅度是史无前例的。2006 年，诸多地区住房价格坍塌。经历了这场坍塌，我们可以将这之前的房地产繁荣确认为“泡沫”。我们亦可以将其称为“次贷”繁荣或者“次贷”泡沫：这一时期人们普遍认为房产价格将上升，这提升了抵押贷款银行进行次级贷款的意愿以及全世界投资者买入这种次贷抵押证券的意愿。对于眼下的股票市场繁荣——自 2009 年到本书第三版 2014 年完稿期间的繁荣，我称之为“后次贷”繁荣。

历次泡沫事件如出一辙，在本质上乏“新”可陈。这些泡沫重复上演了一种现象：“市场迈入新时代”的消息通过口口相传不断蔓延，投资的大众狂热不断撩拨着人们对于繁荣的特别幻象。

信息技术的发展进一步加速了泡沫的动态形成。不断改变的投资模式亦是一个重要促成因素。例如，近些年，独户住房的全球投资者以及机构投资者的影响力不断增大，已经引起广泛关注。然而，不管技术如何更新、投资模式如何改变，泡沫背后的基本现象是一致的。可以肯定，未来我们会遇到更大的泡沫，每一个泡沫背后也都有着完全不同的时代故事，我们也必须为这些泡沫命以新的名称。

在我 2013 年中期访问哥伦比亚之前，有关当地的房地产泡沫，我鲜有知晓。而当我到访后，我一次又一次地惊诧于那里近乎疯狂的不动产繁荣。当司机带我穿过卡特赫纳海边度假村时，司机告诉我，那些看起来普普通通的住房，近年来已经身价数百万美元。

哥伦比亚中央银行——共和国银行在其网站上给出了该国三个主要城市——波哥大、麦德林以及卡利的住房价格指数。指数表明，自 2004 年以来，调整通胀后的实际住房价格增长了 69%。这个价格增长比例再次让我想起美国的情况，自 1997 年谷底以来，美国标准普尔/凯斯-希勒十城市住房价格指数增长 131%，至 2006 年达到峰顶。

哥伦比亚以及全球泡沫的脆弱性映射的是我们对于泡沫现象长期以来的理解不足。什么是投机性泡沫？《牛津英语词典》对泡沫如是定义："那些易碎、不坚实、空洞或者无价值的东西，并以一种蒙蔽性的形态呈现。自 17 世纪以来，常用于形容那些迷惑性的商业或者金融模式。"必须指出的是，类似于"呈现"、"模式"等词语有着"刻意为之"的含义，而金融市场中的泡沫实则是一种不被任何中央机构所指导的蔓生性社会现象。

"泡沫"这个词语也许用得过于随意，至少尤金·法马如是断定。作为"有效市场假说"（Efficient Markets Hypothesis）的最重要支持者，法马对投机性泡沫的存在持否定态度。在 2014 年诺奖演讲中，法马将"泡沫"定义为"一种预示着可预测性暴跌的非理性价格暴涨"。[3] 如果"泡沫"可作此理解，如果"可预测性"意味着我们可以确定泡沫破灭的日期，那么我同意他关于目前没有足够坚实的证据表明泡沫存在的观点。但这是法马对泡沫的定义，绝非我的定义，因为投机性市场本身不具可预测性。

在本书第二版中，我试图对泡沫作出更切合的定义，以更好地体现这个词语的各种"妙用"。该版第 1 章对泡沫的定义描述了这样一种情景——价格增长的消息以一种心理感染的方式激发投资者热情。这应该是这个词语长期以来用于商业或者金融场合的核心含义。

该定义还包含了一层重要含义，即通过投资泡沫来挣"聪明钱"并不容易：心理感染使得投资者相信价格会上涨，也使得他们进一步觉得追逐泡沫是理性的。而事实上，这并不理性。

泡沫在不同国家上演，故事情节不尽相同，导致心理感染的消息也不尽相同。例如，哥伦比亚正在上演的故事看起来是该国备受尊崇的总统胡安·曼努埃尔·桑托斯所领导的政府，在几乎扫清哥伦比亚革命武装力量的反叛威胁的同时，将通货膨胀和利率降到了发达国家的水平，为哥伦比亚经济注入了新的活力。这种利好消息足以驱动该国的房地产泡沫。

新时代故事拉高了投资者对回报的预期，却未必提升了他们的信心。泡沫上扬时期投资者对回报的高预期更多地体现为一种期盼式思维，而非信心表达。作为一种社会心理，泡沫时期投资者普遍沾沾自喜，即便投资者个体并不确信市场不存在风险。

事实上，当我们将投资者的注意力引向风险时，面对着不断膨胀的泡沫，投资者并非那么自信。图 5.4 标出了 2000 年早期美国股市抵达巅峰时人们的信心水平，从中可以看出，人们的信心其实异常低落。这说明，人们显然能够在一定程度上感知到风险。卡尔·凯斯（Karl Case）和我曾进行了一项针对住房购买者的调查，该调查持续多年。我们选择那些新近购买住房者作为调查对象，并直接抛出如下问题：“您认为当下购买这个地区的房产意味着：1. 很大的风险；2. 一些风险；3. 少许或者没有风险。”我们原以为受调查者普遍缺乏对市场风险的感知，然而，受调查者的实际回应远非如此，这颇令我们不解。以 2004 年调查结果为例，当年的房地产市场呈现最快的价格飙升，然而仅有 19%的受调查者认为市场有着“少许或者没有风险”。看起来不是每一个人都认为泡沫时期“住房价格永不跌落”，尽管经常有人指责投资者无视风险。2009 年，市场经历了自 1930 年以来最冷峻的萧条。当年回应市场有着“少许或者没有风险”的受调查者比例有所降低，为 17.2%。[4]

泡沫所营造的心理氛围事实上体现的是公众对价格潜在下跌的不关注，而不是对价格永不跌落的坚定信念。所谓“市场新时代”构想并不是投资者对市场坚定了新的信心，它们只是投资者心里试图捍卫他人以及自己既有行为的本能思想。

泡沫的实质是一种微妙的社会心理现象，故而它们在本质上难以驾驭。金融危机之后的调控和监管行为也许能消除未来的泡沫，但这些规制行为是否足够有效，有待检验。

如果存在具有流动性的公开住房市场，那么那些质疑房地产泡沫的人可以通过建立空头头寸，将他们的怀疑体现到市场价格中去，来应对泡沫。然而事实上这样的流动性公开市场并不存在。正如本书第 11 章所讨论的，如果市场无法做空，那么有效市场理论的一个基本前提就无法满足。那些所谓“聪明钱”可能不会问津于住房，但这不能阻止之后他人对价格持续上涨的投机行为。比如说，世界上任何地方的大规模投资者群体，如果他们想这么做，都可能将本地住房价格炒到一个疯狂的水平；同样，任何大的机构投资者也能抬高房地产价格。目前尚无任何权威理论表明，当市场无法做空时，投资者无法炒作价格，泡沫就不会形成。仍有很多投资者试图做空独户住房，然而，目前为止鲜有成功。

在过去的几年里，一些高科技机构投资者，例如黑石集团（Blackstone Group），开始投资独户住房。这些市场参与者的出现可能改变住房价格泡沫的动态，削弱这些市场中的月度动量效应（month-to-month momentum）。然而，住房价格的高短期动量效应，以及较长期的不动产泡沫一直存在。

提到“泡沫”，我们脑海中或许闪现的是，肥皂泡不断胀大，最后突然破灭的画面。然而，投机性泡沫却不会那么轻易破灭；事实上，它们可能会在一定程度上缩小，然后随着消息的改变，再次膨胀。

将上述情景理解为投机性感染（speculative epidemics）也许更准确。我们知道，当新的病毒出现或者新的环境因素为传染提供便利时，新的传染病可以在旧的传染病消退时突然爆发。类似的，当有关经济的新消息开始蔓延时，或当一种强大的说服力量引爆新一轮投资热情时，新的投机泡沫可以在任何地方出现。

这就是发生于20世纪20年代美国牛市的事情。牛市于1929年到达顶峰。如果我们将泡沫理解为市场在经历一段时间的动态价格增长后发生突拐以及重大和决定性崩盘，我们实际上已经歪曲了这段历史。事实上，自1929年“黑色星期二”后，美国真实股票价格再次经历一波强势上扬，其时价格重新回到1929的一半水平上。伴随其后的是第二次崩盘、1932—1937年的再次繁荣，以及再后来的第三次崩盘。

自本书第二版以来，人们对哈佛大学约翰·坎贝尔（John Campbell）和我所构建的市盈率（price-earnings ratio）进行了诸多讨论。本书借鉴了该市盈率第一版的定义，即实际价格除以10年平均收益（ten-year average of real earnings）来计算。媒体似乎已经接纳我曾经给予该比率的命名，CAPE（周期性调整市盈率，cyclically adjusted price-earnings ratio），所以现在我也经常如此称呼该比率。本书所有版本第一章的第三个图都出现了该比率，尽管早期版本并没有将其命名为CAPE。该比率可理解为对常规的基于单个年份的市盈率基于商业周期进行的调整。在商业萧条时期，盈余都比较低，如果按照常规的方法计算市盈率，则该时期的市盈率会异常突出。因此，我们使用一个较长周期的平均盈余对市盈率进行平滑修正。

正如本书后文所述，美国当前 CAPE 处于 26，高于除 1929 年、2000 年以及 2007 年等几个主要市场高位点的其他任何时点。但是本书无意探讨资本市场的现状，而是试图从现实意义上揭示这些市场背后的本质和动态。

本书的这一版部分受启发于我和乔治·阿克洛夫（George Akerlof）于 2009 年合著的《动物精神》一书。从该书的名称也可以看出，该书与非理性繁荣的很多主题相契合。“动物精神”这个术语在早期揭示的是人类行为的基本驱动力的波动。该术语由经济学家约翰·梅纳德·凯恩斯重新提出。凯恩斯认为经济活动涉及参与者基本心理的不稳定性。不管是非理性繁荣所蕴含的波动，还是动物精神所揭示的波动，都反映了我们生活的一个部分，一个非常大的部分。我们必须充分利用社会科学的全部理论和工具对这些波动进行洞悉。

本书的结构安排

本书第二版（2005 年）序和第一版（2000 年）序将依次附后，以让读者理解本书的主题和内容如何随着金融市场的起伏跌宕而不断演进。2005 年版本序言刚好在次贷泡沫抵达峰点之前发表。2000 年版本序言则在千禧泡沫到达其峰点之时发表。

本书以三个历史回顾开篇。三个历史回顾立足于三个主要投资市场，即股票市场、债券市场以及房地产市场，描述了这三个市场扬抑涨跌的历史过程，梳理了这些市场经历的那些显著波动，以帮助读者从总体上把握市场的趋势。其中，第 2 章是本版新增的章节，旨在回应人们对债券市场潜在泡沫的广泛关注。

第一篇探讨了滋生市场泡沫的结构性因素。本部分始于第 4 章，其研究了致使市场剧烈波动的因素，即那些与政治、技术以及投资者构成等相关的市场外部事件。纵观最近的三次股市繁荣——1982—2000 年的千禧繁荣、2003—2007 年的次贷繁荣以及 2009 年至今的后次贷繁荣，从根本上，这些因素更多地通过其对投资者心理的影响而作用于市场。即便是今天，审视导致历次市场繁荣的驱动力，对于我们理解导致未来繁荣的各种潜在因素也十分重要。第 5 章认为一些放大机制与时滞效应共同作用，进一步强化了前述泡沫滋生因素的效果。也因此，市场活动与这些促成因素之间的关系从来都是扑朔迷离。当市场事件被理解为投资利好时，这种放大机制将不断增强市场信心，即便市场价格已经居高不下。价格上升导致价格进一步上升，并因此放大泡沫的促成因素而酝酿一场新的投机泡沫。当投资者认为事件对投资不利时，这种放大机制将反向作用，最终价格下跌导致价格更大的下跌。

第二篇对那些进一步强化投机性泡沫结构的文化因素进行了考察。第 6 章讨论了新闻媒体的关键性作用，比如新闻媒体常常放大那些与投资者产生共鸣的消息，而忽略这些消息的真实可靠性。第 7 章对长久以来在金融市场中自发形成的新时代理论（new era theories）进行了分析。本版对于该理论的分析既适用于股票市场，也适用于房地产市场。这些理论之所以被广泛推崇，是因为它们根源于市场活动本身，而不是对市场消息真实价值的无偏见分析。第 8 章回顾了过去半个世纪以来全球股票市场的几次重大繁荣，同时梳理了这些繁荣背后的新时代理论类型。

第三篇考察了市场行为背后的心理因素。第 9 章认为，经济和金融理论对于市场真实价格缺乏清晰的定义，也没有给出简单的计算，因此公众对于市场价值的估计更多地依赖于心理锚点（psychological anchors）。第 10 章阐述了来自社会心理学和社会学领域的一些重要研究成果，这些研究成果可以帮助我们理解为什么那么多不同的人会在同一时间改变他们的想法。

第四篇梳理了学术界对于市场泡沫实现理性化的一些尝试。第 11 章考察了有效市场理论。第 12 章讨论了泡沫时期常被提及的投资者感知理论，即公众对于一些重要事实常常后知后觉，这些“事实”或令人质疑，抑或早已为市场所知晓。

第五篇，即第 13 章，探讨了投机性泡沫对于个体投资者、机构和政府的启示。针对当前脆弱的股票市场以及房地产市场对政策改变的迫切需求，本章给出了一些建议，例如，通过哪些途径可以帮助个体投资者尽可能地避免泡沫破灭的风险后果。

作为对原有版本的补充，本书第三版附录给出了 2013 年 12 月我在斯德哥尔摩诺贝尔奖典礼上所作演讲的修订版本。该演讲稿从更广泛的意义上综述了本书的观点。在讨论本书的一些基本结论时，演讲稿更广泛地参考了其他资料。

我还专门创建了一个网站，irrationalexuberance.com，该网站将持续提供与本书所涉及主题相关的最新信息，同时还对本书的一些数据和图表进行周期性更新。

【注释】

［1］Min Zhu（Deputy Managing Director，International Monetary Fund），"Housing Markets，Financial Stability and the Economy"（http：//www.imf.org/external/np/speeches/2014/060514.htm），June 5，2014.

［2］"经历着巨大的金融繁荣的国家，其风险在于，这些繁荣将会转向萧条，并且可能造成经济危机……基于历史上被证实是有效的经济领先指标，如信贷行为和房地产价格，这些迹象令人担忧。"（http：//www.bis.org/publ/arpdf/ar2014e1.htm）

［3］Eugene Fama，"Two Pillars of Asset Pricing"（Nobel Lecture），*American Economic Review*，104（6）(2014)，p. 1475.

［4］Karl E. Case，Robert J. Shiller，and Anne Kinsella Thompson，"What Have They Been Thinking? Homebuyer Behavior in Hot and Cold Markets." *Brookings Papers on Economic Activity*，2 (2012)：265-298.

第二版序

对于《非理性繁荣》第一版，正如我在序言中所说的，研究的是在千年之际几乎遍及世界的股市繁荣现象。但是一些读者却告诉我，这本书涉及的主题更广。他们是正确的：实际上，这本书研究的是投机性市场的行为、人类的易犯错误性以及资本主义体系的不稳定性。

在我写第一版的过程中，股票市场的繁荣势不可当，标准普尔500指数在1995—1999年分别上涨了34%、20%、31%、26%和20%，类似的情况也发生在世界上很多国家。股票指数持续大幅上涨了这么年，它不可能仅仅是一个偶然事件。股市繁荣被普遍认为是一个新经济时代来临的先兆，然而本书却从一个截然不同的角度重新审视了这场大牛市。

2000年3月，本书第一版上市的时候，我正在休假，并着手为推广新书而开始一个漫长的十国之行。那时，谁也不会知道就在2000年的3月，牛市到达了它的最高点。通过和众多投资者的交流和讨论，我修改了第一版，形成了现在的第二版。

我至今仍然记忆犹新，在2000年的新书推广之旅中，我所见识到的种种投资者所犯下的认知错误。记得在一次电台谈话节目中，一个女性投资者告诉我，我的观点是错误的，她认为股市走强趋势明显，并且也必须继续走强。她那激动的声音促使我去思考究竟是什么因素导致她如此情绪化。记得有一个男子参加了两次新书座谈会，每次都坐在后面，看上去焦虑不安。他为什么两次参加座谈会，又是什么使他如此焦躁？我还记得曾经向机构投资者发表过一次演讲，表达了我对股市存在泡沫的看法，一位机构的投资经理表示他完全同意我的观点，但在实际工作中却难以遵从我的建议。他相信我的观点最终既不会被他的客户也不会被他的同行所采纳，他不会仅仅根据一个与众不同的观点来改变资产组合，尽管他自己也认同这个观点。我记得最清楚的还是人们在听我演讲过程中表现出的兴奋与兴致，但他们告诉我并不十分相信我的观点。显然，对于股市人们一旦达成共识，就难以撼动。

2000年之后，大牛市突然终结了，美国股市和世界上许多其他地方一样，从2000年的高点大幅下跌。标准普尔500指数于2003年3月见底，几乎下跌了一半（扣除物价上涨因素），而这也导致了投资者心态的改变。

在2000年末，股票市场开始大幅下跌，高科技股下跌超过50%，那时我曾经和一对夫妇共进早餐，妻子告诉我她负责家庭的投资理财，在上个世纪90年代她曾经是个投资天才，但现在自信心荡然无存。她坦承自己对股市的认识简直是一个幻想、一场梦。

股市下跌给一些投资人造成了深刻的心理变化，但是人们长期以来形成的对股票的狂热要比想象更持久，在很大程度上，这种狂热还未消退。与2000年极度高估的股价相比，股市下跌还不到位，而且大多数投资者尚未彻底修正心态。

股票市场尚未到达历史低点：股票的市盈率（在我写书的时候），根据我的定义，仍有20多倍，远高于历史平均水平。此外，房地产市场也存在泡沫，房价的中位数相当于人均收入的10倍或更高。非理性繁荣依然存在于我们身边。

从一个更广的角度来看，从2000年第一版开始，这本书就试图理解人类思想的变化，而正是人类的行为最终推动着金融市场的活动。本书所研究的是投机心理、强化投机心理的反馈机制、波及数百万人甚至上亿人的羊群行为以及这种行为对经济和生活的影响。尽管本书的初衷是分析当前的经济事件，但实际上，它已扩展到人类的判断错误如何相互传染这一问题上，由于过度自信、对细节缺乏关注、对他人判断过分依赖，即使是最聪明的人也不例外。理性人的假设就像阿尔多·帕拉采斯基（Aldo Palazzeschi）在1911年的超现实主义小说中的主人公“烟人”（man of smoke）一样，这个完全由烟雾构成、实际上什么都不是的家伙，却依靠集体想象成为一个公众人物和权威人士。除非人们转变观念，认识到“烟人”并不是真实的存在，他才能完全消失。帕拉采斯基小说中发生的故事具有相当的现实性：毫无根据的信念体系、虚幻的一丝暗示，都可能引发相当一段时间的非理性繁荣，并最终对整个世界经济产生不利影响。

和《非理性繁荣》第一版相比，我在第二版中做出了相当的修正，以期能够扩充论点——由态度改变、非理性信念、注意力转变导致的变化是改变经济生活的重要因素，也是衡量经济发展结果和前途的重要因素。最新的经济事件为我的上述观点提供了新的例证。特别地，新增的第二章就是关于上世纪 90 年代末以来，许多国家都经历的房地产泡沫，并且贯穿全书地深入探讨了这一现象。《非理性繁荣》第一版问世后的五年来，我一直在思考本书所涉及的一些问题，追踪着行为经济学方面的最新发展，并且在多个方面拓展和完善了基本观点。

本书所涉及的问题都是相当严肃和具有现实意义的。当今世界上，无论是在股票市场，还是在房地产市场上，过度自信依然存在于许多人中，并由此引发了不稳定性。大涨必定导致大落，最终导致个人破产的大幅增加，继而引起第二波的金融机构破产。其长期后果是消费低迷和商业信心低落，并有可能导致全球性的经济衰退。这种极端后果的一个有力例证就是 1990 年以来日本泡沫经济的崩溃，它是显而易见、不可避免的，泡沫崩溃所蕴含的风险比人们认识到的要大得多。

也许有人觉得我的观点有些杞人忧天，毕竟过度自信早已存在多时了。与 2000 年的高点相比，在 2002 年，许多国家的股票指数下跌了将近一半，而且反弹有限。股市泡沫带来的公司过度投资，造成了投资支出在本世纪初的锐减，以及世界性的经济不景气。

上世纪 90 年代的经济繁荣创造了一种类似淘金热的商业气氛，使得许多人做出了扭曲的投资决策，这一后果需要多年才能消除。在这种气氛下，道德标准下降，正直、诚实、耐心和信任的价值观遭到摈弃。股市出现下跌后，一系列公司董事会、会计师事务所和共同基金丑闻纷纷浮出水面。

对于中央政府和地方政府来说，经历了这些年的过度繁荣，财政预算赤字问题愈发严重。在上个世纪 90 年代，随着股市的繁荣，投资者收获资本收益，政府税收收入不断增加，支出也相应增加。当股市下跌后，税收收入下降，支出却难以削减，因此许多政府陷入了严重的财政危机。2002 年，经济合作与发展组织成员国的平均预算赤字达到了国内生产总值的 3%。上世纪 90 年代末经济泡沫的另一后果是房地产市场的暴涨。世界上许多国家，房价上涨始于 1997 年或 1998 年，2000 年后加速上涨。尽管股票市场已进行了回调和修正，但很多城市的房价仍在强劲上涨。此外，投机泡沫还存在于石油和其他能源，以及一些商品（如贵金属）中，它们的价格也从 90 年代末开始上涨。到目前为止，我们还没有看到这些价格上涨的全部后果。

投机性不稳定对世界经济的影响越来越大，我们也越来越关注不可预知的资本市场。这不是说股票市场正在变得更加不稳定，也不是说股票市场的长期发展趋势是波动性加大，而是说参与的投资者越来越多，投机市场的范围和交易风险正在扩展。无论是在发达国家，还是新兴国家，每年都有很多电子市场诞生，参与者在不断增加，风险也在不断积聚。

人们日益担心生计对于财富的依赖性，而财富对于市场波动相当敏感。因此，人们愈加关注市场的变动。越来越多的人意识到资产价格变动对实际生活产生的重要影响，意识到必须保护私有财产，但他们也怀疑公共机构能否提供有效的帮助。人们清楚地认识到资本是无情的。

现有的经济体系被称之为“所有者社会”(Ownership Society)，布什总统也很喜欢用这个词。每个人都是自己未来的主人，从很多意义上说作为一个财产所有者，每个人都必须为将来作打算。“所有者社会”确实能在一定程度上起到促进经济发展的目的，但是就其本质而言，结果很可能恰恰相反，在反复无常的人类心理的作用下，它带来的将是大量投机风险的积聚，对此我们必须加以控制。

我无法预知未来，也无法准确预测市场的涨跌起落。但我可以肯定，尽管2000年来投资者对资本市场的信心有所降低，但依然过大，过分相信投资终有回报，而且他们没有采取必要的措施防范可能出现的投资风险。

第一版序

本书是根据许多公开发表的研究报告和历史事实，对当今股市空前繁荣现象所做的全面研究。尽管本书是以目前的市场情况为基本出发点的，但它把这一市场情况仅仅作为整个股市繁荣现象的一部分来研究。同时，本书也针对这些繁荣现象的政策调整问题提出了具体建议。鉴于目前对股市的看法有着根本性的分歧，且这些分歧广泛存在，因而出版此类书籍显得十分紧迫。一般来说，在基本问题上意见相左，往往是因为人们只掌握了局部情况。只有摆出全部事实才有可能达成一致意见，而且这种一致才有意义。因此，和一般股市分析书籍相比，本书力图提供更全面、更广泛的信息，而且将这些信息综合起来，为当前的股市绘制一幅详尽的图画。

为什么处在千年之交的美国股市会达到这么高的水平？哪些变化因素导致了股价如此飞涨？这些变化对新千年伊始的股市前景会有哪些影响？即使存在回调的可能，那些使股市保持现有高位甚或再创新高的基本面因素是否仍然威力无边？或者，股市的高涨只是非理性繁荣而已？投资者的一厢情愿是否蒙蔽了我们的双眼致使真相被掩埋？

无论对企业还是公共部门，以上这些问题都同样重要和关键。如何评价当前和未来的股市关系到主要经济和社会政策的制定，而这些决策不仅仅影响到投资者，还包括全社会乃至整个世界。如果对当前和未来的股市价值评估过高，那么全社会会过多地对企业建设和扩张进行投资，而忽视对基础设施、教育以及其他形式人力资源的投资。如果我们认为股市被高估了，那么我们会满足于投资养老金计划、维持目前的存款利率、立法完善社会保障制度以及其他形式的社会保险，也就不会利用各种财政手段去寻找新的方法，以化解我们面临的真正风险——对家庭、城市和生活环境的风险。

为了回答以上有关当前股市的问题，本书从许多不同的甚至是与股市关系甚远的领域搜集了大量信息。许多市场研究人员往往会忽视从这些领域获得的认识，但事实证明，这些认识对于研究股市历史中的相似时期以及世界上的其他股市都十分关键。这些领域包括经济学、心理学、人口统计学、社会学以及历史学。除了较传统的金融分析方式外，我们还从中获得了一些对当今问题的深刻有效的认识，其中许多事例是从当前新兴的行为金融中获得的。随着时间的推移，行为金融似乎再也不是金融学的一个微不足道的分支，而渐渐成为严肃金融理论的中心支柱。

我对这些领域研究者的重要观点进行了整理。总的来说，他们认为当今股市呈现出一个典型特点，即投机性泡沫：暂时的高价得以维持主要是由于投资者的热情而不是与实际价值相一致的预测。在这种情况下，尽管市场可能维持高位甚至大幅攀升，但在未来十年或二十年里，股市的总体前景将会非常惨淡，甚至十分危险。

在此，我无意提出一个全新的金融市场行为的概念。本书并非一本经济学理论或数量经济学著作，虽然这两个方面在书中都有涉及。事实上，本书试图对当今股市的复杂本质进行分析，并由此考察股市是否依照我们的预期和模式发展。通过搜集无论是经济方面还是其他方面与股市状况密切相关的事实，我希望能够有助于立法者和经济领导人修正正在走的危险的决策之道。事实明显表明，价格水平绝不是像如今人们广泛认为的那样仅仅是唾手可得的经济信息的总和。因此，我希望金融学者能够根据上述事实检验其金融理论，并使其有所发展。在过去的一代人里，似乎有这么一种观点，认为人人都是既理性又精明的。由该观点得出的金融理论如今已经成为指导我们认识股市最有影响力的分析工具。这些认为市场价格能够精确有效地反映金融信息的理论家，对于系统管理世界财富有着深远的影响，对一般股票经纪人或美联储都是如此。然而，这些金融学者和经济学家大都回避在公众场合谈论股市水平问题（尽管他们在吃午饭或者喝啤酒时常常会漏嘴发表一下观点），但这是因为他们不敢在公开场合说一些无法证明的话。考虑到科学的超然伪装，这些金融学者和经济学家会退而选择简单却优雅的市场有效性模型，来证实自己的专业地位。

可是，过多地依赖这些原始模型并把它们作为政策讨论的基础是十分冒险的行为，因为这些模型只适用于那些能够用精确的科学方法解决的问题。如果过多地苛求精确，就有可能因过于狭隘而出现离题的危险。本书列举的事实表明了，当今股市的现实绝不是用于临床研究的试管。如果金融理论因其有用才得以发展，那么所有的经济学家最终都将不得不设法对付股市现实中的这些更糟糕的方面。与此同时，参与公开辩论和经济政策制定的经济学家也必须尽早地解决市场因素的混乱局面。

数以千万计的股票投资者在投资时似乎都认为股价只会按目前的速度上涨，作为当今投资文化的后果之一，这是始料不及的。尽管从一些指标来看，股市已经达到了前所未有的高度，但投资者仍不断扩大投资，似乎股市怎么升也不算太高，即使下跌也会很快得到支撑。为什么会这样呢？很明显，他们的逻辑就是“搭便车理论”：既然上百万研究人员和投资者都在研究股价并且对其表现出来的价格给予了肯定，那么还有必要浪费时间试图找出合理价格吗？因此，人人都认为，其他细心的投资者已经仔细研究过股价了，所以干脆学他们的：买进！

然而，大多数投资者并不知道，股市研究的质量极缺可信度；而在民众中流传的研究结果，其透明度和准确性就更值得怀疑了。这种所谓的研究看来并不比预测未来严谨多少，认为道琼斯指数会升到 36 000 点或 40 000 点甚至 100 000 点的论断不得不让人怀疑。当然，的确有某些研究人员对市场的前景有比较现实的思考并且对股市未来有更为清醒的认识，但这些都没能成为头条新闻进而左右大众的态度。

相反，从头条新闻可以看出，新闻媒体一向重视琐碎的传闻以及“名人”对股市价格水平的看法。同它们的作者一样，新闻报道在竞争压力下，为了争取读者、听众和观众，往往是肤浅的，使得有关股市的基本谬论有机可乘。新闻报道里已经开始出现那种所谓的“传统智慧”即鼓吹股票具有近乎永恒的持续性的观点。人们已经学会了接受这一传统智慧，而在我看来这是很肤浅的智慧。对于那些在媒体发表观点的华尔街专业人士，说句公道话，他们很难纠正这种传统智慧，因为他们为荐股文章和喧嚷声所限制。这时特别需要有人写书拨乱反正，因而本书应运而生。

正如前面提到的，“传统智慧”认为，股市从整体上说一直是最佳投资场所，而且将永远如此，甚至在用历史标准衡量股市价格过高时也不例外。一些投资者越来越多地将他们的退休基金转移到股票投资中，同时，将退休基金全部投资股票的策略日益流行。他们凭冲动买进。一些似乎总有卖不完的股票的公司，正好利用了这种盲目投资的态度。

"您想要股票吗？我们可以卖给您。"

大多数投资者同时也认为，股市似乎是靠一种自然力量推动的。他们还没有完全意识到，投资者作为一个整体才是决定股市水平的因素。他们不了解其他投资者的想法和自己的想法何其相似！许多个人投资者认为，股市是由那些机构大户操纵的，而这些精明的大户们肯定掌握了不少深奥的知识和高深莫测的价格分析理论。他们一点也不知道，其实大部分机构投资者对市场所处的水平也同样摸不着头脑。简而言之，当前的股价水平在某种程度上是由自我满足的市场预测引起的，这种自我满足的预测是以大小投资者相似的预感为基础的。新闻媒体因为常常乐于支持产生于投资者的"传统智慧"而扩大了这种预测的影响。

1999 年 3 月，道琼斯工业平均指数第一次冲破 10 000 点大关时，美林证券在报纸上推出一页整版广告，上面的标题写着："即使那些像我们一样严格遵守长线投资策略的人也会禁不住大吃一惊，为此大喝一声'哇'"。该版左下角的股票曲线图是以 10 000 点结束的，旁边标着这样几个字："人类的功绩"。如果连这也算得上值得庆贺的功绩，那么是不是就连员工向上级递交了一份辉煌的自我鉴定报告，也值得向他们表示庆贺了？

目前，股市所呈现的即使不是非理性繁荣，也至少是人们对股市的过高预期。人们对股市持乐观态度，而对它的负面以及随之而来的不良后果缺乏清醒的认识。如果道琼斯指数真的跌至 6 000 点，其损失可能相当于美国整个房地产股票的总价值，必然会对个人以及养老基金、大学捐款和慈善机构产生各种严重的不利影响。

正如我们有必要知道自己银行账户上的存款数目，我们也有必要弄清楚股市在今天、明天或者任何一天的价格水平是否灵敏地反映了经济现实。这一评估关系着未来的衣食住行，也影响着现在的每项支出决定。我们必须对影响股市长远趋势的因素作一个更好的了解——而本书的意图正是在于帮助人们了解这些因素。

目　录

第 1 章　股票市场的历史回顾 …… 1
市盈率 …… 5
其他高市盈率时期 …… 7
对非理性繁荣的忧虑 …… 9
第 2 章　债券市场的历史回顾 …… 13
利率和 CAPE（周期性调整市盈率） …… 14
通货膨胀和利率 …… 15
实际利率 …… 16
第 3 章　房地产市场的历史回顾 …… 21
住房价格的历史长期走势 …… 22
实际住房价格总体并未呈现长期上行趋势 …… 30
实际住房价格没有强劲上升的原因 …… 32
非理性繁荣的昨与今 …… 35
贷款机构在房地产泡沫中扮演的角色 …… 37
后文的研究路径 …… 38

第一篇　结构因素

第 4 章　诱发因素：互联网、市场经济疾速发展以及其他事件 …… 47
诱发 1982—2000 年千禧繁荣的 12 个因素 …… 49
诱发 2003—2007 年次贷繁荣的因素 …… 67
诱发 2009 年后股市和房地产市场繁荣的因素 …… 69
小　　结 …… 75

第5章　放大机制：自然形成的庞氏过程 …… 83
投资者信心的变化 …… 83
对投资者信心的思考 …… 87
关于预期的调查证据 …… 90
对投资者预期和情绪的反思 …… 93
公众对市场的关注 …… 94
泡沫的反馈理论 …… 97
投资者对反馈和泡沫的感知 …… 100
庞氏骗局：一种特殊的反馈模式和投机性泡沫 …… 102
欺骗、操纵和善意的谎言 …… 104
投机性泡沫的内在庞氏本质 …… 106
股票市场与房地产市场中的反馈与交叉反馈 …… 107
非理性繁荣和反馈环：迄今为止的争议 …… 110

第二篇　文化因素

第6章　新闻媒体 …… 117
媒体在股市变化中发挥的铺垫作用 …… 117
争议话题的媒体培养助推 …… 118
对市场前景的报道 …… 119
超载的纪录 …… 120
重大新闻真会伴随着重大的股价变化吗 …… 121
新闻的尾随效应 …… 122
重大价格变化日新闻报道缺失 …… 123
新闻是注意力连锁反应的诱因 …… 124
1929 年股市崩盘时的新闻 …… 126
1987 年股市崩盘时的新闻 …… 130
全球媒体文化 …… 135
新闻媒体在宣传投机性泡沫中所起的作用 …… 136
第7章　新时代的经济思想 …… 141
1901 年的乐观主义：20 世纪的顶峰 …… 144
20 世纪 20 年代的乐观主义 …… 147
20 世纪 50 年代和 60 年代的新时代思想 …… 150
20 世纪 90 年代牛市中的新时代思想 …… 153
房地产市场繁荣中的新时代思想 …… 156

新时代的终结 …… 160
第 8 章 新时代与全球泡沫 …… 171
近期内最重大的股市事件 …… 171
与最大的价格变动相关的事件 …… 174
新时代的终结和金融危机 …… 179
上涨（下跌）的通常会下跌（上涨） …… 180

第三篇 心理因素

第 9 章 股市的心理锚定 …… 187
股市的数量锚 …… 188
股市的道德锚 …… 189
过度自信和直觉判断 …… 191
锚的脆弱性：提前考虑不确定的未来决策的困难 …… 194
第 10 章 从众行为和思想传染 …… 199
社会影响与信息 …… 199
从众行为和信息瀑布相关的经济理论 …… 201
人类信息处理与口头传播 …… 203
面对面交流和媒体传播 …… 203
用于口头传播方式的传播模型 …… 206
人们心中矛盾观点的汇集 …… 211
基于社会的注意力变化 …… 212
人们无法对注意力变化做出解释 …… 213
总　结 …… 214

第四篇 理性化繁荣的尝试

第 11 章 有效市场、随机游走和泡沫 …… 221
有效市场和价格随机游走的基本论证 …… 221
关于“聪明钱”的思考 …… 223
“明显”错误定价的例子 …… 225
卖空限制和“明显”错误定价的持续 …… 226
错误定价的统计证据 …… 227
盈余变化和价格变化 …… 228
市盈率和随后长期收益之间的历史联系 …… 229

用于预测超额收益（股票超出债券）的利率…………………… 232
股息变动和价格变动……………………………………………… 233
过度波动和总体情况……………………………………………… 233
第 12 章　投资者学习和忘却 ………………………………… 245
对风险的“学习” ………………………………………………… 245
“股票优于债券理论”在投资文化中的角色 ……………… 248
关于共同基金、分散化投资以及长期持有的学习……………… 249
学习和忘却………………………………………………………… 252

第五篇　行动呼吁

第 13 章　自由市场中的投机波动 …………………………… 257
货币当局应运用温和的货币政策来抑制泡沫…………………… 260
意见领袖应发表有利于市场稳定的言论………………………… 261
制度应鼓励建设性的交易………………………………………… 262
公众应该得到更多的对冲风险帮助……………………………… 265
储蓄和退休计划的政策应该现实考虑泡沫的存在……………… 266
总结：拟定良策应对投机性波动………………………………… 268
附　录　诺贝尔奖演讲：投机性资产价格……………………… 271
价格波动、理性预期和泡沫……………………………………… 272
期望现值模型与过度波动………………………………………… 275
行为金融学和行为经济学………………………………………… 292
对金融创新的启示………………………………………………… 296
致　　谢…………………………………………………………… 302
参考文献………………………………………………………… 303

第 1 章　股票市场的历史回顾

1996 年 12 月 5 日，时任美国联邦储备委员会（Federal Reserve Board）主席的艾伦·格林斯潘（Alan Greenspan）在华盛顿发表了一次讲话。[1]在这次原本很沉闷的讲话中，他用了“非理性繁荣”（irrational exuberance）一词来形容当时股票市场中投资者的行为。这立即引起了全世界关注，全球股市应声而落。次日，日经（Nikkei）指数下跌 3.2%，香港恒生（Hang Seng）指数下跌 2.9%，德国 DAX 指数下跌 4%，伦敦 FTSE 100 指数则在一天内一度下跌 4%，而美国道琼斯工业平均指数（Dow Jones Industrial Average）第二天刚一开盘就下跌了 2.3%。全球股票市场的这种过激反应多少有些荒唐。这一事件继而演绎成一个有关疯狂市场的诙谐故事，一时间广为流传。

随着时光的流逝，人们也许已经不再记得当时的状况，但是“非理性繁荣”这个词却被人们一遍又一遍地提及。“非理性繁荣”一词并非格林斯潘创造，早在一百多年前，金融学家就曾使用过这个词语。但是，格林斯潘言及这个词语后所引起的股票市场的连锁反应，似乎揭示了这个词语背后的现实本质。渐渐地，它已经为市场中的每一个人所熟知，成为格林斯潘的所有言论中被引用最多的一个词。

为什么多年后人们仍然关注“非理性繁荣”一词？我认为是因为许多人已经把它看做 20 世纪 90 年代发生的一系列社会现象的代名词。事实上，当股票市场在人们市场心理的影响下被炒到了一个不正常的、难以维系的高度时，“非理性繁荣”就出现了。回顾股市历史，这一幕屡屡上演。

很多人都认为在 20 世纪 90 年代股市跌宕起伏的过程中，市场上弥漫着非理性的气氛，但是人们对于非理性本质的认识却不那么清晰。它并不是如一些作家所描写的20世纪20年代股市投机过剩时期投资者的疯狂状态。那些一度流行的诸如“投机性狂热”或“投机性狂欢”等词语对于20世纪90年代人们所经历的事情来说似乎言过其实。这种非理性更像是一种我们在某些热情高涨时可能做出的错误判断。“非理性繁荣”恰当地描述了市场超出正常运行规律时的状态。

非理性繁荣是投机性泡沫（speculative bubble）的心理基础。我将投机性泡沫定义为这样一种情形：价格上涨的消息刺激了投资者的热情，并且这种热情通过心理的相互传染在人与人之间扩散，在此过程中，被夸大的故事使得股票价格增长显得合理，有关价格增长的消息又不断被放大，撩拨了一波又一波的投资者扎堆到市场中。这些投资者尽管可能对资产的真实价格有所疑虑，但可能出于对其他投资者发迹的羡慕，抑或因为“赌徒”的兴奋感，不自觉地卷入到市场中。在本书中，我们将对产生泡沫的各种因素进行深入探讨。

格林斯潘1996年的“非理性繁荣”演说发表不久，美国股票市场就发生了一场历史上最大规模的投机热潮。道琼斯工业平均指数（以下简称“道指”）1994年初还在3 600点附近徘徊，而到了1999年3月却已经突破了10 000点大关。仅仅在新千年开始的两周后，2000年1月14日，道指就达到了11 722.98点的顶峰。以道指为代表的股市整体价格在5年内的总涨幅超过了200%。其他股票指数也在随后的几个月中达到顶峰。自那以后，截至2014年，经通胀调整后的道琼斯股票指数再也没有达到这个水平；截至本版书稿成稿，标准普尔综合股价指数仍没有回到2000年的水平。非常有趣的是，道指（以及其他股票指数）探顶之时恰逢人们迎接完新千年不久：似乎新千年庆典本身是市场推动因素的一部分，而它留给人们的宿醉又将市场重新拉了回来。

图1.1显示的是1871年1月至2014年6月（通过消费者价格指数剔除通胀因素后的）实际标准普尔综合股价指数（上曲线）以及同期标准普尔综合指数成份股公司总体盈利状况（公司每股收益）（下曲线）。[2]标准普尔综合股价指数始创于1957年，是一个比道琼斯股票指数更全面的股票价格指数，其选取了500只股票作为计算样本，远远超过道指的30只。之所以对通货膨胀进行修正，是因为在这一时期，不同阶段的价格水平是不稳定的（政府发行了大量的货币，而这推动了价格上涨）。没有经过修正的数据可能误导我们对于股票市场实际增长的判断。[3]

作为股票市场曲线图，图 1.1 有其独特性：较之于大多数其他长期股价变化图，图 1.1 所涉及的时间跨度更长；此外，大多数其他股价变化图所刻画的指标都是名义指标，未进行通胀校正。图 1.1 中，始于 1982 年并于 2000 年探顶的股市繁荣特别显眼，这是史无前例的股市事件。

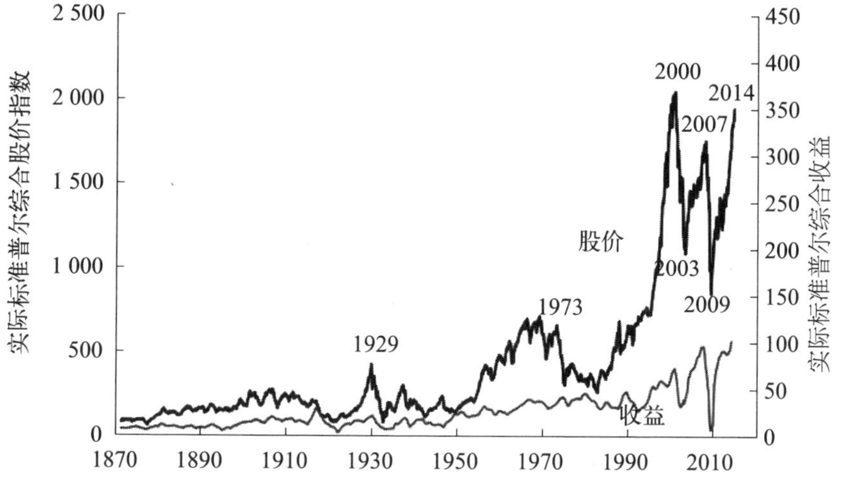

图 1.1　1871—2014 年股价与收益率图

该图给出了 1871 年 1 月—2014 年 6 月实际标准普尔综合股价指数（上曲线）及 1871 年 1 月—2014 年 3 月实际标准普尔综合收益（下曲线）。

资料来源：作者计算时使用的数据摘自 S&P Statistical Service；U. S. Bureau of Labor Statistics；Cowles and associates，*Common Stock Indexes*；and Warren and Pearson，*Gold and Prices*。也可参见本章章末注释［3］。

继 2000 年的千禧全球股市强劲飙升，全球股市的另一次重大暴涨发生于 2003—2007 年。在此期间多国股市蔚为壮观，并于 2007 年登峰造极。随后在 2008—2009 年间，金融危机席卷全球。自 2009 年，危机逐渐退去，全球股市再一次繁荣，截止到本版书稿完稿，这场繁荣仍在持续。[4] 自 2000 年以来，新闻媒体不断强势渲染股市在 2007 年和 2014 年所创下的“历史新高”。而事实上，2000 年后的股市暴涨并非什么历史新高。如图 1.1 所示，在校正通胀后，美国股市有史以来最高的一次暴涨发生于 1982 年 7 月至 2000 年 8 月，此期间市场增长 7.7 倍，相比之下，1920 年 12 月至 1929 年 9 月的市场增长（5.2 倍）以及 1949 年 6 月至 1968 年 12 月的市场增长（5.1 倍）相形见绌。2003—2007 年的增长（1.5 倍）和 2009—2014 年的增长（2.3 倍）相比之下实属温和。为更好地理解非理性繁荣，我将重点强调 1982—2000 年的股市暴涨，尤其是此期间的后几年，这几年里，非理性繁荣如此之显见。

自 1994 年（其时股市实值较之于 1982 年已经翻了一番有多）至 2000 年的股市增长似乎无法通过合理的方式予以解释。这期间，基本经济指标增长远不及 2 倍：美国国内生产总值增长不足 40%，企业利润增长不足 60%，这些增长都以前期短暂和相对疲软的经济状况为基准。从这些数字看，同期的股价飞涨是无据可依的。

同期，其他很多国家都出现了股价飞涨，而且几乎同时在 2000 年早期“问鼎”峰点。图 1.2 显示了 1995—2014 年 10 个国家以及全球整体股票价格的走势。从图中可以看出 1995—2000 年间，巴西、法国、中国和德国股票市场的实际股指增长了 200%左右，英国增长了 100%。就在 1999 年，也就是达到顶峰的前一年，这 10 个国家的平均实际股价增长达到了 58%。事实上，所有国家的股价在 1999 年都有大幅上涨，即使是幅度最少的英国也达到了 16%。亚洲的股市（中国香港、印度尼西亚、日本、马来西亚、新加坡和韩国）和拉丁美洲的股市（智利和墨西哥）也经历了相当大幅度的增长。这实可谓全球股票市场的繁荣。

如图 1.2 所示，2000 年股市繁荣的终结使得全球大多数国家的股市一路下行，直至 2003 年。然后，股市再一次雄起，并于 2007 年末或 2008 年初探顶，这次繁荣对于全球大部分国家影响巨大。自那之后，全球经济陷入自 20 世纪 30 年代大萧条以来的最严重衰退，全球经济增长步履蹒跚，泡沫破灭后的经济疲软持续多年。尽管全球经济疲软，股市仍于 2009 年前后迎来第三波繁荣，影响了许多国家。

回顾图 1.1 中标准普尔指数的长期走势，我们可以看出截至 2000 年的市场行为与过去相比存在显著差异。其中 1982—2000 年，股价近乎直线上升，价格指数好比一枚火箭直冲图的顶部，然后急转直下。这次最大规模的股市繁荣被称做“千禧繁荣”。[5]

股票市场在 1994 年后的起伏与公司的收益情况存在显著的相关性。如图 1.1 所示，标准普尔收益在 20 世纪 90 年代末期迅速增长，于 2000 年后大幅回落，自 2003 年至 2007 年又再次上扬，2007 年后一路下行并于 2009 年跌至谷底，之后随市场再一次上扬。纵观过去的一个多世纪，公司收益总体上依附一条缓慢而稳定增长的轨迹上下波动。

图 1.1 清晰地显示，2000 年前后的股价走势是美国股市历史自 1987 年来所从未出现的。20 世纪 20 年代，股市有过一次著名的井喷，并最终导致 1929 年的股灾。这一次的市场繁荣及其后的倾覆从股价曲

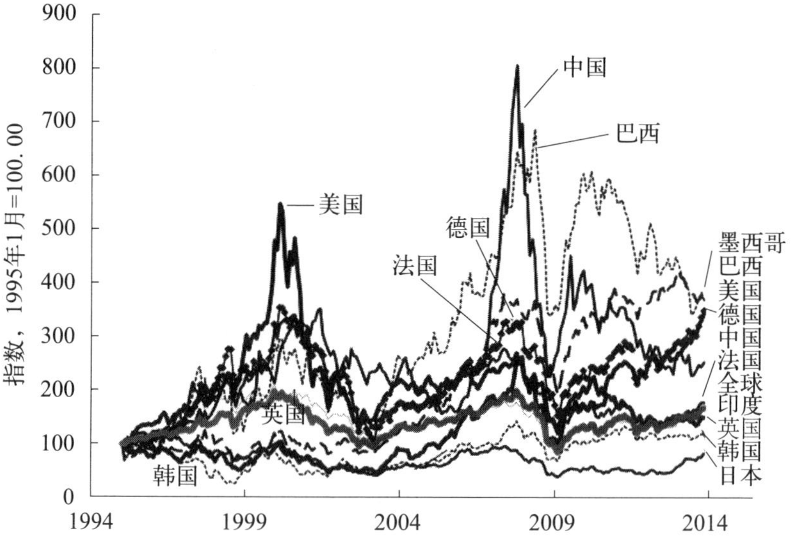

图 1.2　1995 年 1 月—2014 年 7 月十国股价及全球整体股价走势

该图给出了巴西（Bovespa 指数）、中国（上证综指）、法国（CAC 指数）、德国（DAX 指数）、印度（Sensex 指数）、日本（日经指数）、韩国（KOSPI 指数）、墨西哥（Mexbol 指数）、英国（FTSE 100 指数）、美国（纳斯达克综合指数）和摩根士丹利资本国际指数（覆盖全球所有国家）的月收盘价，相关数据运用所在国月度消费者价格指数进行了通胀调整，并按 1995 年 1 月的价格为 100 点进行折算。

资料来源：Bloomberg and International Monetary Fund *International Financial Statistics* (1999).

线上看酷似叶尖状。除了规模较小，20 世纪 20 年代的股市上涨与近年来的股市上涨多少有几分相似，但这也是历史上唯一可与近几年的繁荣相类比的时期。

市盈率

图 1.3 显示了 1881 年 1 月到 2014 年 6 月的周期性调整市盈率（cyclically adjusted price-earnings ratio，CAPE）。这里的周期性调整市盈率，通过实际（剔除通胀因素后）标准普尔综合股价指数除以该指数对应的 10 年实际盈余移动平均（ten-year moving average of real earnings）的比值计算。[6]市盈率可以用来衡量股票价格相对公司实际获利能力的高低。参考本杰明·格雷厄姆（Benjamin Graham）和戴维·多德（David Dodd）1934 年提出的方法，约翰·坎贝尔（John Campbell）

和我最早提出以 10 年平均盈余为分母计算周期性调整市盈率。[7]

10 年平均收益可以熨平第一次世界大战期间收益的阶段性暴涨、第二次世界大战期间收益的阶段性暴跌以及由经济周期导致的收益频繁起伏。[8]值得再一次关注的是，自 1997 年，市盈率扶摇直上，至 2000 年 3 月 24 日高达 47.2。这一市盈率值是史无前例的，与之最接近的市盈率水平可见于 1929 年 9 月（32.6），如图 1.3 所示。

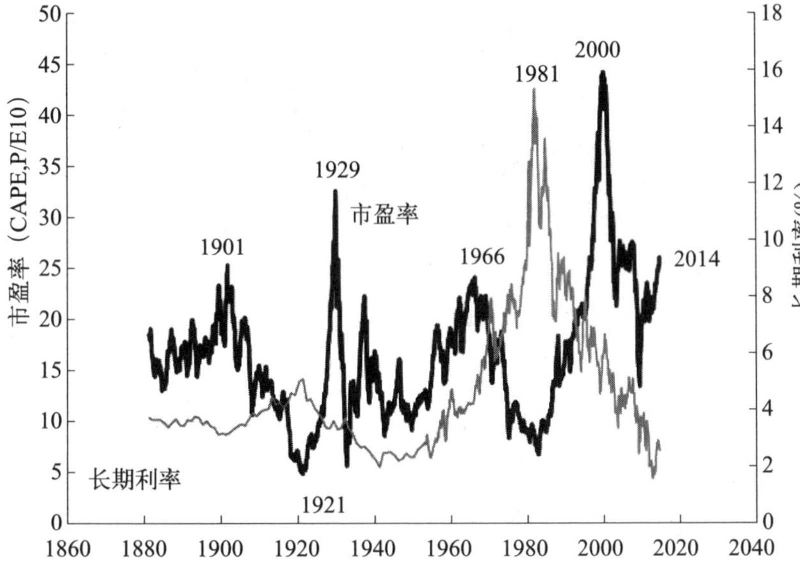

图 1.3　1881—2014 年周期性调整市盈率（CAPE）与利率曲线图

该图给出了 1881 年 1 月—2014 年 6 月按月计算的周期性调整市盈率。分子是实际（剔除通货膨胀因素后的）标准普尔综合股价指数的月度值，分母是该指数对应的 10 年平均实际收益。图中标出了顶峰位置所在的年份。

资料来源：作者计算时使用的股价指数数据来源同图 1.1。利率参考 1881 年 1 月至 2014 年 6 月美国长期国债的名义收益率，其中 1953 年前后两个历史时期的利率数据分别取自不同的来源。也可参见本章章末注释[7]。

我们所测度的 2000 年收益值较之于通过格雷厄姆和多德的方法计算出的长期收益明显偏高，但这不足为怪。真正让人惊奇的是 2000 年的股价走势（如图 1.1 所示），而非收益。

1990—2000 年的股价走势令人瞩目，这可能与该时期实际收益的不寻常表现有关。在 1992—1997 年的 5 年中，实际收益增长十分迅速，实际标准普尔综合收益翻了一番有多。实际收益连续 5 年保持如此高速的增长在近半个世纪以来实属罕见。不过，1992 年正值经济萧条末期，在萧条时期收益率只是暂时处于低谷。[9]纵观历史，因经济不景气和萧条，收益率下滑，但之后收益迅速回调的情况，屡有发生。例如，在经历了严重的凋敝后，1921—1926 年实际收益翻了两番有多，经济迈入“咆哮的 20 年代”。再比如，在 19 世纪 90 年代的经济萧条、20 世纪 30 年代的大萧条以及第二次世界大战之后的五年里，实际收益也都翻了一番。

人们总喜欢站在 2000 年市场的最高点回顾 2000 年之前的那段收益增长历史，并乐于将这一轮史无前例的收益高增长归因于经济中的某些基本面改变。当然，这多少源于那个时期人们对于新千年的津津乐道。然而，一些更明白的人会从收益周期表现的整个历史预见收益的这次高增长势头即将逆转。

2000 年和 2001 年公司利润下滑的百分比是自 1920—1921 年后最高的。这场下滑当然也是市场下滑的一部分，其粉碎了“新兴高科技经济坚不可摧”的传言。现在的问题是如何理解这场收益下滑。正如本书第 5 章即将讨论的，这场收益下滑可以从很多维度进行理解，在部分意义上，其是投资者心理改变的间接结果。投资者心理改变直接导致了市场下滑。在某种程度上，2000 年后的收益暴挫亦是公司面对股价下行的一种技术性会计回应，因为遵照会计规则，公司必须将它们所持有股份价值的跌价部分从收益中扣除，在股市暴跌后，它们的持股价值也锐减。

其他高市盈率时期

从图 1.3 可以看出，市盈率在 2000 年前曾三次登顶，但都不及 2000 年的高度。第一次是 1901 年 6 月，其时市盈率达 25.2。这亦被称为“20 世纪之巅”，因其时值新世纪的到来之际。（迎接 20 世纪的庆典日是 1901 年 1 月 1 日，而不是 1900 年 1 月 1 日。）[10]经历 19 世纪 90 年代的萧条后，美国经济逐渐复苏，之后 5 年，实际收益翻番，促使市盈率陡增。[11]自 1900 年 7 月至 1901 年 6 月，市盈率在 11 个月间增长 43%，并最终登顶。世纪转折点的乐观情怀离不开人们对繁荣的、高科技支撑的未来世界的奔走相告。

1901 年之后，实际股价并没有立即显著下行，10 年里，价格先是上下跳跃，当差不多回到 1901 年的水平时，一路下行。至 1920 年，股市相对于 1901 年 6 月的实值缩水 67%。1901 年 6 月之后的 5 年，股市平均实际年回报率（含股息）为 3.4%，刚好高于实际利率；10 年股市年平均实际回报率（含股息）为 4.4%，15 年平均实际回报率（含股息）为 3.1%，20 年平均实际回报率（含股息）为－0.2%。[12] 相比于我们对股市的一般预期，这些都属于较低的回报率。至 20 世纪 20 年代，回报率才戏剧性回升。

第二次市盈率登顶是在 1929 年 9 月，这是 20 世纪 20 年代的最高纪录，也是迄今为止的第二高点。在经历 20 世纪 20 年代辉煌的牛市之后，市盈率达 32.6。可是众所周知，股市在这一高点上倾覆，到 1932 年 6 月，实际标准普尔综合股价指数下跌 80.6%。这次实际价值下跌持续了很长时间，影响巨大。直到 1958 年 12 月实际标准普尔综合股价指数才恢复到 1929 年 9 月的水平。1929 年 9 月之后的 5 年股市年平均实际回报率（含股息）为－13.1%；10 年平均实际回报率（含股息）为－1.4%；15 年平均实际回报率（含股息）为－0.5%；20 年平均实际回报率（含股息）为 0.4%。[13]

第三次市盈率登顶是在 1966 年 1 月，市盈率达到局部最高值 24.1，如图 1.3 所示。这一峰值的出现离不开约翰·肯尼迪总统执政时期的威望和魅力，副总统和继任人林登·约翰逊也起了很大的作用（在肯尼迪遇刺后，林登·约翰逊接替他担任美国总统），因此，我们不妨称之为“肯尼迪-约翰逊高峰”。自 1960 年 5 月开始，汹涌牛市让股价在 5 年里飙涨 52%，最终成就了 1966 年 1 月的市盈率历史新高。在价格上涨的同时，同期收益也上涨了 36%。市场也积极回应这轮收益增长，似乎这轮增长有望持续。事实当然并非如此。在接下来的 10 年里，实际收益增长微乎其微，实际价格先是不断试探 1966 年 1 月的峰点，并于 1968 年成功突破，之后开始下行，至 1973 年暴跌。截至 1974 年 12 月，股票实际价格较之于 1966 年 1 月下跌 56%。直到 1992 年 5 月，股票实际价格才重新回到 1966 年 1 月的高度。1966 年 1 月之后的 5 年股市年平均实际回报率（含股息）为－2.6%；10 年平均实际回报率（含股息）为－1.8%；15 年平均实际回报率（含股息）为－0.5%；20 年平均实际回报率（含股息）为 1.9%。

这些不同历史时期股价短暂冲高的例子说明，非理性繁荣并不是新生事物，并且这样的景象还在不断重演。截至本版书稿完稿（2014 年）之时的 CAPE 市盈率较之于 1929 年、2000 年和 2007 年之外的任何历史时期都要高，这值得关注，虽然我们尚不知道当前不断攀升的市盈率会有着怎样的结局。本书第 11 章将继续讨论市盈率指标对非理性繁荣的预测能力。

对非理性繁荣的忧虑

如本书第一版所反映的，2000 年，我所遇到的大部分人，不管从事什么职业，都对当时空中楼阁一般的股价感到困惑不解。他们不知道当时的股价水平是否合理，不知道高股价是否真是所谓的“非理性繁荣”。他们不知道这场繁荣背后是不是某些盲目的乐观主义，那些沁入人们思维、影响着人们日常决定的乐观主义。他们不知道如何去解读和面对股市可能的突然回调，也不知道曾经的市场心态是否会卷土重来。

甚至连艾伦·格林斯潘也不知道这些问题的答案。在我向他和美联储证明股市水平不合理性后的第二天，他发表了“非理性繁荣”的演讲，可是仅仅七个月后，他又站到了乐观派的一边，认为当今经济和股市正处于“新时代”。事实上，格林斯潘对公开言辞一向十分谨慎，他从来没有明确表示过赞同或否定任何一方的观点。他就像是一个生活在现代社会里的先知，满口都是模棱两可的哲理，他总是以提出问题的方式发表一些评论。人们在试图理解和解释他的言论时也经常忘记，其实就连格林斯潘自己也不知道这些问题的答案。

2000 年的峰值之后，市场再次接近峰值水平。2007—2014 年，新闻媒体似乎喜欢鼓吹股票市场的新纪录（名义上）。然而，在内心深处，人们知道市场的价格非常高，他们对此感到不安。

对于“非理性繁荣”的这种忧虑，即便大智者也尚不能解答，许多人也只能透过市场本身、基于市场起落来寻求答案，就像算命先生用茶叶来占卜未来一样。然而，在我们假定市场本身可以揭示“新时代”的各种变数之前，我们有必要反思市场走势背后的真正决定因素，以及这些市场走势如何渗透进我们的经济和生活。

事实上，决定市场走势的一些真正因素在于我们的思维。这就是著名经济学家约翰·梅纳德·凯恩斯所说的“动物精神”（animal spirits），他认为这是驱动经济的重要因素。[14]我与乔治·阿克洛夫于 2009 年合著的《动物精神》一书对这一主题展开了专门探讨。这种所谓的“动物精神”还驱动着其他市场，比如房地产市场。在开始本书第一篇有关市场行为的成因分析之前，我们将另辟一章介绍房地产市场上的投机行为。

【注释】

[1] Alan Greenspan, "The Challenge of Central Banking in a Democratic Society," speech before the American Enterprise Institute for Public Policy Washington, D. C., December 5, 1996, http://www.federal reserve.gov/BOARDDOCS/SPEECHES/19961205.htm.

[2] 标准普尔综合股价指数也就是我们现在所说的标准普尔 500 指数。不过，在本书中，我仍然使用了原来的名称，这是因为历史上这一指数并不总是包含 500 只股票。指数成分的变化可能会影响我们的分析。当然，我们的计算是根据原有的股指成分进行的。在杰里米·西格尔（Jeremy Siegel）的研究报告中就提到，1957 年包含在标准普尔综合股价指数中的 500 家公司，到 2003 年只剩下 125 家了，而这 125 家公司构成的指数的收益率远远高于现在的标准普尔 500 指数。参见 Jeremy J. Siegel, *The Future for Investors* (New York: Crown Business, 2005)。

[3] 价格、股息、收益等数据的来源与我以前出版的《市场的波动性》(*Market Volatility*, Cambridge, Mass: MIT Press, 1989) 一书第 26 章中所提到的数据来源相同，只是将年度数据改为了月度数据。月度股息和收益数据根据 1926 年以来的标准普尔四个季度总数计算，同时计算结果被绘制成月度数据图表。1926 年以前的股息和收益数据则是参考考勒斯公司出版的《普通股票指数》(*Common Stock Indexes*, 2nd ed., Bloomington, Ind; Principia Press, 1939) 年度数据。股票价格数据为每日收盘价的月均价格。1913 年以后的消费者价格指数参考了美国劳工统计局发布的 CPI-U（消费者价格指数——所有城市消费者）；1913 年以前的消费者价格指数则是通过将沃伦和皮尔森的价格指数乘以 1913 年 1 月 CPI-U 与沃伦和皮尔森价格指数的比值计算而得。参见 George F. Warren and Frank A. Pearson, *Gold and Prices* (New York: John Wiley and Sons, 1935)。数据取自该书 11～14 页表 1，为了方便绘图，我将不含通货膨胀因素的数据乘以某个常数，从而使其在 2014 年 6 月的数值与其名义价值相等，这样所有的价格都以 2014 年 6 月为基准。

以前我在研究股票价格时（大部分工作是与约翰·坎贝尔合作完成的），为了使所有商品扣除通货膨胀的影响，使用的是生产者价格指数（PPI），而并非消费者价格指数（CPI）。以前，PPI 和 CPI 几乎没有什么差别，只是在短期波动方面略有不同，但是自 20 世纪 80 年代中期以来，二者有了明显的不同。除非特别说明，本书有关美国股票市场的统计数据均来自本书注释所示的来源。本书和《市场的波动性》第 26 章的所有数据目前在我的个人网页 http://www.econ.yale.edu/～shiller 上均可查到。

[4] William H. Gross, "On the 'Course' to a New Normal," http://www.pimco.com/EN/Insights/Pages/Gross%20Sept%20On%20the%20Course%20to%20a%20New%20Normal.aspx.

[5] 有人建议我在绘图时使用对数或比例缩放，以避免明显的价格上涨所引起的误解。但我不认为绘图方式会引起什么误解。也有人说绘图时使用对数缩放会引起误解。价格的上涨也并非绘图程序导致的结果。在这个图中，随着持续的高增长

率，我们并没有看到指数增长的“曲棍球棒”曲线。与图1.1中相同的股价序列图，也在第11章的图11.2中，用对数缩放的绘图方式呈现了出来。

[6] 也参考了以下关于CAPM的文献，该模型同样有悠久的历史：Oliver Bunn and Robert J. Shiller, “Changing Times, Changing Values—A Historical Analysis of Sectors within the US Stock Market 1872-2013.” New Haven, Conn.: Yale University, Cowles Foundation, 2014, http://cowles.econ.yale.edu/P/cd/d19b/d1950.pdf，以及Oliver Bunn, Anthony Lazanas, Robert J. Shiller, Arne Staal, Cenk Ural, and Ji Zhuang, “Es-CAPE-ing from Overvalued Sectors: Sector Selection Based on the Cyclically Adjusted Price-Earnings (CAPE) Ratio,” *Journal of Portfolio Management*, 41 (1) (2014): 16-33.

[7] 格雷厄姆和多德于1934年提出了“普通股票价格的平均收益”，其实质是未经通胀校正的CAPE的倒数（Benjamin Graham and David Dodd, *Securities Analysis* [New York: McGraw-Hill, 1934]）。然而，似乎没有多少人在他们所提出的概念基础上作进一步的研究。更早些的1911年，《华尔街日报》曾发表文章提出“10年期铁路盈余指数”，并以该指数来评估股票价格水平。从上世纪50年代以来，道琼斯旗下《巴伦周刊》(*Barron's*) 持续针对其巴伦50股平均价格指数发布“价格—五年盈余比”。沃顿商学院的杰里米·西格尔认为CAPE的分母可换成一个更好的盈余指标（“The Shiller CAPE Ratio: A New Look,” paper presented at the Q-Group Conference, 2014）。在计算分母10年平均盈余时，他提出不同的盈余测度，即特定除数校正的国民收入和产品账户（NIPA）盈余。西格尔的这一提议很有趣也值得关注，但该盈余计算方法对于除数相关的问题极其敏感，同时该方法尚未经受更长时间的实证考验，因此，我并不认为该盈余计算方法适合于本书这里所给出的CAPE序列。

从1953年开始，利率数据来自联邦储备系统的美国长期国债。1953年以前的数据，来自悉尼·霍默（Sidney Homer）在1963年出版的《利率的历史》(*A History of Interest Rates*, New Brunswick, N.J.: Rutgers University Press, 1963）一书：1871—1900年数据见该书第288页表38第3列；1901—1920年数据见第341页表45第14列；1921—1946年数据见第352页表48第1列；1947—1953年数据见第359页表50第1列。杰里米·西格尔在其论文《1800—1990年实际利率：基于美国和英国的研究》(“The Real Rate of Interest from 1800-1990: A Study of the U.S. and the U.K.,” *Journal of Monetary Economics*, 29 (1992): 227-252) 中也详细地给出了一个类似的政府债券收益率数据序列（另见：www.jeremysiegel.com）。

[8] 在计算分母时，考虑到计算期的实际收益可能为零，计算移动加权平均值是非常必要的。在计算分子时，因为我们的计算从1871年开始，因此每年的调整后的标准普尔指数值都是大于零的，不过这一指标在2008年的第四季度是负的，当然未来也可能小于零。在1931年和1932年的国民盈余账户中，企业税后利润事实上已经为负值。一旦股票的收益为零，其当年的市盈率会呈正无穷大，从而表明

综合股票市场的价格将无限上涨。

[9] 在股市上涨期间，公司业绩的增长也部分得益于股价的上涨。因为一些养老金账户要将其投资组合账面价值的增长在账户的资产中做出反映。但股票市场投资者似乎看不透这些账面异常。参见 Julia Lynn Coronado and Steven A. Sharpe, "Did Pension Plan Accounting Contribute to a Stock Market Bubble?" Washington D. C.: Board of Governors of the Federal Reserve System, Finance and Economics Discussions Series No. 2003 - 38, 2003。

[10] 一些学者指出，因为不存在公元零年，所以每个新世纪应从年数以"1"结尾的1月1日开始计算。1900年时，人们对此很清楚，所以过了一年才进行庆贺，而人们庆祝第三个千年时可不这样，迎接新千年的活动在2000年就开始了。

[11] 30年来价格相对于收益上涨十分缓慢（1871年7月至1900年7月，实际收益年增长率为2.3%，而价格的年增长率略高，为3.4%）。

[12] 这些数字是实际收益的几何平均数，是根据标准普尔综合股价指数以及生产者价格指数（因为消费者价格指数自1913年后才有）换算得来的实际价值。

[13] 也可参见《债券、票据和通货膨胀：1999年年鉴（基于1926—1998年的市场测度）》（*Stocks, Bonds, Bills and Inflation*: 1999 *Yearbook*, *Market Results for* 1926-1998 [Chicago: Ibbotson Associates, 1999]）一书第45～51页表2—8至表2—11。当将本处所示收益数据与上述书中自1926年以来相应时间段的收益数据对比时，请注意上述书中记载的只是年度数据，因此会漏掉股市中的高峰和低谷。

[14] 作为凯恩斯提出的一个著名术语，"动物精神"与所谓的"非理性繁荣"在含义上存在交叠。凯恩斯将"动物精神"定义为自然或者良性（而未必是非理性）繁荣。因为其1936年的著作《就业、利息和货币通论》，凯恩斯可能是20世纪最具影响力的经济学家。这一革命性著作影响了世界各国财政与金融政策的制定者。他在书中写道，"撇除投机本身所导致的市场波动，市场不稳定性还源于人性特征：人们的各种积极的行为，道德的、愉悦性的抑或经济性的，大多取决于人们自发的乐观主义精神，而非理性的预期。那些花费我们多日苦心的决定，也许大部分都是一种'动物精神'结果——一种'为'而非'不为'的自发性激励结果，而不是求取量化收益乘以量化概率的加权平均的结果"。参见 John Maynard Keynes, *The General Theory of Employment, Interest and Money* (New York: Harcourt Brace & World, 1961), p. 161。另见 George Akerlof and Robert J. Shiller, *Animal Spirits: How Human Psychology Drives the Economy and Why This Matters for Global Capitalism* (Princeton, N. J.: Princeton University Press, 2009)。

第 2 章　债券市场的历史回顾

一直以来利率被认为是经济活动的核心变量，正因为如此，利率随时间变化的路径受到人们的密切关注。利率被认为是一种抽象而基础的经济变量，其体现的是金融资产的时间价值。利率随时间而波动，其幕后推手是那些投机因素和人为因素，这与前一章所讨论的股票市场波动并非完全不同。

利率包括短期利率和长期利率。短期利率反映的是一年期或更短期的贷款或票据的利率；长期利率反映的是数十年期债券、抵押或者贷款的利率。长期债券一旦在市场发行，其价格会与长期利率的总体水平背道而驰。当长期利率下降时，那些前期发行、尚未兑付的长期债券的价格会顺势上涨：这是因为，当利率下降时，只有那些前期发行、利率更高的债券的价格上升到让投资者望而却步，投资者才会去问津那些新发行的低利率债券，否则投资者更倾向买入前期高利率债券。更进一层理解，投资者利率预期的变化既可能带来长期债券市场的繁荣，亦可能导致其崩溃。

一个多世纪以来，各国中央银行（例如美联储）都对短期利率进行了操控。众所周知，中央银行可以通过简单的方式将短期利率控制（至少是近似控制）在特定水平上。相比之下，长期利率更具投机性、更难以驾驭。这是因为，同股票市场一样，公众对长期债券的需求取决于他们对未来前景的预期和比较，而决定市场未来前景的因素，时至今日中央银行仍无法控制。自 2008—2009 年金融危机以来，各国中央银行实行了一系列重要的新政策，试图影响长期利率，例如“量化宽松”、“扭曲操作”和“前瞻指引”等，但今天看来，它们仍然不能在真正意义上驾驭这个市场。[1]

自上个世纪以来，在一些场合，人们也会使用“债券泡沫”来形容债券市场的飙升。可以肯定的是，债券市场时不时会出现类似于泡沫的情况，这些情况往往发生于长期利率下降之时，其时人们因为债券价格的上涨而欢欣躁动，就如同在充斥泡沫的股市里，人们因股价上涨而眉飞色舞一样。这两个市场的泡沫有时可能彼此关联。

利率和CAPE（周期性调整市盈率）

利率是人们讨论股票市场水平时提及最多的术语之一。在上一章图1.3中，我们给出了周期性调整市盈率（CAPE）以及长期利率（美国长期国债名义收益率）的历史变化曲线。从中可以看出，在上个世纪90年代股市繁荣时期，长期利率一直在下降。其时，很多人都认为利率下降导致了股票市场上扬。

1997年7月，我在一份与艾伦·格林斯潘一起提交给美国国会作为听证词的货币政策报告[2]中，展示了自1982年以来10年期债券收益率与市盈率之间显著负相关的证据。当时的利率和市盈率之间看起来的确有着某种关系。数据表明，上世纪60年代中期至80年代初期，利率一路走高，与此同时市盈率一路走低。上世纪80年代初期至90年代末期，格林斯潘执掌美联储，利率持续下跌，与此同时股价持续上扬。股票市场和10年期利率之间的这种关系被称为“美联储模型”。上世纪90年代末以及本世纪初，通过美联储模型解释市场水平曾一度风靡。诚然，利率下降时，人们可能充分相信股票价格相对于股票盈余将上涨，这是因为，竞争性资产——债券的长期回报率前景看低，相比之下股票更具吸引力。上世纪90年代末期，一些电视商业节目屡屡援引美联储模型，令人生腻。

然而，美联储模型证据相当单薄。[3]当我们考察图1.3中所示的整个时间区间时，利率和市盈率之间并没有呈现强相关关系。在大萧条时期，利率异常低，按照美联储模型，在此期间相对于盈利，股票市场理应高涨。事实却并非如此。

在本世纪初市场抵达峰值之后，利率持续下行。与美联储模型的预测相反，此后，无论是市盈率还是利率都在下降。这之后，人们鲜有耳闻美联储模型。

利率固然会对市场产生一定的影响，但股票价格与利率之间并没有显现任何简单或一贯的联系。不过，当长期政府债券收益率很低时，投资者会非常看好 CAPE，尤其是自 2008 年金融危机以来，因为选择的余地不多，他们不会轻易放弃投资的股票。

自本书第二版以来，CAPE 指标被一些人所诟病。比如太平洋投资管理公司（Pacific Investment Management Company）的创始人，现就职于骏利资本（Janus Capital）的比尔·格罗斯（Bill Gross）就曾经提出异议，他认为自 2008 年金融危机以来人们在讨论该比率时往往忽略了低利率。确实，10 年期美国国债到期收益率（利率）在 2012 年 7 月触及 1.43%（年率）的历史最低点。虽然现在有所反弹，但按历史标准仍然很低。在这种情况下，即使 CAPE 很高，投资者可能也不会弃股票而买债券。此外，美国债券市场，即便收益微薄，看起来也似乎正在经历一场泡沫。这场泡沫也许最终会破灭，尤其是在美联储即将放弃定量宽松政策以及通货膨胀仍可能继续扩大的情况下。相较于我，格罗斯在其“新常态”或“新中性”经济思想中持更乐观的态度，他认为这种崩溃的可能性甚小。当然，我认同他说的另一点：一旦股票市场定价明显过高，就必须拿来与其他可能定价过高的市场相比较。[4]

通货膨胀和利率

图 2.1 绘制了美国政府长期利率（1953 年以来的 10 年期国债利率）以及 1881 年以来的通货膨胀率的变化曲线。图中给出了两种通胀率，其一是前 10 年价格指数年增长率（用自 1913 年居民消费者价格指数表示），另一个刻画的是后 10 年同样价格指数的年增长率。两条通货膨胀率曲线总体上呈现出相同的趋势，除了两条曲线在时间上存在着 10 年位移。我们特意将两条曲线置于同一图中。容易看出，在大多数时间特别是最近半个世纪里，利率与前 10 年长期通胀率存在着正向同步关系。然而，从图中亦可以看出，长期利率和“未来”长期通胀（后 10 年长期通胀率）之间几乎没有关系。如果投资者欲保护所买入债券在未来不因为通胀而导致实际收益受损，他们需要对长期债券进行准确定价，此时对于他们来说“未来”的通胀理应更重要。我们所看到的现实情况却恰恰相反。杰里米·西格尔和我在 1977 年发表了这一研究结果，并将其与早期观察家 A. H. 吉布森（A. H. Gibson）在 1923 年的描述以及约翰·梅纳德·凯恩斯在 1930 年的描述联系起来。[5]

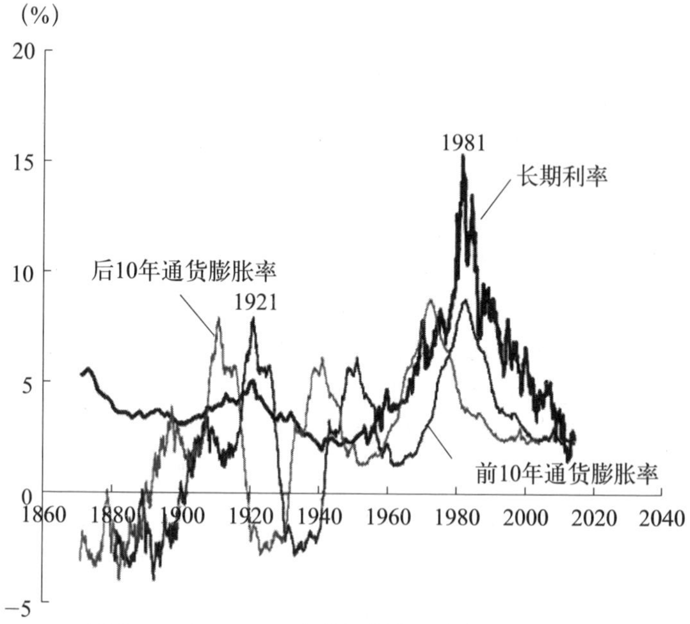

图 2.1　1871—2014 年美国长期利率与通货膨胀率

美国政府长期利率（粗黑线），前 10 年平均通胀率（细黑线）以及后 10 年平均通胀率（细灰线）。

资料来源：作者基于图 1.3 所使用的数据进行计算而来。

有关人类理性的假设无法解释图 2.1 所呈现的过去半个世纪长期利率与长期通胀之间的关系。如果投资者是理性的（秉持理性预期），他们理应运用历史通胀数据来调整名义债券收益率，以期更准确地预测未来的变化。然而，正如我们所见到的，投资者确实对历史数据做出了反应，然而这种反应并未让他们成功地预测未来的变化。

我们所能看到的长期债券市场收益率波动不能说是“未来”通胀信息作用的结果，亦不是由未来短期利率信息所造成的。这其中有一种投机的成分，这种投机成分无法从客观的理性行为角度来理解。[6]

实际利率

在图 2.1 所涉及的大部分时期里，许多投资者可能不太理解名义利率与通胀率之间的关系。1895 年，哥伦比亚大学经济学教授约翰·贝茨·克拉克（John Bates Clark）引入了实际利率的概念。[7]当时，美国上下对复本位制提案颇有争议。克拉克发现公众对于利率有着普遍的困惑。针对这种困惑，他引入了实际利率这一新概念。他认为，在到期前，任何债券的实际利率等于利率减去通胀率。如果通胀率大于利率，债券将不会为投资者创造任何实际收益，因为货币购买力的折损大于债券为投资者带来的货币增量。谷歌 Ngrams 统计表明，短语“实际利率”在 1895 年以前从未被使用过，1895 年后逐渐见诸各种书籍报道，其真正被普遍使用是在 1960 年后——这之前，克拉克的思想经历了漫长的发酵期。

有人或许认为，如果投资者拥有利好信息，如果投资者是理性的且关心他们所能得到的实际利息，那么市场所决定的债券收益率将维持在一个高于后 10 年通胀率的稳定水平上。然而，这种情况从未发生于美国，正如图 2.1 所显示的那样，尽管自 1960 年后，债券收益率确实较稳定地高于“过去的”通胀率（历史通胀率），而不是“未来的”通胀率。

正如图 2.1 所体现的，长期利率随时间变化的影响并不清晰。显然，投资者并没有基于他们对未来通胀率的理性预期来对债券进行定价。理论研究者常常认为诸如市盈率等股票市场指标理应更接近于（通胀校正后的）反映了预期的实际长期利率，而非名义利率。但这背后的假设是，投资者通常能够透过名义利率洞悉实际利率。

通胀指数化债券市场能直接反映实际利率，但其真正出现于一些主要国家始于上世纪 80 年代早期。这类债券承诺固定的实际回报。图 2.2 显示了较长时间拥有这类市场的四个国家的通胀指数化长期政府债券收益率随时间变化的曲线。

所有这些国家的实际利率呈长期下降趋势，至 2012 年，跌至一个异常低的水平。最近几年里，美国和英国的实际债券收益率甚至为负值。然而，令人惊诧的是，即便是 2012 年，一些美国投资者仍然愿意把他们的钱绑定在一个 30 年期、实际回报铁定为负值的债券上。[8]这一事实当然也对股票市场产生影响，推高其估价。金融理论学家，如约翰·坎贝尔（John Campbell）和路易斯·维塞拉（Luis Viceira），曾主张将长期指数化债券收益率作为真正的无风险利率，所有其他风险资产回报都应该与该利率进行对比，同时每一个长期投资者都应该将该利率纳为最基本的权衡因素。[9]

然而，指数化债券收益率的作用看起来只是金融理论学家的一厢情愿，大多数投资者并没有特别关注。他们甚至没有意识到通胀指数化处理能帮助他们避免价格水平波动的风险，他们有时还觉得这种通胀指数体系会带来新的风险，即票面价值降低的风险。这也是为什么较之于其他指标，名义利率的下行路径更多地反映了股票市场的跌宕。

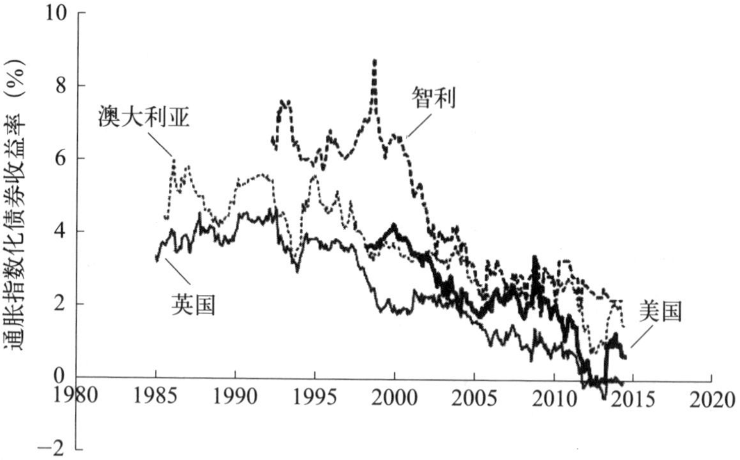

图 2.2　1985—2014 年四个国家的通胀指数化债券收益率

英国：1985 年 1 月至 2014 年 6 月的 20 年期通胀指数化债券收益率；澳大利亚：1985 年 7 月至 2014 年 7 月的 10 年期通胀指数化债券收益率；智利：1992 年 4 月至 2014 年 5 月的 10 年期通胀指数化债券收益率；美国：1998 年 4 月至 2014 年 8 月的 30 年期通胀指数化债券收益率。

资料来源：全球金融数据（https：//www. globalfinancialdata. com/index. html）。

很遗憾，即便是有这些数据，特别是通胀指数化债券的早年数据，我们仍然不清楚广大投资者那些年对于安全资产的预期实际回报是怎样的想法。当图 2.2 所涉及的四个国家启动它们的通胀指数化债券市场时，公众对于债券市场报以的却是普遍的冷漠。通胀指数化债券市场在过去的几十年里多少有些成长，但是与非指数化传统债券相比，指数化债券的重要性尚处于被公众逐渐接受的过程中，正如一些理论学家所认为的那样。[10]也正因为如此，一些负责拍卖的政府官员可在原则上通过调整供给量来影响通胀指数化债券的价格。[11]人们大多无视通胀指数化市场，他们很难理解通胀指数的重要性，这也是行为经济学的难题之一。[12]

不过很显然，名义债券市场和通胀指数调整的债券市场的价格已经达到了很高的水平，而且这个事实应该成为我们思考和分析股市的一部分。目前仍不清楚这种情况对未来意味着什么。2014 年在我写作本书时，一些观察家就提及可能爆发的“债券市场泡沫”，不过这种泡沫似乎不是本书所定义的典型泡沫，因为人们对债券长期回报的期望非常低——不如典型泡沫期间那般高。但是，债券市场的种种趋势在一定程度上预示存在某种泡沫。

2014 年，哈佛大学的杰里米・斯坦（Jeremy Stein）在其担任美联储理事所做的最后一次演讲中，谈到对债券市场泡沫的诸多忧虑，尽管他当时并没有使用这个词。他提及信贷市场“过热”，并就债券收益率可能突然开始修正，转为上升市场（债券价格则相反）的经济后果表示忧虑，明确提出预警。[13]

可以肯定，一些难以确定的文化因素驱使着投资者在债券收益率很低甚至为负而股市飙升的当口买入债券。本书第 4 章所讨论的有关股票市场繁荣和房地产市场繁荣的一些共同诱发因素可能也在一定程度上适用于债券市场。此外，不断下行的债券收益率在过去几十年里也为投资者带来了资本收益，这使得他们感觉投资债券是英明的。即使投资者知道这些债券如果持有至到期时，它的实际收益必定很差。[14] 2008—2009 年金融危机之后，债券的收益率极低甚至为负，这可能与金融风暴期间的逃避反应有关，这种逃避反应无法通过我们的常规理论范式来解读，其在未来几年的走向仍有待观察。实际长期利率极可能终结几十年来的下行表现，随之而来的是长期债券价格的下降，这将带来广泛的经济影响。对此，我们有充分的必要予以关注。

在本书下一章，我们将转到第三种资产类别——房地产市场。我们会再次看到公众的投机行为在决定市场价格中的重要性。

【注释】

[1] 参见 Annette Vissing-Jorgensen and Arvind Krishnamurthy, “The Effects of Quantitative Easing on Interest Rates: Channels and Implications for Policy,” *Brookings Papers on Economic Activity*, 2 (2011): 215-287。

[2] 参考美联储 1997 年 7 月 22 日发布的汉弗莱-霍金斯报告（Humphrey-Hawkins Report）第二部分，“1997 年经济和金融发展”（http: //www. federalreserve. gov/boarddocs/hh/1997/july/ReportSection2. htm）；该报告通过名为“资产价值评估以及长期利率”的图表对该模型进行了解释，图表给出了自 1982 年至 1997 年的 10 年期债券收益以及其间的市盈率。

[3] 经济理论表明，市盈率与实际利率而非名义利率之间存在着某种关系。市盈率与名义利率之间的关系实际上是一种非常态关系。本书将在第 4 章再回过头来讨论这个问题。参见 Franco Modigliani and Richard A. Cohn, “Inflation, Rational Valuation, and the Market,” *Financial Analysts Journal*, 35 (1979): 22-44; reprinted in Simon Johnson (ed.), *The Collected Papers of Franco Modigliani*, Vol. 5 (Cambridge, Mass.: MIT Press, 1989)。

[4] William H. Gross, “One Big Idea,” http: //www. pimco. com/EN/In-

sights/Pages/One-Big-Idea. aspx.

[5] 参见 Robert J. Shiller and Jeremy J. Siegel, "The Gibson Paradox and Historical Movements in Real Long Term Interest Rates," *Journal of Political Economy*, 85 (5) (1977): 891-898。另见 A. H. Gibson, "The Future Course of High Class Investment Values," *Banker's Magazine* (London) 115: 15-34 (1923), and John Maynard Keynes, *A Treatise on Money* (New York: macmillan, 1930)。

[6] 参见 "Yield Spreads and Interest Rate Movements: A Bird's Eye View," with John Y. Campbell, *Review of Economic Studies*, 58: 495-514, 1991。

[7] John Bates Clark, "The Gold Standard of Currency in the Light of Recent Theory," *Political Science Quarterly*, 10 (3) (1895): 383-397.

[8] 从技术上讲，该回报未必一定是负值，因为如果有足够的通货紧缩能将通胀校正本金降低到原始名义本金以下的水平，则投资者就可以在到期时得到原始名义本金。

[9] "对于长期投资者来说，无风险资产是一个通胀指数化仪表盘。如果这种资产存在，它将在每一个相对风险厌恶系数大于 1 的投资者的最优投资组合中发挥一定的作用。" 参见 John Y. Campbell and Luis M. Viceira, *Strategic Asset Allocation: Portfolio Choice for Long-Term Investors*, Oxford University Press, 2002, p. 4。另见 Robert J. Shiller, "Can the Federal Reserve Control Real Interest Rates?" in *Rational Expectations and Economic Policy*, ed. Stanley Fischer (Cambridge, Mass. : National Bureau of Economic Research and University of Chicago Press, pp. 117-167, 1980), http: //www. nber. org/chapters/c6262. pdf。

[10] 迈克尔·阿什顿 (Michael Ashton) 在其 2014 年未公开发表的论文《TIPS 和 CPI 期货——熟能生巧》中，阐述了这些年来机构的改变以及专业交易者的不断增加如何使得通胀衍生品市场的地位愈发重要。另见 Michael J. Fleming and John R. Sporn, "Trading Activity and Price Transparency in the Inflation Swap Market," *Economic Policy Review*, *Federal Reserve Bank of New York*, 19 (1): 45-58, May 2013。

[11] 参见 John Y. Campbell, Robert J. Shiller, and Luis M. Viceira, "Understanding Inflation-Indexed Bond Markets," *Brookings Papers on Economic Activity*, 1 (2009): 79-120。

[12] 参见 Robert J. Shiller, "Public Resistance to Indexation: A Puzzle," *Brookings Papers on Economic Activity*, 1 (1997): 159-211。

[13] 见杰里米·斯坦于 2014 年 3 月 21 日在国际货币基金组织的演讲：《将金融稳定性纳入货币政策框架中》。

[14] 理论上，负收益的通胀指数化债券在其生命周期内也可带来正实际回报。这种事情在美国不可能发生，除非发生持久且强烈的通货紧缩，因为美国财政部通胀保值证券承诺到期支付额不低于名义原始本金值。

第 3 章　房地产市场的历史回顾

在过去的几年中，那些对股票市场和债券市场产生影响的心理因素同样潜在地影响着其他市场。房地产市场，尤其是个人住房市场有时也显现出投机性泡沫的存在。由于日益显著地受到心理因素的影响，住房价格持续攀升业已成为人们广泛关注的话题。不过，房地产市场与股票市场之间在很多重要方面存在差别。

在 21 世纪的第一个五年里，澳大利亚、加拿大、中国内地、法国、中国香港、爱尔兰、意大利、新西兰、挪威、俄罗斯、南非、西班牙、英国和美国等国家和地区的房地产价格飙涨[1]，中国内地还出现了非常明显的结构性房地产泡沫[2]。很多国家和地区的这一轮房地产繁荣都以覆灭而告终，并由此掀动了席卷全球的金融危机，这场危机至 2009 年达到极致，截至本版书稿完稿，全球经济还未能从这场金融危机的宿醉里彻底恢复过来。

房地产市场繁荣如同股票市场繁荣一样，神秘且难以捉摸。市场繁荣之时，关于繁荣的缘起总有一些说法比较流行，但这些说法却未必正确。

20 世纪 90 年代以来，很多地区房地产价格上涨，与此同时，各种肤浅的解释相继出现。其中一种认为，人口压力使得土地资源日渐枯竭，必然导致住房价格猛增；但实际情况是，1990 年以来人口增长非常稳定而缓慢，土地资源也并未枯竭。另一种解释认为，住房价格上涨的原因是，需求的过快增长导致建造住房所必需的劳动力、木材、混凝土和钢材的价格高启，但事实上建筑成本并未偏离其长期运行趋势。还有一种解释认为，这轮繁荣是因为很多国家通过降低利率来应对全球经济的衰退。诚然，较低的利率水平是导致房地产价格上升的因素，但历史上各国中央银行曾多次降低利率，却没有哪一次导致世界各地如此“默契”的房地产价格飞涨。

究竟是什么引发了世界上如此众多的地区出现房地产繁荣，又是什么让这些繁荣最终倾覆呢？理解这一现象具有重要的意义。很多人担心，这些地区住房价格的飙涨最终会像20世纪80年代日本城市的地价泡沫一样，带来灾难性结果，使得实际房价一蹶而十年不振。如何理解这类价格波动及其背后的蕴意是一个非常复杂的问题，本书将系统地讨论这一问题并揭开其答案。

我们将从一个更长期的历史视角来考察近些年房地产市场事件：当前的形势是前所未有的吗？或者说关于当前的房地产市场我们有足够的先例可参考吗？房地产价格真如许多“繁荣主义”者所认为的那样，呈现一个显著而稳定的长期上升趋势吗？或者说这只是他们的一派幻想？从历史角度看房地产泡沫的真实起因是什么？有关这些问题，本章的一个重要结论是，今天的住房价格投机更甚于任何历史时期，业已在全国甚至全世界范围内根深蒂固。

住房价格的历史长期走势

我曾构建了一种美国住房价格指数，通过综合一系列相关变量为住房价格提供一种标准和一致的估计。该指数最远回溯至1890年。在我的指导下，我的研究助手们还创建了另外一种指数，以弥补1934—1953年间的数据缺口。图3.1显示了1890年以来美国住房价格指数以及建筑成本、美国人口、长期利率的变动趋势。[3]

如图3.1所示，我们所构建的住房价格指数还存在一定的缺陷，尚需进一步改进，不过就目前而言，考虑时间跨度，这是最好的指数。令人不解的是，当该图于2005年首次发表时，没有一个国家发布过类似的长期住房价格指数，也没有任何一个房地产专业人士能为我提供这样的指数。因为缺少公开的价格指数数据，直至本书第二版于2005年出版，住房价格的非正常飙涨才开始引起人们的关注。

请读者注意20世纪90年代末以来住房价格的显著变化。20世纪90年代末至2006年，住房价格如火箭一般飙涨，如同股市的千禧繁荣一样。2006年后，如同股市一样，住房价格的这一轮飙涨如灾难般土崩瓦解，导致房利美（Fannie Mae）和房地美（Freddie Mac）等政府

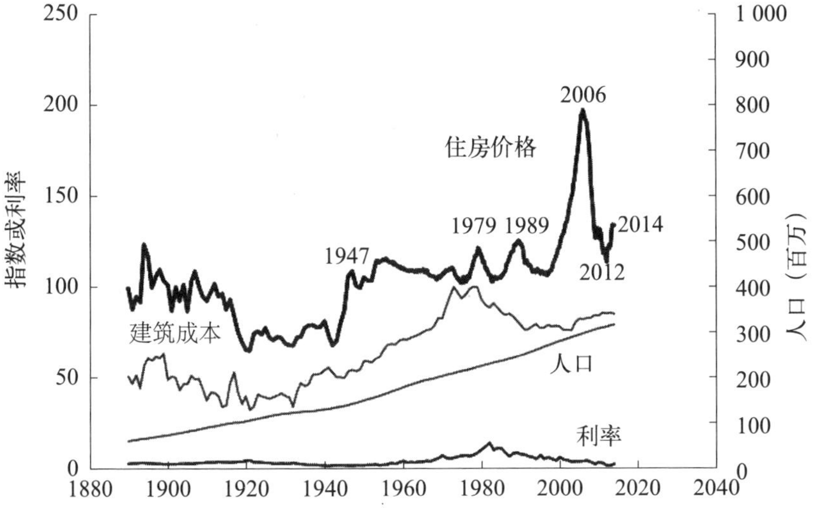

图 3.1　美国住房价格、建筑成本、人口和利率，1890—2014 年

最上边的粗线（左边的坐标）是经通货膨胀调整的美国实际住房价格指数，其中 1890 年的指数值被规范成 100，该指数由作者在现有不同的指数和住房价格原始数据基础上构建而得；第二高的细线（左边的坐标）是经通货膨胀调整的实际建筑成本指数，类似的，1979 年指数值被规范成 100，该指数由作者在两种公开建筑成本指数基础上构建而得；第三高的细线（右边的坐标）是全美人口数量（百万），数据来源于美国人口普查局；最下面的细线（左边的坐标）是作者在两种资料来源基础上绘制的长期利率走势。参见本章章末注释[3]。

资助企业、美国国家金融服务公司（Countrywide Financial）和华盛顿互惠银行（Washington Mutual）等抵押贷款巨头，以及贝尔斯登公司（Bear Stearns）、美林公司（Merrill Lynch）以及雷曼兄弟（Lehman Brothers）等金融公司相继倒下。至 2008 年，引发了自上世纪 30 年代大萧条以来最惨痛的金融危机。

发生于 1998—2006 年、与股市次贷繁荣并存的住房价格飙升是其后发生金融危机的根本原因。1997—2006 年，美国实际住房价格整体上升了 85%，当然地区性价格并不平衡。这一涨幅尽管不能与 1995—2000 年间股票市场的三倍暴涨相提并论，但从美国住房价格的长期历史表现来看，这一涨幅仍属惊人。想要发现住房价格走势的异常情况，我们不能只观察 2000 年左右住房价格的走势。在美国历史上，能与这一轮住房价格飙涨同日而语的，只有第二次世界大战之后的一段时期。但较之于二战后的那次房地产繁荣，最近的一次房地产繁荣之后的崩盘来得更汹涌，如瀑布般飞泻而下。

1998 年以来美国住房价格的上涨远快于同期收入的增长，这引起了人们对住房价格长期稳定的忧虑，尤其是对价格波动最大的那些州。根据标准普尔住房价格指数以及标准普尔/凯斯-希勒住房价格指数，1997—2006 年间，相对于租房成本，美国购房成本增长了一倍。之后从 2006 年至 2013 年，房价几乎跌到谷底。[4]

然而，如图 3.1 所示，不考虑 2006 年后房价的回归，单考虑 2006 年前的价格走势，人们会发现，始于 1997 年的住房价格上涨的势头如此强劲和坚挺，几乎每一年的房价增长率都有所上升，这让人们觉得这一趋势可能还会持续很多年，房价还会持续增长。

房价真的可以这么预测吗？不是说投机性价格预测很难吗？不是说住房价格的变动近似随机游走吗？事实上，正如统计分析所确证的，住房价格具有一定的可预测性。[5]但是，这种可预测性并不如同股市一样为“聪明钱”所利用。截至本版书稿完稿，黑石集团（The Blackstone Group）以及其他一些投资基金公司已进军独户住房市场，但这些投资只占这一市场的很小部分。因此，没有其他力量在搅乱房地产市场的可预测性。由于进出住房市场成本较高，“聪明钱”不可能如同股市一样，通过把握最佳购买时机来巧取利润。对大多数人来讲，试图利用房价走势来选择购买住房的最有利时机实属不易。

但也不要过于夸大住房价格的可预测性。通过对住房价格预测模型的统计分析，我们发现在住房价格的波动中，只有大约 50%可以提前一年得以有效预测。虽然 50%的不可预测性似乎多了一点，但至少还有 50%的房价变动是可解释的。回头看图 3.1，如果我们用一支铅笔从历史价格变化路径推断美国住房价格的近期走势，我们不得不说，未来一年内房价何去何从尚存很多不确定性。房价上涨是否会延续当前的趋势抑或会减缓，这一轮上涨会在何时完全停住并反转回调，尚难定论。进一步，未来 5 年甚至 10 年的房价又该何去何从？谁也不清楚。而那些希望长时间居住的购房者们关心的正是这种更长时间范围内的价格预测。

最终，我们只能参考历史事件来预测房地产价格。然而遗憾的是，除了第二次世界大战结束后的住房价格繁荣之外，美国历史上还没有其他可与近期房地产价格繁荣相提并论的事件可供参考，而二战后的房价繁荣与近期的房价繁荣存在本质的区别。此外，2006 年后的房价轰然坍塌是史无前例的，也是迄今无后例的，我们很难从这次经历中总结什么。这些问题确实让那些试图在科学的基础上实施预测的统计学家们陷入困境。

显然，不可能仅仅依靠如图 3.1 中所示的建筑成本、人口或利率来解释美国住房价格的变化。住房价格环比变化模式与其中任何一个因素都没有持续的相关性，没有一个因素可以解释始于 1998 年的房价火箭式蹿升。那期间建筑成本总体持平，后来略有下降，并维持在 1970 年的水平上。[6] 人口增长也很稳定。利率虽下降，但长期利率的下降非常平缓，基本保持在 20 世纪 80 年代早期的水平上。[7]

通过比较图 3.1 显示的住房价格变动轨迹和图 1.1 显示的股票价格变动轨迹，我们可以看出，美国股市的繁荣与房地产市场的繁荣之间本质上不存在相关关系。唯一可能的例外是，始于 1995 年的股票市场飙升以及始于 1998 年的房地产市场繁荣。后者继前者而发生。这在一定程度上可以解释为房地产市场对股票市场的反应：国际清算银行最近发表的一份对 13 个工业化国家住房价格的研究报告认为，住房市场的波峰平均比股票市场的波峰延迟两年出现。[8]

为更好地洞悉住房价格近些年来的异常波动，有必要对比房地产市场近期表现与早期表现。图 3.1 显示，实际房价在 1890—1940 年间总体呈下降趋势。如图所示，第一次世界大战之前住房价格曾经出现过一系列剧烈摇摆。我们曾搜集那时期的陈年旧报以寻找与这些价格波动相关的证据，但最终一无所获。我们怀疑图 3.1 中描绘的早期价格波动有部分是样本误差所致，其不能反映出真实价格的变化。本书第 7 章将进一步阐述那个时期的房价变动。在本章中，我们需要关注的是 1940 年之前的实际房地产价格的总体下降趋势和房地产市场的不景气。

19 世纪末和 20 世纪初，高速公路、运河和铁路等建筑工程如火如荼，局部性泡沫丛生，这些泡沫在我们的图表中并未显示。显然，土地会因毗邻这些建筑项目而一夜间价值倍增。即便是更早的年代，土地资源非常充裕，以至在某些地方人们可以以 1 美元的价格购买一英亩土地，这种房地产繁荣也会发生。比如如果铁路沿线的土地价格涨至 2 美元一英亩，那么投资收益将会翻倍，这种前景自然令投资者异常兴奋。由此，区域性的房地产繁荣不再是新鲜事。

第一次世界大战后住房价格的大幅下挫可能与 1918—1919 年间的流感大爆发有关，其间 28%的美国人被感染，67.5 万人因此丧生。因担心被感染，人们更多地待在家里而不去物色新的住所。这对经济的损害是必然的。流感也将人们的注意力和谈话内容带离住房市场。雪上加霜的是，1920—1921 年间，经济又遭遇了严重的大衰退。[9]

此后人们迎来了 20 世纪 20 年代的经济繁荣期，然而值得注意的是，与这一时期的股市飞涨相比，住房价格变化平淡无奇。20 世纪 20 年代著名的佛罗里达土地泡沫还不足以对全美国的住房价格指数产生影响。住房价格没有随股票市场齐飞，也没有在 1929 年随股票市场崩盘而跌落。但 1929 年后，名义住房价格还是有所下降的；换句话说，住房价格与消费者价格指数是同比例下降的。由于抵押债务不与通货膨胀挂钩，名义住房价格的下降使得很多房屋所有者出现了家庭净负债，迫使其拖欠房贷。另外，在经济大萧条期间，高失业率意味着许多人无法重新进行短期抵押贷款，迫使其违约，并最终失去住房。但我们并不能因此认为，20 世纪 30 年初期的住房危机与实际住房价格的下降有关。在 1929 年前后股票市场暴涨暴跌的整个过程中，实际住房价格始终很稳定。

下面我们来看一下迄今为止美国住房市场上最重大的事件：第二次世界大战结束后住房价格的迅速攀升。尽管真实的涨幅可能没有得到准确测量，但是很明显，至少在一些大城市里，这一时期实际住房价格出现了大幅上升。[10]

但这并不意味着投机性繁荣，住房价格并没有突破战后的新均衡点，后来房价也没有“宿命般”地走向崩溃。我们从第二次世界大战之后的报纸上撷取的故事与我们在 21 世纪初所看到的截然不同，当时的报纸在形容住房市场时没有使用房价泡沫之类的词语，也没有渲染疯狂的购房者不顾一切地赶在房价上涨之前买下房产。

第二次世界大战期间，政府限制严重制约了新住房的供给。战后，退伍士兵希望重新开始家庭生活，他们带来了生育高峰。事实上，现房价格在 1942 年后就开始上涨了，那时战争还没有结束，可能人们已经预期到随之而来的住房短缺。但即使战后住房需求激增，也没有出现真正的购买恐慌，因为当时的人们普遍认为，各种在建住房将大大提高可用住房存量。

1944 年美国颁布了《士兵权利法案》（The Servicemen's Readjustment Act，也称为 GI Bill of Rights），为 1 700 万人提供购房补贴。这一重要政府津贴至今仍没有被取消，其也助长了此后一直以来的高房价。然而，这一做法的背景是当时美国国民非常团结，他们从没有刻意去营造投机氛围。富兰克林·罗斯福总统称，《士兵权利法案》给予了“美国军人以重点关注，因为美国人民不想让他们失望”。[11]那些在战后高价购买住房的人，是那些迫不及待住进新居的人，而不是那些期待房价进一步上涨的投机者。没有购房的人也只是寻找一个临时住所，等待有一天房价会下跌（尽管其从未发生），或正在为买房而攒钱，他们不曾指望在房价暴跌时杀入市场抄底。第一次世界大战后实际住房价格曾经历漫长的下行，这一先例也必定让二战后的投机者多少心存忧虑。人们一定记得二战后的那段情形，因为担心 20 世纪 30 年代大萧条会因二战影响而重新上演，人们并没有过多预期房价的飙升。

看起来，当时大多数人并不担心价格会超出市场的承受能力，他们并未真正预料到住房价格即将上涨。人们指望新的在建住房会阻止任何可能的房价暴涨——事实上自 1942 年至 1950 年，新增住房数从 14.2 万增至 195.2 万。实际上，如此大批量的住房供给也未能阻止房价上涨。即便如此，人们还是普遍坚信新增住房将止住这一轮涨势。

步入本世纪，情况已大不相同。人们日益感到忧虑和不安，这种忧虑和不安体现于股票市场和房地产市场不时爆发的骤然波动。1997 年后的繁荣开始之前，房地产市场价格经历了两次虚张声势的发力（或者说是不成功的发力），一次于 20 世纪 70 年代末期，另一次于 80 年代末期。这两次价格繁荣实际上都是区域性的，并未扩展到全国。70 年代末期的繁荣主要局限在加利福尼亚，80 年代的繁荣则主要发生在东西海岸。

图 3.2 显示了美国四个城市实际住房价格的走势。波士顿和洛杉矶的房价经历了两次戏剧性的震荡，样本期末，房价又开始猛涨。与此形成鲜明对比的是，迈阿密和菲尼克斯完全没有参与第一轮房价繁荣。总体上，截至 2014 年，波士顿房价前期的价格增长经小许回落，仍维持在两倍于 1983 年实值的高位水平上，但迈阿密和菲尼克斯 1983—2014 年间实际房价并无根本性变化。

人们普遍认为，美国不存在全国性的住房市场，只有区域性市场。不过，这只是一种观点，并不完全是事实，而且越来越与事实相悖。尽管美国一些地方的房地产市场走势一直以来都高度稳定，但截至 21 世纪第一个十年中期，很多地方房地产市场都经历了急剧波动，充分表明全国性市场已初露端倪，且愈演愈烈。

始于 1998 年的美国住房价格上涨最初集中在某些州和大城市附近。凡房价上涨的地区，无不上映着一幕幕由购房者心理驱动的房市繁荣故事。在 2000—2006 年美国市场泡沫时期，急躁而绝望的人们几乎没机会看房子一眼，就急匆匆地以高于开盘价的价格将前一天才开盘的住房买走。人们担心房价会出乎意料地快速上涨，导致他们买不起住房，因此才匆忙做出购买决定。在那些城市，这样的故事屡见不鲜。在一些没

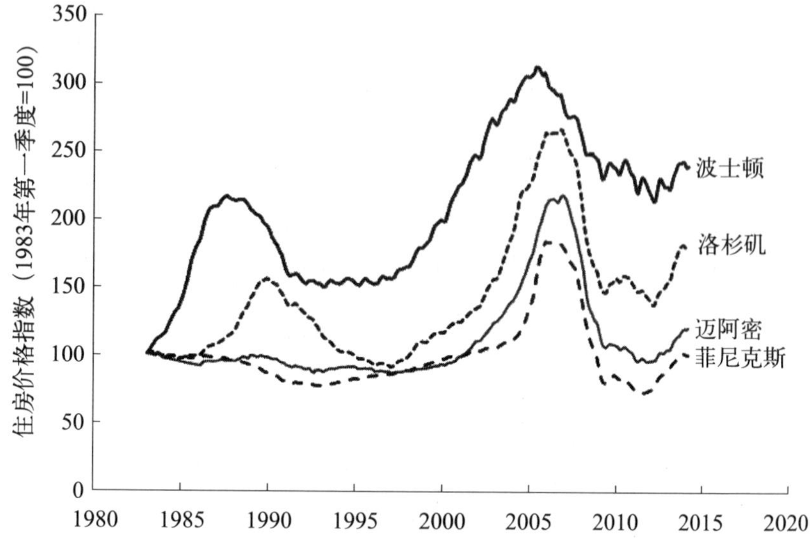

图 3.2　1983—2014 年样本城市住房价格季度数据

针对该指数，基于美国劳工统计局公布的消费者价格指数剔除通胀影响，并将 1983 年指数规范为 100。

资料来源：Fiserv/SQP/Case-Shiller Home Price Indices Inc.

有经历过房价过度波动的城市，则少有类似的故事上演，投资者对房价变动的反应也没有那么激烈。

在全球一些知名大城市和相关地区，巨大的房地产泡沫正在形成。透过这些城市的房价泡沫我们可以发现，房地产市场已不止于国家性市场，其已然是一个世界性市场，如图 3.3 所示。

图 3.3 显示了波士顿、伦敦、纽约、巴黎、上海、悉尼和温哥华等知名国际化城市以及全球整体截至 2014 年的住房价格。这些城市房价走势惊人地相似：20 世纪 80 年代期间以及 90 年代末以来，这些城市住房价格惊人上涨，在这两个时间之间则止涨回跌。同样惊人相似的还有这期间在这些城市四下蔓延的购房骚动以及不断上演的投机故事。见证 21 世纪初期房地产市场的这场浩瀚繁荣的并不仅仅只有这些城市，还包括孟买、哥本哈根、都柏林、杭州、伊斯坦布尔、拉斯韦加斯、马德里、墨尔本、罗马、圣迭戈、天津以及华盛顿等城市。不管是什么驱动了这场“骚动”，其已经漂洋过海，席卷了全世界。针对这一显著趋势，早在 2005 年我就曾预警，我们正置身于前所未有的房地产泡沫中。

自 2005 年后，图 3.3 中的曲线开始纷杂起来。一些城市的房价延续其上涨态势，间或有小的回落。另一些城市的房价则高位跌落，至今

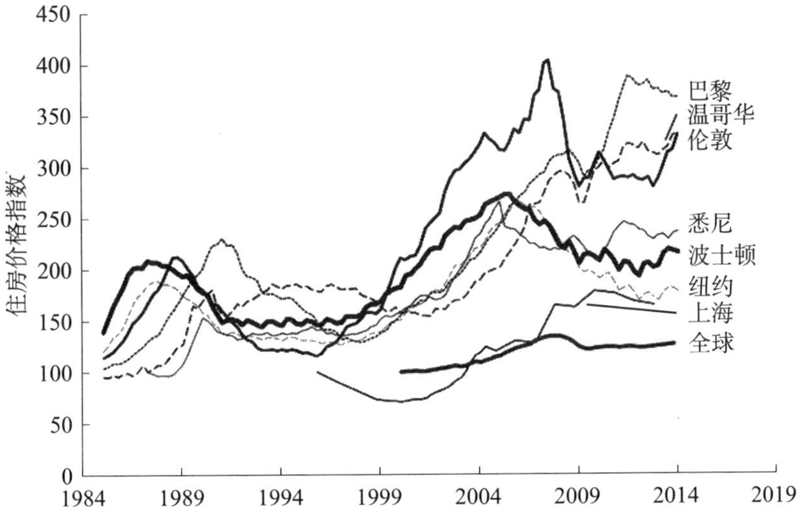

图 3.3　1983—2014 年世界七城市住房价格以及全球整体价格季度数据

资料来源：波士顿（1985 年第一季度=100）和纽约（1985 年第一季度指数=100）：费哲公司（Fiserv）和 CoreLogic 公司的标普/凯斯-希勒住房价格指数；伦敦（1985 年第一季度=100）：Halifax 住房价格指数；巴黎（1985 年第一季度=100）：1991 年后数据源自法国国家统计和经济研究局（INSEE）发布的房价指数，1991 年前数据为法国保险公司联合会 Philippe Trainar 提供的巴黎公证处数据；上海（1995 年第一季度=100）：2003 年前数据源自中国房地产指数系统，2003 年后数据源自房产之窗网（eHomeday）二手房价格指数；悉尼（1986 年第二季度=100）：澳大利亚统计局数据；温哥华（1983 年第一季度=100）：2004 年前指数数据承蒙不列颠哥伦比亚大学 Tsur Somerville 提供，2004 年后数据源自 Teranet/国家银行房屋价格综合指数；全球整体价格（2000 年第二季度=100）：国际货币基金组织发布的等权重全球房产价格指数（52 个国家）。上述每一个住房价格指数都应用了相应国家消费者价格指数以去除通胀影响，每一个指数都通过乘以常数使得样本时间区间的第一个季度数值调整为 100。

未曾回到 2005 年前的水平。许多城市的房价开始趋于平稳。

图 3.2 中城市的选择主要依据它们的新闻价值以及房价波动特征。相比于波士顿、伦敦、纽约、巴黎、上海、悉尼和温哥华等七城市的房价表现，国际货币基金组织发布的全球 52 个国家房价指数曲线则显示出较少的波动。事实上，全球其他一些城市的房价有着完全不同的表现。例如 20 世纪 80 年代，图中所涉及城市正处于房价飙涨之时，东京城市住宅用地的价格在 1985—1990 年间也翻了一倍有多，但其后东京地价稳步下行，2000 年后也未见起色，到 2004 年地价下跌了近一半。[12] 1991—1995 年间，图中城市房价正走下坡路，而德里中心地区的实际住房价格却翻了一倍；而截至 2003 年，图中城市房价一路高歌猛进，德里房价却下跌了一半。[13]尽管如此，众多世界最著名城市（包括

图 3.3 中所涉及的城市）的房价走势仍然惊人地相似，这确实令人不解。在本书后面的内容中，我们将努力揭开这种相似性背后的谜底。

实际住房价格总体并未呈现长期上行趋势

在图 3.1 中，读者会发现一个明显的特征，从 1890 年开始实际住房价格整体上没有出现过连续的上升趋势。实际上，2006 年美国实际住房价格整体上差不多比 1890 年翻了一番，但这一整体增长集中发生于两个较短的时期：第一个时期是第二次世界大战以后的一段时间（第一波上涨发生在 20 世纪 40 年代早期，刚好在战争结束前）；第二个时期是 20 世纪 90 年代，这一时期的上涨似乎是房地产市场对 20 世纪 90 年代股票市场繁荣（或股票市场繁荣及随后的凋敝）的滞后反应，初次上涨发生于 1998 年。在这两个时期之外的其他时间，实际住房价格基本上是平稳运行或者下降。此外，房价的总体涨幅也很小：1890—2014 年的 124 年间实际住房价格上涨了 48%，年均增长仅 0.3%。

人们之所以对房价的上涨印象深刻，可能是因为住房购买频率相对较低，所以人们能够记住很久以前的购买价格，他们会对先前较低的购买价格（考虑消费者价格指数）与当前价格的差别感到吃惊。股票市场则不会发生这种情况，因为公司会周期性地进行股票拆分，以保证股票稳定在每股 30 美元的价格左右。因此人们无法像对住房一样对股票价格进行长期比较。

例如，一对老夫妇在 1948 年仅用了 1.6 万美元就买到一套住房，而到了 2004 年他们的这套房子的售价高达 19 万美元。这多少令人吃惊。乍看起来房地产投资利润可观。但事实上，1948—2004 年间消费者价格指数涨了 8 倍，因此实际住房价格只上涨了 48%，每年涨幅不足 1%。此外，房价的增长还包含房屋品质改善等投入因素。即使 2004 年该房产的售价达到 36 万美元，这项投资仍然称不上高回报，50 年里其实际价格只翻了三倍，年均增长略小于 2%。也只有在听及有关住房的这些故事时，我们才会关注甚至惊诧于资产价格的长期变化，但我们中的大多数人并不懂得如何去解析这些故事背后的实际价格变化。

如前文所述，数据表明实际住房价格上涨甚微。为了进一步确认这些数据是否存在错误，我请教了我认识的一些经济学家，试图找到其他长期住房价格指数，以为研究住房价格的长期表现提供不受其他因素影响的一些证据。我确实找到了其他一些长期住房价格指数，尽管这些指数不能涵盖更完整的时间区间或国家样本，它们仍然可以为长期趋势提供更多的线索。

美国的人口普查开始于 1940 年，每 10 年进行一次，调查会询问房主对其住房的估价。1940—2000 年间，经通货膨胀修正的估价均值年均上涨 2.0%，显著高于图 3.1 中住房价格指数所揭示的 0.7%的真实增长率。60 年间 2.0%的年增长率意味着总体评估较之于 0.7%的年增长率高出两倍。然而，人口普查数据没有像图 3.1 所示指数一样考虑房屋质量和面积的不断提升。1940 年以来住房状况发生了很大的改变。根据美国人口普查，1940 年时 31%的住房单元没有自来水，38%的住房没有浴缸或淋浴。与那个时期相比，现在人们的居住标准有了大幅提高，居住条件也相应得到了大幅改善。自 1940 年到现在，美国人口增长一倍，人均收入提高 3 倍，更多优质住宅得以建成。1940 年的那些狭小而质次的住房已被大量拆除，少数留下的也是质量好面积大的房子。所以当我们今天看到这些留下来的老房子时，可能会错误地认为，过去的房子跟现在似乎差不多。美国人口普查所报告的年 2%的价格增长主要指的是考虑了质量和条件改善的住房价格增长，而不是指那些没有任何改变的陈年老房子的价格增长。

在阿姆斯特丹的古老运河——海伦运河（Herengracht Canal）两岸，有一批高品质住房。阿姆斯特丹大学教授皮特・艾希霍尔茨（Piet Eichholtz）认为，这一地区非常适宜构建房价指数，因为这里的住房历经几个世纪仍然没有什么改变，而且房屋出售数据被精心地记录和保存了下来。艾希霍尔茨教授构建了 1628—1973 年间这一带高质量住房的价格指数，这一指数颇受关注。人们都知道 17 世纪早期发生于阿姆斯特丹的郁金香热事件，其时郁金香价格神话般暴涨。正如人们从这场郁金香热事件中所料到的，这一时期该地区房价曾几度暴涨暴跌。根据艾希霍尔茨的数据，海伦运河地区房价在 1628—1629 年间和 1632—1633 年间涨了一倍，此时正值郁金香热达到高潮的前期。1637 年，郁金香泡沫爆破之前，房价几乎又跌回到 1628—1629 年间的水平。如此看来，这一地带住房市场确实不稳定。但在对整个时期的房价指数进行通货膨胀校正后，我们发现房价在总体上并没有大幅上涨。1628—1973 年间，海伦运河两岸实际房价的年均增长率只有 0.2%，实际房价确实翻了一番，但这一过程历经近 350 年。[14]

我的同事卡尔・凯斯（Karl Case）通过诺福克县房产契约注册处

查询了含有类似于“多块未开发土地”、“大块土地”等字眼且未提及任何建筑或者建筑改造的土地销售记录，在此基础上构建了波士顿地区长期土地价格指数。这种方法可消除住房品质变化对价格指数的影响。凯斯发现，1900—1997 年间，每平方英尺土地实际价格年均增长 3.9%。这一增长率较之于图 3.3 中波士顿地区住房价格指数增长率要高得多，且超过实际 GDP 的增长率。[15]

经济学家霍默·霍伊特（Homer Hoyt）于 1933 年出版了著名的《芝加哥百年地价》一书。霍伊特也发现了土地价格戏剧性的上涨。比如，其数据显示，1877—1931 年间政府大街和密歇根大街（主要的商业区）经通货膨胀修正的实际土地价格年均增长 5.9%，总共增长了 22 倍。[16]

当然，波士顿和芝加哥的这些数字不足以支撑全美房地产价格的上涨。波士顿和芝加哥在美国房地产市场不具有代表性，其充其量可比作是微软（Microsoft）这类新兴暴发企业。这些城市房价的惊人上涨是人们始料未及的局部性意外。霍伊特自己对芝加哥地价惊人上涨的原因非常清楚。正如他所写的，“19 世纪芝加哥地价上涨是古代或现代任何一个百万以上人口城市所不能比拟的……芝加哥在一个世纪的人口增长相当于巴黎在 20 个世纪里的人口增长”。[17]

此外，土地价格并不能有效替代住房价格，后者除了土地价格之外还包括建筑物价格。以前土地价格只占房价很小的一个比例，因此即便很多城市土地价格以相对较高的比率增长，房价却未出现大幅攀升。

撇除一些严谨的数据，如果我们仔细思考发生在我们身边的事情，我们也理应相信，过去几十年中住房价格并未出现显著的上涨。人们居住在比几十年前面积更大的家中，很多家庭拥有多处房产。更多的人拥有自己的住房，除了 2008—2009 年金融危机之后经济疲软的那几年。更多的子女们都搬出去并开始打理自己的住房，而不是与他们的父母一起住，直到结婚。[18]如果房价疯涨，他们又如何负担得起？这些现象意味着美国实际住房价格涨幅必定低于人均可支配收入涨幅，而 1929—2013 年间人均可支配收入年均增长率仅为 2.0%。

归根结底，尽管住房价格的真实走势存在某些不确定性，大多数证据表明，大多数住房的实际价格平均增长率并不似人们想象的那么高。

实际住房价格没有强劲上升的原因

前文数据显示，在相当长的历史时期内美国实际房价并未呈现大幅上涨，读者可能对这一结论感到不解。很多人都认为房地产价格一直强劲上涨，在日本、韩国和中国，这一现象甚至被称为“房地产神话”(the real estate myth)。那么，究竟土地是不是很稀缺？住房价格是不是随人口增长和经济水平提升而稳步上涨？

有理论认为，住房价格涨幅总体上应大于消费价格的涨幅。事实上，这一说法没有足够的依据。建筑行业的机械化水平日益提高，其技术进步的速度更甚于其他部门（诸如一些重要的服务部门）。理发师、教师、律师和法律顾问等或多或少还在按照过去的方式做事情，但新材料、新建筑设备、配件预制以及新的高层公寓建筑技术等，使得房子造价更低。如果住房造价降低，那么相对于其他消费品，房价理应下降。

公众注意力似乎都聚焦于拥挤的大城市，那里可用土地稀缺，土地价格高昂。但是大多数城市土地丰裕。那些试图在这些土地丰裕的城市发掘市场潜力较好的地块的开发商有时会抱怨土地短缺以及来自生态保护主义者和邻里协会的阻碍。不过，他们真正抱怨的是他们最有兴趣开发的那些优质地块的短缺。

在上述土地资源丰裕的城市，长期房价走势从未大幅偏离建筑成本。这并不奇怪。因为如果房价远远高于建筑成本，开发商就有动力向市场供应更多住房。住房供给会稳定增长，直到供给的增加导致住房价格重新回归建筑成本。

这些城市出现的房价稳定情形可以代表美国大多数城市的状况。可以建造房屋的土地当然很稀缺：除了一些围海造田项目，这些城市确实不能腾出更多的土地。但是全国绝大部分土地还是农业用地、林地和其他一些未被集约使用的土地，其中有很多土地可用于住房开发，这些土地的单位地价很低。根据 2010 年人口普查数据，美国城市土地面积只占全部土地面积的 3.1%。

房价的上述市场调节机制理应也适用于洛杉矶、波士顿，或者更远的伦敦和悉尼等可开发空置土地甚少的城市。如果人们能够从长远利益出发对房地产市场做出理性的判断，那么这些城市就应该存在类似的市场控制机制来阻止房价过快上涨：如果房价上涨使得住房抵押贷款占据家庭收入的很大一部分，房地产市场就有足够的理由向低成本地区转移。长远来看，这种机制可抑制经通胀修正的实际房价上涨过快，同时可粉碎膨胀过快的泡沫。这种市场机制对那些附近有大量可利用土地的城市最有效，对那些可利用土地很少的城市也有效，因为如果房价太高，居民和企业将会远离甚至完全离开这些地区。

然而问题是，居住在大城市的人们经常会认为构成房价最主要组成部分的土地价格会不断上涨。他们确信居住在这些地区具有得天独厚的优势。人们享有生活在名人聚居区的声望，也可以从这些地区的商业机会中受益。那里的居民很容易认为，会有越来越多的人抱有和他们一样的想法，人们会继续哄抬他们所在城市的房地产价格。这就是房地产市场的非理性繁荣。

但事实上，如果房价相对于居民收入涨得太高，人们就很难负担得起一套像样的住房，人们的想法也会因此发生变化。人们将逐步意识到，居住于大城市的声望并没有那么重要。同时，尽管个别城市因特别的商业而名声在外，人们会发现类似的商业中心正在其他城市不断崛起，比如在曾经的烟草地带建立的北卡罗来纳州研究三角园区。在这些中心的促动下，企业重新选址，人口会从老的中心向新中心转移，老中心的房地产价格上行压力也因此得以缓和。

除此之外，过高的房价将带来政治压力，迫使政府放松对土地使用的限制，最终导致这些大城市住房供给（如高层公寓）的增长。

因此，在投机活动较频繁的大城市，很难从目前的房价波动中看出房价的长期走势。当人们乐观时房价上涨，但房价过高时又会有很多因素迫使其下跌。从图 3.2 可以明显看出，迈阿密和菲尼克斯从 1983 年到 2013 年的实际房价几乎是零增长，虽然其间两个城市的房价也曾翻过一番。基于上述分析，相对于股票市场来说，住房是一项收益较低的长期投资：虽然房地产市场偶尔也有波动，但其在全国范围内并未给长期投资者提供获利空间。当然，我们也别忘了住于自己的房子所带来的隐性“红利”，即由住房所提供的庇护和其他服务。这些“红利”是免税的。经常有人说，买房子比租房子更具税收优势。设想居住在同等条件住房里的两个人彼此交换住房，彼此向对方交付租金，则任意一方的租金收入可以抵偿其所付的租金。尽管从经济角度这样做毫无意义，但如果租金收入需要缴税的话，则任意一方扣税后的租金收入就无法抵偿其所付租金。正是由于这个原因，大多数人更愿意买房而不是租房。

人们更愿意买房而不是租房的另一个原因是，租房合约存在内在的道德风险问题：租房者没有足够的意愿如同房主一样爱护屋内的财物。这种道德风险问题的结果是，房主可能提高房租，或站在自己的角度不愿意为租赁劳心费力，也不愿意根据租房者的要求对房产品质进行提升。

目前，还没有办法如同计算股票市场股息（通常需缴税）一样精确度量购买住房所带来的免税隐性“红利”以及抵消部分隐性“红利”的住房维护成本。事实上，住房所带来的隐性“红利”很难精确度量，因为我们很难将拥有和居住于自己的住房所获得的精神收益以及保养房屋所付出的精神成本转化为货币价值。对于住房持有者来说，这种精神收益不能等同于出租房屋所收取的租金，因为他们和租房者处于本质不同的物质世界中。随着时间的变化，住房持有者对于这种精神收益可能有着不同的感受。此外，与股息成比例于股票投资不一样，住房带来的精神收益与住房投入并没有直接的比例关系。如果一个人购买了超过其自身需要的过多住房，其不得不维护这么多房产，这对他们来说在精神上反而是一种负担。

因此，就住房投资和股票投资，没有人能够很确定地说一种比另一种更好。不同人有着不同的感受，其本质取决于个人的偏好及所处的环境。就特定购房者而言，他们也不清楚是否做出了明智的决定，随着时间的变化，他们对于投资住房的看法也会改变。有关这种改变，本书后面的章节将进一步阐述。

非理性繁荣的昨与今

基于一些线索，我和我的同事发现这些年来公众对于房地产投机的看法正在改变。这种改变见诸我们所阅读的 19 世纪末以来英文报纸和杂志有关房地产市场的一些报道。我们发现 20 世纪 90 年代之前，报纸和杂志都鲜有谈论诸如全国性房地产价格泡沫的内容。“非理性繁荣”在那个时候也只是被偶尔提及。“繁荣”一词在 20 世纪经常被用于描述房地产市场的状况，但早些年该词更多地是指建筑行业的繁荣（比如通过新建房屋数量测度）。经济学家们在描绘全国房地产市场时并不常提及泡沫或者投机。相反，人们更多强调的是，建筑成本从根本上决定了住房价格。各种文章更多讨论的是可售住房短缺而不是房价上涨。

令人惊诧的是，20 世纪 90 年代之前，人们较少地公开讨论房价。证据或者说原因之一是，在 1968 年全美房地产协会（National Association of Real Estate Boards）所发布的现房中位数价格开始被主要报纸引用之前，美国没有任何定期发布或者被定期引用的现房价格指数。[19] 20 世纪 80 年代末，我和卡尔·凯斯提出了用于估计美国主要城市房价指数的权重重复销售法，并发表了多篇文章。在此之前，美国没有可称得上“高质量”的房价指数。我们的方法后来被房利美、房地美以及美国联邦住房企业监督办公室（Office of Housing Enterprise Oversight，OFHEO）及其后来的联邦住房金融局（2009 年，房利美和房地美破产后，美国联邦住房企业监督办公室被重组为联邦住房金融局）等公司或组织所采纳。2000 年后《经济学家》（*The Economist*）杂志开始发布不同国家的房价/租金比率（类似于检验股市被高估或者低估的市盈率指标），在此之前，房价/租金比数据并没有得到新闻媒体的重视。

也就是说，直到 20 世纪末，那些可能助长非理性繁荣的有用的公开价格信息实际是不存在的。在此之前，报纸虽然偶尔会提及住房价格变化，但往往也是报道一些街头巷尾的看法或者房地产经纪人对于当前房价的一些观点。即使是这类报道也并不多见。这些都足以说明，公众对房地产价格走势缺乏兴趣。[20]

1960 年以前，普通公众对房地产市场的讨论更多的是表达对房东从房客身上收取过高租金的不满，很少关注独户住房价格的变化。那时人们生活于尚不发达的市场经济中，他们还没有开始认识到他们的幸福在很大程度上取决于房地产。

在 20 世纪 90 年代以前，公众的注意力集中于租金控制和住房合作运动，他们会团体购买公寓大楼，并共同管理这些房产。政府和集体性力量对市场的这类介入引起了人们的广泛关注，也因此当时的人们有理由相信，如果房价失控，政府部门不会坐视不管。

近一二十年来，人们的这些天真想法大多已经不复存在，尽管诞生于这些想法的租金控制和住房合作还在持续。公众开始更多地关注基于市场机制而不是干涉和控制机制来解决经济问题。然而，这一趋势带来的是人们对住房价格潜在不稳定性的更多忧虑，以及对各种泡沫滋生性信息的更多敏感。

我们分别在 Proquest 数据库和 Lexis-Nexis 数据库所收录的全球英文报纸中查询了“房地产泡沫”或“房价泡沫”等词语，其中 Proquest 数据库的相关信息从 1740 年开始，而 Lexis-Nexis 数据库从 20 世纪 70 年代开始。结果显示，这些词语在 1987 年股市崩盘之前很少被报纸所使用（正是这次崩盘前后，人们才开始谈论泡沫，那期间许多国家住房价格飞速上涨），但 1987 年以后这些词又很快销声匿迹了。20 世纪 90 年代末期这些词又重新出现在媒体视野里，到 2000 年后，这些词开始在各种新闻媒体里铺天盖地。

然而，报纸报道并不一定意味着公众关注。自 2003 年以来，卡尔·

凯斯和我每年都向新近购房者发放纸质问卷，通过一些开放式问题询问他们对最近的一些市场现象的理解，并要求他们通过文字的方式作答。问卷并没有提及“泡沫”字眼，也没有直接涉及有关泡沫的任何问题。2003 和 2004 年，几乎没有受访者在他们的作答中提出“房地产泡沫”。2005 年，“泡沫”一词开始涌现于受访者的回应中。之后，伴随着市场不断走高和登顶，这一词语持续被受访者青睐。这期间，新闻报道也频繁提及房地产泡沫。这表明，对大多数人来说，泡沫这个概念并非与生俱来，而是他们一段时间里耳濡目染于周围环境、媒体和大众言论而形成的思想。

以前人们的生活非常简单，他们储蓄，并在正确的时间购买住房。人们之所以购买住房，是因为住房是他们正常生活的一部分，他们并不担心房价会发生什么变化。随着住房投机性市场以及其他市场越来越多地渗入人们的生活，其越来越成为社会和经济的重要组成部分，也从根本上改变了人们的生活。住房价格变动过去只是在地区和局部意义上受诸如高速公路、运河和铁路的修建等事件影响，后来越来越具有全国性甚至国际性，今天也已与各种广为流传的“新经济时代”故事相生相长。住房价格变化折射了人们对房产价值印象的改变，体现了人们对投机性价格变化越来越多的关注。

贷款机构在房地产泡沫中扮演的角色

在房地产泡沫时期，贷款机构以及买家对市场表现出“非常态”的关注。他们将注意力都集中到同样的投资机会上。他们过于自信，并没有注意到市场崩溃的风险。

佛蒙特州法学院教授珍妮弗·陶布（Jennifer Taub）在她的《别人的房子：数十载救助、强制监管机构以及恶毒的银行家们如何将住房抵押贷款塑造成一个繁荣的产业》[21]一书中巧妙地描述了本世纪初房地产泡沫对于美国贷款机构的影响。她描述道，在 2006 年住房价格探及最高点之前的住房市场繁荣时期，主要抵押贷款机构对它们所取得的一项又一项瞩目的新成绩欣喜若狂，公然无视它们所创造的各种风险。

其中一家贷款机构，华盛顿互惠银行（Washington Mutual，WaMu），是一家储蓄银行控股公司。其前身可追溯至 1889 年的华盛顿国家建筑贷款和投资协会，该协会于 20 世纪初更名为华盛顿互惠银行。

华盛顿互惠银行起初是一个互惠基金组织（一种不以营利为目的的合作性基金组织），1983年里根时期，其被解除管制，成为营利性公司。其名称被允许保留“互惠”。这多少有些遗憾，因为“互惠”有点不合时宜，对于公众已经没有任何意义。它抛弃了最初的意识形态，演绎了一曲无视风险而拼命向前冲的故事。通过实施激进的借款客户发展策略，它成为美国最大的储蓄和贷款机构。事实上，在其激进的首席执行官克里·基林格（Kerry Killinger）的带领下，华盛顿互惠银行摇起“Yes的力量”这杆大旗，向那些有着不良信用记录的潜在借款人鸣号集结，宣称不会拒绝他们的贷款申请。金融危机后，华盛顿互惠银行成为美国历史上最失败的银行。但在繁荣时期，公司沉浸于其骄人业绩，全然无视自大萧条以来一直未曾爆发的住房危机爆发的可能性。

另一个抵押贷款机构，由安杰洛·莫兹里奥（Angelo Mozilo）执印的全国金融公司（Countrywide Financial），也有着类似的公司文化。秉持“为各种贷款定价”的理念，其繁荣和衰落在金融危机中如此耀眼。

普林斯顿大学的阿提夫·米兰（Atif Milan）和芝加哥大学的阿米尔·萨菲（Amir Sufi）的研究表明，地区贷款标准越宽松，房地产泡沫前房价上涨得越多，泡沫破裂后回落得也越多。[22]这种现象部分意义上是因为监管的掉以轻心使得以业绩为导向的银行毫无羁绊。

2006年后，房市崩盘。之后，很多人向我诉说：“为什么不将更多的抵押贷款机构负责人收监?”问题是，对他们实行这样的惩罚非常难，因为没有办法证明他们触犯了什么法律。克里·基林格实际上只是在2011年被联邦存款保险公司以“肆意放贷”起诉，但这项诉讼最后以金融和解而告终。[23]2009年，安杰洛·莫兹里奥被美国证券交易委员会指控内幕交易和证券欺诈，但也仅以和解而告终，所有对他的刑事调查于2010年终止，直到最后莫兹里奥也未承认任何不法行为。[24]

不论他们具体做了什么，不论他们犯了什么罪，对于我们解读泡沫来说，他们的行为在本质上也是由于他们都沉迷于投资机会，并对那些殃及更广泛投资者的风险掉以轻心。

后文的研究路径

在本书的下一篇，我审慎地提出了一个有关泡沫的理论，该理论既适用于股票市场，也适用于住房市场，事实上其适用于任何投机市场。该理论对这些投机市场中各种现象背后的原因进行梳理，当然这些原因从来都不是简单的，也不是任何妙语所能点破的。针对该理论，我们还构建了一个必要的简单反馈模型以理解价格变化。本书的后续章节还将从不同角度仔细和反复思考这一泡沫理论。

【注释】

[1] 总部位于巴塞尔的国际清算银行较早地收集了世界各地的房地产价格数据，但是并未将这些数据整理出版。伦敦的《经济学家》杂志收集了相关的房地产指数，这些指数与国际清算银行的数据类似，也经常被用于各国间房地产价格的比较。

[2] 在中国，有很多繁华的城市，但是在其他地区，供给的大量增加遏制了房价的增长：中国政府允许以非常快的速度建造住房，而不像其他国家那样有更多的地域和环境限制。近年来，中国政府也试图缓和快速增长的房价。

[3] 图 3.1 是我建立的住房价格指数。建立这一指数时，首先将每年的住房价格指数集合在一起，建立一个名义住房价格指数，然后再利用消费者价格指数扣除名义价格指数中通货膨胀因素的影响。

虽然在 1960 年以前住房价格指数还未定期发布，有些经济学家已经在独自构建住房价格指数，这些指数涵盖了 1890 年以来的绝大多数年份，我们发现 1890—1934 年和 1953 年至今的住房价格指数都假定房屋的品质是不变的。

1890—1934 年的名义住房价格指数来自 Leo Grebler，David M. Blank，and Louis Winnick，*Capital Formation in Residential Real Estate*（National Bureau of Economic Research and Princeton University Press，1956）。该指数是在调研了美国 22 个城市的私有房主的基础上建立的一个重复测量的指数，调查要求房主提供 1934 年他们住宅的价值以及购买日期和购买时的价格，与简单的中位数价格不同，由于该指数建立在对个人住房重复测量的基础上，它可以避免由于住房被出售或面积增大以及品质变化导致的偏差，该指数的缺陷在于，早期住房的购买价格依赖于房主的记忆。

我们建立的 1934—1953 年的名义住房价格指数是利用报纸上广告刊登的五个城市住房价格的平均数计算出的一个简单平均数。这五个城市是芝加哥、洛杉矶、新奥尔良、纽约和华盛顿特区。我的学生们从耶鲁大学图书馆的微缩报纸上搜集了前四个城市近 30 年的数据；华盛顿特区的数据只涵盖 1934—1948 年，数据来自 E. M. Fisher，*Urban Real Estate Markets：Characteristics and Financing*（New York：National Bureau of Economic Research，1951）。1934—1953 年的中位数序列无法纠正住房品质变化的影响，我们使用的另一个时期的指数可以做到这一点。住房面积的增大和品质的提高会导致住房的中位数价格偏高，这也是我尽量避免使用中位数价格的原因。

1953—1975年的名义住房价格指数使用的是美国消费者价格指数中住房购买部分的数据，劳工统计局搜集了这些年里房屋寿命和居住面积保持不变的住房数据。20世纪80年代以后，他们停止搜集这些数据，转而利用等值的住房租金来计算相关的消费者价格指数，试图通过上述改变纠正消费者价格指数中住房购买部分概念上的缺陷：这一消费者价格指数被认为是消费品或服务的价格，而不是投资品的价格。在我们的研究中，购买二手房应该属于该指数的计量范围，但房屋购买部分的数据存在缺陷，最明显的是这部分数据只统计了由政府津贴抵押贷款购买的住房，劳工统计局用来纠正抵押贷款最高限额的程序不是最优的。参见J. S. Greenlees, "An Empirical Evaluation of the CPI Home Purchase Index 1973-1978," *American Real Estate and Urban Economics Association Journal*, 1982。对在这里使用的1975年以前的指数更为详细的讨论，参见"Consumption, Asset Markets and Macroeconomic Fluctuations," *Carnegie-Rochester Conference Series on Pubic Policy*, 17 (1982): 203-238。

1975—1987年的名义住房价格指数来源于美国联邦住房企业监督办公室（OFHEO）发布的美国住房价格指数，可以访问其网站。这是一个重复销售指数，考虑了住房品质的变化。1987—2004年的名义住房价格指数来源于Fiserv CSW公司出版的重复销售的美国住房价格指数。从1987年起，CSW曾和OFHEO的数据显示出非常类似的时间序列走势。其中CSW数据中房价的增长幅度更为显著，我们将其归因于CSW的数据只统计了实际销售价格，而OFHEO的数据既统计了实际销售价格，也统计了评估价值。评估价值对市场条件的变化反应要慢一些。扣除通胀因素使名义值变为实际值的消费者价格指数同图1.1中和本书其他地方使用的是一致的。

该指数将两个建筑成本指数结合在一起。第一个1890—1915年的指数摘自Grebler, Blank, and Winnick, *Capital Formation in Residential Real Estate* (Princeton, N. J.: Princeton University Press, 1956), Table B-10, col. 1 (Housekeeping), p. 342。该指数是由房地产交易中以小时计量的工资和一个原材料价格指数加权平均而来的。第二个指数是工程新闻记录建筑成本指数。该指数记载了1915年至今20个城市的成本数据：包括泥瓦匠、木匠和建筑工人在内的技术工人66.38工时，25英担的标准结构型钢，1.128吨波特兰水泥和1 088块宽为2英尺、长为4英尺的木板。

1890—1953年的利率走势摘自Sidney Homer, *A History of Interest Rates* (New Brunswick, N. J., Princeton University Press. 1956), Table B-10, (col. 3), 45 (col. 15), 48 (col. 1), and 50 (col. 1)。1953年4月至今的10年期国库券的月收益来自联邦储备系统。这里的长期利率走势参见Jeremy J. Siegel, *Stocks for the Long Run*, 5th ed. (New York: McGraw Hill, 2014), http://jeremysiegel.com。西格尔在下述文章中描述了这些序列：Jeremy J. Siegel, "The Real Rate of Interest from 1800-1990: A Study of the U. S. and the U. K.," *Journal of Monetary Economics*, 29 (1992): 227-252。

[4] 参见标准普尔公司关于购买住房成本相对于租住成本的分析：http：//www. housingviews. com/2013/02/08/charts-of-rent-vs-buy-and-inflation-adjusted-home-prices/。联邦储备系统的一项研究发现，地方性数据中没有明显的证据证明高的房价收入比会预示未来房价的下跌。参见 Joshua Gallin，"The Long-Run Relation between House Prices and In-come：Evidence from Local Housing Markets"（Washington，D. C.：Board of Governors of the Federal Reserve System，Finance and Economics Discussion Paper Series No. 2003. 17，2003）。但这项研究使用的 23 年的数据正好截至全国性住房繁荣的中期，用来分析这一现象缺乏足够的说服力。

[5] 参见 Karl E. Case and Robert J. Shiller，"The Efficiency of the Market for Single Family Homes，" *American Economic Review*，79（1）（March 1989）：125 - 137。

[6] 根据联邦储备系统的一项研究，1970—2003 年，住房重置成本比住宅用地价格的走势平稳得多。参见 Morris A. Davis and Jonathan Heathcote，"The Price and Quantity of Residential Land in the United States"（Washington，D. C.：Board of Governors of the Federal Reserve System，Finance and Economics Discussion Series No. 2004 - 2037，2004）。

[7] 纽约联邦储备银行的乔纳森 · 麦卡锡（Jonathan McCarthy）和理查德 · 皮奇（Richard W. Peach）得到了一个完全不同的结论。他们在 2004 年 7 月的文章中写道，"房价本质上是随着家庭收入的增加而上升，随着名义抵押贷款利率的下降而下降"，参见 Jonathan McCarthy and Richard W. Peach，"Are Home Prices the Next 'Bubble'？" *Federal Reserve Bank of New York Economic Policy Review*，2004，p. 1。他们得到完全不同结论的原因部分归咎于他们的分析选择的是新住房的指数，即所耐品质不变的新住房价格指数。品质不变指数在过去 20 年里的增长小于二手房指数，说明没有泡沫，新住房价格与建筑成本比较接近，因为新住房倾向于修建在土地资源比较丰富的地区；我们不能指望在新住房价格中观察到泡沫。我们也不能期望新住房价格泡沫的破裂：新住房不可能修建在房价低于建筑成本的地方。麦卡锡和皮奇建立的结构性住房市场模型解释了在他们选定的样本期 1981—2003 年间，住房价格的变动与利率的变动是吻合的。当利率开始出现反转性的下降趋势时，住房价格正好处在一个较长时期的较高水平，看起来他们是对的，但在美国的大多数地区，没有一个房价大幅上涨的地区不伴随着泡沫的出现。

[8] 参见 Claudio Borio and Patrick McGuire，"Twin Peaks in Equity and Housing Prices？" *BIS Quarterly Review*，March 2004，pp. 79 - 93。在美国，从 20 世纪 30 年代起固定的长期贷款利率成为主流。看起来在那些实施浮动利率的国家，房价对利率的变化更为敏感。参见 Kostas Tsatsaronis and Haibin Zhu，"What Drives Housing Price Dynamics，Cross-Country Evidence，" *Bank of International Settlements Quarterly Review*，March 2004，pp. 65 - 78。另一项对 6 个工业化国家的研究发现了利率、股票市场和经济总体的活力对住房价格的影响，参见 Gregory D. Sutton，"Explaining Changes in House Prices，" *Bank of International Settlements*

Quarterly Review, September 2002, pp. 46 - 55。

[9] 按照美国的标准，第一次世界大战比第二次世界大战的规模小得多。一战中，美国军队中的男性只占全体男性公民的9%，而在二战中这一比例为24%。美国在一战中的实际参战时间只有7个月，而在二战中参战时间为45个月。

[10] 数据考察了1934—1953年5个美国大城市，其中每一个城市二战后的房价都显示出急剧的上涨。但这些城市的房价上涨与全国房价上涨的关系不是很清楚。因此我试图找到全美房价上涨的其他一些相关证据，特别是有关二战以后住房价格出现的大幅度上涨。

美国人口普查局搜集了从1940年起由房主估计的住房价格的数据。这些数据显示，1940—1950年，房价涨幅中的45%是由于通货膨胀的影响造成的，而我们的数据中是30%。

《纽约时代周刊》1951年的一篇文章报道了一项对150个城市的调研，由道琼斯服务公司副总裁迈伦·马修斯（Myron Matthews）所作，比只有5个大城市的调研更有代表性。该调研显示，在代表性城市中，1941年一套6 000美元的房子现在标价13 860美元。（Lee E. Cooper, " Effects of Curbs on Building Loans Will Appear Soon, " *New York Times*, April 22, 1951, p. 225.）"代表性城市"一词有一点模糊。但这些数字显示1941—1951年间名义住房价格上涨了131%（实际上涨了28%），与我们的指数估计的154%的名义住房价格的涨幅（实际上涨了41%）差别不大。

但《纽约时代周刊》1949年发表了一篇报道美国国家房地产商协会所作的对276个城市更大范围调研的文章。该文章报道，自1940年以来这些城市的住房价格平均只上涨了大约50%。（Lee E. Cooper, " Realty Men Look for Further Rise in Housing Prices," *New York Times*, May 3, 1949, p. 81.）因为1940—1949年消费者价格指数上升了73%，其数据显示在这一时期实际住房价格下降了13%，而不是我们的数据所显示的上涨22%，但276个城市平均住房价格的上涨与全国住房均价上涨相比很可能出现负偏差，因为研究样本过于强调小城市。该研究也承认在一些拥挤的地区，买房者不得不支付比过去高出一倍的价格。我们的指数显示，1940—1949年间名义住房价格上涨了111%。说明我们的数据较第二次世界大战后全美的房价上涨存在正偏差。

[11] President Franklin Roosevelt's statement on signing the GI Bill, June 24, 1944, Franklin D. Roosevelt Presidential Library and Museum, http : //www.fdrlibrary. marist. edu.

[12] 数据来源：Japan Real Estate Institute, Shigaichi Urban Land Price Index, Tokyo Metropolitan Area, deflated by the consumer price index.

[13] Prime Residential Properties, rupees per square foot, deflated by the consumer price index, Knight Frank India.

[14] 参见 Piet Eichholtz, " A Long Run House Price Index: The Herengracht Index, 1638-1973," unpublished paper, the University of Limburg and the University

of Amsterdam, 1996。

[15] Case, Karl E., "Measuring Urban Land Values," unpublished paper, Wellesley College, October 26, 1997.

[16] 根据霍伊特书中的表XLIV计算，见"Land Values on North-South Streets in the Central Business District of Chicago, 1830 - 1931," p. 345, in Homer Hoyt, *One Hundred Years of Land Values in Chicago* (Chicago: University of Chicago Press, 1933)。经过比较，我选择了 1877 年和 1931 年的数据，因为根据美国经济研究局的界定，二者都处于经济不景气中期，事实上都处在衰退之中，因此在经济条件上具有可比性。

[17] Hoyt, *One Hundred Years of Land Values in Chicago*, p. 279.

[18] 美国人口统计资料显示，新住房的平均面积由 1970 年的 1 500 平方英尺增加到 2000 年的 2 200 平方英尺，家庭规模由 1970 年的每户 3.1 人下降到 2002 年的每户 2.8 人。

[19] 一项研究发现，第一次对住房销售中位数价格进行披露的主要报纸是 1968 年的《华盛顿邮报》(*Washington Post*)。参见"Average Sales Price Up \$1 000 to \$20 630," *Washington Post Times Herald*, October 5, 1968。很明显，之前并没有被广泛认知的定期披露的住房销售价格指数。《纽约时报》1963 年的一篇关于由政府披露的新住宅的中位数价格的文章指出："这项全新的研究引起了房地产行业广泛的兴趣，一个原因就是之前还没有政府或行业的统计报告关注房屋的销售。"参见"New Home Study Arouses Interest," *New York Times*, October 13, 1963。

[20] 在 1960 年国会创立房地产投资信托之前，美国还没有公开交易的房地产证券，因此在公开的价格中还无法记录有关房地产投机活动的信息，即使信托设立以后，房地产投资信托的投资绩效还不是个体房主投资绩效很好的指示器，因为住房的本金和由其产生的投资收益仍然存在本质的不同。

[21] Jennifer Taub, *Other People's Houses: How Decades of Bailouts, Captive Regulators, and Toxic Bankers Made Home Mortgages a Thrilling Business* (New Haven, Conn.: Yale University Press, 2014), p. 141.

[22] Atif Mian and Amir Sufi, "Summary of 'the Consequences of Mortgage Credit Expansion'," *Proceedings, Federal Reserve Bank of Chicago* (May 2008): 129-132.

[23] "3 WaMu execs agree to settle FDIC lawsuit for up to \$64 million," *Los Angeles Times*, December 3, 2011. http://articles.latimes.com/2011/dec/13/business/la-fi-fdic-wamu-20111214.

[24] Gretchen Morgenson, "Lending Magnate Settles Fraud Case," *New York Times*, October 16, 2010. http://www.nytimes.com/2010/10/16/business/16countrywide.html?pagewanted=all&_r=0.

第一篇

结构因素

第 4 章　诱发因素：互联网、市场经济疾速发展以及其他事件

是什么从根本上导致了 1982—2000 年间诸多国家股票市场的戏剧性攀升？为什么在经历两次重大调整后，至本版书稿完稿，这些国家的股票市场又再次回到之前的价格高位？什么因素决定了过去几十年里实际长期利率的下降趋势？又是什么从根本上推动了诸多国家继股票市场繁荣之后的房地产市场繁荣？要回答这些问题以及未来一定会再次上演的类似问题，笼统地说市场受到了非理性繁荣的冲击是不够的。我们必须厘清导致这种戏剧性市场表现的市场外部诱发因素。

绝大部分历史事件，从战争到革命，其背后都不是由一些简单的因素推动的。当这些事件朝着极端方向发展时，其通常是众多因素共同作用的结果，其中任何单个因素都不足以解释整个事件。

罗马不是一天建成的，也不是毁于某一突发的厄运。应该说，罗马的灭亡是各种因素——重要的和次要的，间接的和直接的——共同作用的结果。当然，对于那些寻求科学精确性的人来说，这一模棱两可的说法难以令人满意。不过，要确定和分离出各种诱发因素却是极为困难的。但这正是历史的本质，也正是这种模棱两可性使得人们不断寻找新的和更全面的信息以大体勾勒这些历史事件背后的前因后果。

在第 1 章中，我们看到了一些因素，它们似乎可以在某些时候“解释”市场的变化，例如长期利率。这些因素也可用于解释住房价格的走势。事实上，在现实经济生活中往往有大量因素看似能够“解释”价格投机行为，然而，我们却不可能对所有这些因素进行充分的分析。我们不能以一种过度简化的方式从任何单一因素来分析这些行为。比如，长期利率究其根本并非一个真正的外生因素，它是供给和需求因素导致的

一种市场现象。这种供给和需求同时也是股票市场价格水平的决定因素。长期利率表现与股市价格表现一样，在一定程度上体现了相同的市场心理。因此，我们必须洞悉这种市场心理的本原。

理解促使市场变化的因素是非常困难的，因为一些重要市场事件发生的时间往往与它的诱发因素（precipitating factors）发生的时间并不完全同步。诱发因素的变化通常体现为一种中期趋势，因此，当公众注意到这种变化时，它已经发生了很长一段时间。而人们对市场或彼此行为的反应直接决定了特定市场事件发生的时机，这体现了市场内在运行机理的复杂性，我们将在下一章中讨论相关问题。但是如果我们想要了解市场变化的原因，就必须首先考察其诱发因素。

打个比方，虽然雪崩发生时并不一定会有突然的降雪或气温的变化，但人们仍然会通过长期监测降雪量和气温水平来预测雪崩的发生。当然，这样做也许还是永远不可能说明雪崩发生的精确时间。股票市场和其他投机市场的剧烈波动也有着同样的道理。

认识到这些局限性后，我们来看一张清单，该清单列举了可用于解释过去 20 年全球股价（以及特定情况下的债券和房地产价格）上涨的各种因素。通过这些因素，我们亦可试着理解市场未来的变化。

可以说，这些因素组成了市场泡沫的华丽“外衣”。在本章中，我将集中阐述那些已经对市场产生影响的因素。尽管经济学基础理论强调理性分析，而我所列出的这些因素却是所谓的理性分析不纳入核心分析框架的因素。同时，我所给出的清单忽略了一些发生微小变化的基本经济变量（例如收益的增加、实际利率的改变），尽管从理性分析角度这些变量本应对金融市场产生影响。在常态时期或者说在个股分析中，这些理性因素相对更大程度地决定了价格变化。事实上，正是因为各种投资市场具备对这些理性因素做出恰当反应的能力，才使得良性运作的金融市场在总体上促进（而不是阻碍）了经济效率的提高。[1]特别的，我所构建的这张因素清单将有助于我们洞悉股票市场和房地产市场最近的（或者说当下的）超常态表现（而不是常态表现），也因此聚焦于那些非理性的影响。

在具体阐释这些因素时，我更多地关注普通大众的反应，而不仅仅是那些职业投资经理的反应。一些观察家认为，职业投资经理更具有判断能力，并且他们总是努力去消除非职业性投资大众所带来的“非理性繁荣”。他们认为，职业和非职业投资行为存在显著差别。[2]然而，职业投资者和个人投资者一样也会受到普遍性投资文化的冲击，我们在本章所要讨论的许多因素也毫无疑问地影响了他们的投资决策。这些职业投资人通常会向个人投资者提供投资意见，因此事实上职业机构投资者和个人投资者之间并没有截然的区分。

本章所列举的因素一部分作用于股市背后，包括资本主义的发展、对商业成功日益强烈的追逐意愿、信息技术革命、生育高峰（baby boom）所导致的人口结构变化、通货膨胀率下降、“货币幻觉”（money illusion）、投机和冒险蔚然成风等等。其他因素则作用于股市前端，打造了不断变化的投资文化，这些因素包括激增的媒体财经报道、股票分析师极激进乐观的预测、401(k) 计划（401(k) plans）的推广、共同基金（mutual funds）的爆发性增长、股市交易额的扩张等。

诱发 1982—2000 年千禧繁荣的 12 个因素

本书第一版于 2000 年出版，恰在 2000 年股市高峰之前。我于该年初给出了一张清单，列举了导致看涨心理和股价飞跃的因素。本部分给出的即是当时提出的因素列表，其源于当时的时代思想，其中一些因素今天仍然适用，另一些则不然。

1. 互联网的发展与收益持续增长相映成趣

20 世纪 90 年代的后 5 年里，互联网（Internet）和万维网（World Wide Web）已经进入家庭，使我们密切感受到技术进步的步伐。1993 年 11 月万维网首次亮相，1994 年 2 月 Mosaic 网络浏览器公开面世，相关事件揭开了互联网走向公众的序幕。当时互联网仅有少数用户，直到 1997 年，大多数人才开始接触这一神奇的科技。从那时起，纳斯达克（NASDAQ，较之于今天，当时这一股票指数更多地反映高新科技股）股价指数便持续飙升，到 1999 年末该指数已上涨了 2 倍，市盈率也达到了前所未有的高度。

互联网技术的非同寻常之处在于，它为所有人提供丰富多彩的休闲娱乐及当前资讯。从这个意义上说，互联网的重要性与个人电脑或此前的电视相当。事实上，互联网传递的有关未来的信号要比电视或个人电脑进入家庭所传递出的信号更为生动。使用互联网使人们有“控制世界于股掌之间”的感觉，人们能够通过电子手段漫游世界，完成以前不能做到的事，甚至可以建立一个网站，用全新的方式成为世界经济的一员。相比之下，电视的出现只不过使人们成为被动的娱乐接受者，而个人电脑则主要被用作打字机和高科技游戏机。

互联网带给人们直观的体验和强烈的震撼，人们也理所当然地认为互联网亦具有重大的经济意义。毕竟想象互联网技术带来的影响比想象造船业的技术进步或材料科学的新发展要容易得多。对于后者，大多数人可能根本没有听说过。

以实际标准普尔综合收益来衡量，1994 年美国公司实际利润增长了 36%，令人瞩目，1995 年增长了 8%，1996 年增长了 10%。这一增长差不多与互联网的诞生同时发生，但事实上两者几乎没有联系。分析家指出，利润增长得益于 1990—1991 年萧条后持续的经济复苏、美元汇率的走低、其他国家对美国资本及技术出口的强劲需求以及美国公司借以削减成本的积极措施。引起利润增长的不可能是互联网的发展，因为当时新兴的互联网公司尚无获利能力。但是收益增长与互联网这项新技术的诞生之间的戏剧性巧合，给人们一种错觉：两者之间或多或少存在联系。随着新千年的到来，人们对未来充满乐观，媒体铺天盖地地将两者联系在一起。

毋庸置疑，互联网本身是一项重要的技术进步，它和计算机、机器人技术一样，被认为能给我们的未来带来深远的影响。但是，我们可能会问，互联网和计算机革命究竟会对现有美国企业的价值产生什么样的影响呢？新技术的出现总会对市场产生影响，但如果假定企业对新技术不具有垄断性，那么新技术还能使现有企业的价值上升吗？[3] 互联网的出现会提高道琼斯工业平均指数的价值评估吗？（这一指数直到 1999 年才开始纳入互联网股票）。[4]

2000 年前后组建起的 E* Trade 公司、亚马逊网上书店（Amazon.com）以及其他一些新兴公司利用互联网在短期内赚取了巨额财富，这造成了一个假象，即现有企业将从互联网革命中获益。然而，当时的人们也一定深知，越来越多的新兴公司将在美国和其他国家出现，这些新公司又会与他们在当时所投资的公司相竞争。简单地说，新技术对已有公司的影响是双向的：它的出现既可能增加也可能减少现有企业的利润。

就股市的繁荣而言，重要的不是互联网革命对于人们现实生活所产生的无法言喻的深远影响，而是这一革命所引起的公众反应。公众反应受到互联网神话的光鲜直觉所影响，而有关互联网的各种凯旋故事以及论调又进一步渲染了这种光鲜。如果我们经常上网，这样的凯旋之声可信手拈来。

2. 美国经济必胜的信念和国外竞争对手的衰落

上世纪末期，股票市场登峰造极之前，美国的市场经济经验开始为其他国家所学习。中国从20世纪70年代末开始接受了市场经济，苏联内部市场化的程度也在持续增强，并且在1991年解体为若干个以市场为导向的国家。全世界都似在向美国看齐，人们很自然地认为，美国有着全世界最高的股市价值。

自1982年牛市以来，这类政治事件相继上演。美国牛市之后的数年见证了其他国家经济的衰落：1989年后，日本市场开始下行，经济长期低迷；1997—1998年，亚洲金融危机爆发，适逢美国股市戏剧性扩张，美国经济迎来了新千年前的全新版图。其他国家的经济衰落本可能被认为是美国股市的利空，其昭示着某些厄运的开始。然而，事实上，很多人只是简单地认为其体现了主要经济竞争对手的日益衰弱。美国与其经济对手之间的关系经常被媒体描述成只有一个赢家的竞争，就像体育比赛。因此竞争对手的衰落就被简单地视为利好。

3. 政治和文化的变迁助力了商业成功

1982—2000年的牛市伴随着实用主义价值观的盛行。1975年和1994年的Roper-Starch公司的调查问卷问道："你认为下列各项中哪些是幸福生活（你梦想中的生活）的一部分？"1975年，38%的人选择了"很多钱"这一项，1994年超过63%的人选择了这一项。[5]

这种实用主义气氛已经改变了我们的文化。现在，人们对成功的商业人士的尊重相当于或更甚于对杰出科学家、艺术家或革命家的尊重。社会上出现了越来越多的实用主义者，他们将投资股票视为迅速致富的捷径。

家庭妇女已经不再像原先那样受到赞美，女性就业的比例不断上升。家庭妇女就业还可为家庭信贷和住宅融资加分：大约20世纪70年代开始，抵押贷款机构在审核贷款发放时，将家庭中母亲的收入也计算在内，并因此提升放贷幅度。这也推动了住房价格的上涨。

另一方面，犯罪率的降低使人们更具有安全感，较少担心被抢劫或受到身体伤害，这进一步推动了人们的实用主义价值观（赚钱的想法）。1993—2003年间，美国的经济犯罪率每千人下降了49%，暴力犯罪率每千人下降了 55%。[6]今天人们可以更加放心地展示自己的财富，财富也因此更加具有吸引力。而拥有一所豪宅更加吸引人。当然，近年来人们对恐怖主义的恐惧增加了，但恐怖分子似乎并不会专门攻击富人，并且一般不会入侵住宅。美国犯罪率的下降使得实用资本主义生活方式成为全球时尚。

值得注意的是，实用主义价值观本身与股市的变化并没有明显的逻辑关系。无论是不是实用主义者，人们都会很合乎情理地为将来攒钱，并为存款寻找最佳投资渠道。但是，实用主义氛围可能会影响人们对于股票的需求，因为股票长久以来就被认为具有迅速敛财的功能。此外，政治领域毫无疑问也受到实用主义的影响，而这种政治影响反过来又影响公司投资成败。

4. 共和党国会和资本利得税的削减

1980 年罗纳德·里根当选美国总统，与此同时参议院也自 1948 年以来第一次为共和党控制，而后 1994 年众议院也成了共和党的天下，至此国会两院皆归共和党（2014 年参众两院皆归共和党控制的局面再次发生，尽管这次总统是民主党人）。由于认识到选民们公共意识的变化，共和党人较之前任民主党更为亲商。国会的这一变化激发了公众对于股市的信心，因为他们相信这一立法机关有能力采取一系列措施保护企业利润和投资者回报。

此外，税收一直是美国政界竞争中的重要筹码。1995 年新的国会刚刚开始运转，削减资本利得税（capital gains tax）的议案就被提上了日程。1997 年，最高资本利得税税率从 28%下调到 20%。这一削减措施刚刚生效，国会又提出了进一步降低税率的法案。如果不是克林顿总统否决 1999 年税收法案，资本利得税将得以进一步削减。

即便实际税率维持不变，那个时候人们对税率可能下降的预期已经对股票市场产生了积极影响。1994—1997 年，许多投资者长期保持账面收益，直到资本利得税降低后再将其变现，这起到了稳定市场的作用。1997 年资本利得税下调时，人们担心一直在等待这一刻的投资者会大量卖出股票，从而导致股市滑坡，就像 1978 年和 1980 年税率下调后出现的情况一样。但这种情况在 1997 年并未出现，许多投资者认为未来将有一个更为有利的资本利得税税率，因此没有理由在税率下调后就立即卖出股票。

市场中的各种传言，例如资本利得税税率下调、资本利得税税率可能计入通货膨胀指数以及其他类似税率（例如，房地产税税率）等的下调等，都可能让投资者选择持有而不是卖出那些已经增值的股票。是的，如果资本利得税在将来还要下调，谁又会在 20%的资本利得税水平上平仓呢？在专家有关坐等资本利得税税率下调的建议下，许多投资者都会推迟卖出已经增值的股票，直到他们确信资本利得税税率已经降至历史低点。这种持股不抛的氛围很自然地对股价产生了上行的推动力。

5. 婴儿潮及其对市场的显著影响

第二次世界大战结束后，美国出现了一个生育高峰，婴儿出生率大大增长。和平时期的繁荣使那些由于经济萧条和战争推迟了生育计划的人们开始生养孩子。英国、法国和日本也出现了战后出生率上升的现象，但它们都不及美国的上升势头来得持久和强劲，原因多少是由于那些国家战后的经济状况仍然混乱无序。1966 年前后，美国及世界人口增长出现了明显减退的势头，并一直延续至今。从历史来看，这一人口增长的减缓现象即使算不上独一无二，至少也是罕见的：因为这一减缓并非由于饥荒及战争等外在因素，而是由于出生率的内在降低。[7]

节育技术的进步（避孕药于 1959 年发明，并于 60 年代中期在美国和许多国家广泛使用），以及社会对于避孕和流产合法性的认同对降低人口增长率有重要意义。同时，不断加快的城市化进程，以及教育和经济期望水平的上升也起了很大的作用。生育高峰及随后的生育低谷在世界很多国家形成了潜在的社会保障危机：那些生育高峰期里出生的人逐渐老去，并最终退休，而那个时候，能赡养这些老龄人口的年轻劳动力在全球范围内将减少（正如现在我们所看到的，这种现象已经出现）。[8]

美国的婴儿潮是指 1946—1966 年的 20 年，这期间婴儿出生率极高。因为这一轮生育高峰，2000 年时一个年龄介于 35～55 岁之间的超庞大人群开始出现，同时在这一阶段股市达到顶峰。其时有两种理论，皆认为如此浩大的中年人群的存在必将推动股市的发展。其中一种理论认为，那些在婴儿潮中出生的人竞相购买股票以备养老之用，从而抬高了股票相对于其收益的价格，导致了千禧繁荣年间的虚高市盈率。另一种理论则认为，婴儿潮中出生的人对当前商品和服务的消费促进了股市繁荣，这种促进也即经济学中的一个常见的积极效应：高消费意味着企业高收益水平。

这些婴儿潮理论未免过于简单。一方面，这些理论没有考虑什么时候婴儿潮会影响到股市，也许婴儿潮早在 1982 年前就已经通过投资者对股票价格产生了影响。另一方面，这一理论也忽略了诸如全球市场经济的兴起及其在上世纪后 20 年里对美国股市的需求等因素。上文述及的第二种理论将生育高峰对市场的推动归因于在生育高峰出生的人在其中年之时对于商品的需求，意味着企业的高收益导致股市行情高涨；然而这一理论无法解释股市抵达巅峰之时的虚高市盈率。

如果生命周期储蓄模式（life-cycle savings pattern）（第一种效应）是导致储蓄市场（包括股票市场、债券市场和房地产市场等）变化的主要作用力，那么，不同资产间的价格表现必将有着强相关性，长期资产价格和人口结构之间也必将有着强相关性。当人数最多的那一代人觉得有必要增加储蓄时，他们的储蓄行为将抬高所有储蓄工具的价格：股票、债券以及房地产。当这一代人觉得有必要减少储蓄时，他们的抛售行为会降低所有这些储蓄工具的价格。但如果我们分析股票、债券和房地产的长期数据，我们会发现，事实上这些储蓄工具的实际价值之间的关联性很小。[9]

上世纪 90 年代还盛行另一种理论，认为婴儿潮之所以对市场产生积极影响是因为那期间出生的人没有经历过 20 世纪 30 年代的大萧条和第二次世界大战，对股市及世界没有太多的恐惧。事实上的确有证据表明，成长时期的共同经历会给一代人的心态留下永久的印记。[10]在始于 1982 年的牛市的整个过程中，婴儿潮中出生的一代人逐渐取代了那些在大萧条和第二次世界大战中度过青少年时期的一代人，成为投资的主力军。

尽管那些认为婴儿潮对股市产生了影响的理论或多或少有可取之处，但实际上影响股市上涨的最主要因素是，公众注意到了婴儿潮这一现象，而且公众想当然地认为婴儿潮会对股市有正面影响。婴儿潮的影响是人们谈论得最多的股票市场和房地产市场话题之一，这些谈论本身就具有影响股价的潜能。人们相信，婴儿潮代表了当时股市中的一股重要力量，且这股力量在短期内不会减弱。这些认识营造出一种信念：股市有理由上升到一个高价位，而且在一段时期内，这个高价位还会持续下去。很多投资者为自己对人口趋势的领悟以及由此在投资中表现出的聪明才智而沾沾自喜，然而他们没有意识到这些想法实际上是多么平常。这些认识促使股价评估呈现出螺旋式持续上升趋势。

股市及房市婴儿潮理论的最杰出代表是哈里·S. 登特（Harry S. Dent）。1992 年登特出版了《前程似锦：繁荣新时代中通往个人及企业收益之路的综合指南》（*The Great Boom Ahead*：*Your Comprehensive Guide to Personal and Business Profit in the New Era of Prosperity*）一书，开始关注这一理论。该书相当成功，为此他又写了好几本续集。1998年，他出版了《火爆的21世纪：空前繁荣下追求理想的财富人生》（*The Roaring 2000s*：*Building the Wealth & Lifestyle You Desire in the Greatest Boom in History*），该书在1998年《纽约时报》最畅销书排行榜上蝉联4周之久。1999年，他又出版了《投资在火爆的21世纪：理想生活攻略》（*The Roaring 2000s Investor*：*Strategies for the Life You Want*）。根据亚马逊网上书店的统计，该书1999年跻身于所有发行图书销量的前100名之列。书中预测，股市将持续繁荣到2009年，到那时，46岁年龄组的人数开始下降，股市将开始滑坡。

登特在美国牛市期间对婴儿潮论题的"成功论述"自然而然地吸引了一批模仿者——所有这些人都为借助于股市通过婴儿潮杠杆致富的美妙机遇高唱赞歌。例如，1998年，威廉·斯特林（William Sterling）和斯蒂芬·韦特（Stephen Waite）合著出版了《繁荣经济学：即将来临的人口变迁时代中的个人财富前景》（*Boomernomics*：*The Future of Your Money in the Upcoming Generational Warfare*）。1996年，戴维·K. 富特（David K. Foot）和丹尼尔·施托夫曼（Daniel Stoffman）合作出版了《繁荣与萧条的轮回：营利在即将到来的人口变迁时代》（*Boom*，*Bust & Echo*：*How to Profit from the Coming Demographic Shift*）。关于婴儿潮及其对于股市影响的讨论无处不在，这些讨论大都认为，婴儿潮在当时及其后的几年内对于股市都是利好。

6. 媒体对财经新闻的浓墨渲染

1980年，第一个新闻电视台——有线新闻网（CNN）正式成立，并不断发展，其后1991年海湾战争及1995年辛普森世纪大审判等事件使其观众人数剧增，这两个事件大大激发了人们对不间断新闻报道的需求。观众养成了在白天甚至夜晚的任何时刻（而不再仅仅是吃饭时间）收看电视新闻的习惯。CNN之后，一些商业电视网相继出现，如1983年成立的金融新闻网［后来被并入广播公司商业新闻（CNBC）］，以及后来的CNN金融频道和彭博（Bloomberg）电视台。总的来看，这些电视网提供了24小时不间断的财经新闻报道，其中大部分涉及股市。这些媒体的影响无处不在，以至传统经纪公司发现有必要在它们经纪人的电脑屏幕左下角或右下角留出空间播放CNBC新闻。很多客户也打电话向经纪人询问刚从电视上听到的一些消息，相比之下，经纪人（他们平时太忙而无暇看电视）反倒显得落伍了。

那些年，不论是财经新闻报道的范围，还是报道性质，都发生了变化。哈佛大学 Shorenstein 中心的资深研究员理查德·帕克（Richard Parker）的一项研究表明：20 世纪的最后 20 年里，报纸将以往庄重的财经版变成了强化的“金钱”版，针对个人投资者提供有用的建议。过去报纸的主体是有关某些企业的专题文章，通常涉及某个行业或某个企业所关注的内容。而后来，主体则变为个人投资者的获利指南，相关文章通常涉及分析师为投资者抛出的各类新闻解读。[11]

此外，詹姆斯·汉密尔顿（James Hamilton）2004 年的一项研究表明，过去的几十年里，那些我们传统意义上认为比较重要的时政新闻在美国的晚间电视新闻节目中的比重逐渐下降。新闻节目更多地向观众介绍具有较强的故事性或直接用途的内容。汉密尔顿将这种变化归因为新闻媒体之间的竞争。媒体竞争优势的增强依赖于对那些边缘客户的争取和保有，而这些人往往对具有深度的新闻内容缺乏兴趣。[12]在这样的环境里，关于投资要诀的新闻自然更具有受众。

越来越多的投资指南报道激活了投资者对股票的需求，其作用正如消费品的广告一样。广告使消费者更熟悉该商品，时时提醒消费者购买此种商品，并最终诱使他们去购买。大多数广告实际上并不介绍该产品的实质，而仅仅是向消费者提醒该产品，唤起产品在消费者心目中的形象。当海量媒体大肆渲染投资时，股市行情上涨就不是什么新奇的事情，这如同一轮广告攻势之后，最新型的运动型轿车热销一样。

2000 年股市从巅峰跌落，此后财经类报道因公众的兴趣锐减而遭遇重大打击，这亦为媒体助长股价提供了进一步的证据。一些主要财经杂志如《红鲱鱼》（*Red Herring*）、《产业标准》（*the Industry Standard*）等都削减了财经内容。主要电视财经节目的收视率也遭遇重创。财经类书籍的销售量也大幅下降。

那些继续经营的财经类报纸对股票市场的关注程度也在下降。通过查询 Lexis-Nexis 数据库可知，1990—1998 年间美国主流报刊涉及股市的文章数量增长了两倍有多，报纸上充斥着各种各样的财经消息。但是截至 2004 年，相关主题文章数量不及顶峰时期的一半。

7. 投资分析师日益乐观的预测

扎克斯投资研究中心（Zacks Investment Research）的数据表明，

1999年下半年，投资分析师针对6 000余家公司股票所作的评论中，仅1.0%建议“平仓”（而69.5%建议“建仓”，29.5%建议“持仓”）。这一情况与以前数据显示的情况形成了鲜明的对比。10年前，建议“平仓”的百分比为9.1%，是1999年的9倍多。[13]

股市逼近巅峰期间，分析师不愿做出“平仓”建议有着多重原因。其中一个原因是，“平仓”建议可能激起有关上市公司的愤怒。这些公司会出于报复的目的，拒绝与那些提供“负面报道”的分析师商谈，把他们排除在信息发布会议之外，不为其提供与企业高层管理人员见面的机会。市场走向巅峰之前的这种现象表明，投资行业的文化以及分析师本着客观性进行股票推荐这一默认准则已然发生了根本性改变。

很多分析师不愿做出“平仓”建议的另一个原因是，越来越多的分析师受雇于股票承销公司。这些公司不希望它们的分析师做出任何有损业务营利的事情。相比于未受雇于投资银行的分析师，受雇于投资银行的分析师会对由该投资银行主要承销或者共同承销的公司股票做出明显有利的评价，即便这些公司的预测收益并不突出。[14]

一些懂行人士意识到，那个时期的“持仓”建议更像早些年的“平仓”建议。1999年，著名股市评论员詹姆斯·格兰特（James Grant）曾说：“诚实在华尔街从来挣不到钱，只不过过去经纪人还装出一副诚实的面孔，现在他们都懒得装了。所谓的证券研究比以往任何时候都更像一种销售手法。投资者务必小心！”[15]

分析师的建议类似于学校里被拔高的分数等级。C在以前意味着中等平均成绩，现在却被认为是刚刚及格。我们很多人意识到了这一水涨船高的现象，因而在评定孩子的实际成绩时，试图修正这一影响。同样，在股市中我们也应该分离出分析师所作建议中被夸张了的成分。可是，并非每个人都能对分析师的夸张语言作足够的矫正，因此，分析师标准的改变在总体上助长了股市的更高估价。

此外，分析师的报告不仅仅在测量尺度上发生了变化，更为甚者，对每股净收益增长定量的预测也出现了向上的偏差。美国联邦储备委员会史蒂文·夏普（Steven Sharpe）的一项研究显示，1979—1999年的21年中，有19年分析师对标准普尔500股票每股收益增长的预测值高于实际增长值。预期收益增长率与实际收益增长率之间平均相差9个百分点。在1980—1981年和1990—1991年两次严重的经济滑坡时期，分析师们似乎也应对自如，然而他们对收益的预测竟然是10%以内的增长。[16]夏普的研究报告可谓为分析师们敲了警钟，尽管如此，分析师们仍然未能准确预测2001年前后公司业绩的大幅下滑。

这一偏差是分析师进行一年期预测的典型特征；季度性预测进行于下一季度收益报告公布前，因此分析师们通常会更严谨些。为迎合企业想看到每季度收益增长高于预期的心态，分析师倾向于发布比实际数字稍低的预测。企业在公布收益报表的前夕，往往会与那些预测偏高的分析师商谈，敦促他们降低预测，而不理会那些预测偏低的分析师。这样，在没有明显做假的情况下，分析师们所给出的季度性平均收益预测会总体偏小。[17]如果客户偶尔也去评估分析师预测的准确度，他们最通常的做法是比较最新发布的收益和最新的收益预测。因此，在实际收益发布之前，分析师所给出的预测不会高得离谱，否则偏差过大会令他们十分尴尬。

分析师的夸大做法在笼统预测企业未来业绩时体现得最为明显，而在季度性、年度性实际收益即将发布之前，他们的预测会收敛很多。而正是这种对未来数年的笼统夸大预期，推动了我们在新千年所看到的股市高位行情。史蒂文·夏普的另一项研究显示，分析师对行业收益增长1%的夸大预测可导致该行业市盈率水平5%～8%的拉升。因此，夏普断定20世纪90年代的后5年里，分析师对长期增长趋势的过高预期似乎是驱动股市估值飙升的关键因素。[18]

分析师们从不担心他们对未来的乐观预期，他们甚至认为这一普遍的乐观态度对商业经营有利无弊。毫无疑问，因为同行们都有着这种长期乐观态度，分析师们会觉得人多势众，也因此，他们从从容容、例行公事般地对投资大众说说“美国前景一片光明”之类的套话，而不必关心这种说法的准确性。

在市场跨越了2000年的巅峰之后，那些让分析师不轻易做出“平仓”建议的后顾之忧在一定程度上得以纾解。一些公司主动制定了新的规则，要求它们的证券分析师做出出售股票的建议。因为根据美国证券交易委员会（Securities and Exchange Commission）2000年10月颁布的《公正披露规定》（Regulation FD），那些对公司提出批评意见的分析师不能被排除在公司的信息发布会之外，公司的信息必须向公众发布。2002年通过的《萨班斯-奥克斯利法案》（Sarbanes-Oxley Act）也规定，投行人员不得妨碍证券分析师研究报告的公布；当证券分析师的研究报告与投行活动发生利益冲突时，任何人和机构不得对分析师实施报复行动；金融机构的投资银行部门和研究部门必须分离。2003年，美国证券交易委员会出台《全球研究分析师法案》（Global Analyst Research Settlement），并依据法案对美国 10 家最大的投资机构开具 14 亿美元罚单，这些金融机构被指控为扩大投行业务蓄意向客户提供有失公允的证券分析报告。其中 8 000 万美元专门用于投资者教育计划。分析师报告也开始为投资者给出“平仓—持仓—建仓”推荐百分比。这一做法似乎减轻了千禧繁荣时期盛行的对于收益预测的过度乐观主义，同时由于法律的溢出效应，该法案的影响不仅存在于美国，还存在于其他很多国家。[19]

8. 固定缴费养老金计划的推广

千禧繁荣期间不断调整的雇员养老金计划促使人们去学习并最终接受股票这种投资手段。尽管这些调整和变化的初衷未必是要使得股票成为最佳养老投资工具，但这些调整强制人们在他们先前的各种养老投资选项中做出明确选择，这间接促使人们投资股市。在做出上述养老投资选择的过程中，人们接触并学习了股票知识，增加了对股票的熟悉程度。

美国养老金制度有史以来最大的变革是放弃固定受益计划（defined benefit plans）而推行固定缴费养老金计划（defined contribution pension plans）。1981 年是一个重要的里程碑：第一个 401(k) 计划得以制定，并很快被美国国内收入署批准。[20]在此之前，雇主退休金计划通常属于固定受益类型。依据这一计划，雇主仅仅承诺当其雇员退休时，给他们一笔固定数额的养老金。用于支付固定受益的储备金由雇主管理。401(k) 计划［以及类似的 403(b) 计划］规定为雇员设立一个可从雇员工资中代扣的延迟纳税退休金账户，雇员可以将 401(k) 账户上的资金投向股票、债券及货币金融市场。美国税法鼓励雇主向雇员 401(k) 账户资金缴存与雇员缴存部分等额的退休金，这也成为雇员参与养老金投资的强有力刺激。

自 1982 年股市跌入谷底以来，许多因素刺激了固定缴费养老金计划的发展。按传统做法，工会会将固定受益计划作为其会员退休后的福利保障，而随着工会的衰退，对这一计划的支持也越来越少。制造业作为工会和固定受益养老金的长期据点，其重要性已今非昔比。企业管理层也不再像以前一样青睐固定受益计划，因为如果企业在养老金方面出资过多，易使企业受到被收购的威胁。另一方面，随着员工寿命的不断延长，固定受益计划可能使得企业承担更多的以及未知的义务。事实证明，固定缴费计划比固定受益计划在管理上更经济。此外，固定缴费计划尤其受到那些喜欢自我管理投资的雇员的欢迎，也因此使得企业倾向于向所有雇员提供这种计划。

这些税费刺激使得更多劳动者参与到固定缴费计划，并可选择股票和债券进行投资。然而在实际执行过程中，政府强制性地向劳动者灌输股票相对于债券或者货币市场投资更具有利性。政府的做法无疑刺激了人们对股票的需求。1954 年，为提升公众对于股票市场的兴趣，纽约证券交易所开展了一场市场调查，调查表明大多数人对股票知之甚少：仅有 23%的公众能够对股票下一个定义。此外，调查还显示，公众对股市抱有一种模糊的不信任感。[21]因此，纽约证券交易所举行了一系列面向公众的信息专题研讨会，试图改变公众对股票缺乏了解的状况及公众对股票作为投资工具的偏见。但是在普及股票知识以及提升股票投资兴趣方面，交易所举办的任何研讨会都比不上人们在固定缴费计划投资中的亲身实践。

如果人们为了积攒养老金而把注意力集中到股市，他们会进行长远考虑。401(k) 计划公开的意图是为退休做准备，但退休对大部分雇员来说是很多年后的事。401(k) 计划组织者并不向投资者作短期投资时机建议，其也只是偶尔向投资者寄送投资价值报告书邮件。参与者不可能每天通过报纸查看他们投资的价值。因此，他们对养老金的投资更多的是长期性的，这种长期性考虑使得投资者不会过多关注股市的短期波动，而是着眼未来进行更高的远期估价，这也助涨了股市的价格水平。

鼓励投资者作长远考虑总体上是一种好事。然而，正如千禧繁荣时期所显现的，401(k) 计划的一个连带效应可能是，其通过其他的心理机制进一步增加了股票需求。雇主向雇员提供多种类型的股市投资选项，会潜在地激发雇员对股票的需求。经济学家什洛莫·本纳兹 (Shlomo Benartzi) 和理查德·塞勒 (Richard Thaler) 利用实验性数据以及养老基金分配的实际数据，考察了投资类型对最终投资选择的影响。他们的研究发现，人们倾向于将养老金配额均匀地分配于各可选项上，而并不关注每一个可选项的实际投资内容。举例来说，如果一项 401(k) 计划提供股票基金和债券基金两种选择，那么很多人会各放入 50%的资金。如果计划提供的两种选择是股票基金和平衡基金 (balanced fund)（假设这个平衡基金内置 50%的股票和 50%的债券），那么人们还是倾向于在每项上各注入 50%的资金，而这实际上意味着他们将总资产的 75%投到股票上。[22]

401(k) 计划提供的选项通常严重地偏向于股票。与此形成鲜明对照的是，大部分 401(k) 计划都不提供房地产选项。正因为如此，相比于对房地产的作用，401(k) 计划的发展更多地刺激了公众对股市的兴趣。事实上，上世纪 90 年代典型的 401(k) 计划提供的选项有股票基金、平衡基金（通常是 60%的股票加 40%的债券）、公司股票（对雇主公司的投资），还可能包括一些专门的股票基金［比如发展基金 (growth fund)］、债券基金（bond fund)、货币市场基金（money market fund）或固定收益担保投资合同（fixed-income guaranteed investment contracts）等。由此，本纳兹和塞勒的调查结果——面对着如此多的选择，人们唯独向股票基金投入更多的资金——就不足为奇了。此外，由于股票投资的类型更多，因而更多的注意力就被吸引到股票上来了。

正是以这样一种微妙的方式，股票的“兴趣价值”或“好奇价值”，而不是任何理性决策过程，激发了投资者在千禧繁荣期间超乎他们初衷地大量买入股票。这种似乎无意识的兴趣也助长了股市价格。

9. 共同基金的增长

千禧繁荣的历史同时还见证了美国共同基金产业的激增以及市场对于共同基金的大肆炒作。1982 年，美国股市正处于长期牛市的开端，当时仅有 340 个共同基金。到 1998 年，共同基金数量已增至 3 513 个——远远超过纽约证券交易所的上市股票。1984 年，美国股市拥有 890 万个国内股票共同基金股东账户，大约每 10 个美国家庭有 1 个账户。到 2007 年，有 1.45 亿个该类股东账户，平均每个家庭至少有 1 个账户。[23]在 2007 年股市峰值之后，账户数量的增长停滞，并且于 2013 年数量下降到 1.216 亿个，远低于 2007 年顶峰时期的数量。

共同基金只是新瓶装旧酒。早在 19 世纪 20 年代，美国就出现了投资公司，只不过它们不使用共同基金这一名称。[24]始创于 1924 年的马萨诸塞投资信托公司（Massachusetts Investors Trust）一般被认为是第一个共同基金。该公司与其他信托投资的不同之处在于，其公布投资组合状况，对投资者承诺谨慎的投资策略，同时当投资者要求撤资取现时可实现自动清偿。但这个共同基金发展缓慢，投资者在很长时间里并没有发现其优越性。相比之下，上世纪 20 年代的牛市则见证了诸多信托投资的蓬勃发展。这些投资公司并不具备我们今天的共同基金所具有的保护措施，存在很多欺诈性操作，有的公司甚至在图谋一种庞氏过程 (Ponzi schemes)（见第 5 章）。

1929 年股市崩盘后，许多这类公司的资产价值缩水甚至比股市自身还要惨烈，公众对信托投资的不信任随之达到极点。特别的，投资者感觉被信托公司经理所背叛，这些经理向来只顾追逐自身利益，而他们的利益与投资者的利益截然相悖。《1940 年投资公司法案》建立了对投资公司的管制，这一法案多少让公众重建了对投资公司的信心。但是公众需要的不仅仅是政府管制，他们还要一个不会让人联想起信托投资这个恶名的新名字。“共同基金”这个词语便应运而生了。共同基金与共同储蓄银行、共同保险公司在名称上有相近之处。后两种机构备受尊敬，因为它们经受了股市崩盘考验，同时几乎没有什么负面责难。因而，共同基金借用“共同”一词更让投资者放心，对投资者也更具吸引力。[25]

《1974 年雇员退休收入保障法案》开创了个人退休账户，这给共同基金行业注入了新的动力，但这一行业的真正腾飞始于 1982 年牛市开始之后。

股票共同基金此后得以迅速发展的部分原因在于它们构成了 401(k) 养老金计划的组成部分。当人们把计划余额直接投向共同基金时，人们便会越来越了解共同基金这一概念，之后人们也就更可能将非 401(k) 存款投到共同基金中来。

股票共同基金迅猛发展的另一原因在于，它们在广告宣传上做足了文章。千禧繁荣期间，电视节目、杂志、报纸频繁地打出基金广告，活跃的投资者还能在邮件中收到各种不请自来的广告。共同基金引导人们相信基金管理专家会带领他们有效地规避风险，从而促使更多天真的投资者参与到股市中来。

总之，股票共同基金的推广将公众的注意力集中于股市，其效应不在于影响单个股票的价格变化，而是从整体上刺激了股市的投机价格运动。[26]越来越多的投资者相信：共同基金是稳固的、方便的、安全的。这一信念鼓励了许多一度畏惧股票市场的投资者走入市场，从而推动了股市的上行。（有关公众对共同基金态度的进一步讨论见第 12 章。）

10. 通货膨胀回落及货币幻觉效应

以消费者价格指数百分点变化来衡量，美国通货膨胀在千禧繁荣的整个过程中逐渐好转。1982 年，尽管通货膨胀率维持在 4%左右，但人们还是很不确定通货膨胀率是否会回升到 1980 年时的高位（那一年通货膨胀率几乎达到了 15%）。牛市期间最显著的股价上升出现在 90 年代中期，其间通货膨胀率降至 2%～3%，随后又跌破 2%。

上世纪末期，我曾进行过一项有关公众对于通胀态度的访谈研究，研究结果表明大部分公众对通货膨胀非常关注。[27] 人们普遍认为，通货膨胀率是国家经济和社会机能状况的晴雨表。高通胀被认为是经济紊乱、基本价值丧失的表现，让国家在外国人面前蒙羞。而低通胀则被认为是经济繁荣、社会公正、政府廉洁得力的表现。这种态度今天仍然在很大程度上存在于我们当中，只不过最近的 20 年里，通胀不再那么让人揪心，这种态度自然也不会如当初那般强烈。毫无疑问，千禧繁荣期间日益降低的通胀率增加了公众的信心，也因此推高了股价。

但从一个纯理性的角度来看，股市对通货膨胀的这一反应是不恰当的。诺贝尔经济学奖得主弗朗哥·莫迪格里安尼（Franco Modigliani）和理查德·科恩（Richard Cohn）在他们 1979 年合作发表的文章中指出，股市对通货膨胀的不恰当反应是因为人们没有完全理解通货膨胀对利率的影响。[28] 当通货膨胀很高时——他们写文章时，正接近于 1982 年股市谷底——名义利率（即我们看到的每日报价利率）也很高，这是因为它必须补偿投资者因通货膨胀所遭受的美元贬值损失。但预期实际长期利率（基于未来长期通胀的预期影响调整的利率）那时并不高，因此股市不应对高名义利率有任何反应。莫迪格里安尼和科恩认为，当名义利率较高时，即便实际利率并不高，股市仍可能走入低谷，因为“货币幻觉”的影响，或者说，因为公众对货币标准的变化所产生的影响迷惑不解。当发生通货膨胀时，美元价值发生变动，衡量价值的尺码标准也相应变化。面对变化了的尺码，许多人很自然会感到迷惑。[29]

千禧繁荣前夕，公众对通货膨胀的认识误区推高了人们对（通胀调整后的）实际回报率的预期。以往媒体在报道长期股市回报率时，使用的大多都是名义数据，并没有修正通货膨胀的影响，这很自然地让人们相信这种回报率在将来会持续下去。1982 年末的（滞后 10 年平均）通胀率为 8%，而截至千禧繁荣终结之时，这一通胀率已经降至 3%。因此，期望在千禧繁荣晚期的股市获得一如既往的名义回报率，这样的要求未免太过了。

媒体报道中的历史股价指数曲线图几乎总是采用名义数据，而不是如本书图表一样采用剔除通货膨胀影响后的数据。自 1982 年至 2000 年，消费者价格指数几乎翻了一番。通货膨胀为长期历史股价指数曲线赋予了强劲的上行冲势。也就是说，千年之交，实际股市中出现的异常现象，即图 1.1 显示的股价飙升，并没有反映于媒体报道的长期历史曲线图中。事实上，媒体报道中的曲线图使人们误认为千禧繁荣时期的股市并没有任何异常。

新闻撰稿人大都不对通货膨胀因素进行修正，可能是因为他们认为这种调整比较难懂，不大会受到读者的广泛认同。关于这一点，他们可能是对的。大部分人都没有学过经济学基本原理，即使学过的人可能也已经忘了大半。因而，他们并不理解，当美元的数量和价值极不稳定时，通过美元来衡量价格是不明智的。大部分公众没有完全领会到，更有实际意义的股市水平度量应该建立在更广泛的商品意义上，而且应该剔除通货膨胀的影响。[30]

11. 交易量膨胀：折扣经纪商、日内回转交易者及 24 小时交易

1982—1999 年，纽约证券交易所股票换手率（turnover rate）（一年中所有卖出股票数与全部股票数的比值）从 42%上升到 78%，几乎翻了一番。[31]注重高科技股的纳斯达克市场的股票换手率则表现出更强的增长态势：从 1990 年的 88%上升到 1999 年的 221%。[32]换手率的上升可能是本章所分析的众多因素作用下的市场表现，但股票换手率上升的另一个原因是交易成本的下降。1975 年，证券交易委员会批准了竞争性经纪商佣金后，佣金率立即下跌，折扣经纪商也随之出现。此外，相关技术及组织结构也出现了变动，一些创新举措使得交易成本进一步降低，例如 1985 年纳斯达克引入的小额委托执行系统以及 1997 年证券交易委员会公布的新委托操作规则。证券交易委员会制定了鼓励平等进入市场的规定，这导致一大批参与“日内回转交易”的业余投资者涌现而出。所谓日内回转交易，指的是这些业余投资者利用职业投资者所使用的委托执行系统，通过迅速股票交易来获利的方式。

1997—2001 年间股市最辉煌的时期同时也见证了网上交易服务令人瞩目的发展。根据证券交易委员会的一项调查，1997 年美国有 370 万个网上账户，到 1999 年已达到 970 万个。[33]网上交易以及以互联网为基础的相关信息和交流服务不断发展，为人们密切关注股市提供了便利。工作时间以外的交易同样提升了人们对市场的关注，因为投资者在空闲时坐在客厅里就能得知价格的变化。

在市场连续开放期间，投机性价格似乎总有些波动。而如果某天市场休市（例如，纽约证券交易所在星期三休市），那么休市前后两天价格变化的幅度会相对低一些。[34]由此，网上交易的扩展以及交易时间的延长会增大股价变化的幅度，而股价水平到底是升高还是降低则不那么

确定。

不过，也有证据表明，价格信息披露频率的提高可能会减少人们对股票的需求。经济学家什洛莫·本纳兹和理查德·塞勒通过实验指出，对股市价格关注的时间模式会对股票需求产生深远的影响。在实验情况下，如果人们能看到股价的每日资料，他们对投资股票的兴趣会比他们只能看到长期回报资料时小得多，目睹股价每日纷杂的变化显然增加了他们对股票投资风险的顾虑。[35]因此，通过制度创新以加大市场价格披露频率可能会抑制市场价格水平。

另一方面，近年来由于机构和技术变化造成的股价报道频率增加，对股市产生的影响可能与本纳兹和塞勒得出的结论刚好相反。在非实验情境中，当人们的注意力不受实验者控制时，价格曝光频率越高，人们对股票的关注越多，人们对股票的需求也越多。公众注意力的变化是投资定价的一个关键因素，这一点我们将在第 10 章中详细论述。

12. 赌博机会的增加

千禧繁荣期间，商业性和政府支持的赌博行为在全球范围内不断增长。[36]这种增长伴随着人们对市场和私有财产的日益尊重，以及人们心中“成王败寇”思想的不断加深。

在美国，1962—2000 年间，合法以及非法的商业赌博金额在剔除通胀影响后实际增长了 60 倍。[37]有学者曾在 2000 年进行了一次电话调查，结果显示之前的一年里美国有 82%的成年人参加了赌博活动，而根据 1975 年的一项研究，这一比例仅为 61%。[38]2000 年，美国人花在赌博上的钱甚至超过了观看电影、购买唱片、参观主题公园、观赏体育比赛以及玩电子游戏的总和。[39]

近年来，美国的赌博机会骤增。19 世纪 70 年代，路易斯安那州彩票丑闻曝光后，国家禁止了大部分形式的赌博及彩票。由于国会 1890 年法案禁止邮售彩票，路易斯安那州彩票所也因此而关闭。从那时到 1970 年，合法的赌博大致局限于赛马或赛狗，这些赌博形式对大众的吸引力十分有限，而且参与者必须长途跋涉到达赛场。1975 年，有 13 个州发行了彩票，到 1999 年，已经有 37 个州发行了彩票，并且下注方式也更加简单方便。1990 年以前，只有内华达州和大西洋城经营着合法的赌场，到 1999 年，船上赌场及码头区赌场已达到将近 100 个，而印第安保留地内的赌场就达到 260 个。同一时期，通过卫星报道赛事，场外下注也发展起来，赛马和赛狗赌博急剧膨胀。在家中通过有线网络及互联网下注赛马或赛狗成为可能。此外，电子赌博机也如雨后春笋般发展起来，包括老虎机、电视扑克、电视基诺纸牌游戏。有的州还在车站、便民店及彩票经销点内都设有赌博机。在今天的美国，便利的赌博机会无处不在，推广赌博进行的市场拓展攻势也掀起了史无前例的高潮。

赌博场所的增多以及实际赌博频率的增加，对我们的文化以及其他领域冒险的态度（如对股市投资的态度）产生了潜在的重大影响。以州彩票为形式的赌博合法化并没有取代非法彩票买卖，而是助长了这些非法彩票[40]，同样也助长了其他各种花样百出的冒险活动。赌博解放了人们对于冒险的内在克制。一些赌博合约，尤其是彩票，表面上像是金融产品：一个通过电脑交易，一个接受凭证（彩票券）。在所谓的大彩票发行中，人们参与的是一场轰轰烈烈、备受瞩目的全国性活动。当人们习惯于参与这种赌博活动后，人们便会很自然地步入到更高层次的赌博形式——股票投机。

美国股市最大的波动发生在1929—1933年间，当时的波动幅度是以往最高纪录的两倍多。这一时期的剧烈波动出现在一阵“赌博热”中。这一“赌博热”的出现并非由于赌博的合法化，而是由于1920—1933年间禁酒法令引起的集团犯罪的结果。[41]1920年后为满足对烈酒的需求，犯罪团伙应运而生，这些犯罪团伙很自然地渗入非法彩票或地下双骰子赌及轮盘赌的活动中。为在全国范围内供应烈酒，有组织的犯罪团伙建立起高效的配送、营销和零售体系，它们突破了传统的地盘限制，这个体系使得非法赌博活动能在一个更大的范围里进行。同时，禁酒时期的非法活动助长了人们对法律的广泛藐视，促进了赌博的合法化。

赌博对金融波动的溢出效应可能归结于，赌博以及推销赌博的机构促使人们认为好运是无穷无尽的，助长了人们与他人攀比的强烈兴趣，并寻找到了一条从无聊单调的感觉中兴奋起来的新途径。20世纪90年代末，人们被各种助长这种赌博心态的高度专业化广告所包围，广播或电视广告更是通过职业演员为这种赌徒心态呐喊助威。这种攻势，加上赌博者的亲身经历或目睹他人赌博，刺激了股市中轻率的冒险行为。这种广告露骨的程度令人吃惊。1999年，一块康涅狄格州广告牌为场外下注招揽生意，醒目地写道：“就像股市一样，只不过更快。”

诱发 2003—2007 年次贷繁荣的因素

当本书第二版于 2005 年出版时，上述 12 个诱发因素清单我已经整理五年了，其中一些因素对市场的心理驱动效力已经减弱甚至消失。尽管互联网热潮依然强劲，但互联网泡沫的破灭已经让我们不再像过去那般乐观。美国国会两院中大力奉行亲商政治的共和党的主导地位已经不复存在，而民主党则在 2006 年大选中翻身逆转，占据了两会大多数席位。市场经济在前苏联地区国家和中国取得的成功早已不是新闻。尽管如此，这些触发因素中的很多仍然适用，它们对于 2000—2003 年的市场下滑仍然具有可解释性（见下一章关于放大机制的论述），此外，这些因素还可能推动了 2003—2007 年间的市场回弹。

正如本书第二版所阐述的，2003 年之后还出现了其他一些诱发因素，这些额外因素不仅提振了股票市场，也激活了房地产市场。

所有权社会

21 世纪初，市场经济理想似乎正进一步演变成为一个更加极端的理想，在这样一种新的理想中，私有财产的价值进一步凸显，极大地影响着我们的生活。我们目睹了计划经济向市场经济的转变，我们同时还见证了诸如网上拍卖、经纪公司等市场经济创新。

美国总统乔治·布什曾经称美国新社会为“所有权社会”（ownership society），在其 2004 年成功连任的竞选演讲中，布什着力突出了这一概念，将其描述为：“在美国社会，所有权将带来地位的上升。如果一个女人拥有自己的事业，那么她的社会地位就会提升。如果拉美裔或者非裔美国人开始经营自己的事业，那么他们也将向社会上层移动。所有权是美国梦的一个强大的组成部分。”[42]

布什希望看到住宅所有权扩大成为社会产权的主要组成部分，他还曾尝试通过改变社会保障结构来鼓励人们使用养老金账户投资股票市场（不过他失败了）。布什的“所有权社会”政治使得私有财产远远超出其传统范畴，延伸至保健账户和教育券制等领域。经济学家曾极力吹捧私有财产在激励人们成为进取和有责任感的公民方面的效力，这些思想后来也影响了国家政策的制定。[43]

这种政治理念并不强调政府在抵押贷款行为监管方面的重要性。这些年监管部门的失职最终导致了美国 2007—2009 年的金融危机。野心勃勃的次贷贷款机构迅速涌现，它们无视风险，通过各种手段让更多的人加入到买房阵营，并为那些有不良信用评级或不良贷款申请记录的借款人提供抵押贷款，以使更多的人拥有自己的住房。

在这种物权趋势下，人们意识到他们不得不日益依赖自己的资源，人们的安全感缺失也随之而来。人们日益感觉被推入一个瞬息万变的世界性就业市场中，这可能让他们变得富裕，但也可能使他们突然一贫如洗。2004 年，在一项调查中，我和卡尔·凯斯曾向购房者问及这样一个问题："你是否担心你或者你的家庭成员的收入在未来的几年中会因为经济环境的变化（比如国际就业竞争加剧、计算机技术可能替代你的工作等）而低于你的预期水平?"在 442 位受访者中，有接近半数（48%）回答担心。其中一些人说，他们购买房屋的一个动机就是安全感，面对着诸多其他的不安全因素，住宅所有权为他们提供了一种安全感。[44]

矛盾的是，因为这种不安全感，在不断发展的市场经济中，人们愈发指望通过投资来应对未来的可能变化，而这种投资实际上却降低了人们用以应对不安全因素的平均储蓄水平，这是因为投资需求的增加导致股价上涨，这种虚涨的股价反过来又让人们错误地认为他们的储蓄随着所投资资产的增值而增加。21 世纪初，美国房地产市值的增长远远超过储蓄的增长。2001—2003 年间，家庭所拥有的房地产市值增长在美国家庭财产增长中的平均贡献为储蓄的 10 倍。[45]事实上，对于那些房产持有者来说，是否要将薪水简单地储蓄起来以备未来之需并不重要，因为当他们买入和持有房产后，即便什么都不干，资产也会不断增值。

支持性货币政策

艾伦·格林斯潘连任美联储主席至 2006 年，可以说他主导了 2003—2007 年大部分时期的经济腾飞。他对自由市场的笃信对于金融市场影响深远。美联储未能遏制股票市场和房地产市场的繁荣，即便是市盈率高得离谱，这一点格林斯潘难辞其咎。正是他的威望日益助长了金融市场的乐观主义。

20 世纪 90 年代末期的股市繁荣时期，格林斯潘和他的美国联邦公开市场委员会（FOMC）坐视长达四年的牛市而没有采取任何措施来抑制这一轮虚假增长。相反，许多人认为次贷繁荣期间美联储做的仅仅是阻止市场的下跌，因为格林斯潘曾提到市场下跌将削弱实体经济，而这正是美联储所担心的。

格林斯潘多次谈到美国经济的“灵活性”。他在 2005 年的演讲中说道：“经济越灵活，面对不可避免且往往无法预料的动荡，其自我修正能力就越强。”[46]言下之意，作为美联储主席，他将不采取任何行动以阻止次贷繁荣。

当时，许多人认为格林斯潘支持股市上涨，他们相信当股市下跌时，作为美联储主席的他将不遗余力地保护投资者的利益。支撑格林斯潘此番言论的是他曾经的卓越成就：在 1987 年股灾、1998 年俄罗斯债券危机、长期资本管理公司破产、旗舰对冲基金重挫，乃至新千年前夕等不少重要时刻，格林斯潘都力挽狂澜，救股市于危难中。人们认为格林斯潘已经通过行动表明，他绝不会听任市场大幅下跌。

2001 年 1 月 3 日，经济呈现微弱衰退迹象，格林斯潘大幅下调利率。对此，一些投资者自然感恩戴德。事实上，利率下调的消息在 2001 年经济出现衰退前的两个月就已经盛传了。在此期间，股市受到美联储可能降息消息的刺激大幅波动，2001 年 1 月 3 日纳斯达克指数上涨 14%，创造了有史以来最大单日涨幅。而随着股市的下跌，2003 年美联储最终把利率降到了 1%的低位。这种激进的利率下调使得实际（经通胀调整的）利率为负，并且极大地促进了 2001 年以来房地产市场的繁荣。

扩张性货币政策并不是一个能够支持资本市场持续繁荣的因素。2003 年国际经济学院亚当·波森（Adam Posen）进行的一项研究表明，自 1970 年以来股票市场中出现了繁荣景象 24 次，其中只有 6 次伴随宽松的货币政策；房地产市场升温 18 次，同样只有 6 次处于宽松的货币政策环境中。[47]尽管如此，波森和我一样，都认为格林斯潘以及其他中央银行官员的支持姿态是千禧繁荣及其后的次贷繁荣的驱动因素之一。

诱发 2009 年后股市和房地产市场繁荣的因素

2007—2009 年股市暴跌之后，世界各地的股市迎来新一轮令人措手不及的攀升。人们对这一轮繁荣着实有些看不透，因为这些年世界经济还没有从金融危机的低迷中走出，与此同时，国际社会越来越受到政治僵局的困扰，此外，2011 年“阿拉伯之春”揭竿而起后国际形势亦日趋紧张。在分析新一轮繁荣的诱发因素时，我们必须特别考虑人们对于严重金融危机的担忧正在逐渐缓解，政府正在出台各种措施以消除金融危机的影响，以及人们对技术革命和工作危机感的一些全然不同的感受。相比于那些导致2000年泡沫的各种事件和因素，新一轮繁荣的诱发因素似乎没有那么不切实际和盲目乐观。

大萧条恐慌的终结

2007—2009年金融危机肆虐之时，世界各国领导人的一个重要话题就是对20世纪30年代大萧条卷土重来的忧虑。当然，他们的这种政治做派无非是希望为他们那些争议性的经济刺激政策和措施博得更广泛的支持，以拯救那些奄奄一息的金融机构。然而，到了2009年，政府越是表达这种忧虑，民众信心越是受到重挫。民众真正担心的是，尽管政府做出了努力，但新一轮大萧条和新一轮1929年式的股市崩盘也在劫难逃。

2009年，密歇根大学进行的一项消费者信心调查发现，担心大萧条会覆辙重蹈的美国民众比例急剧增加。他们的问题是："展望未来，您认为以下哪种情况可能性最大：从全国来看，我们在未来五年左右将拥有持续的繁荣；或者我们将遭遇大面积失业，经济将大幅衰退，或者您认为还可能有其他情况？"[48]密歇根调查组织人员基于民众对于这一问题的回应分析民众的信心指数，结果表明，这一信心指数在2009年创下自1990—1991年经济衰退以来的最低值，2009年后的五年里，这一指数开始振荡回升。

在耶鲁大学金融学国际研究中心的资助下，基于我们的问卷调查，我构建了一系列高收入投资者信心指数。我们定期对美国的高收入个人和机构投资者进行调查。我所构建的指数之一是"崩盘信心指数"，该指数基于对这个问题的调查："您认为未来六个月美国发生类似于1929年10月28日或者1987年10月19日的灾难性股市崩盘（包括因其他国家发生崩盘而蔓延至美国的崩盘）的可能性有多大？"[49]

调查表明，个人以及机构投资者的崩盘信心指数在2009年创下自1989年首次调查以来的最低纪录，之后开始振荡回升。2009年，市场已经相当低迷，但在金融危机最水深火热之际，人们仍然觉得市场可能跌向进一步的绝境。

2009年，在启动监管资本评估计划（Supervisory Capital Assessment Program）的同时，美国联邦储备委员会还推出了一系列针对金融机构的"压力测试"。不可思议的是，这些测试发现，很多银行控股公司即使在不利的经济状况下也有足够的资金维持生存，而其他公司由于预期可筹集一定额度的资金，因此也将能渡过难关。这些压力测试结果对于市场起到了重要的安抚作用。

参照标准普尔 500 指数，美国企业收益在 2009 年几乎达到零点。之后，企业为恢复盈利，重塑投资者信心，制定了一系列成本削减政策，收益也因此开始迅速反弹。大规模裁员可以帮助企业提升收益水平，但其也会导致高失业率和消费者信心下挫。失去了员工的支持，企业可能难以维持其长远价值，削减成本从长远来看可能会降低其盈利。但这一点只有时间才能证明。尽管如此，削减成本确实能帮助企业迅速恢复账面收益，而这对于金融危机期间恐惧绝望的很多投资者来说无疑是一种积极的信号。

太平洋投资管理公司的创始人比尔·格罗斯，现在在骏利资本就职，于 2009 年将这种微弱的乐观情绪称为“新常态”，并总结道：“应该认识到形势已经发生了变化，并且接下来的 10 年或者 20 年，这种变化都将持续下去。我们正在进入新常态的时代，新时代的经济增长会像孩子的成长一样缓慢，而非野草般地疯长。”[50]

同样的乐观主义并没有出现于欧洲。2010 年，欧洲深受主权债务危机困扰，人们普遍担心经济将长期停滞。也就是说，2009 年之后的股市回弹是局部的，其并没有在世界各地普遍发生。截至本版书稿完稿，欧洲股市依旧低迷。

极度宽松的货币政策和量化宽松政策

为应对 2007—2009 年金融危机，美联储和其他中央银行实施了开放式市场政策，短期利率实值在其驱动下逼近零点。长期利率也开始随之下降。2008 年，美联储宣布了其三个量化宽松计划中的首个计划，即由美联储收购抵押证券和国债。最终，通过这种收购，美联储资产从不足 1 万亿美元提高到超过 4 万亿美元。这与其过去的做法迥异。

2008 年，美联储开始了“前瞻指导”（forward guidance）政策，即预告未来一定时期内利率不会上调。这种做法使得长期利率大幅下跌。2012 年 7 月，10 年期美国国债收益率从 2007 年危机前的 5%跌至历史最低点 1.43%。长期债券收益暴跌让大多数投资者大失所望，这直接导致了危机后投资者的“回报至上”（reach for yield）主义。尽管投资者明白股市有风险，但许多人还是认为股票至少具有一定的真正升值潜力，这种信念使得他们在市盈率一路走高时仍然选择买入股票。

事实上，这种“回报至上”主义同样还体现在美国房地产市场：2012年秋，美国长期房贷利率降至历史最低点，这引发了前所未有的巨大住房需求，尽管其时经济依然疲软，但投机购房者可不想失去这个千载难逢的机会。

对失业的焦虑

据美国劳工统计局数据，2007—2009年金融危机导致美国劳动力参与率大幅下降，从2007年1月的66.4%下降到2014年6月的62.8%。对失业的焦虑可能进一步助长了低利率驱动的“回报至上”主义：人们宁愿现在承受更大的投资风险，也要为未来失业后仍能过上舒适的生活而赌上一把。在后次贷繁荣时期，“回报至上”的含义似乎有所变化。过去，它常用于形容投资者无视风险而买入高利率债券或抵押贷款。而在实际利率逼近零点的当下，它更多地用于形容人们投资高风险股票或纷繁复杂的新投资产品的激进行为。

就业人口比例下降的部分原因在于那些在婴儿潮期间出生的人已如人们长期以来所预期的那样，于近年来相继退休。导致就业人口比例下降的另一个原因则是2007—2009年金融危机时期及之后因裁员而失业的人群的自暴自弃。相比之下，这一原因更令人忧虑。这一波失业人群见证了一个时代的终结，因为大部分裁员都是一种长期削减成本行为，而不是公司让员工暂时离退待金融危机退去后重新返岗的行为。裁员之后，公司变得精简，同时它们比以往更加注重对成本的控制。在失业人群看来，在当前的经济形势下，为寻找另一个工作机会而重新进行培训和学习是毫无意义的。那些失业人员可能因被认定为丧失工作能力而比计划提前退休，其中一些人提前了很多。据美国社会保障局记录，自金融危机以来，残障津贴的申请数量显著增加。

即使是对年轻人而言，未来的就业风险依然突出，对于失业的心理压力仍然无可避免，这种焦虑显著地增加了他们的储蓄意愿以及对类似于股票的冒险性投资的偏见性倾向。取代人们工作的新兴技术随处可见。特别值得注意的是，除了电脑和互联网，移动互联技术近些年迅猛发展，类似于平板电脑、智能手机甚至是即将问世的谷歌眼镜等新型移动产品层出不穷。我们的脑海中也不断浮现与这些新兴技术和产品相关的场景，因为在过去的一年里我们随处可见人们摆弄这些设备。而在2009年之前，这些设备并没有如此普遍。今天，我们甚至还可以听到人们与他们的设备之间进行对话。苹果公司于2011年推出了自动助理

“Siri”。我现在也可以与我口袋里的手机说话，我问它：“OK：现在去上班路上的交通状况如何？”然后一个声音从我口袋传来，告诉我到达上班地点估计所需的驾驶时间（它已经知道我的位置、我的工作地点以及去上班的最佳路线）。人们不禁思考：这些技术的发展会走向何处？又会在哪些方面取代人们的工作？

自次贷危机以来，其他一些技术的发展也进一步加重了人们对于就业的忧虑。2011 年无人驾驶汽车开始在公共街道上进行测试。麻省理工学院计算机科学与人工智能实验室最近推出了一款烘焙机器人，它能在常规的厨房烘焙蛋糕，同时该实验室还正在研制一款能帮婴儿换尿布的机器人。[51]

自始于 2009 年的后次贷繁荣以来，大多数人对自己的工作产生了一些新的忧虑，而这种与日俱增的忧虑理应是股市繁荣的诱发因素之一（同时也是经济总体疲软的原因之一）。

很多人习惯性地认为，关于预期未来工资收入的负面消息，或者关于其不确定性的负面消息会导致股价下跌而非上升，但是经济学理论的观点，正如罗伯特·卢卡斯（Robert E. Lucas）所阐释的，却恰恰相反。[52]我们可以将其称之为“泰坦尼克号上的救生圈理论”。当乘客感觉船即将沉没时，一个救生圈、一张桌子或者任何漂浮物都会突然变得极其珍贵，而这并非因为这些东西的物理属性发生了什么变化。同样的，当人们都在为自己劳动收入的可持续性而忧虑，同时市场上又没有真正很好的投资机会时，他们可能会倾其所有竞购现有的各种长期资产，以为可能的荒年做出足够的储备。实际上，他们可能并不能从这些资产中真正赚到钱，但是他们会选择持有这些资产，即便他们现在已经意识到这些资产的价值被过度高估，将来其可能会贬值。

投资者感知风险的变化对于市场的实际影响进一步取决于心理和社会因素。对就业市场风险（迅猛技术变革和产业变化所带来的影响）的愈益强烈的感知，已经产生了广泛的文化影响。这种文化冲击甚至还会导致其他问题，比如民族主义在全球的兴起以及国家之间的剑拔弩张，典型的例子如 2014 年乌克兰冲突以及其他许多地区的紧张局势。[53]

日益加剧的不平等现象

除了受到人们对于未来经济的普遍忧虑以及对新一轮赔光输光的普遍恐惧的影响，资产价格的上涨还与日益加剧的不平等现象直接相关。作为一种大趋势，劳动收入不平等现象自 1981 年罗纳德·里根总统执政以及 1982 年千禧泡沫初期以来，在美国和一些其他国家持续加剧。正如托马斯·皮克迪（Thomas Piketty）在其 2014 年的著作《21 世纪资本论》（*Capital in the Twenty-First Century*）中所说的，美国收入前 1%人群的所得在这一时期有一个明显的向上转折点，这一趋势与工资总额中高收入者工资所占份额的上升趋势密切相关。[54]根据皮克迪的数据，上一次收入前 1%人群的所得份额出现这样的增加还是在 20 世纪 20 年代，大致同步于“咆哮的 20 年代”的牛市，总收入和劳动收入不平等现象大约在 1929 年市场巅峰时期达到极致。

收入前 1%人群的所得份额增长可通过一系列机制推高资产价格。正如皮克迪所强调的，高收入人群热衷于投资储蓄，因此如果没有足够多的机会来进行新的投资，那么随着时间的推移，越来越多这样的高收入者会哄抬现有股本的价值。新兴富人阶层的出现可以改变未来的政治（或者说人们所能感知的政治），以激励监管机构，使其各项措施更有利于企业发展，导致企业税后利润看涨。加剧的不平等状况可能导致企业道德标准降低，驱使更多的企业对其收益报表做手脚。对于不平等的感知也促使中等收入人群奉行“回报至上”，导致他们强烈的投资偏见。

但是收入不平等对资产价格的影响尚不能完全确定。2009 年之后的后次贷繁荣时期，公众越来越强烈地感受到日益加剧的不平等现象。值得注意的是，2011—2013 年，在美国和其他国家爆发了“占领华尔街”运动，其口号是“我们是 99%”，这或许标志着一个时代的开始，在这个时代里，人们对于不平等的抗议在政治活动中愈发重要，同时政府的政策将愈发不利于投资者。这种政府政策损害资产未来价值的预期可能负面影响着今天的资产价格。

民族主义和战争动乱

我们还应该提到后次贷繁荣的最后一个诱发因素，尽管它对资本市场定价的影响尚难以清晰界定。正如我们今天所看到的，令很多人焦虑的是，民族主义和排外政党正在很多国家崛起。在某些情况下，有关国外对本国公民的暴力侵犯的夸大报道成为了愤怒和冲突的新来源，而在一些其他情况下，对于移民的控制不力也正日益激起人们的不满。

前文所列举的某些诱发因素对大众心理的影响可能间接造成了这种民族主义和排外主义变化。这些诱发因素包括：2007—2009 年金融危机及其持续的经济影响，与全球化和先进技术有关的失业恐惧，以及日益加剧的不平等现象。

正如本杰明·弗里德曼（Benjamin Friedman）在其 2005 年出版的《经济增长的道德后果》（*The Moral Consequences of Economic Growth*）一书中所写的，那些经济增长长期不尽如人意的若干历史时期，似乎正是公众对少数群体和其他国家感到愤怒和日益无法容忍的时期。紧随其后的，可能是各种动荡、恐怖主义或者战争。弗里德曼认为，经济快速增长时期不断加剧的不平等现象尚可忍受，但是一旦增长速度放缓，这种不平等就可能会变得难以容忍。

在本版书稿撰写之际，我们看到了加沙、伊拉克、以色列、叙利亚和乌克兰等地战争的爆发，恐怖主义伊斯兰国家的建立，以及伴随而来的全球恐怖威胁的加剧。我们只能希望未来不会发生更多这样的事件。

人们对于这些事件的忧虑可能推动了资产价格的进一步上涨，因为人们曾竭力通过哄抬现有资产的价格而不是简单地储蓄为自己寻找一个安全保护网。但是，对于动荡的感知也可能鼓励了民众以更加流动的形式持有其资产，以实现一种保护网效应。一些人甚至还担心，因为资产充公或者战时征税，长期资产价格可能会受到不利影响。

1914 年夏天，第一次世界大战的枪声在欧洲打响，全球股市应声崩溃。相反的，第二次世界大战正式开始的那一天，世界上一些地区的股市反而飙升了。[55] 1939 年 9 月 3 日，星期日，因德国无视其他国家责令其从波兰撤军的要求，英国、法国、印度（包括今天的孟加拉国和巴基斯坦）、澳大利亚和新西兰对德宣战。两天后的劳动节（9 月 5 日星期二），美国股市开市，标准普尔综合股价指数上涨了 9.63%，成就了其历史上单日交易增长率最高的纪录之一。

我们只能希望未来不要再看到像这些事件一样戏剧化的事情发生。但是我们只能等待，看这些不断变化的矛盾如何发展并在公众的意识中发挥作用，之后又如何通过放大机制影响市场。

小　结

回顾上述促使近三次股票市场、债券市场以及房地产市场繁荣的潜在诱发因素，我们会震惊于这些因素的多元性和复杂性，也正因为如此，投机性市场定价尚无法形成一门完美的科学。不可否认，我们对这些市场的理解正在不断深入，然而，现实金融市场的复杂性还将持续，许多复杂的现象还有待我们解释。

很多导致近几次市场繁荣的诱发因素都有着自我应验的成分，如同神谕一样。也正因为如此，我们很难，如果不是不可能，通过科学解释予以预测和捕获。但是，很多因素对于市场的影响也都有着无可争议的标志和迹象。比如，互联网热、在线交易的激增、共和党控制的国会以及对资本利得税的削减都发生在 20 世纪 90 年代股市最激动人心的飙升时期。其他因素（包括固定缴费养老金计划、共同基金的发展、通货膨胀下降、交易规模的膨胀等）也都与 1982 年股市探底衍生的系列事件密切相关。此外，伴随股票市场和房地产市场高涨，我们的文化也发生了进一步的变化。比如，研究表明，实用主义在过去的一代人中不断兴起。也许最有意思的是，赌博在全球范围内风行。这些因素不仅存在于美国，也存在于欧洲以及其他一些国家。由此，那些造成美国股市繁荣的诸多因素在其他国家也得到了相当大的应验。[56]

但是，本章对于这些因素的阐释绝不是说某一因素能够独立解释市场一定时期的涨跌。事实上，市场自身具有反馈和放大机制，这些机制会不断扩散和传播诱发因素的各种行为表现，甚至可能使得这些因素的市场效应变得如此巨大、如此显著和重要，让我们心惊肉跳。在接下来的章节中，本书将进一步讨论市场的放大机制。

【注释】

[1] 一系列针对世界各国数据的研究表明，如果一个国家拥有高度成熟的金融市场，那么它的经济增长一般较快，资源分配也比较有效。参见 Robert G. King and Ross Levine，"Finance and Growth：Schumpeter May Be Right，" *Quarterly Journal of Economics*，108 (1993)：717 - 737；Rafael LaPorta，Florencio Lopez-de-Silanes，and Andrei Shleifer，"Corporate Ownership around the World，" *Journal of Finance*，54 (1999)：471 - 518；and Jeffrey Wurgler，"Financial Markets and the Allocation of Capital，" *Journal of Financial Economics*，58 (2000)：187 - 214。

[2] 研究表明，在商业周期的低谷时期预期收益往往趋高，此时个人投资者的股票投资有减少的趋势，而机构投资者则相反，这样一来便保持了市场的稳定。参见 Randolph Cohen，"Asset Allocation Decisions of Individuals and Institutions，" Harvard Business School Working Paper Series，No. 03 - 112，2003。美林证券公司的一项调查显示，美国之外的基金管理人在美国股市 1994—1999 年的牛市期间纷纷出售美国的股票，但美国本土的基金管理人却没有表现出同样的趋势。参见 Trevor Greetham，Owain Evans，and Charles I. Clough，Jr.，"Fund Manager Survey：November 1999" (London：Merrill Lynch & Co.，Global Securities Research and Economics Group，1999)。

[3] 一些简单的经济增长模型认为突然的技术进步对股价没有影响。相关模型

可参见 Robert Barro and Xavier Sala-i-Martin, *Economic Growth* (New York: McGraw-Hill, 1995); Olivier Blanchard and Stanley Fischer, *Lectures on Macroeconomics* (Cambridge, Mass.: MIT Press, 1989); or David Romer, *Advanced Macroeconomics* (New York: McGraw-Hill, 1996)。例如，突然的技术进步的理论性影响是：刺激大量新的投资，这样便会压缩额外利润。

[4] 1999年11月1日，微软和英特尔被加入道琼斯工业平均指数中。

[5] 由Roper-Starch环球公司进行的调查，引自 Karlyn Bowman, "A Reaffirmation of Self-Reliance? A New Ethic of Self-Sufficiency?" *The Public Perspective*, February-March 1996, pp. 5-8。实证研究发现实用主义价值现在不同文化间存在着差异，这一事实表明实用主义价值观会随时间的推移而慢慢改变。参见 Gueliz Ger and Russell W. Belk, "Cross-Cultural Differences in Materialism," *Journal of Economic Psychology*, 17 (1996): 55-77。

[6] U.S. Bureau of Justice Statistics, *National Crime Victimization Survey* (*NCVS*), http://www.ojp.usdoj.gov/bjs/cvict.htm#ncvs. 这项调查基于对84 000户家庭的采访；调查结果没有受到犯罪报警数不断增加这一趋势的影响。

[7] 参见 Joel E. Cohen, "A Global Garden for the Twenty-First Century," *The Key Reporter*, Spring 1998, p. 1。

[8] 参见 World Bank, *Averting the Old Age Crisis* (New York: Oxford University Press, 1994)。

[9] 格迪普·S. 巴克希和陈志武 (Gurdip S. Bakshi and Zhiwu Chen, "Baby Boom, Population Aging and Capital Markets," *Journal of Business*, 67 [1994]: 165-202) 发现美国20岁以上人口平均年龄与实际标普指数之间存在着实质性联系，他们使用的是1950—1992年的数据。然而，罗宾·布鲁克斯 (Robin Brooks, "Asset Market and Savings Effects of Demographic Transitions," unpublished Ph. D. dissertation, Yale University, 1998) 指出，巴克希等人的研究结果与取舍点年龄 (20岁) 有密切关系，罗宾将他们的分析推广应用于其他7个国家，发现结果不甚理想。巴克希和陈志武的思路也许是对的，但他们用于证明生育高峰与股票市场水平间有联系的证据还不够充分。

不同年龄阶段的人群在风险承受方面存在差异，因此不同年龄阶段的人群对风险有不同的态度；同时由于在千禧繁荣鼎盛时期那些生育高峰时出生的人正处于40岁左右，这部分人较之于年长的人更乐意冒险，因此股市在那期间一路高歌猛进。根据这两个假设，不同资产类别的价格行为差异和生育高峰理论才可能得以吻合。但是这一理论从来没有得到严谨的论证，其尚不能用于解释相关价格波动。值得注意的是，美国的个人储蓄率在那时候几乎为零，并不像生命周期理论所宣称的那样乐观。

有经济学家认为，千禧繁荣期间股市的上涨必然带动实际储蓄率的惊人走高；参见 William G. Gale and John Sabelhaus, "Perspectives on the Household Saving Rate," *Brookings Papers on Economic Activity*, 1 (1999): 181-224。

[10] 参见 Ronald Inglehart, "Aggregate Stability and Individual-Level Flux in Mass Belief Systems," *American Political Science Review*, 79 (1) (1985): 97-116。

[11] Richard Parker, "The Media Knowledge and Reporting of Financial Issues," presentation at the Brookings-Wharton Conference on Financial Services, Brookings Institution, Washington, D. C., October 22, 1998.

[12] James T. Hamilton, *All the News That's Fit to Sell: How the Market Transforms Information into News* (Princeton, N. J.: Princeton University Press, 2004).

[13] 数据摘自 Mitchell Zacks of Zacks Investment Research。根据《新闻周刊》的文章，变化更为剧烈：1983 年年中，平仓 26.8%，建仓 24.5%，持仓 48.7%。参见 Jeffrey Laderman, "Wall Street's Spin Game," *Business Week*, October 5, 1998, p. 148。

[14] 参见 Hsiou-Wei Lin and Maureen F. McNichols, "Underwriting Relationships, Analysts' Earnings Forecasts and Investment Recommendations," *Journal of Accounting and Economics*, 25 (1) (1998): 101-127。

[15] 参见 James Grant, "Talking Up the Market," *Financial Times*, July 19, 1999, p. 12。尽管如此，考虑到这种偏见，分析师的建议还是有用的。肯特·沃马克（Kent Womack, "Do Brokerage Analysts' Recommendations Have Investment Value?" *Journal of Finance*, 51 [1] [1996]: 137-167）指出，当分析家的建议由持仓变为建仓时，股票随后的表现确实不错，这表明分析师确实有预测股票收益的能力。当建议由持仓变为减仓时，分析师对较差收益的预测则表现得更为灵验。沃马克在解释这种不对称现象时指出，这是因为分析师不愿轻易提出减仓的建议，除非他们有十足的理由。

[16] 参见 Steven Sharpe, "Re-examining Stock Valuation and Inflation: The Implications of Analysts' Earnings Forecasts," *Review of Economics and Statistics*, 84 (4) (2002): 632-648, Figure 2, p. 637。其中收益率预测数据来自 I/B/E/S，同时，该数据将对各公司的预测与标准普尔指数预测进行合计处理。夏普的研究结果表明，1979 年间关于收益率的预测并没有明显偏差。此外，收益预测偏差还部分源于对极端负面的应计账户的预测所存在的相对少量的偏差。参见 Jeffrey Abarbanell and Reuven Lehavy, "Biased Forecasts or Biased Earnings? The Role of Earnings Management in Explaining Apparent Optimism and Inefficiency in Analysts' Earnings Forecast," *Journal of Accounting and Economics*, 35 (2003): 105-146。

[17] 20 世纪 90 年代，公众对于这种下向偏差的感知促进了网上"耳语数字"（"whisper numbers"）的扩散。所谓"耳语数字"，是指那些匿名分析师所做出的没有任何可靠来源和依据的收益预测。另外，"耳语数字"这一概念也用于表示那些公司因担心过于乐观致使其名誉受损而不愿意发布的一些过度拔高的预测。公众自 2000 年以后对"耳语数字"的兴趣下降以及 2003 年对其兴趣恢复可被理解为非理性繁荣先降后升的迹象。参见 Matt Kranz, "Earnings Whispers Return," *USA*

Today, July 22, 2003。

[18] Steven A. Sharpe, "How Does the Market Interpret Analysts' Long-Term Growth Forecasts?" *Journal of Accounting, Auditing and Finance* 20 (2) (Spring 2005): 147-166, quote on p. 148.

[19] Armen Hovakimian and Ekkachai Saenyasin, "U. S. Analyst Regulation and the Earnings Forecast Bias around the World," *European Financial Management* 20 (3) (June 2014): 435 - 461.

[20] 税收优惠已经载入《1978 年国内税收法案》第 401(k) 部分，但它能否应用于公司养老金计划在当时看来还不清楚。约翰逊公司负责公司咨询工作的执行副总裁 R. 西奥多・本纳在 1981 年拟订了第一个 401(k) 计划，用以试探国内收入署。1982 年 2 月，国内收入署宣布该类计划的税收优惠是允许的。

[21] 参见 New York Stock Exchange, *The Public Speaks to the Exchange Community* (New York, 1955)。

[22] Shlomo Benartzi and Richard H. Thaler, "Naive Diversification Strategies in Defined Contribution Plans," *American Economic Review*, 91 (1) (2001): 79 - 98. 本纳兹和塞勒文章中的一些错误已由格尔・休伯曼和姜纬指出，参见 Gur Huberman and Wei Jiang, "Offering versus Choice in 401(k) Plans: Equity Exposure and Number of Funds," unpublished paper, Columbia University, 2004。

[23] Investment Company Institute, *Mutual Fund Fact Book* (Washington, D. C., 1999), http://www.ici.org.

[24] 参见 Hugh Bullock, *The Story of Investment Companies* (New York: Columbia University Press, 1959)。

[25] 参见 Rudolph Weissman, *The Investment Company and the Investor* (New York: Harper and Brothers, 1951), p. 144。

[26] 的确，投资资金流入共同基金似乎与股市表现有重要联系，因为当股票市场上涨时，共同基金会作出迅速而具有实效的反应。参见 Vincent A. Warther, "Aggregate Mutual Fund Flows and Security Returns," *Journal of Financial Economics*, 39 (1995): 209 - 235; and William Goetzmann and Massimo Massa, "Index Fund Investors," unpublished paper, Yale University, 1999。

[27] 参见 Robert J. Shiller, "Why Do People Dislike Inflation?" in Christina D. Romer and David H. Romer (eds.), *Reducing Inflation: Motivation and Strategy* (Chicago: University of Chicago Press and National Bureau of Economic Research, 1997), pp. 13 - 65。

[28] 参见 Modigliani and Cohn, "Inflation, Rational Valuation, and the Market," *Financial Analysts' Journal*, 35 (1979): 22 - 44; 也可参见 Robert J. Shiller and Andrea Beltratti, "Stock Prices and Bond Yields: Can Their Comovements Be Explained in Terms of Present Value Models?" *Journal of Monetary Economics*, 30 (1992): 25 - 46。

［29］莫迪格里安尼和科恩指出了一个更微妙的问题：人们在计算公司利润时扣除的是与公司债务相关的所有利息支付而不是经通胀调整后的实际利息，而这种偏差往往并不为人们所意识到。在通货膨胀时期，部分债务利息支付可能被仅仅视作是对实际债务的提前支付，而不被视作公司成本。很少有投资者意识到这一点并对通胀效应进行调整。他们对于通胀的忽视亦是货币幻觉的一个实例体现。杰伊·R. 里特和理查德·S. 沃尔（Jay R. Ritter and Richard S. Warr，"The Decline of Inflation and the Bull Market of 1982-1997，" *Journal of Financial and Quantitative Analysis* 37 ［1］［2002］：29－61）的研究表明，对个体公司的市场错误估价与通货膨胀水平以及公司的受影响程度有关，这一结果也为莫迪格里安尼-科恩理论提供了证据。

［30］公众对通货膨胀的错误观点在以下文献中均有阐述：Eldar Shafir，Peter Diamond，and Amos Tversky，"Money Illusion，" *Quarterly Journal of Economics*，112（2）（1997）：341－374；and Robert J. Shiller，"Public Resistance to Indexation：A Puzzle，" *Bookings Papers on Economic Activity*，1（1997）：159－211。

［31］*New York Stock Exchange Fact Book*（New York，1998），http：//www. nyse. com。股票交易数据所呈现的增长更为显著，但这一增长事实上是由于通货膨胀和市场价值上涨导致扩股、使发行在外的股票总数增加而引起的。

［32］参见 Gretchen Morgenson，"Investing's Longtime Best Bet Is Being Trampled by the Bulls，" *New York Times*，January 15，2000，p. 1。

［33］U. S. Securities and Exchange Commission，"Special Study：On-Line Brokerage：Keeping Apace of Cyberspace，" 1999，http：//www. sec. gov/pdf/ cybrtrnd. pdf.

［34］参见 Kenneth R. French and Richard Roll，"Stock Return Variances：The Arrival of Information and the Reaction of Traders，" *Journal of Financial Economics*，17（1986）：5－26；也可参见 Richard Roll，"Orange Juice and Weather，" *American Economic Review*，74（1984）：861－880。

［35］参见 Shlomo Benartzi and Richard H. Thaler，"Myopic Loss Aversion and the Equity Premium Puzzle，" *Quarterly Journal of Economics*，110（1）（1995）：73－92。

［36］正如阿博特（Abbott）和沃尔博格（Volberg）写的那样："20 世纪最后 20 年的一个非常显著的特征是无处不在的商业赌博。"参见 Max Wenden Abbott and Rachel A. Volberg，*Gambling and Problem Gambling in the Community：An International Overview and Critique*，Report No. 1 of the New Zealand Gaming Survey，1999，p. 35。

［37］作者计算时使用的数字引自 Craig Lambert，"Trafficking in Chance，" *Harvard Magazine*，104（6）（July-August 2002）：32。

［38］John W. Welte et al.，"Gambling Participation in the United States—Results from a National Survey，" *Journal of Gambling Studies*，18（4）（2002）：313－337.

[39] Eugene Martin Christiansen and Sebastian Sinclair, *The Gross Annual Wager of the United States*, 2000, Christiansen Capital Advisors, 2000, p. 2.

[40] 也可参见 William N. Thompson, *Legalized Gambling: A Reference Handbook* (Santa Barbara, Calif.: ABC-CLIO, 1994), pp. 52 - 53。

[41] 20 世纪 20 年代有关赌博行为的定量资料不多。我统计了《期刊论文读者指南》(*Reader's Guide to Periodical Literature*) 中有关赌博的文章数目，并计算出了所有以赌博为主题的文章的百分比，如下所示（Ⅰ、Ⅱ分别表示 1938 年上半年和下半年）：

1919—1921 年	0%
1922—1924 年	0.004%
1925—1928 年	0.021%
1929—1932 年	0.035%
1933—1935 年	0.006%
1936—1938 年Ⅰ	0.003%
1938 年Ⅱ—1942 年	0.008%

以上数据充分显示了 1925—1932 年间，人们对赌博的兴趣骤减。当然从这些数据中无法找出人们对赌博态度转变的根本原因。有关赌博的历史以及赌博与投机的关系的资料，参见 James Grant, *The Trouble with Prosperity: A Contrarian Tale of Boom, Bust, and Speculation* (New York: John Wiley and Sons, 1996)。

[42] 参见 2004 年 10 月 26 日小布什（George W. Bush）在威斯康星州的竞选演说：http://www.presidentialrhetoric.com/campaign/speeches/bush_oct26.html。

[43] 私有产权激励社会进步的思想来源于亚当·斯密。私有产权造就进取和有责任心的公民，是一种很古老的思想。近年来，这个思想越来越受到认同。相关例子可参见 William A. Fischel, *The Homevoter Hypothesis: How Home Values Influence Local Government Taxation, School Finance, and Land-Use Policies* (Cambridge Mass.: Harvard University Press, 2001)。

[44] 在调查中，我们还问道："这种对收入的担心是否会促使你购买住宅，或者促使你购买更大的住宅？"在 414 位受访者中，有 81%回答："对收入的担心对购房决策没有影响"。在其他回答"有影响"的受访者中，回答"有积极影响"的是回答"有负面影响"的受访者的 2 倍。

[45] 个人储蓄的相关数据来自 U.S. National Income and Product Accounts, Table 5.1。资产增长的相关数据来自 Tables B100 and B100e of the Flow of Funds Accounts of the United States。

[46] Nell Henderson, "Greenspan Credits Economy's 'Flexibility'; Federal Reserve Chairman Says Free Market Helps Absorb Shocks" [final edition], *Washington Post*, September 28, 2005.

[47] 参见 Adam S. Posen, "It Takes More than a Bubble to Become Japan,"

Washington, D. C. : Peterson Institute for International Economics, Working Paper No. 03-9, October 2003. http: //www. piie. com/publications/wp/03-9. pdf.

[48] 参见密歇根大学调查研究中心的问题 X4，“Index Calculations,” http: //www. sca. isr. umich. edu/fetchdoc. php? docid=24770.

[49] http: //som. yale. edu/faculty-research/our-centers-initiatives/international-center-finance/data/stock-market-confidence-indices/stock-market-confidence-indices. 关于其他股票市场信心指数，参见 Robert J. Shiller, “Measuring Bubble Expectations and Investor Confidence,” *Journal of Psychology and Markets*, 1 (1) (2000): 49-60。

[50] William H. Gross, “On the ‘Course’ to a New Normal,” http: //www. pimco. com/EN/Insights/Pages/Gross%20Sept%20On%20the%20Course%20to%20a%20New%20Normal. aspx.

[51] Mario Bollini, Jennifer Barry, and Daniela Rus, “BakeBot: Baking Cookies with the PR2,” http: //web. mit. edu/mbollini/Public/icra/Bakebot. pdf.

[52] Robert E. Lucas, “Asset Prices in an Exchange Economy,” *Econometrica*, 46 (1978): 1429 - 1445.

[53] 相关的例子可参见 Fareed Zakaria, “Around the World a Dark Nationalism Threatens Peace,” http: //www. dispatch. com/content/stories/editorials/2014/07/08/around-the-world—a-dark-nationalism-threatens-peace. html.

[54] Thomas Piketty, *Capital in the Twenty-First Century* (Cambridge, Mass. : Belknap Press of Harvard University Press), 2014, Figure 8. 8, p. 300.

[55] 参见 Jeremy J. Siegel, *Stocks for the Long Run*, 5th ed. (New York: McGraw-Hill, 2014), pp. 252 - 253。

[56] 市场经济的发展、文化上对商业成功的日益推崇、媒体对于财经消息的大肆渲染、分析师日益乐观的预测、通货膨胀的下降以及股票市场交易量的增长，所有这些因素在欧洲也同样起作用，只不过不像在美国那样让人们深有感触罢了。虽然欧洲第二次世界大战后在生育高峰期出生的婴儿人数比美国少，但在 20 世纪 60 年代中期也经历了明显的生育低潮。在赌博机会方面，欧洲不像美国那样急剧增长。尽管如此，即使不是所有这些诱发因素在欧洲都起作用，美国和欧洲之间强烈的文化关联以及美国投资者对欧洲股票的需求也会引发一种实质性的传染效应。

第 5 章　放大机制：自然形成的庞氏过程

在前一章中，我们探讨了一系列可能诱发股票市场和房地产市场投机性泡沫的因素。在此基础上，本章将要研究这些因素如何通过投资者信心、投资者对未来市场回报的期望等相关机制来产生放大效应。为了提供一些具体的背景材料，我们首先将考察有关投资者信心和期望的例证。

放大机制通过一种反馈环（feedback loop）运行。本章将这种反馈环描述成一种自然形成的庞氏过程——过去的价格上涨增强了投资者的信心及期望，这些投资者进一步抬升股价，高股价带来的财富幻想又进一步吸引更多的投资者，这种循环不断进行下去，最终造成对原始诱发因素的过激反应。在许多公开演说中，反馈机制被广泛地提及，它甚至被认为是最古老的金融理论之一。[1]但是现代金融学教科书通常不涉及这一理论。

反馈理论往往被视为一种未被证实的假说。然而，事实上，正如本章即将展开的，一些证据为这种反馈机制提供了有力的支持。

投资者信心的变化

20 世纪 90 年代的牛市以及 2000 年以后的熊市都有一个显著特征，即它们与投资者对股票信心的变化有相关性。在 20 世纪 90 年代末期，一种非常简单的想法似乎占据了人们的思想，那就是大家认为股票是最好的投资方式，而且从长远来看，股票投资可谓是万无一失的。这一想法与1973—1974年股灾后盛行的观点形成了鲜明的对比。在70年代末，大多数人都认为“房地产是最好的投资方式”。但我当时没有进行问卷调查，因此我对于他们的这种想法并没有证据。

人们笃信股票是最好的投资方式，投资股票稳赚不赔，这种想法已经演变为一种流行文化。在我发现牛市时期投资者的这种想法后，自1996年开始，我认为有必要将此后不同时期人们这种想法的变化记录下来。于是，我在之前的美国高收入投资者调查问卷中追加了一个问题，询问他们对于以下表述的认同程度：“对于长期投资者来讲，股市提供了最好的投资工具。”我所收集的数据（现在由耶鲁管理学院持续更新）如图5.1所示。

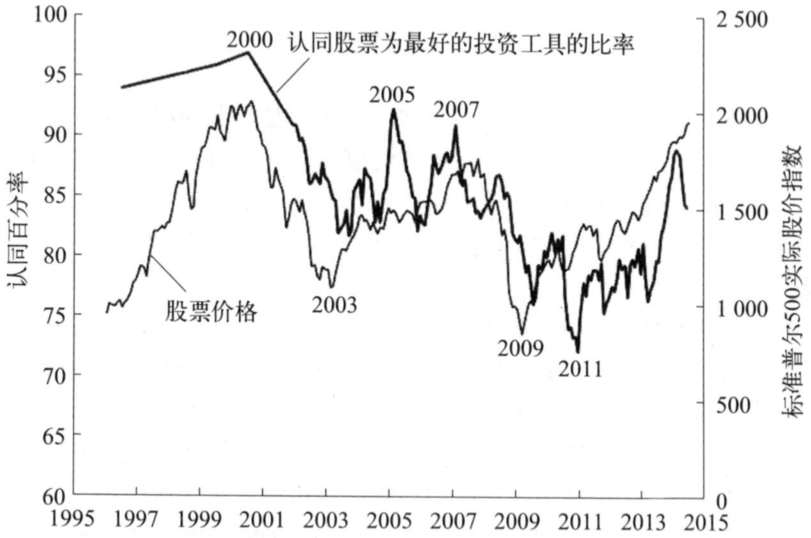

图5.1 认为股票是最佳投资方式的受访者比例，1996—2014年

图中显示了美国高收入人群中同意“对于长期投资者来讲，股市提供了最好的投资工具”这一表述的比例，以及标准普尔500实际股价指数。

资料来源：耶鲁大学金融学国际研究中心、标准普尔、美国劳动统计局的调查数据。

显然，在2000年之前的股市繁荣时期，受访者对这一表述的认同率非常高。在2000年股市最鼎盛时期，97%的受访者持同意态度。对任何问卷所表述的观点来说，97%的认同率都是很可观的，尤其是在涉及如投资战略这样敏感的个人问题时，这一数字就更让人惊叹了。[2]当市场开始下滑时，投资者对于上述表述的认同也开始动摇。2011年，持同意态度的受访者比例从2000年的97%下降到72%。当然，这一比例仍然较高（我们可以据此得出结论：非理性繁荣仍然存在）。尽管如此，股价变化对投资者长期信心相应变化的反馈在这些数据里仍然可以得到很好的印证。

在近年来的房地产市场繁荣期间，我和我的同事卡尔·凯斯在波士顿、洛杉矶、密尔沃基和旧金山四个城市随机选取了近期购房者作为调查对象，针对房地产市场进行了与股市类似的调查。调查结果如图 5.2 所示。

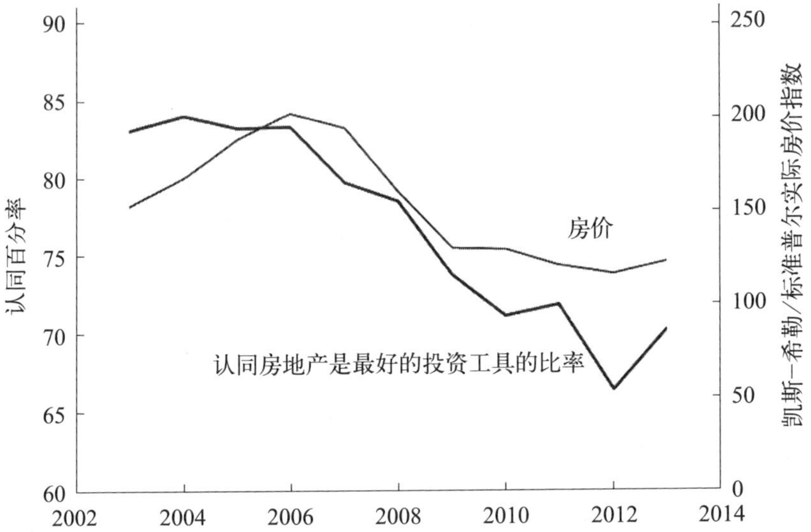

图 5.2　认为房地产是最佳投资方式的受访者比例，2003—2013 年

图中显示了美国最近购房人群中同意“对于长期投资者来讲，房地产是最好的投资工具”的比例，以及凯斯-希勒/标准普尔实际房价指数。

资料来源：耶鲁大学金融学国际研究中心、标准普尔、美国劳动统计局的调查数据。

如图 5.2 所示，我们发现关于最佳投资方式的市场价格和受访者认同率之间存在类似的显著相关性：一般来说，当房价上升，认为房地产是最佳投资工具的人群比例也会上升；当房价下跌，认为房地产是最佳投资工具的人群比例随之下降。这就是反馈。[3]

综合考察以上调查结论，我们可以看出人们存在一种感觉，就是他们认为价格即使短期内不会马上增长，但长远来看总是会不断上涨，并且人们对这一感觉的信心会随着时间的推移和市场的不同而发生变化。作为调查的一部分，我们还询问了高收入投资者对以下表述的认同程度：“如果再发生一次像 1987 年 10 月 19 日那样的股市危机，股市在两年左右的时间内一定会回复到危机前的水平。”图 5.3 显示了受访者的回应结果。

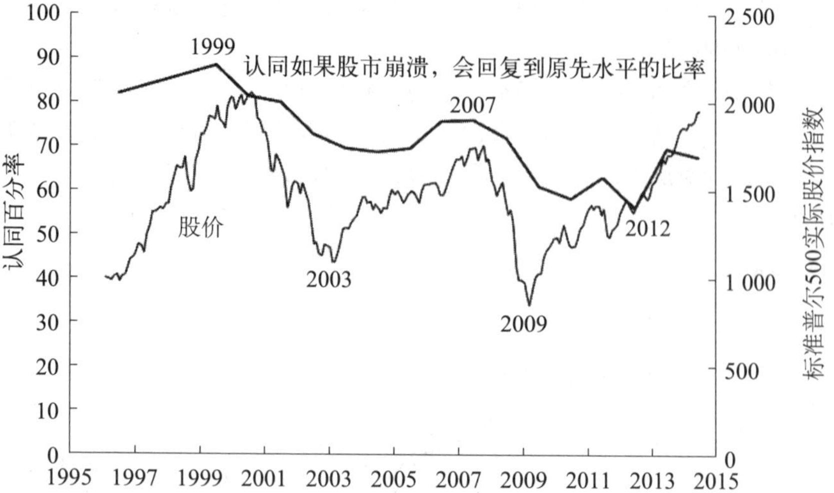

图 5.3　受访者对于股市危机后果的观点，1996—2014 年

图中显示了美国高收入投资者同意“如果再发生一次像 1987 年 10 月 19 日那样的股市危机，股市在两年左右的时间内一定会回复到危机前的水平”的比例，以及标准普尔 500 实际股价指数。

资料来源：耶鲁大学金融学国际研究中心、标准普尔、美国劳动统计局的调查数据。

由调查结果可以看出，同意上述表述的比率基本随市场的变化而变化。1999 年，当市场临近新千年繁荣的顶峰时，88%的受访者认同这一表述。2000 年之后，市场开始下滑，认同上述表述的人数比例也随之下降，到了 2004 年这一比例下降至 69%。次贷繁荣时期股市上涨，认同人数比例又开始上升，到 2007 年这一数字为 76%。2007 年之后股市向下调整，认同人数比例随之下降，至 2012 年这一比例跌至最低点 56%。之后，认同上述表述的人数比例随着后次贷繁荣逐渐回升，直至 2014 年的 68%。市场持续上行看来确实会助长一种自我满足情绪。即使其间市场出现下跌，人们也更加乐观地确信这些回调在长期并不会产生重大影响。相反，市场持续下行则会挫伤这种自我满足情绪。尽管某次深跌甚至一次大崩盘本身并不能表明市场在之后会何去何从，但恐惧会加深。

有趣的是，人们往往不会相信与我们的问卷调查相反的假设，也就是说，当市场经历了戏剧性上涨之后，人们往往不会相信市场将在未来的几年中会跌回到起点。[4]他们宁可相信感觉，乐观而自信地相信市场只会出现振荡，也不愿意相信长期均衡价格的存在。

一些证据表明，1929 年，时值 20 世纪 20 年代牛市最鼎盛之际，许多人对股市持续走好抱有如 20 世纪 90 年代末期同样的信心。尽管我们没有那个时期的调查数据，但我们还是可以找到一些有关当时投资者信心的记述。弗雷德里克・路易斯・艾伦（Frederick Lewis Allen）在 1931 年出版了记述 20 世纪 20 年代历史的著作《恍然如昨》（*Only Yesterday*），书中写道：

> 1929 年夏天，就像每次股市暴跌时一样，人们都会翻开过去几年的旧黄历。过去的那些年里每次股市暴跌之后都会迎来一次新的高点。也正因为如此，人们面对新的市场下挫已处变不惊。前进两步，后退一步，然后再前进两步——这就是股市的规律。如果你卖出，就只能等下一次暴跌（每几个月就有一次暴跌）时买进。你根本没有理由卖出：只要你的股票好，最终就一定会赚钱。真正的赢家是那些“买进并一直持有”的人。[5]

对投资者信心的思考

思考当前投资者信心变化的本质和原因非常重要，这不只是为了理解现实，也是为了讨论本章的重要问题：反馈环。增强投资者信心的反馈环发生于一个复杂的情境中，这个情境既包括社会因素，也包括人们的心理因素。

许多人认为，在股市暴跌后的两三年内，市场将肯定回弹到原来的水平。但是，人们的这种想法来自何处？历史数据显然并不支持这一论断。有许多例子表明：暴跌后的市场在相当长的一段时期内一直运行不佳。就拿最近的例子来说，今天的日经指数已经不及 1989 年其最高值的一半，但人们仍选择卖出。再如本书在第 1 章所讨论的，1929 年和 1966 年两次美国股市登顶崩盘后，股市在很长时间里一路疲软。然而，在牛市期间，市场持续疲软运行的事例在公众脑海中却没有留下深刻记忆。

近期美国股市之所以给投资者留下深刻印象，是因为他们亲身经历了这一切。20 世纪 90 年代牛市期间，他们亲眼目睹了 1982 年以来一路飞涨的美国股市，并对其做出了反应。20 世纪 90 年代的美国投资者与当时日本股市投资者以及几十年前美国投资者有着截然不同的经历。许多人把注意力都放在每天报纸的股市走势图上，他们似乎能够凭直觉感到，股市每次下跌反弹后都会迅速创出新高。我们在学习骑单车或驾驶汽车时所用的认知能力可以使我们凭直觉断定前方的路况，类似的能力也被应用于股市投资中。对于20世纪90年代正处于中年的投资者来说，在他们关注并行走于股市的岁月里，这种上升趋势一直存在着。

人们这些年来目睹股市下滑后会持续反弹，从而形成了某些主观经验，这对我们的想法产生了一种心理冲击，这种心理感受在事后很难理解或重述。那些原先预料股市会下滑或持续疲软的人，由于年复一年不断地出现判断错误，情绪变得忧郁。他们也因为不断的预测失败而丧失信誉。因为我们对于自身世界观的满意程度是我们自尊和自我认同的一部分，于是那些以前对股市持悲观态度者自然就会做出不同的判断，或至少在公众面前采用不同的表述方法。所以，情绪的改变会对他们的观点——当然还有对他们观点的表达方式——产生影响，而这种影响与支持或驳斥他们观点的任何客观证据都无关。

即便20世纪90年代股市繁荣时期的投资者没有亲身经历或关注1982年以后的股市，他们还是能够不断听到股市老手在那段时间的相关心得。以下摘自戴维·伊莱亚斯（David Elias）1999年出版的《道琼斯40 000点》（*Dow* 40 000）一书：

> 下面我要讲的是关于我朋友乔伊等待道琼斯指数创造“绝佳时机”的故事。1982年当道琼斯指数刚刚超过1 000点时，他打电话告诉我，他在寻找合适的时机进入市场。过了这么多年，他仍在寻找一个绝佳时刻的反弹点。现在乔伊已经62岁了，还把钱放在大额银行存单中，他错过了整个牛市及其数个“千点”里程碑。到现在乔伊还没有意识到根本不存在所谓的绝佳时机——当股市从反弹点恢复之后，就会冲向新高。[6]

这段文字读起来颇具说服力，尤其是当我们将其与伊莱亚斯书中接下来的一段关于回报率走高时期（如同本书稿撰写时股市的表现一样）复利机制的论述结合起来时，我们无不感觉股市是真正的致富场所。这种叙述带有强烈的感情色彩，如同人们在叙述一场由驾车失误酿成的事故或某个员工在讲述各种原由要求老板提薪一样。

这类故事之所以会有相当的吸引力，其中一个原因是：这类故事将成功的投资演绎成投资者掌控自己内在冲动的过程，而不是从历史的角度来考虑我们现在所处的情形。这类故事让读者忘记了在当前股市行情下什么才是最需要关注的。普通人在控制自己的冲动时会考虑很多（如考虑使自己努力工作而不是放任自流，要保持体形不要发胖等），因此那些劝诫投资者自我控制的论述比那些从历史角度分析市盈率的文章更能引起共鸣。伊莱亚斯言论的动人之处在于，它勾起了投资者的懊悔之痛，而这种懊悔正是促进投资者选择当下进入市场的情感原因。这一点本章后文将会论及。当各种说法和观点不再建立在对历史数据的分析基础上时，那些事实数据对于人们思维的唯一影响是让人们隐约觉得“市场下跌总会反弹”。

很多媒体经常报道过去几年行走股市的投资者的幸福满足感，这种报道无不在暗示读者“你也能行”。这里，我们从无数这类报道中摘取个别。《美国周末》（*USA Weekend*）（一种随报纸发行的全国性周末杂志）在 1999 年刊登了一篇题为《如何在美国成就你的财富梦想》[How to (Really) Get Rich in America] 的文章。该文章列举了几位投资者的成功经历，还以假设的语气虚构了一位 22 岁大学毕业生如何通过投资年赚 30 000 美元，并且保持 1%的年实际收入增长的故事。“如果她仅将收入的 10%投资到标准普尔指数基金中，那么当她 67 岁退休时，她可以净收入 140 万美元，而且这个 140 万是以今天的美元来衡量的。”[7] 这种计算假定标准普尔指数基金（S&P index fund）每年能够获得 8%的无风险回报，但其并没有指出随着时间的推移，回报率可能不会一直这么高，因而故事的主人公最终可能无法成为一个百万富翁。1929 年的《妇女家庭杂志》（*Ladies' Home Journal*）上也刊登了一篇标题十分相似的文章，《每个人都可以成就自己的财富梦想》（Everybody Ought to Be Rich）。[8]该文章也进行了类似的计算，并且也同样没有指出从长远角度来讲，任何事情较之于计划或者预期都可能有出入。1929 年股市崩盘之后，这篇文章随即声名狼藉。

这些关于股票看涨的讨论看似合理，往往缺乏理论支持。它们总是夹杂在那些有关成功和失败的投资者的案例里，其言外之意表明，那些投资做得好的人在精神上和道德上也是优越的。公众逐渐对那些耐心赚钱而不受市场波动影响的人产生了强烈的崇拜，这是许多通俗书籍的主题。其中，最著名的一本是由托马斯·斯坦利（Thomas Stanley）和威廉·丹科（William Danko）合写的《邻家的百万富翁：美国财富的惊人秘密》（*The Millionaire Next Door: The Surprising Secrets of America's Wealthy*）。此书自 1996 年出版之后，在《纽约时报》（*New York Times*）精装畅销书排行榜上占据了长达 88 周的时间，在《时代》（*Times*）平装畅销书排行榜上也稳居前列。这本赞扬耐心与节俭美德的书，在其鼎盛时期销量逾 100 万册。[9]

事实上，这类耐心投资的故事并不仅仅在美国大受追捧。在德国，由博多·谢弗（Bodo Schäfer）所写的1999年度畅销书《金融自由之路：七年成为百万富翁》(*The Road to Financial Freedom*：*A Millionaire in Seven Years*）为投资者设定了七年时间，他将“任何股市下滑后必然迅速反弹”列为十大“黄金准则”之首。该书于2003年发行了新版本，该版本去掉了副标题“七年成为百万富翁”，显然这是因为七年中的四年已经过去了，而当年的读者却并没有向百万富翁迈出实质性的一步。另一本1999年出版的德国书籍通篇都在讲述“耐心投资总会赚钱”的主题，此书由贝恩德·尼奎特（Bernd Niquet）所著，书名为《不必担心下一次崩盘：为何股市是长期投资的绝佳场所》(*No Fear of the Next Crash*：*Why Stocks Are Unbeatable as Long-Term Investments*)。[10]

在看待公众对股市信心的表达方式（无论是在20世纪90年代还是在20年代）以及了解人们当时的感受时，以下一点是十分重要的：在多数情况下，我们所看到的有关股市信心的各种说法并不是当时情境下人们关注的核心。例如，苏泽·奥曼（Suze Orman）是20世纪90年代一名极负盛名的投资顾问，也是畅销书的作者，作品包括1997年出版的《金融自由九步法》(*The 9 Steps to Financial Freedom*）以及1999年出版的《财富胆略：创造丰富的物质和精神生活》(*The Courage to Be Rich*：*Creating a Life of Material and Spiritual Abundance*)。2002年，股市从巅峰坠落后，她创办了自己的有线电视节目《苏泽·奥曼秀》(The Suze Orman Show)。她强调一个人要实现自己的财富梦想必须要在感情和精神上实现跨越，她对投资者的具体建议是甩掉债务、投奔股市。而她所举出的10%的复利回报率的例子从来都不是大家关注的焦点。很显然，她的大多数读者和观众对她的思想或者节目中的鼓动性成分更感兴趣。因为对这些观众来讲，如何面对投资中的困难才是关键。至于她假设的10%的年回报率，充其量只是一个大家无暇也不愿去深究的背景信息。尽管如此，由于她和其他与她类似的作家或者媒体人对于这一假设的不断重复，这一假设已然被追捧为一种“常规智慧”或者说“常识”。

关于预期的调查证据

从我对美国高收入个人投资者和机构投资者的调查中，我们发现一些证据，证据表明投资者对股市的预期不断变化。我们以开放式的问题询问投资者在不同时期对道琼斯指数的预期。在提问时我们没有给定价格上涨的范围，因此受访者可以在没有任何提示的情况下说出自己的预期值。1989年的调查结果显示，个人投资者对道琼斯指数一年内变化的平均预期值是0.0%。1996是4.1%，2000年是6.7%，2001年是8.4%。由此可见，从1989年到2000年股市从巅峰坠落不久的这段时期，股票市场增值的平均预期大幅上涨。此后，个人投资者对道琼斯指数一年内变化的平均预期值有所下降，2004年的调查结果为6.4%。对机构投资者的调查并未显示出同样的预期变化模式。这也许是因为它们更强的专业能力使得它们能利用权威的分析方法进行预测。

有些人可能会感到吃惊，我们上面提到的平均预期值结果竟然如此之低。比如1989年个人投资者对道琼斯指数一年内变化的平均预期值是0.0%，即使刚刚经历了2000年的顶峰，投资者的预期也只有8.4%。这似乎并不符合非理性繁荣的一般假设。但是当我们来考察个人投资者的问卷回答情况，就不难明白为什么平均值如此之低了。1989年34%的个人投资者认为在接下来的一年中股市将要下跌，其中很多人甚至认为股市将大幅下挫。而那些认为股市不会下跌的投资者的平均预期值是10.0%。不过由于大量悲观主义者的存在，使得所有受访者的平均预期值为0。

1996年，认为股市将要下跌的个人投资者占29%。但是，那些认为股市不会下跌的投资者对道琼斯指数一年内变化的平均预期值是9.3%，基本与1989年持平。悲观主义者的人数较少使得平均预期值较1989年有所上升。

2001年，认为股市将要下跌的个人投资者比例进一步下降到7.4%。那些认为股市不会下跌的投资者对道琼斯指数一年内变化的平均预期值是10.1%，几乎与前几年相同。悲观主义者的大幅减少使得平均预期值增长到8.4%。

到了2004年，认为股市将要下跌的个人投资者比例进一步下降到7.1%，这个数字比2001年的水平还要低。不过，因为那些认为股市不会下跌的投资者对道琼斯指数一年内变化的平均预期降低到7.3%，全部受访者的平均预期值较之于2001年亦有所降低。

总体来看，那些对于上涨的预期较为稳定，且接近专家判断的历史平均水平，而给出下跌预期的被调查者比例则变化较大。调查结果表明，在2000年股市造就其空中楼阁之前，市场的非理性因素伴随着投资者对市场的无惧无畏不断增长。

在调查结果中，几乎没有人回答市场在未来的一年中将会上涨20%或30%，这一点并不令人吃惊。当股市临近顶峰时，一些人毫无疑问会做出这样大胆的预期。然而，这样高的预期并不是一个让人信服的答案，也不是人们期望在媒体中见到的所谓专家的预期数字。事实上，让人更踏实的说法是，市场将继续保持过去30年中所取得的高平均回报率。或者更大胆地逆势而言，市场将会回调，与此同时，人们对于股市的预期将会下降，正如我们从媒体所听到的。人们真的相信他们在调查问卷上所写的答案吗？也许大多数人不知道该相信什么，也许他们认为自己的答案是可信的，但同时他们还持有其他疑虑或者期许，一些我们的调查未能捕获的疑虑和期许。

瑞士银行投资者信心指数（2000年瑞士银行接管佩因·韦伯以前，该指数被称为佩因·韦伯/盖洛普指数，2007年后该指数被富国/盖洛普投资者及退休收入信心指数取代）显示，2000年市场登峰造极前后，个人投资者有着更为乐观的平均预期。他们1999年7月的调查表明，这些投资者预期未来12个月股市的平均回报率是15%。这听起来是一个相当乐观的数字，比我们调查得到的预期值要高得多。这种结果差异可能与问卷措辞的微妙差异有关。他们的问题是："更宏观地考虑一下股市，您认为未来12个月中，股市能够为投资者提供的总体回报率是多少？"而我们的问题是："您预期未来价格发生变化的百分比是多少（数字前用'＋'表示预期股市将增长，'－'表示预期股市将下挫，如果您不知道，请不要填写）？"问题之后我们的问卷留出空间让受访者分别给出1个月、3个月、6个月、1年和10年内的道琼斯工业平均指数。注意这两个问题的不同含义：佩因·韦伯/盖洛普民意测验问的是回报率，而我们问的是价格的百分比变化。其中的重要差别在于，回报率包含股息分配，而价格变化则不然。询问受访者回报率则更多地暗示受访者回报是一个正值；而我们问的是价格的百分比变化，同时我们明确提示受访者答案可以是负值。

受访者对于调查问题的回应与措辞的设计息息相关。但是，如果调查问卷中的措辞长期保持不变，不同时间上受访者的回应变化还是可以表明投资者期望值的变化方向。从这个意义来讲，瑞士银行投资者信心指数也进一步肯定了我们的调查结论，即股市达到顶峰之前人们的预期往往过于乐观，而股市从巅峰坠落后，人们的预期就不那么乐观了。

对投资者预期和情绪的反思

经济学家通常喜欢将人定义为所谓的经济人，即他们能够根据对未来股价的预期和对其他投资风险的估计来对投资决策进行优化计算。然而事实上，投资者在实际决定将多少资金投放到股市和其他投资项目（如债券、房地产等）的过程中，通常不会进行详细的估算。投资者通常也不会对不同资产类别的收益预测进行整合，或根据评估的风险权衡这些收益预测。

投资者不这样做的部分原因是由于他们通常认为，专家并不是对每个资产类别的价格变化及其存在的风险都有所见地，毕竟专家之间总是存有分歧的。投资者认为，忽视目前专家对某一资产类别前景的看法不会造成太大的损失，他们必须将对价格的评判依据建立在多数专家都认同的基本理论上。

那些专家在预测不同资产类别的相对回报率时所使用的依据对于大多数人来讲几乎没有什么直接可用性。专家谈论的是联邦储备委员会可能采取的行动、菲利普斯曲线（Phillips curve）的变化，或者由通货膨胀和常规的会计方法所引起的总收入偏差，但大多数人对这类深奥的事情并没有兴趣。

然而，投资者必须做出一些决策。当决定将多少资金投入股市时，哪些因素可能会起作用？从感情因素上讲，人们可能会觉得投资股市是所有人的唯一选择，这种感情会在决策中发挥关键作用。

人们知道股市有可能会重复近几年的表现，这种可能性就像股市可能会进行重大调整一样真实。但是在某个具体的时间点上，他们又该如何决定呢？夜深人静之时，一个人正在填写 401(k) 投资分配表格，而他掌握的可靠信息极少，但又必须做出重要决定，这时他既疲倦又烦恼，他又会作何感想呢？

当然，个人的感受取决于其近期的投资经历。如果一个人已退出股市，没有像其他人那样抓住近期获利的机遇，那么他就会有一种很强烈的悔恨感。心理学家发现，悔恨能够提供极大的动机。[11]

有人会羡慕别人在股市中比自己工作一年赚得还多，这种羡慕是一种痛苦，尤其当人们因此感到自尊受损时。如果那些赚得多的人真的比自己聪明或知识渊博，那么他就会觉得自己是一个落伍者。即便他们不比自己聪明，只是比较幸运，那种滋味也好不到哪儿去。不过，人们还是更愿意认为那些比自己成功的人是运气较好，以此来寻求情感上的慰藉。然而，这种慰藉只是自欺欺人，正如纳齐姆·塔利布（Nassim Taleb）在其著作《随机致富的傻瓜》（*Fooled by Randomness*）中所写道的："我们并不会因为我们为自己的失败找出合理的理由而好过一点，对别人成功的嫉妒会不断萦绕在我们心头。"[12]

人们也许会想，如果在上涨的股市中再多留一年（假定股市还要涨一年），他们也就不至于如此痛苦。当然，人们也会想到市场或许马上就要下滑。问题是，人们在作资产分配决策时，究竟是如何衡量可能的失误所造成的情绪打击的呢？

也许有人觉得即使炒股亏本也比连股市的大门都不敢跨进要强。虽然入市也有恰逢下跌之虞，然而这种可能的失败远远不敌未入市的遗憾所带来的痛苦。尽管有多种其他方式可以用来分散注意力，诸如努力成为一位好伴侣、好家长或是追求简单自在的生活，但是目前唯一真正能从情感上得到满足的决定还是投身股市。

当然如果说一个人一直行走在股市，那么在股市繁荣已经持续了一段时间之后，当他再决定是退是留时，他会有不同的心境。有人可能会感到满足，对自己过去的成功可能还有些许的自豪，当然也会感觉更加富有。有人在获利后感觉自己像个"在玩全部家当"的赌徒，因此当再下赌注时情感上也没有什么可失去的了。[13]

综上所述，投资者决定投资时的情绪状态是推动牛市最重要的因素之一。尽管他们的情绪也是前一章所描述的各种因素（如实利主义和个人主义膨胀）所造成的结果，但市场的不断强势攀升所带来的心理冲击，又进一步加剧了这种情绪状态。

公众对市场的关注

公众对市场的兴趣和关注度会随时间的推移发生重大变化，正如公众的兴趣会从一个有新闻价值的话题转到另一个话题，比如说从有关杰奎琳·肯尼迪（Jacqueline Kennedy）的新闻报道转到有关戴安娜王妃的报道，再转移到金·卡戴珊（Kim Kardashian）的报道一样。对股市的兴趣也以同样的方式随潮流而改变，而这种变化主要取决于诱发事件的吸引程度。

正如一些作家所记述的，1929 年也是投资者对股市极其关注的时期。约翰·肯尼思·加尔布雷思（John Kenneth Galbraith）在其 1961 年出版的著作《大崩盘：1929》（*The Great Crash*：1929）中写道：

> 截至 1929 年夏天，股市不仅支配着新闻，也支配着文化。那些声称曾关注过圣·托马斯·阿奎那（Saint Thomas Aquinas）、普罗斯特（Proust）、心理分析和身心疾病药物的少数精英也开始大谈联合公司、联合创建者和美国钢铁公司。只有那些最古怪的激进分子仍对股市漠不关心，他们的兴趣集中在自我暗示或其他想法上。在大街上你总能看到某人在煞有介事地谈论股票的买卖，俨然是一名股市的预言家。[14]

许多类似的评论文章也报道说，20 世纪 20 年代末期公众的注意力都集中在股市上。值得注意的是，加尔布雷思 1961 年的论述无法避免地使用了新闻行业惯用的夸张手法，以让读者感觉似乎他曾目睹和亲历 20 世纪 20 年代一样。但是就 20 世纪 20 年代的总体变化方向来说，加尔布雷思的记述并没有太大出入。

如果看一下整个 20 世纪 20 年代中每一年的《期刊论文读者指南》（*The Reader's Guide to Periodical Literature*）就会发现，在任何一年的期刊中，只有极少数文章（不到 0.1%）是关于股市的。人们在考虑股市以外的许多事情。然而，在这 10 年中，有关股市的文章比重明显在增长。1922—1924 年有 29 篇关于股市的文章，占所列文章的 0.025%；1925—1928 年有 67 篇文章，占所列文章的 0.035%；1929—1932 年有 182 篇文章，占所列文章的 0.093%。在 10 年中有关股票的文章所占百分比几乎增长到原来的四倍。

对新千年股市繁荣时期的《期刊论文读者指南》的类似研究表明，尽管其中股市文章的百分比要比 20 世纪 20 年代的高，但两个时期里关于股市兴趣的转变却有着类似的趋势。1982 年股市处于最低潮时，有关股市的文章有 242 篇，占文章总数的 0.194%。1987 年股市发生崩盘，当年有 592 篇关于股市的文章，占文章总数的 0.364%，几乎为 1982 年的两倍之多。崩盘之后，人们对股市的兴趣一度下降，1990 年仅有 255 篇文章事关股市，占总数的 0.171%。20 世纪 90 年代，文章的数量再次反常态上升。2000 年达到 451 篇，占文章总数的 0.254%。2000 年市场从顶峰跌落后，文章数量随之下降。2003 年文章数量为 327 篇，占文章总数的 0.175%，几乎回落到 1990 年的水平。

考察投资者对市场的关注程度的另一个依据是全美投资者企业协会

(National Association of Investors Corporation，现改名为 BetterInvesting）所报道的投资俱乐部数目。投资俱乐部是小型的社会团体，成员们通常晚间在会员家中聚会，他们出于兴趣或学习目的而将小额资金投资于股市。1951 年，全美投资者企业协会由四家源起于 50 年代牛市初期的投资者俱乐部共同创立；到 1954 年，俱乐部数量发展到 953 家；1970 年，股市临近峰点，此时俱乐部数量亦达到顶峰，为 14 102 家；1980 年，股市临近其谷底，此时俱乐部数目亦下降到 3 642 家，降幅达 74%。而截至 1999 年，俱乐部数量极大地超出 1970 年的最高值，达到 37 129 家。[15]而到 2004 年，俱乐部数量为23 360家，下降 37%。投资俱乐部的数量大致与市场的表现相吻合，这一现象值得关注，其表明牛市的确能够吸引投资者的注意力。2000 年之后俱乐部数量下降的幅度小于 1970—1980 年之间的下降幅度，这表明，2000—2004 年期间投资者对股市的兴趣并没有像 20 世纪 70 年代时下滑得那么严重。与之相一致的是，2000—2004 年期间市盈率下滑幅度也弱于 1970—1980 年。

投资俱乐部在新千年泡沫破裂之后没有再度兴起。这些俱乐部的会员数量自 1998 年起每年持续下降，即使是在 2003—2007 年和 2009—2014 年股市大幅增长期间。截至 2013 年，会员数量相比于 1998 年顶峰时期下降了超过 90%。这种下降表明股市在 2003—2007 年及 2009—2014 年的复苏与新千年泡沫有着根本性的不同，如同 2012—2014 年房地产市场的繁荣与 1997—2006 年的房地产盛世有着根本不同一样，后来的市场繁荣不再那么让人关注，也不再有那么广泛的社会影响。[16]

当人们在任何领域第一次获得成功后，他们便会有一种自然倾向：采取新行动、开发新技能，以求获得更大的成功。通过对比研究那些从电话交易转向网上交易的投资者以及继续使用电话交易的投资者，经济学家布拉德·巴伯（Brad Barber）和特伦斯·奥迪恩（Terrance Odean）发现，那些转向网上交易的投资者过去平均每年能获得超过市场平均水平 2%的回报率。当转向网上交易后，这些投资者的投机性增强，交易更积极，但每年的回报率反而比市场平均水平低 3%。[17]这一发现可理解为，因为过去的成功，投资者变得过于自信，这种自信让他们不惜花费成本来学习网上交易，而在具备这些交易能力和兴趣之后，为了看到自己的技能投资得到相应的回报，他们可能在一段持续的时间内（用年来衡量）更加关注股市。

1999 年市场接近顶峰的时候，几乎在任何地方都能听到对股市的讨论。那时我曾经和我的妻子做了一个游戏：当我们外出用餐时，我就会预言，我们邻桌的人会讨论股市。当然我并不打算偷听他们的谈话，但是我会尝试去捕捉“股市”这个词。我真的能够经常听到它。在那个时候提起股市被认为是一个可以接受的，甚至是令人兴奋的话题。五年以后，在公众场合提及股市就不再那么吸引人了，它甚至变成了一种侵扰，一种将工作和休闲搅和在一起的失态行为。到了 2004 年，人们提到更多的可能是房地产市场。1999 年和 2004 年之间的差别是微妙的，但是它也启示我们投资者对于市场的热情发生了根本的变化。

泡沫的反馈理论

在反馈环理论中，最初的价格上涨（例如，由前一章所提到的各种诱发因素所引起）导致了更高的价格水平的出现，因为通过投资者需求的增加，最初价格上涨的结果又反馈到了更高的价格中。第二轮的价格上涨又反馈到第三轮，然后反馈到第四轮，依此类推。因此诱发因素的最初作用被放大，产生了远比其本身所能形成的大得多的价格上涨。这种反馈环不仅是历次股市牛市和熊市的成因之一，而且也事关房地产和个人投资的盛衰，尽管其对不同市场的影响在细节上有所差异。

对于那些经常涉及反馈事件及其效果的工程师而言，反馈是一个非常熟悉的概念。举一个通俗的例子，当一个人拿着话筒（接收声音和发送声音电子编码的设备）靠近扬声器（把电子编码声音转化成真实声音的设备）时就会出现反馈现象。反馈的结果可能是传递过来一个随时间变化的尖锐刺耳的声音。之所以发出这个声音是因为声音从麦克风传递到扬声器，再从扬声器反馈给麦克风，如此往复，形成一个很长的循环过程。而这种声音的变化是具有内在复杂动态性的反馈系统的自然结果。事实上，导致股市泡沫的反馈，其运作方式与扬声器—麦克风反馈是一样的。当然，扬声器—麦克风反馈所需的时间要短得多，一般按毫秒计算，而股市中的反馈则需要几天、几个月甚至几年。

为了更好地理解这种反馈，我们不妨做个实验。如果在一个完全安静的环境下，一个人拿着麦克风，对着扬声器，那种尖锐的声响就不会产生。如果初始时没有声音，那么就没有可以反馈的对象。但是如果这个人鼓了一次掌，尖锐的声音就会产生，之后声音会按照其自身方式不断变化。这种尖锐的声音会持续一段时间，然后消失。显然，所有的这些声音都是那次鼓掌的结果，实际的声音会在鼓掌之后持续相当长的一段时间。这声音的高低起伏最终是由其触发因素，即那次鼓掌而造成的，但是声音上下起伏的时机则是由反馈机制本身而不是原始声音决定的。

当我们在一个有着各种干扰平衡的细微噪音的普通房间里观察从扬声器中传出的反馈结果的变化时，我们很可能会疑惑它们的来源。但触发声音与反馈声音的变化并非同时产生，因此这两者间的因果作用很容易被忽略。这种反馈机制在投机市场中也一样适用，但是市场中的反馈一般要持续数年。触发了这个反馈的干扰在时间上可能与价格变化反馈相距遥远，因此看起来似乎不太可能是这个干扰造成了价格的变动。

前面已提到过，反馈环理论早已广为人知，只是多数人没有用反馈环这一术语来描述它。它是一个科学术语，通常又被称作恶性循环、自我实现预言、从众效应等。尽管“投机性泡沫”一词在一般言论中有多重含义，但通常指的就是这种反馈。

反馈环理论的一个最流行的说法是建立在适应性预期基础上的，这一说法认为，发生反馈是由于过去的价格上涨助长了对价格进一步增长的预期。[18]另一说法认为，发生反馈是由于过去的价格上涨提升了投资者信心。通常认为这种反馈主要是对价格持续增长模式的反应，而不是对价格突然上涨的反应。

适应性预期反馈和投资者信心反馈在当前股市中正发挥着重要作用。本章前文所讨论的例证与这些理论都是一致的。反馈还可能是基于情绪因素，和预期及信心都不相关。前文所讨论过的“用赌场赢钱(House Money)来玩”的结果可能产生一种反馈：这种心境可能降低投资者在价格看涨之后抛出的倾向，因此放大了诱发因素的作用。[19]过去的价格水平对于人们的情绪有着广泛的影响，这种影响与价格变化的情境有关。

反馈有许多不同的类型。其中，最为基本的类型是价格—价格(price-to-price)反馈：价格的上涨引发投资者的热情，进而直接导致未来价格的进一步上涨。另一种反馈类型称为价格—GDP—价格(price-to-GDP-to-price)反馈：伴随着股市和房地产市场市值的增加，人们的财富也不断膨胀，对于股市的乐观和浪漫主义亦愈演愈烈，各项支出也随之增加，这些支出包括消费以及对新住宅、工厂和设备等资产的投资等活动。投资品价值增加所引发的投资者反应称为“财富效应”，它在股票市场和房地产市场中都存在。[20]支出增加推动了 GDP 增长，进一步经济走好的形势又会鼓励人们进一步将市场推向高点。较高的

GDP 更多地意味着经济的强健，而不是泡沫。事实上，经济强健才是 GDP 走高的根本原因。价格—公司收益—价格（price-to-corporate earnings-to-price）又是另外一种反馈。股市上涨，人们的支出增加，这推动了公司利润的增长，公司基本面的改善就会使得人们对股市的预期进一步提高，而股价自然也就更高了。

支撑这种反馈的是人们对投机性思维在经济中的重要性的普遍错觉。人们总是习惯性认为经济的一个基本状态是“健康”。当股市上涨，或者 GDP 增长，又或者公司的盈利水平提高时，人们就会不折不扣地认为经济更加“健康”了。人们似乎认为经济会受到来自外部问题的侵袭，比如地震、流星的冲击，也可能受到外部一些突破性变化的影响，比如科学技术的突飞猛进。他们认为，股市、GDP 和公司盈利水平的变化就是这些外部因素作用的结果。的确，这些因素有时会对经济产生影响。但是人们并不知道他们自身的心理因素同样作为这个复杂反馈模型的一部分对经济产生着影响。

不管是哪一种反馈理论在起作用，投机性泡沫都不可能永远持续下去。投资者对投机性资产的需求也不可能永远扩大，当这种需求停止时，价格上涨也会停止。根据预期反馈理论的一个流行版本，在需求停止时，我们就会看到股市的下降，即泡沫的破灭，因为投资者认为股市不会继续上涨，因此没有理由继续持股。然而，反馈理论的其他版本并没有提及泡沫的突然破灭，因为它们没有假定价格会持续上涨。

实际上，即使是反馈理论的最流行版本，也不认为泡沫会突然破灭。投资者需求中一定会有一些噪音，过去的价格反应有一定的不可预测性，同时投资者之间也缺乏同步性。此外，因为价格变化所诱导的入市还是出市行为不可能仅由最近的价格变化决定。可以肯定的是，投资者在判断近期股市表现是否有诱惑力时，可能会回顾前几天、几周或几个月的价格变化。因此，这种简单的反馈理论与那些夹杂着大量断点和抖动的价格变化模式在本质上是一致的。[21]

无论哪一种反馈理论，都可能意味着负泡沫的发生，即反馈向下发生——最初的价格下滑令投资者失望，引起价格的进一步下滑。[22]（负泡沫的概念使我想到了装满热空气的密封塑料饮料瓶，当瓶子冷下来后会逐渐地向内收缩，但将瓶盖打开后，瓶子又恢复原状——尽管这不如将正泡沫比喻成肥皂泡来得恰当。）当股价持续下跌，直到股价开始看起来不太可能进一步下跌时，此时，股市中的人们自然不愿脱手，负泡沫在此点爆破后旋即恢复原状。但就像正泡沫的破灭一样，这一过程也不太可能在瞬间完成。

反馈环动态机制也可能产生复杂的甚至是明显的随机行为。一些计算机软件中的随机数生成器就是简单的非线性反馈环。然而，即便是极其简单的反馈环，亦能产生复杂的随机行为。假设经济中存在着诸多反馈环以及诸多诱发因素，那么我们就可以断定：股市明显的随机性，或者说其无端的突变性，可能并不是那么无从解释的。数学中有一个分支研究非线性反馈环（nonlinear feedback loop），该分支即混沌理论（chaos theory），这种理论也许可以用于理解股市行为的复杂性。[23]

投资者对反馈和泡沫的感知

作为大众文化的一部分，投机性泡沫的反馈理论已经广为人知。我们不禁会想，公众对泡沫的理解是否对泡沫的滋生起着重要作用。可以想象，当人们认为市场中存在着短期泡沫且意欲在泡沫中捞上一笔时，泡沫也就真的存在了。

1999 年 4 月，即 2000 年股市登顶的前一年，《巴伦周刊》大赢家调查（*Barron's* Big Money Poll）曾向职业理财经理们问道：“股市是否正处于投机性泡沫中？”72%的受访者回答“是”，只有 28%的人说“不是”。[24]这是人们认为当时市场存在泡沫的一个有力证据。

我们在耶鲁大学金融学国际研究中心构造计算的指数之一是估值信心（valuation confidence）指数，它反映了认为股市未被高估的受访者在所有受访者中的占比情况。我们给受访者的问题是：“与公司基本面的真实价值或理性投资价值相比，你认为目前美国的股价：（1）偏低，（2）偏高，（3）基本合理，（4）不知道。”

估值信心指数通过计算选择“（1）偏低”和“（3）基本合理”的受访者在选择选项（1）、（2）、（3）的受访者总数中所占的百分比来测度。从 1989 年开始，我就一直将这个问题作为问卷的第一题，从未改动过。图 5.4 显示了自 1989 年以来个人投资者和机构投资者估值信心指数的走势。[25]

如图 5.4 所示，20 世纪 90 年代个人投资者和机构投资者的估值信心都出现了下滑，并且在 2000 年市场触及顶峰之前达到谷底。2000 年之后，随着股市一路下跌，估值信心快速回升，几乎回到了 1989 年的水平。估值信心的变化，为 2000 年前后市场泡沫的存在提供了有力的

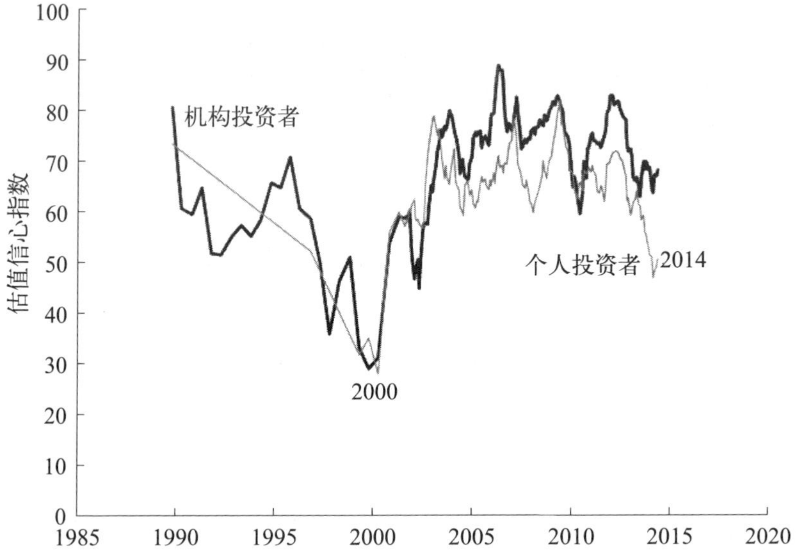

图 5.4　估值信心指数，1989—2014 年

图中显示了 1989—2014 年认为股市未被高估的受访者占所有受访者的百分比。其中粗线表示机构投资者的状况，细线表示高收入个人投资者的状况。

资料来源：2000 年以前的数据来自作者的调查，2000 年以后的数据来自耶鲁大学金融学国际研究中心的调查结果。

证据。很显然，2000 年人们对于股市确实没有信心。在 2014 年我撰写本版书稿时，个人投资者对股市的信心再次迅速瓦解，估值信心指数又回到了 1999 年的水平。

尽管如此，认为大多数投资者深谙市场中存在一种运行在投资者心理基础上的反馈过程，明知身处泡沫中，但仍然希望自己可以在泡沫破灭之前捞上一把再安全离开的看法，并不准确。《巴伦周刊》大赢家调查结果显示，职业理财经理比公众投资者更加了解这一状况的存在。普通投资者更多的是认为市场可能存在高估，可能不稳定，但是他们对泡沫的运行机理并没有清晰的认识。

在我们对房地产繁荣城市的购房者进行的调查中，我们给了受访者充分的空间去填写是什么推动了他们刚刚参与的房地产市场繁荣。确实有一些人认为市场心理是推动因素，甚至有些人用了“泡沫”这个词。但是在我们 2004 年进行的调查中，在没有任何提示下，只有 1%的受访者提到了房地产泡沫。5%的受访者则提及“供求关系”，其中很多受访者都提到市场房源紧缺同时需求巨大。受访者对于调查的回应给我们最强烈的印象是，他们相信房地产市场繁荣有其充分的理由，且一定会持续下去。

2003年和2004年，其时房地产市场正以最快的速度蓬勃发展，作为购房者调查内容的一部分，我们问了以下问题：

> 下列哪一种理论能够更好地解释你所在城市近期的房地产价格走势？
>
> 1. 关于住宅买卖双方心理的心理学理论。
>
> 2. 关于经济或人口统计学方面的理论，比如人口的变化、利率的变化、就业状况的变化等。

在771名受访者中，只有13%的受访者选择了1，而87%的受访者选择了2。

这一结果表明，公众认为心理反馈并非市场价格上涨的根本原因。的确，人们所感觉到的狂热似乎与普遍认为的泡沫出现时机并不一致。但是如果一个人意识到价格的上涨是羊群行为（从众行为）的结果，并且这种上涨会在一个不可预期的时刻突然停止，那他也就不会像现在这样兴高采烈地参与其中了。

庞氏骗局：一种特殊的反馈模式和投机性泡沫

要证明简单和机械的价格反馈模式如何增强投资者关注以及助长投资者热情，进而真实地影响金融市场的运作是十分困难的。我们可能会有一个因果印象，认为投资者表现出的热情是对过去价格上涨的反应，但是我们找不到有力的证据证明这种反馈确实影响了他们的决策。

为了证明这种反馈机制确实在金融市场中发挥了作用，我们可以考察一下庞氏骗局或金字塔骗局的实例。在这类骗局中，骗局制造者“创造”了从当前实现的投资收益到未来投资收益的正向反馈。这些骗局已被使用多次，虽然政府对此坚决予以取缔，但其仍在继续风行。它们的有趣之处在于，从某种意义上讲，它们是一种有着反馈特征的受控实验（受骗局制造者的控制），而这种反馈特征无论是在真实市场还是在心理学实验中，都是不易发现的。

在一个庞氏骗局中，骗局制造者向投资者许诺，投资便能赚得大量收益，但是投资者付出的投资款几乎没有或根本没有被投向任何真正的资产。相反，骗子将第二轮投资者支付的投资款付给最初的投资者，将第三轮投资者的投资款付给第二轮投资者，依此类推。骗局的名字来源于一个著名的（但肯定不是最早的）实例，这个实例是由查尔斯·庞氏（Charles Ponzi）1920 年在美国进行操作的。在最初投资者盈利之后，他们受到蛊惑并将自己的成功故事不断转述给其他人，导致又一轮投资者进行更多的投资，骗子从中支付报酬给第二轮投资者，第二轮投资者的成功故事又吸引了更多的投资者，依此类推。这一骗局注定要终结，因为投资者供应不可能永远增长下去，骗局的策划者无疑是知道这一点的。策划者可能希望不付钱给最后的，同时也是最大规模的一轮投资者，然后逃离法律的制裁（或者如果幸运的话，他能够发现更好的投资机会，从而挽救整个骗局）。

我们知道，庞氏骗局曾让策划者成功暴富，至少在他们被逮捕前是这样的。1920 年，查尔斯·庞氏在 7 个月内吸引了 3 万名投资者，开出了总价值达 1 500 万美元的票据。[26] 最近的伯尼·麦道夫（Bernie Madoff）庞氏骗局被认为是美国历史上最大的金融诈骗案，该骗局始于 20 世纪 70 年代，至 2008 年案发瓦解，估计犯案金额近 650 亿美元。经验和精明老到似乎都不足以让投资者远离这类骗局。

泡沫可以出现在最不可能的地方，甚至坑害农村的小投资者。在一个著名事件中，家庭主妇雷吉米·博纳姆（Raejean Bonham）凭一己之力在阿拉斯加的一个乡村小镇上建立了一个巨大的庞氏骗局。她许诺说，投资者在两个月之内会拿到 50%的收益，这个骗局在 1989—1995 年间吸引了来自 42 个州的 1 200 名投资者，投资总数为 1 000 万～1 500万美元。[27]

1996—1997 年，阿尔巴尼亚发生了一个更富戏剧性的事件。那期间，各种庞氏骗局风行，这些骗局许诺绝好的投资回报率，吸引了这个国家的相当一部分人。其中 7 个庞氏骗局共集聚了 20 亿美元资金，这相当于阿尔巴尼亚年国内生产总值（GDP）的 30%。[28] 人们极度热衷于这些骗局，以致在 1996 年的地方议员选举中，执政党的成员甚至在竞选海报中加了庞氏骗局基金的符号，明显想利用这些新财源来获得竞选的砝码。1997 年，当这些骗局败露时，愤怒的抗议者抢劫银行，焚烧了建筑物，政府不得不动用军队来维持治安，许多肇事者被杀。这些骗局的崩溃导致了总理亚历山大·迈克斯（Aleksander Meksi）的辞职和内阁的解散。[29]

作为其策略的一部分，成功的庞氏骗局往往向投资者编造故事，表明赚大钱的可行性。查尔斯·庞氏向投资者许诺，他能利用国际邮政回复券进行套利来为投资者赚钱。回复券由邮政部门出售，购买者可以将它附在信中寄往另一个国家，从而预付回信的邮资。潜在的收益机会似乎确实存在，比如在欧洲购买邮政回复券，然后在美国出售套利，这是因为实际汇率与回复券上的隐含汇率不完全一致。在庞氏骗局实施期间，报纸上报道了通过销售回复券来赚钱的盈利机会，很显然这一盈利机会对一些易受影响的人来讲是十分可信的。但是，实际上这个盈利机会是不会实现的，因为出售这些回复券并不容易。当纽约邮政局长宣布邮政回复券的供给量不足以实现庞氏骗局所宣称的财富时，这个骗局便瓦解了。

阿拉斯加的雷吉米·博纳姆则宣称她可以从大企业购买未使用过的经常乘机者的飞行里程，将它们重组成优惠券后出售，就能赚得大笔钞票。据说阿尔巴尼亚的投资公司 VEFA 在经济复苏时期进行了大量的传统投资。当时在阿尔巴尼亚也有传闻说，VEFA 是洗黑钱的幌子，对许多投资者来说，洗黑钱也是赚大钱的一个可行来源。[30]

这些庞氏骗局都有一个重要的现象：最初的投资者对这些骗局是非常怀疑的，他们只进行了少量的投资。以邮政回复券中的套利收益骗局为例，如果直接对投资者编造如何获利的故事而不能证明其已经为别人赚了许多钱的话，这个骗局还不足以吸引大量投资者。投资者只有在看到别人已获得大量回报时，才会对这一骗局真正充满信心。

这些所谓的投资回报实际上仅仅来源于新加入的投资者（当然骗局制造者会矢口否认），而在这些骗局垮台之前，这种投资回报通常会不断地上升。最初的庞氏骗局和阿尔巴尼亚案例都是如此。即便是到最后，很多涉入骗局的人对这些骗局仍然笃信不疑，这似乎令人不解。在旁观者看来，这些深陷骗局的笃信者也许非常愚蠢。[31]然而，这只能说明，人们很难在看到别人赚得盆满钵满时自己却无动于衷。对于许多人来讲，别人赚了钱实则是说服自己加入庞氏队伍的最有力证据——这种证据最终战胜了那些最理性的质疑。

欺骗、操纵和善意的谎言

投机性泡沫的滋生过程在一些维度上类似于上述庞氏骗局。部分市场繁荣景象实则是一些精心设计、用以蛊惑投资者的假象，一些人企图利用普通投资者对这种假象的思维误区来谋取利益。当然，这样做是违法的。但是，由于我们的司法程序非常迟钝，罪犯得以在很多年里逍遥法外。这也是投机性泡沫产生过程的一部分。

早前我在麻省理工的老师，查尔斯·金德伯格教授（Charles Kindleberger），对我的思想产生了很大影响。他活到 92 岁，我们最后一次通信是在他 2003 年去世前不久。在他 1989 年出版的著作《疯狂、惊恐和崩溃》（*Manias, Panics and Crashes*）中，他这样写道："我们相信，欺骗是由需求决定的……在繁荣时期，财富不断得以创造出来，人们也越来越贪婪，骗子也就出现了，他们利用的正是人们对财富的渴望。"[32]

多数投资品的价值取决于人们对价格长期走势的预期，而预期是一种在今天无法看清的东西，投资者为了做出预期，其必然要关注资产，而这种关注恰恰为欺骗和谣言创造了机会。在市场繁荣时期，一些机会主义者试图伪装成成功人士，或新经济的先锋派，利用公众对投资的关注，从中找到获利的途径。

我们被泡沫所深深蒙蔽，其原因之一也是我们被职业骗子所蒙蔽的原因。当一个聪明人为了骗人把自己变成所谓的专业人士，并且花了多年时间精心设计一个骗局时，他就有可能在我们面前完成那些看上去不可能完成的超群技艺，以此欺骗我们，或者至少能欺骗我们一段时间。他们也只需要欺骗我们一段时间，以便拿走我们的钱，然后逃之夭夭。公众对于投资的执着和热情为这些职业骗子大摇大摆走入金融和管理领域提供了极大的动力。而一旦我们让那些职业骗子管理我们的公司，或者作为我们的房地产经纪人，那么我们只有期望我们所看见的不是现实。

这一现象的极端案例是一些彻底的犯罪行为，比如安然（Enrons）和帕玛拉特（Parmalats）公司。在每一次繁荣崩溃之后，政策环境随之发生变化，赔了身家的公众出离愤怒，罪犯被起诉，监管变得更加严格。当市场跨越 2000 年的顶峰之后，在美国和其他国家的市场中我们也再次看到了这些情况的发生。在 2008 年证券市场失控引发金融风暴之后，我们看到了又一轮诉讼。从另一个意义上讲，投机泡沫的破灭净化了我们的金融市场，使得市场在此后能够更加有效地运行。

不过，比犯罪行为更普遍的情况是，一些人在法律允许的范围之内，利用市场的繁荣去构建那些连他们自己都不相信的商业活动。这种行为与诈骗没有什么两样。并且，他们其中的一些人已经从中获利，而没有受到任何惩罚。2000 年以来，许多高科技企业的高管营造出一些具有根本缺陷的商业概念进行上市融资，然后将自己的股票套现，完全不理会由此导致的股价大幅下跌。尽管那些早期并非因为读者需要，而是因为企业想要在上面做广告才得以兴隆的商业杂志相继停止运营，但是这类蛊惑性商业操作却一直未曾消歇，充其量只是比例少了些。那些利用投资者财富梦想圈钱的故事从未停止上演。

我清晰地记得 1998 年发生的一件事。当时，我曾经参与出售一个小公司。这家公司老总将自身的情况向一些投资银行进行了介绍，希望银行能够将该公司推荐给那些潜在的机构买家。当时的状况我仍然历历在目。我想，这家小公司的管理者试图向投资银行家们描绘一个完美的商业模型。但投资银行家们却听得有些倦怠。当公司管理者提到该公司在互联网上出售产品因此可被认为是一家互联网公司时，其中一个投资银行家一下子振奋起来。他说，市场对互联网公司非常感兴趣，如果公司的管理层可以将该公司包装成一家互联网公司，那么，他所在的投资银行将可以把该公司的售价提高数百万美元。但是，他还说，公司必须勾画出一幅壮美的未来发展规划，这一规划使公司可以在未来的几年中获得丰厚的收入，并且公司的管理层必须采取相应的行动，以取信于投资者。后来，这个公司的老总告诉我，他起初动过采纳银行家意见的念头，想过将公司改成以“.com”结尾的名字。但是，经过进一步的考虑，他说那都是假的，最终他决定不那么做。

不过，确实有人那样做了。事实上整个 20 世纪 90 年代都存在这样一种趋势，很多公司都通过将那些善于表演、对于媒体驾轻就熟的人包装成管理者以营造概念，蛊惑投资者，以此提高公司股价。在 2002 年出版的《寻找公司的救世主》(*Searching for a Corporate Savior*) 一书中，作者拉凯什·库拉纳 (Rakesh Khurana) 提到一些公司不惜重金从外面聘请所谓知名人士来管理公司，以此来取悦股票市场。而那些具有深厚的商业知识功底、为人忠诚、作风稳健的管理者则往往不受待见。[33]

投机性泡沫的内在庞氏本质

从前一节的实例可以推测出，投机性反馈环在效果上等同于一种自然形成的庞氏骗局。即便公司不去包装那些极具蛊惑能力的管理者，即便公司没有通过虚假的故事蓄意操纵市场和欺骗投资者，这种反馈环亦不断形成于市场中，有关股市的神话亦随处可见。当价格多次上涨时，就如同在庞氏骗局中一样，投资者会从市场价格变动中获得回报，还有许多人（比如股票经纪人和整个共同基金投资业）通过讲述各种股市看涨的故事而获利。说这些故事具有欺骗性没有任何理由，它们只是强调了正面消息，回避了负面消息。如果我们将投机性泡沫理解为一种自然发生的庞氏骗局，那么其相比于人为的庞氏骗局，应该更缺乏规律性，但更少发生戏剧性的过度变化，因为其不受人的直接操纵，但是有时候一些自然发生的事件可能促使市场泡沫呈现出类似于人为庞氏骗局的过程。从庞氏骗局到自然发生的投机性泡沫的扩展看起来如此顺理成章，以至于如果一定要就是否存在投机性泡沫理个水落石出的话，那么我们无需给出任何证据，反倒是那些质问“为什么庞氏式投机性泡沫并没有出现”的泡沫怀疑论者需要提供证据。

近年来的许多金融教材都在贩卖金融市场的理性与有效性，但是并未就它们所认为的“不可能发生导致投机性泡沫的反馈环”作出充分的论证，至少到目前为止，这些教材甚至都没有提及泡沫或庞氏骗局。[34]这些书宣扬的是金融市场的秩序性，让人感觉金融市场就像数学一样精确地运行。但是如果教科书根本不提及泡沫或庞氏现象，学生又怎么能就他们是否也正在影响市场这一问题作出自己的判断呢？

股票市场与房地产市场中的反馈与交叉反馈

在前面几章中，我们注意到，历史上美国股市的价格变化与房地产市场的价格变化几乎不相关。但是，1995 年股市开始大幅拉升，几年之后的 1998 年，房地产市场开始繁荣。我们还注意到，就国际市场来说，房价往往于股市繁荣之后的几年里高涨。这些都在一定程度上意味着，股票市场和房地产市场之间有时可能存在着交叉反馈。随着社会的变迁，房地产市场越来越呈现其投机性，这可能使得其市场反馈及其与股票市场的交叉反馈进一步加剧。

其实，在股市出现繁荣景象的几年后，住宅的价格开始上涨，这并不奇怪。因为股市的繁荣带来投资者财富的增加，而财富的增加就会鼓励投资者在他们的房子上花更多的钱，房价也就被炒上去了。由于人们需要花几年的时间来决定他们的换房计划，所以这一影响往往要在几年之后才会显现。但是，很难想象这种现象背后存在着一种反馈机制使得房地产价格急速飙升，即便是在股价大幅下挫之后。

有可能是这样一种情况：由于受到了股市繁荣的影响，美国和其他国家的房地产市场在1998年股市达到顶峰之前出现了繁荣景象，并且在股市开始下跌之后，房地产市场借助于市场内部的反馈作用继续上涨。也有可能是这样一种情况：1998年之后的房地产市场繁荣是对自1982年以来不断攀升的股票市场的一种长期滞后反应，因为2000年以后市场的下跌，仅仅是对1982年以来的累计涨幅进行了部分挫削，同时即便经历了2000年之后的股市跌落，人们也感觉自己比1982年时更有钱。还有可能是这样一种情况：股市的繁荣造就了一种新的文化，这种文化使得股市走低以及公司收益下滑并没有对房地产市场产生直接的影响。

但是在考虑上述可能性的同时，我们还需要考虑另一个因素，这一因素有助于我们理解2000年以来股市下跌与房地产市场上涨并存的现象：2000年以后股市的下滑，使得一部分投资者的投资热情从证券市场转移到了房地产市场，从而促进了房地产市场需求的逆势增长。这种论调看起来让人感觉我们在刻意迎合市场变化，但是我们有证据表明这种因素确实存在。我和卡尔·凯斯在2003—2004年针对近期购房者进行的问卷调查中，直接向购房者询问了股市和房地产市场之间可能存在的反馈效应。下面是我们的问题和调查结果：

过去几年我在股票市场中的投资经历（请从以下陈述中选择一个）：

1. 在很大程度上激励我购买住房（圈选此选项的受访者比例：12%）
2. 在一定程度上激励我购买住房（14%）
3. 对我的购房决策没有影响（72%）
4. 对我的购房决策产生了一定的负面影响（2%）
5. 对我的购房决策产生了很大的负面影响（1%）

（总样本数 n=1 146）

由于2000年以来市场整体出现了大幅调整，因此在我们进行调查时，受访者过去几年在股市的投资经历理应是不令人满意的。但是，大多数投资者表示股市的糟糕经历并没有影响他们的购房决策。考虑到许多人的购房决策是出于各种各样的个人原因，这一结果并不令人惊讶。但是，有趣的是，在回应股市经历影响了购房决策的受访者中，绝大部分人认为过去几年投资于股市的经历“激励”他们购买住房。事实上（考虑到百分比计算时四舍五入的误差），表示股市激励了他们购房的受访者是表示股市负面影响他们购房的受访者的 10 倍。

在问卷中，紧随上述问题的是一个跟踪调查问题："请解释您的想法。"受访者就他们针对上一个问题所圈选的选项解释原因。其中不少受访者表达了他们对股市和房地产市场之间交叉反馈作用的真实感受。下面节选了部分认为股市激励他们购房的受访者的回答：

- 我注意到我的个人退休账户和 401(k) 养老金账户的资产在减少，于是我决定转而投资房地产。
- 房地产不会像股票有那么大的损失。
- 股票的价值变化太大，具有较大的风险。而购买房屋和土地则能够更好地保值，因为土地不会被蒸发掉。
- 收益递减，损失巨大，于是我开始寻找其他投资品种。
- 投资房地产是最安全的个人金融投资品种，其他的都排在后面。
- 房子天生就是最安全的投资，你总是可以住在里面。
- 2000—2002 年，我们的个人退休账户和 401(k) 养老金账户资金损失巨大，但是我们的房地产没有损失。
- 房地产比较安全，至少它是你自己的财产。而股票一旦赔了，就可能什么都没有了。

当我们阅读了大量受访者的回答后，一个清晰的反馈模式浮现在我们眼前。2000—2003 年股市的下跌使得人们对于股市的兴趣不断下降。人们开始将注意力转向另一个市场，并且他们越来越相信这个市场才是最好的投资场所。受访者所写的答案简单而易于理解。透过他们的回答，我们可以看到，股票市场和房地产市场之间的交叉反馈作用已经形成，这种交叉反馈对于房地产市场的繁荣起到了相当大的推动作用。[35]这种交叉反馈还有助于解释在各个发达国家经历 20 世纪 90 年代股市繁荣之后，股市崩盘但房地产市场却在全球范围内繁荣起来的现象。

也许上文所述只是股票市场和房地产市场之间的交叉反馈作用的表面证据。由于这种反馈并不是总会发生，因此它们看起来似乎并不能言之凿凿。但是请注意，我们研究的是社会科学，而不是自然科学。我们并不能完全解释为什么市场间的反馈机制是这样形成的，或者它又为什么会随着时间的推移而发生变化，不过起码我们已经对它有所了解了。

非理性繁荣和反馈环：迄今为止的争议

如前一章所述，有许多诱发因素最终造成非理性繁荣。如本章所讨论的，反馈环（投机性泡沫）将这些因素的作用进一步放大。随着价格的持续上涨，繁荣程度也被价格上涨本身所不断强化。

本章对于反馈过程的阐述只是一个开始。我们看到，反馈并不仅仅存在于个人投资者：当看到过去的价格上涨，个人投资者会进行数学计算以调整自己的信心和预期。过去的价格上涨改变了投资者的思维方式，投资者思维的改变又进一步感染整个文化，文化的改变又反过来对所有投资者产生影响。为了更好地理解诱发因素是如何产生影响以及这些影响是如何被放大的，在下一篇我们将针对伴随着近期股市和其他投机繁荣而产生的文化变化进行更深入的讨论。

【注释】

[1] 我们目前可以追溯到的最早的关于反馈理论的论述源自 1841 年查尔斯·麦凯（Charles MacKay）撰写的《非同寻常的大众幻想与全民癫狂》（*Memoirs of Extraordinary Popular Delusions and the Madness of Crowds*）一书。在书中，他这样描写 17 世纪 30 年代荷兰的郁金香热："许多人一夜暴富。就像看到前方挂着一个金子诱饵一样，人们争先恐后地蜂拥而至，冲向郁金香市场。"实际上，1637 年郁金香热期间出版的一本未署名的小册子（*Samen-Spraeck tusschen Waermondt ende Gaergoedt nopende de opkomste ende ondergangh van flora*）也暗含了这种反馈理论。该小册子描写了这样的情景：通过一种热情感染机制，越来越多的人受到他人成功的鼓舞而扎入市场。

[2] 因为问卷寄出率以及回应率差异，不同问题的样本规模不一。本问题以及本章中所提及的其他问题的百分比标准误为 1%～4%。当然，还可能有其他非样本规模的原因导致结果不具可靠性，例如，那些接受调查并愿意回答问卷的人可能会比其他人对股票市场更有信心。另一方面，那些回答问卷的人也更有可能属于比较积极的投资者，他们对股市的影响更大，因此，这些受调查者比真正随机抽取的高收入样本更能代表股票市场高涨背后的投资群体。

[3] 调查对象在描述他们对于房屋价格的想法时，通常使用的词语都是一些简单的陈词滥调，并且频率会随着时间而变化。参见 Karl E. Case Jr. and Robert J. Shiller, "The Behavior of Home Buyers in Boom and Post-Boom Markets," *New England Economic Review*, November-December 1988, pp. 29-46。

[4] 我并未在调查问卷中问及受访者是否相信市场将在未来的几年中会下跌，

但现有有关预期的数据表明，2000 年当市场处于顶峰时，绝大多数人并没有想到市场会回跌。

[5] Frederick Lewis Allen, *Only Yesterday* (New York: Harper and Brothers, 1931), p. 309.

[6] David Elias, *Dow* 40,000: *Strategies for Profiting from the Greatest Bull Market in History* (New York: McGraw Hill, 1999), p. 8.

[7] Dwight R. Lee and Richard B. MacKenzie, "How to (Really) Get Rich in America," *USA Weekend*, August 13 - 15, 1999, p. 6.

[8] Samuel Crowther, "Everybody Ought to Be Rich: An Interview with John J. Raskob," *Ladies Home Journal*, August 1929, pp. 9, 36.

[9] 当然，对绝大多数储蓄不多的人而言，任何鼓励和刺激储蓄的方式都是件好事情，即便是那些夸张的乐观主义投资思想。

[10] Bodo Schäfer, *Der Weg zur finanziellen Freiheit: In sieben Jahren die erste Million* (Frankfurt: Campus Verlag, 1999); Bernd Niquet, *Keine Angst vorm nächsten Crash: Warum Aktien als Langfristanlage unschlagbar sind* (Frankfurt: Campus Verlag, 1999).

[11] 参见 David E. Bell, "Regret in Decision Making under Uncertainty," *Operations Research*, 30 (5) (1982): 961 - 981; and Graham Loomes and Robert Sugden, "Regret Theory: An Alternative Theory of Rational Choice under Uncertainty," *Economic Journal*, 92 (1982): 805 - 824。

[12] Nassim N. Taleb, *Fooled by Randomness: The Hidden Role of Chance in Life and in the Markets*, 2nd ed. (New York: Texere, 2004).

[13] 参见 Richard H. Thaler and Eric J. Johnson, "Gambling with the House Money and Trying to Break Even: The Effect of Prior Outcomes on Risky Choice," *Management Science*, 36 (1990): 643 - 660。

[14] John Kenneth Galbraith, *The Great Crash*: 1929, 2nd ed. (Boston: Houghton Mifflin, 1961), p. 79.

[15] 数据摘自全美投资者企业协会网站：http://www.better-investing.org/member/history.html。

[16] "Fun Fades at Investing Clubs," E. S. Browning, *Wall Street Journal*, February 3, 2013.

[17] Brad M. Barber and Terrance Odean, "Online Investors: Do the Slow Die First?" *Review of Financial Studies*, 15 (2) (2002): 455 - 489.

[18] 有关这种反馈的心理学理论在以下文章中有所阐述：Nicholas Barberis, Andrei Shleifer, and Robert Vishny, "A Model of Investor Sentiment," *Journal of Financial Economics*, 49 (1998): 307 - 343。

[19] 经济学家约翰·坎贝尔和约翰·科克伦（John Cochrane）提出了习惯形成理论，该理论也能解释股市放大的反应过程。在他们提出的模型中，人们慢慢地

习惯从股市高涨中期望得到高层次消费。股市上涨后，人们就会尝试高水平的消费，但这时，他们对这种消费水平还未产生依赖的心态。于是，在股市中赚了钱的投资者可能愿意冒更多的风险，因为他们相信，如果投资损失要求放弃高水平消费，他们做得到。同时，在高价时持股的意愿也同样扩大了价格诱发因素的作用。参见 John Y. Campbell and John H. Cochrane, “By Force of Habit: A Consumption-Based Explanation of Aggregate Stock Market Behavior,” *Journal of Political Economy*, 107 (2) (1999): 205 - 251。

[20] 参见 Karl E. Case, John M. Quigley, and Robert J. Shiller, “Comparing Wealth Effects: The Stock Market vs. the Housing Market,” Working Paper No. 8606 (Cambridge, Mass.: National Bureau of Economic Research, November 2001)。

[21] 参见 Robert J. Shiller, “Market Volatility and Investor Behavior,” *American Economic Review*, 80 (1990): 58 - 62; and Shiller, *Market Volatility*, pp. 376 - 377。

[22] 一些经济理论家认为，负的泡沫经济不会出现，因为价格的底线是零，因而投资者深信价格不可能永远下跌。他们由此反推，负泡沫经济甚至都不可能开始出现。但他们所说的不会出现泡沫是有前提的，即人人都理性处世并精打细算，而且也相信他人同样理智、精明。

[23] 许多应用混沌理论进行经济分析的研究往往没有强调这里讨论的价格反馈模式，但这些研究或多或少让我们了解到金融市场复杂性的一些原因。参见 Michael Boldrin and Michael Woodford, “Equilibrium Models Displaying Endogenous Fluctuations and Chaos: A Survey,” *Journal of Monetary Economics*, 25 (2) (1990): 189 - 222。也可参见 Benoit Mandelbrot, *Fractals and Scaling in Finance: Discontinuity, Concentration, Risk* (New York: Springer-Verlag, 1997); and Brian Arthur et al., “Asset Pricing under Endogenous Expectations in an Artificial Stock Market,” in W. B. Arthur, S. Durlauf, and D. Lane (eds.), *The Economy as an Evolving Complex System* II (Reading, Mass.: Addison-Wesley, 1997)。另一篇相关研究构建了试验股市，其中人们在设计好的环境下交易，没有新闻，也没有其他耸人听闻的因素。这种一切尽在掌握的试验环境时常会出现外生“泡沫”价格运动。参见 Vernon L. Smith, Gary L. Suchanek, and Arlington W. Williams, “Bubbles, Crashes and Endogenous Expectations in Experimental Spot Asset Markets,” *Econometrica*, 56 (1988): 1119 - 1151。

[24] Lauren R. Rublin, “Party On! America’s Portfolio Managers Grow More Bullish on Stocks and Interest Rates,” *Barron’s*, May 3, 1999, pp. 31 - 38.

[25] 在 1989—1996 年，以及 1996—1999 年之间，我们没有对个人投资者进行调查。从 2001 年开始，我们通过在月度调查数据基础上计算 6 个月移动平均值来构造指数。

[26] 参见 Joseph Bulgatz, *Ponzi Schemes, Invaders from Mars, and Other Extraordinary Popular Delusions, and the Madness of Crowds* (New York: Harmo-

ny，1992)，p. 13。

[27] Mike Hinman，“World Plus Pleas：Guilty，Guilty，” *Anchorage Daily News*，July 1，1998，p. 1F；and Bill Richards，“Highflying Ponzi Scheme Angers and Awes Alaskans，” *Wall Street Journal*，August 13，1998，p. B1.

[28] John Templeman，“Pyramids Rock Albania，” *Business Week*，February 10，1997，p. 59.

[29] Kerin Hope，“Pyramid Finance Schemes，” *Financial Times*，February 19，1997，p. 3；and Jane Perlez，“Albania Calls an Emergency as Chaos Rises，” *New York Times*，March 3，1997，p. A1.

[30] Jane Perlez，“Albanians，Cash-Poor，Scheming to Get Rich，” *New York Times*，October 27，1996，p. A9.

[31] 这种笃信可能与第 9 章中谈到的人类过度自信倾向有关；也可参见 Steven Pressman，“On Financial Frauds and Their Causes：Investor Overconfidence，” *American Journal of Economics and Sociology*，57 (1998)：405 - 421。

[32] Charles P. Kindleberger，*Manias，Panics and Crashes*，2nd ed. (London：Macmillan，1989)，p. 90.

[33] Rakesh Khurana，*Searching for a Corporate Savior：The Irrational Quest for Charismatic CEOs* (Princeton，N. J.：Princeton University Press，2002).

[34] “非庞氏条件”已入选理论财经词汇，但它指的不是反馈环，而是一种假想前提，即投资者不会一辈子欠债并越陷越深。

[35] 进一步的讨论，可参见 Case and Shiller，“Is There a Bubble in the Housing Market?” *Brookings Paper on Economic Activity*，2 [2003]：299-362。

第二篇

文化因素

第 6 章　新闻媒体

投机性泡沫的历史几乎是与报纸的产生同时开始的。[1]尽管今天我们已经很难找到早期的报纸，但是从现有的资料看，它们大都报道了第一个有重要意义的泡沫——17 世纪 30 年代荷兰的郁金香热。[2]

虽然新闻媒体（报纸、杂志、广播以及近期出现在互联网上的各种新的媒体形式）总是以市场事件的旁观者身份出现，其实媒体本身也是这些事件不可或缺的一部分。当市场中的一部分人拥有了相似的想法，这种想法就可能推动一些重大的市场事件的发生，而新闻媒体则是传播这些想法的重要工具。

在本章中，我考察的是媒体对市场事件冲击的复杂性。我们将看到，新闻报道对市场产生的影响是复杂而不可预见的。经过仔细分析以后我们可以发现，新闻媒体无论是在为股市变化进行铺垫还是在煽动这种变化方面都发挥着重要作用。

媒体在股市变化中发挥的铺垫作用

新闻媒体一直在为了生存而相互竞争，以求吸引公众的注意力。要生存就要发现并报道有趣的新闻，于是新闻媒体将注意力放在具有口头传播潜力的新闻上（为了扩大读者、听众或观众群），并且在可能的情况下报道一个正在发生的故事，从而使公众成为稳定的客户群体。

竞争是残酷的。为了使自己的报道富有创意，负责发布新闻的这些媒体形成了一套运行规则。新闻媒体总是会给新闻加上感情色彩，并在新闻中塑造知名人物，从而使新闻报道能迎合人们的兴趣。这些媒体还善于从他人的成败得失中学习和借鉴。总之，多年竞争的经验使媒体在吸引公众注意力方面十分老到。

金融市场很自然地吸引了新闻媒体，因为至少股市能够以每日价格变化的形式持续提供新闻。当然其他市场如房地产市场也是新闻的来源，但是通常房地产并不能产生每日的价格变动。就单从能够提供有趣新闻的频率来讲，没有什么能与股市相比。

股票市场具有明星效应。公众认为股市就是大赌场，是大户们的市场，是反映国家经济状况的晴雨表，媒体可以造就这些印象并从中获利。人们对金融新闻极其关注，因为它关系到人们财富的变化。股市每天都在变化，这使得金融媒体可以终年将股市的运行作为头条新闻，并以此吸引忠诚的客户。财经新闻在媒体中所占的篇幅是唯一可以与体育新闻相提并论的，今天两者的总和大约占了多数报纸内容的50%。

除此之外，住房同样也已成为公众心目中永远的迷恋。因为我们住在房子里，我们每天都在为供房而工作，并且我们所住的房子也是个人社会地位的象征。随着房地产泡沫的不断膨胀，这种迷恋也不断提升。报纸上经常用整版报道住房或房地产的相关信息。在美国，房地产市场的繁荣还催生了一个专注于房地产的全新电视频道："HGTV"。而在英国，2001年开播的直播节目《财富阶梯》(Property Ladder) 获得了巨大的成功，之后该节目还延伸到荷兰和美国。这个节目讲述了"房虫们"购房、装修，然后迅速以一个期望的价格出售的冒险经历。在房地产崩盘之后，该节目在英国改名为《财富曲折和阶梯》(Property Snakes and Ladders) 重新播出，节目开始认识到房地产市场价格起伏的潜在风险，也不再像以前一样只关注如何修缮房子使其快速卖个好价钱，而是重点关注如何让自己住得更漂亮些。[3] 2005年房地产泡沫期间开播的美国电视节目秀《让房子飞》(Flip that House) 于2008年泡沫破灭时停播。

争议话题的媒体培养助推

为了吸引读者，新闻媒体尽力将关于某些问题的讨论展现给公众，这些问题是公众普遍关注的，然而其中也包括那些专家们认为不值得讨论的话题。最后，媒体会下结论说，就这一问题，支持哪方面观点的专家都有，这同时也表明在公众最迷惑的问题上，专家也没能达成共识。

多年以来，媒体一直问我是否愿意发表意见支持一个极端的观点。当我拒绝后，下一个要求有时是让我推荐另外一位愿意发表意见支持这一观点的专家。

在 1987 年股市暴跌的前五天，麦克尼尔/莱勒《新闻一小时》(MacNeil/Lehrer NewsHour）节目请到了莱维・巴特拉（Ravi Batra)，他是《1990 年大萧条：为什么会发生，如何保护自己》(*The Great Depression of* 1990：*Why It's Got to Happen*，*How to Protect Yourself*）一书的作者。该书将“历史倾向于完全重复”这一理论作为基本前提。因此，他认为，1929 年的暴跌和后来的萧条都会再度发生。尽管巴特拉有着极高的学术声望，但是市场上多数著名专家并没有认真对待这本书。到危机爆发时，这本书已经在《纽约时报》畅销书排行榜上上榜了 15 周之久。在《新闻一小时》节目中，巴特拉自信地预测到 1989 年将会出现一次“蔓延至全世界”的股灾；他还断言在股灾之后“会出现一次萧条”。[4]由于巴特拉的观点是在一个十分受关注的节目中发布的，因此他的观点——尽管他预测股灾是在两年之后——可能在小范围内营造紧张气氛，这种紧张气氛又导致了 1987 年的股灾。尽管巴特拉在暴跌前出现在《新闻一小时》中被认为是一种巧合，但是应该记住的是，在全国性的新闻节目中进行股市暴跌的预测几乎是没有先例的，至少他的出现与股市暴跌如此之近是有暗示意义的。

是否应该谴责媒体对无关紧要的话题进行讨论呢？有人认为，媒体应该将注意力放在普通观众都感兴趣的话题上，以便使观众能完善自己的观点。然而，如果这样做的话，媒体似乎就是在发布和反复强调一些没有事实根据的观点。如果发布新闻的人完全按照他们所知道的给出自己的观点，那么公众可能会真正做到开阔眼界。然而，媒体显然不是这样看待自己的使命的，而且竞争压力使得它们无法去重新考虑这些问题。

对市场前景的报道

如今能够回答有关市场问题的媒体报道并不少，但缺少的是与这些问题相关的事实及对这些事实进行深思熟虑的解释。事实上，为了能与市场上的数字同步，媒体必须要拿出一些东西，因此许多新闻报道都是最具时效性的。最典型的报道便是在看到显著的牛市后就将焦点集中在短期统计数字的分析上，通常也只是分析近几个月内哪组股票比其他哪组股票上涨更快。尽管可以将这些股票描述成领涨股，但是没有理由认为是它们的业绩引起了牛市。这些新闻报道可能会谈论经济增长背后的一些“平常”因素，如互联网的繁荣，而且是以热烈的字眼来谈论，同时还有对我们强大经济动力的充满爱国热情的祝贺。然后，这些文章通过引用一些精挑细选的“名人”的话来收尾，这些名人会对未来进行展望。有时文章完全缺乏对牛市原因的真正思考，也缺乏对前景进行分析所必需的背景资料，这样的笔法通常只有在写那些愤世嫉俗的文章时才会采用。

这些文章中的名人观点是什么样的呢？他们通常会给出对近期道琼斯工业平均指数的定量预测，讲一些故事或笑话，发表个人意见。例如，高盛公司（Goldman Sachs & Co.）的阿比·约瑟夫·科恩（Abby Joseph Cohen）新创造了一些易于被引用的短语——如她提出的“FUDD”（fear，uncertainty，doubt，and despair）（担心、不确定、怀疑和失望）的警告和“愚蠢的橡皮泥经济”（silly putty economy），这些短语很快得到了广泛的传播。不仅如此，媒体引用她的观点，但对她的分析却没有给予密切的关注。事实上，尽管在形成观点之前，她利用了一个杰出的研究部门进行了广泛的数据分析，但是媒体最终只是将她的观点报道了之。当然她不应该为此受到谴责，肤浅的观点比深刻的分析更受欢迎，这就是有声媒体的本质。

超载的纪录

媒体上的“最”字似乎十分兴旺，读者们经常对此感到迷惑，不知道他们所看到的股市价格的上涨是否真的那么非同寻常。媒体通常强调能表明创造新纪录（或至少接近创纪录）的数据，如果记者们从不同的角度看这些数据，他们就会发现几乎在任何一天里都能找到创纪录的事情。在报道股市时，许多作者提到“空前的价格变化”——这些变化是以道琼斯点数而不是以百分比来衡量的，以至更容易形成纪录。尽管近年来媒体不再迷信于以道琼斯点数来报道的做法，但这种做法仍然被许多作家采用。

这种纪录超载（不断创造新纪录的现象）只是加大了人们对经济的困惑。结果，当确有真实和重要的新闻时，人们也难以认识到。不同指标的泛滥也不利于对各种定量数据进行单独分析，所以，人们只好选择去看名人解释过的那些数据。

重大新闻真会伴随着重大的股价变化吗

似乎许多人都相信，对特定新闻事件及严肃内容的报道影响了金融市场，但是研究结果对这种观点的支持程度远比人们想象的要低得多。

1971 年当维克托·尼德霍夫（Victor Niederhoffer）还是加州大学伯克利分校的一名助理教授时（在他成为对冲基金管理人之前），他发表了一篇文章，试图说明世界大事日是否与股市价格的重大变化日相一致。他将 1950—1966 年《纽约时报》上所有大号字标题（大号字被认为是相对重要的标志）编制成表，一共有 432 条标题。世界大事日与股市价格的重大变动相一致吗？尼德霍夫从比较结果中发现了如下事实：这一时期的标准普尔综合指数表明，日价格发生重大上涨（涨幅超过 0.78%）的天数只占所有交易日的 10%，日价格发生重大下滑（下滑幅度超过 0.71%）的天数占所有交易日的 10%。在 432 个世界大事日中，发生了 78 次（占 18%）重大价格上涨，56 次（占 13%）重大价格下滑。因此，这些发生大事件的日子与重大价格变动只有轻微的联系。[5]

通过阅读这些标题下的报道，尼德霍夫声明，所报道的许多世界大事似乎不可能对股市所反映的基本价值产生太多影响。也许媒体所认为的重大国内新闻对股市并非真的重要。他推测说，反映危机的新闻事件更有可能对股市产生影响。

尼德霍夫将危机定义为 7 天内出现 5 个或 5 个以上大标题的时期，尼德霍夫在样本区间发现了 11 次危机。它们是：1950 年朝鲜战争开始；1951 年汉城被占领；1952 年召开民主国民会议；1956 年苏联军队威胁匈牙利和波兰；1956 年发生苏伊士危机；1958 年查尔斯·戴高乐担任法国总理，美国海军陆战队进入黎巴嫩；1959 年苏联领导人赫鲁晓夫出现在联合国；1960 年古巴出现紧张局势；1962 年对古巴实施军事封锁；1963 年约翰·肯尼迪总统遇刺。在这些危机中，每日价格变化中有 42%是“重大”变化，而在“正常”时期这个数字是 20%。因此，危机时期更可能伴随着较大的股市价格变化，尽管不是特别大。

要注意到，在尼德霍夫样本的整个 16 年中，只有 11 周是“危机”。

股市的整体价格变化几乎没能显示出与标题有意义的联系。

新闻的尾随效应

某些在重大价格变动日发生的新闻报道被认为是导致股市价格变动的原因，然而有人怀疑，这些新闻报道不可能合理解释价格的变动，或者至少不是完全由其造成的。1989 年 10 月 13 日（星期五）就发生了一次股市暴跌，媒体认为，这次暴跌是对新闻报道的反应。UAL 公司是联合航空的母公司，它的一个杠杆收购交易失败了。在这一消息公布几分钟之后，发生了股市暴跌，这次暴跌导致当日道琼斯指数下降 6.91%，因此最初认为这个消息极有可能是这次暴跌的原因。

这种解释的第一个问题是，UAL 公司只是一个公司，只占股市整个价值的 1%。为什么 UAL 公司收购失败会对整个市场有这样的冲击呢？当时的一种解释是，股市将交易失败看作分水岭，预示着其他许多即将进行的类似收购行动也会失败，但是没有具体的论述能证明这一观点，而且，在市场随新闻报道变动这一事实发生后，将 UAL 公司交易失败看作分水岭有一点自圆其说的味道。

为了尽力找出 1989 年 10 月 13 日暴跌的原因，调查研究员威廉·范特斯（William Feltus）和我在暴跌发生后的星期一和星期二对 101 位市场专业人士进行了电话调查。我们问：“在星期五下午听说股市下跌之前，你听说过有关 UAL 公司的新闻吗？或者你后来听说过将 UAL 公司的新闻作为这次股市暴跌的原因了吗？”只有 36%的人说在股市暴跌发生前听说过有关 UAL 公司的新闻；53%的人在事后听说 UAL 公司的新闻是这次股市暴跌的原因；其他人还不确定是什么时候听说的。因此，似乎是新闻紧随暴跌，而不是直接导致暴跌，新闻报道的作用显然不如媒体描述的那么显著。

我们也请市场专业人士来解释新闻报道，我们问道：

> 下面两个表述中哪一个更能代表你上星期五所持的观点：
>
> 1. 星期五下午的 UAL 公司新闻将减少未来并购交易，因此 UAL 公司新闻是股市价格突然下跌的合理原因。
>
> 2. 星期五下午的 UAL 公司新闻应该看作焦点或引起关注的事件，它导致投资者表达对市场的怀疑。

在这些受访者中，30%的人选择了 1，50%的人选择了 2，其他人不确定。大多数人都将新闻看作对投资者行为的解释。[6]因此，说新闻事件对这次市场暴跌十分重要是正确的，因为新闻报道导致了从股价下跌到进一步下跌的反馈，使反馈效果比其他情况下持续的时间更长，然而它不可能是最初股价下跌的原因。

重大价格变化日新闻报道缺失

我们也可以看一下发生不同寻常的重大价格变化时，是否有非常重大的新闻。紧随尼德霍夫的工作，1989 年戴维·卡特勒（David Cutler）、詹姆斯·波特巴（James Poterba）和劳伦斯·萨默斯（Lawrence Summers）编辑了以标准普尔综合指数衡量的、第二次世界大战后美国发生的 50 次重大股市变动清单，而且给每次变动都注上了新闻媒体所作的解释。多数所谓的解释与不寻常的新闻没有关系，有些都不可能被认定为严肃新闻。例如，给出的重大价格变动原因竟然包括下列一些无关痛痒的表述："艾森豪威尔敦促对经济的信心"、"对杜鲁门战胜杜威一事做出进一步反应"和"前些时候跌落后重新买进"。[7]

有些人会认为，如果股票市场的运行是完美无缺的，我们就不应该期望在重大价格变化日看到重大新闻。这种观点认为，只要消息一公开，在这个所谓的有效的金融市场（efficient market）上就会发生价格变化，而不必等到这些消息在媒体上正式报道。（这是我在第 11 章将讨论的一个主题。）根据这种推理模式，我们对在重大价格变化日的报纸上没有发现新的信息一点都不吃惊：对于普通读者来说，无关紧要的早期信息早已被敏锐的投资者看成决定股价的重要因素。

也有人对此提出了一种新的解释，即便单个因素本身不具备特殊的新闻价值，但是各种因素汇集在一起可能会引起重大的市场变化。例如，假定部分投资者在非正规地使用一种特殊的统计模型来预测基本价值，且这一统计模型使用了大量的经济指标。如果在某一天所有或大多数特定指标变化的方向都一样，即使单个指标不具备任何重要性，整体效果也会很显著。

对新闻与市场变化间的微妙关系所进行的两种解释都假定公众是在不断地关注新闻，即对市场基本面的蛛丝马迹都很敏感，不断认真地将各种不同的证据累加起来。但是这绝不是公众真实的做法，他们的注意力是更为随意的。相反，在通常情况下新闻起到连锁事件引发者的作用，最终会从根本上改变公众对市场的看法。

新闻是注意力连锁反应的诱因

新闻事件在影响市场方面所发挥的作用似乎被延迟了，它具备引起一连串公众注意力的作用。这些注意力可能放在早已广为人知的图片、报道或事实上。有些事实在最初阶段可能会被忽视或被认为是不重要的，但在新闻公布之后，可能会有一些新的重要意义。关注的焦点由一个引到另一个，再到下一个，这一连串的关注焦点触发被称为注意力连锁反应或关注瀑布效应。

1995 年 1 月 17 日（星期二）凌晨 5 点 46 分，日本神户发生了里氏 7.2 级地震。这是自 1923 年以来，在日本城市中发生的最严重的一次地震。世界股市对这一事件的反应为我们提供了一个有趣的研究案例。因为毫无疑问，在这个案例中，诱发因素纯粹是外来的，不是由人类活动和经济条件造成的——不是对微观经济变化的反应，也不是大量传统经济指数发生异常变动而造成的结果。在卡特勒、波特巴和萨默斯编辑的美国 50 次重大股市变动清单中（我们在前面提到过他们的这项工作），还没有一次完全是因为外来因素造成的。[8]

地震造成 6 425 人丧生，根据关西工业革新中心（the Center for Industrial Renovation of Kansai）的估计，地震所造成的全部损失大约是 1 000 亿美元。金融市场对其反应很强烈，但慢了点。东京股市在当天只是轻微下跌，与建筑相关企业的股票价格普遍上涨，反映了对建筑产品与服务需求的预期增长。当时分析家报道说，地震对企业市值的影响还很模糊，因为震后重建浪潮可能会刺激日本经济的发展。

直到一个星期后，对地震的最大反应才出现。1 月 23 日，除了逐渐披露地震损失的大量新闻报道外，没有明显的新闻，但日经指数下跌了 5.6%。在震后的 10 天内，日经损失了 8%的价值。如果将价值损失看成是地震损失所产生的直接结果，那么这种损失未免太过头了。

地震后的 10 天内，投资者在想些什么呢？当然不能用僵化的思路去理解。我们只知道在这段时间内，神户地震支配着新闻，为日本树立了新的形象，也可能给日本经济打上了新的烙印。此外，此次地震激发了有关以东京为中心的地震可能性的讨论。尽管地理证据表明东京有可能面临一次大的地震这一事实已广为人知，但人们还是将大量的注意力放在这一潜在问题上。东海研究咨询公司（Tokai Research and Consulting，Inc.）计算出程度与 1923 年大地震相同的一次地震会给今天的东京造成 12 500 亿美元的损失。[9]

比神户地震对日本国内市场造成的直接影响更令人迷惑的是它对国外股市的影响。在日经指数下滑 2.2%的当天，伦敦 FTSE 100 指数下跌 1.4%，巴黎 CAC-40 指数下跌 2.2%，德国 DAX 指数下跌 1.4%，巴西和阿根廷股市都下跌了 3%，而这些国家都没有遭受这样的地震损失。

关于神户地震对世界股市影响的最好解释是，有关地震及其伴随的股市下跌的新闻报道吸引了投资者的注意力，投资者更多地关注那些不利于股市的悲观因素，并引起了连锁反应。

另一例市场对新闻的反应表明了如下事实：通过注意力的连锁反应，媒体可能使投资者最终严肃地看待那些平时认为无聊或不相干的新闻。约瑟夫·格朗维尔（Joseph Granville）是一位非常爱炫耀的市场预测家，有关他的一系列新闻报道似乎引起了两次大的市场变动。这些媒体报道中唯一真实的内容是，格朗维尔告诉他的客户要买进或卖出股票。

格朗维尔的行为很容易吸引公众的注意力。他的投资研讨会通常是异想天开的表演，有时会让一只受过训练的大猩猩在钢琴上演奏格朗维尔的主题曲《背黑锅的忧郁》（The Bagholder's Blues）。他曾经像摩西（Moses）一样穿着，出现在投资研讨会上，头戴王冠，拿着石板。格朗维尔自夸拥有非凡的预测能力。他说他能预测地震，有一次还说曾预测过世界上七次重大地震中的六次。《时代》杂志曾引用过他的话："我想在有生之年我不会在股市犯任何严重的错误。"他还预测自己能获得诺贝尔经济学奖。[10]

格朗维尔精彩表演的第一幕发生在 1980 年 4 月 22 日（星期二）。当他建议将短期持股改为长期持股的消息公布之后，道琼斯指数上升了 30.72 点，即 4.05%。这是继 1978 年 11 月 1 日（即一年半以前）以来道琼斯指数最大的一次增长。第二幕发生在 1981 年 1 月 6 日，格朗维尔的投资公司建议将长期投资改为短期投资之后，道琼斯指数经历了 1979 年 10 月 9 日（一年以前）以来最大的一次下跌。在这两种情形中都没有其他的新闻可能解释市场变化。在第二次时，《华尔街日报》和《巴伦周刊》都断然将这次下跌归因于格朗维尔的推荐。

我们能够确信媒体关于格朗维尔及其所谓的先知先觉能力的报道引

起了这些变化吗？许多人都想知道是否格朗维尔效应不只是新闻媒体夸张的一个偶然因素。我们能确定的是，关于格朗维尔预测的一系列新闻报道及新闻的巨大口头传述能力都对国民的注意力产生了累积效应，公众对他的预言及预言发布时股市下滑的反应基本上都是这种连锁反应造成的。[11]

1929 年股市崩盘时的新闻

自从 1929 年发生股市崩盘以来，大家就一直讨论新闻媒体在这次崩盘中所起的作用。事实上，历史学家和经济学家所面临的困惑是，在那次崩盘之前根本没有重大新闻。从那以后，人们就开始问，这种创纪录的股市崩盘怎么能在没有新闻的情况下发生呢？大家把焦点集中在抛售者的心态上，是什么促使那么多人同时抛售股票呢？

在 1987 年 10 月 19 日股灾发生前，1929 年 10 月 28 日（星期一）的股市崩盘是历史上道琼斯指数最大的一次单日跌幅（用前一个交易日收盘价格与当日收盘价格的差价来衡量）。1929 年 10 月 28 日，道琼斯指数下跌 12.8%（当日最低点与最高点相比下跌了 13.1%）。历史上（直到 1989 年）的第二大跌幅发生在第二天，道琼斯指数下跌 11.7%（当日最低点与最高点相比下跌了 15.9%）。这两天的收盘价格总体下降了 23.1%，究竟出现了什么样的新闻能够合理解释这么大规模的股市下跌呢？

阅读一下周末到 10 月 29 日星期二上午的主要报纸，人们很容易得出如下结论：没有发生任何对市场基本面有重要意义的事情，事实上这也是报纸自身得出的结论。10 月 29 日上午，全国的报纸都转载了美联社的一篇报道，部分内容如下：“在整个周末都没有任何不利新闻发布的情况下，面对来自胡佛总统和主要实业界以及银行决策人员对商业的乐观评论，华尔街对今日下跌作了如下的唯一解释：在周末仔细清算账目时发现了大量的疲软现汇，而这些疲软现汇在上个星期的繁忙时期被忽视了。”《纽约时报》将这次崩盘仅仅归因于“普遍失去信心”。《华尔街日报》报道说：“总体来讲还没有经营瓦解的迹象”，“下跌是由于对坏账进行了必要的清理”。[12]

在这些天的新闻中还有什么内容呢？星期一上午有新闻报道说，州际商会将会继续推进其依法收回超额铁路收入的计划。有一篇有利于美国钢铁公司的报道。有消息说，康涅狄格州制造者协会成功地引进了一条有利于康涅狄格州的关税条款。墨索里尼在演讲中说："法西斯主义下的人民和团体能够面对任何危机，即便是突然性危机。"参与竞选法国总理的爱德华·达拉第（Edouard Daladier）宣布了其未来内阁中的外交部长。一架载有七名机组人员的英国飞机在海上失踪。格拉夫·第佩林（Graf Zeppelin）计划探险北极。理查德·伯德（Richard Byrd）小分队在向南极推进。

在黑色星期一过后，星期二即崩盘后的第二天早晨，据报道，知名金融家断言，强大的银行资金为了寻找好的交易机会当天就会进入股票市场。如果这是新闻的话，人们会认为是一则好消息。星期二早晨的其他新闻如下：两名参议员要求胡佛总统表明他在农产品和工业产品税收问题上的立场；参议员海勒姆·宾厄姆（Hiram Bingham）抱怨院外游说人员对他不公平；一位匈牙利伯爵及其夫人获得进入美国的权利；一架载有五名人员的飞机失踪。

这些报道听起来都很普通。如果真有什么原因能解释股市下跌的话，那么一定发生了什么大家都知道的事。有人会想，这种事情一定会以某种形式写进新闻，也许需要更仔细地读报。作家朱迪·万尼斯基（Jude Wanniski）声明，在1929年10月28日星期一上午的《纽约时报》中有一篇报道可能合理地解释这次下跌。这篇头条报道是有关可能通过一部仍在审议中的《斯穆特-哈雷关税法案》（Smoot-Hawley Tariff）的乐观报道。第二天这篇文章被美联社和合众社转载。10月29日，这篇文章在全国报纸中都成为头条新闻。[13]

可以想象，《斯穆特-哈雷关税法案》的执行可能会损害企业的预期利润。有人可能会想，这项法案从总体上来讲应该有利于企业，尤其是那些积极寻求执行这项关税的企业。但是研究1929年崩盘的历史学家则认为，考虑到来自一些国家的报复，关税法可能会产生反面作用。事实上，艾伦·梅尔策（Allan Meltzer）认为，关税法可能是"1929年的衰退没有走以前货币紧缩的道路，而是直接变成大萧条"的原因。[14]然而，包括鲁迪格·多恩布什（Rudiger Dornbusch）和斯坦利·费希尔（Stanley Fischer）在内的其他经济学家指出，1929年出口只占国民生产总值的7%，在1929—1931年间，国民生产总值只下降了1.5%，这很难成为大萧条的原因。此外，还不清楚《斯穆特-哈雷关税法案》是否与出口下降有关。萧条本身可能是这次下降的部分原因。多恩布什和费希尔指出，1922年的《福德尼-麦坎伯关税法案》（Fordney-Mc-

Cumber Tariff）和《斯穆特-哈雷关税法案》同样提高了关税税率，但却没有引起这样的衰退。[15]

即使我们将《斯穆特-哈雷关税法案》通过的可能性看作股价大规模下降的原因，一定会有人考虑到这样一个问题，在周末是否有新闻报道在很大程度上改变了人们对关税法通过可能性的估计？《纽约时报》上报道的内容是什么呢？10 月 26 日（星期六），参议员戴维·里德（David Reed）宣布《斯穆特-哈雷关税法案》在审议中没有通过，参议员里德·斯穆特（Reed Smoot）和威廉·博拉（William Borah）对此予以否认。《时代》杂志引用了参议员斯穆特的话："如果这是参议员里德个人的观点，我认为他有权发表，但是这不是财政委员会的观点。"参议员博拉说："我的观点是这部关税法不会流产。"第二天，也就是10 月 29 日，《时代》杂志报道说参议员里德重申了法案将会流产的观点，杂志还继续引用了争论双方的其他观点。尽管最初《时代》上的报道对这一法案似乎很乐观，但是合众社 10 月 29 日对这一事件的报道并不乐观。《亚特兰大宪法报》（*Atlanta Constitution*）在 10 月 29 日报道这一新闻时，采用的标题是《参议院放弃通过新关税法案的希望》。

尽管如此，也很难将参议员间的交锋（典型的政治斗争）上升为重要新闻。有关关税法案的其他一些新闻报道也纷纷出炉。一个星期以前即 10 月 21 日，《时代》杂志引用了参议院共和党领导人詹姆斯·沃斯顿（James Waston）的话，他说参议院将在下个月内通过该法案。10 月 13 日报道说，参议员斯穆特对胡佛总统说有可能在 11 月 20 日通过此法案。自从胡佛当选以来，有关此关税法的乐观和悲观新闻交替出现。

在 1929 年 10 月 28 日（星期一）的报纸报道中，比有关基本面消息重要得多的是下面一则新闻报道：当股票交易所经历股价第二次下跌时，公众认为几天前的事件非常重要，那就是 1929 年 10 月 24 日所谓的黑色星期四，一天内道琼斯指数下跌了 12.9%，但是在交易结束前又大幅反弹，所以平均收盘价只比前一次收盘价低 2.1%。这件事已不是新闻，但它所产生的记忆在很大部分上类似于星期一的情况。《纽约时报》在星期一上午刊登了以下内容："平常华尔街像乡村基地一样凄凉与安静，经历了历史上最紧张的一周后，华尔街变得很忙碌，银行家和经纪人正尽力使交易所一切就绪……当今天早晨 10 点钟恢复交易的钟声敲响时，大多数交易所都将埋头工作，准备应对即将发生的事情。"星期日华尔街上的情景被描述如下："观光者从一条街道走到另一条街道，好奇地盯着街对面的股票交易所和摩根银行大楼，也就是上周发生剧烈金融动荡的中心。到处都有观光者从街道上捡起股票行情指示器的纸票单据，就像参观者在战场上捡起用过的子弹壳留作纪念一样。观光车也在这个区内提供特别的观光服务。”[16]

事实上，就在崩盘的那个星期一早晨，《华尔街日报》觉得很适合发布下面一篇头版评论：“每位负责人都说商业状况良好”。[17]《华尔街日报》的编辑人员肯定是有理由怀疑是否需要通过安慰来稳定市场。他们大概听到了大众谈话的片言只语，或者是考虑到了星期四的崩溃，至少猜到周末后人们会作何反应。

因此，也许1929年10月28日（星期一）所发生的就是对前一周事件的一个回音（虽然是扩大了的回音），那么媒体对此有何评论呢？报纸似乎再一次认为没有什么重要新闻。1929年10月27日星期日《芝加哥论坛报》(*Chicago Tribune*）写道：“这是一个极度膨胀了的投机性泡沫的崩溃，与国家的总体情况没有或几乎没有关系。一个头重脚轻的建筑物已经被自身的重量瓦解了——再也不会发生地震了。”《纽约时报》说：“市场垮台是由技术原因而不是由基础原因引起的。”由格兰特信托公司出版的《格兰特调查》（*Guaranty Survey*）作了如下评论：“如果认为上个星期的抛售浪潮是正常的，那么将犯一个根本性的错误。”[18]

让我们回过头来看一下1929年10月24日黑色星期四上午的新闻。新闻看起来不那么重要。胡佛总统宣布开发内地水上交通的计划。据报道，大西洋炼油公司的年收益达到有史以来的最高值。一家糖业公司的总裁要求参议院的一个委员会对院外游说进行调查，自从上年12月开展降低糖税的运动以来，这些院外游说人员已经挥霍了75 000美元。谈判人员报告说，建立国际清算银行（Bank for International Settlements）的努力宣告失败。卡内基基金（Carnegie Fund）报告不赞成给予大学生运动员补贴。美洲杯委员会宣布了下一次帆船比赛的规则。一位尝试单人飞越大西洋的业余飞行员失踪。胡佛总统乘着一条船沿着风景如画的俄亥俄河作了一次旅行。

没有任何事情能够表明股市前景的变化。但是让我们看一下另外一天，在黑色星期四之前的星期三却有新闻，在星期三股市经历了重大的下跌（星期三收盘时道琼斯指数比星期二低6.3%），同时全部交易量达到历史第二高点。我们应该在1929年10月23日的新闻中寻找原因吗？那一天也没有任何重要的全国性新闻，但是却提到了过去的股市变动。报纸上重要而详细的新闻报道都是有关股市以往变动的。其中最重要的内容便是对以往价格变动原因的解释，而且通常是从投资心理学角度解释的。

没有理由认为1929年的股市崩盘事件是对真实新闻报道的反应。相反，我们看到的是借助反馈效果来运行的负泡沫，以及由一系列公众注意力组成的注意力连锁反应。从根本上讲，这一连串事件与其他市场崩溃时所发生的事件没什么不同，包括著名的1987年崩盘。

1987年股市崩盘时的新闻

1987年10月19日发生的股市崩盘创下了一天内跌幅的新纪录，几乎是1929年10月28日或1929年10月29日跌幅的两倍（迄今为止这一天是单日价格跌幅最大的纪录）。我认为这是一个千载难逢的好机会，可以直接询问投资者什么是当天的重要新闻。而不必像研究1929年崩盘那样，用媒体的解释来得出什么是投资者心目中的重要新闻了。据我所知，当时还没有其他人和我做相同的事。在崩盘发生的那个星期，我将调查问卷发送给机构投资者和个人投资者，这也是唯一的一个调查投资者在崩盘发生当天想些什么的公开调查问卷。[19]

在这次调查中，我将崩盘前几天报纸上所发表的与市场变化的观点相关的所有新闻报道都列举了出来，最后一份报道是在崩盘当天上午出现在报纸上的一则新闻。我问投资者：

> 请告诉我下面的各条新闻对于你在1987年10月19日当天对股市前景评估中的重要程度。请用1～7的数字标明，1代表完全不重要，4代表重要程度为中等，7代表非常重要。你告诉我的应该是你自己的想法，而不是其他人的看法。

我列了10则新闻报道，第11项上是“其他”，同时留有空白，受访者可以在此处写明他们自己的选择。

机构投资者和个人投资者反馈的结果非常相似，在10月19日那天卖出或买进的投资者反馈的结果也非常相似。受访者认为每个新闻报道都相关。他们认为大多数新闻报道的重要程度至少是4，即重要程度为中等，平均分在3以下的唯一一则新闻报道是投资大师罗伯特·普雷切尔（Robert Prechter）在10月14日给出的抛售信号，该报道的得分大约是2分。就连10月4日报道的美国袭击伊朗的石油基地，发生了一起小冲突这类新闻的得分都是 3 分。受访者对“其他”类新闻报道不是很热心。他们填写的最普遍的答案就是对负债过多的担忧，包括联邦赤字、国债和税收。有 1/3 的个人投资者和 1/5 的机构投资者都填写了这样的回答。

但最明显的反馈结果是，在我所列的新闻报道中分值最高的是有关以往价格下跌的报道。根据受访者的回答，最重要的新闻报道是 10 月 19 日上午道琼斯指数下跌 200 点，这则新闻报道在 10 月 19 日个人出售者中的平均得分是 6.54，在机构出售者中的平均得分是 6.05。上周创下股市下跌纪录（就点数来讲）的新闻被认为是第二重要的报道。

有一个问题是让受访者回忆一下他们对崩盘当日价格下滑的解释，问题如下：“你记得有什么特定的理论能解释 1987 年 10 月 14—19 日的价格下跌吗?”问卷特意留下了空间让受访者写下自己的看法，我将这些答案分了类，1 987 份问卷回答中最普遍的内容是关于在崩盘之前市场价格就已过高的论述。个人投资者中有 33.9%的人提到价格过高，机构投资者中有 32.6%提到价格过高。尽管这种回答不到所有答案的一半，但是有这么多人提到价格过高也很值得注意。（在调查问卷的其他部分，我直接问他们是否觉得在崩盘之前市场就已价格过高，71.7%的个人投资者［他们中有 91.0%的人在 10 月 19 日出售股票］和 84.3%的机构投资者［它们中有 88.5%在 10 月 19 日出售股票］回答说是。）[20]对开放问题的回答中还有另外一个主题，就是通过机构出售、程序化交易、止损或计算机交易等词汇所表达出的机构止损；22.8%的个人投资者和 33.1%的机构投资者都提到了这一主题。此外，答案中也提到了投资者缺乏理性的主题，主要是提到了投资者过于疯狂，或者下跌是由于恐慌或观点的随意变动；25.4%的个人投资者和 24.4%的机构投资者提到了这一主题。这些主题并没有提到除了崩盘之外的其他新闻事件。

紧接着这个问题，我在问卷上提问：“下面哪一个能更好地描述你关于股市的理论：关于投资者心理的理论或是关于经济基本面的理论（例如利润和利率影响股市价格）。”多数人（67.5%的机构投资者和 64%的个人投资者）选择了关于投资者心理的理论。

似乎股市崩盘与投资公众普遍存在的心理反馈环有极大的关系，价格下跌导致抛售，因此造成价格的进一步下跌，正如我们在第 5 章讨论过的，这是一个沿着负泡沫走下去的过程。很显然，崩盘与其本身以外的新闻报道没有什么特别的关系，但是与投资者抛售的原因和投资者心理理论有关。

里根总统对这次崩盘做出了反应，建立了一个由前财政部长尼古拉斯·布雷迪（Nicholas Brady）领导的研究委员会。他要求布雷迪委员会（Brady Commission）说明引起崩盘的原因和能够采取的措施。投资专业人士普遍不愿意公开说明这种事情的原因，关于崩盘的许多报道都使得注意力远离崩盘的真正原因。但是布雷迪委员会却是在美国总统的授权下来处理这件事的。结果，在他们的报告中我们能看到他们在努力搜集相关事实，并解释 1987 年崩盘。他们在总结中对崩盘作了如下解释：

> 10 月中旬股市的急剧下降是由特定事件“引发”的。无法想象的高贸易赤字将利率推向了新的高度，国会议员提议的税收立法导致了大量试图收购（其他企业）的企业股票暴跌。最初的下跌促使采取组合保险（portfolio insurance）战略的大量机构和少量共同基金机械地、不顾价格地抛售来应对赎回。由于预料到市场将会进一步下跌，上述投资者的抛售及进一步抛售的可能性使大量从事交易的机构也开始抛售。除对冲基金外，其中还包括少量的养老基金、捐赠基金、投资管理公司和投资银行。这种抛售又导致了组合保险人和共同基金的进一步抛售。[21]

布雷迪委员会得出的结论在某些方面与我自己对崩盘进行的调查研究中得出的结论很相似。他们所说的“不顾价格地抛售”意味着价格一下跌就抛售，并且不管交易结束前价格有多低都会抛售——在任何价格时都会抛售。委员会认为，很明显，崩盘是由我所说的反馈环引起的，最初的价格下跌使很多投资者退出市场，引起价格的进一步下跌。实际上，布雷迪委员会的意思是，1987 年的崩盘是一个负泡沫。

与我的研究相比，布雷迪委员会对崩盘研究方法的优势是大量接触了大投资机构。他们的研究补充了我的结论，即反馈环在崩盘中起了作用。但是，他们的研究结论对新闻报道内容给予了重视，这一点与我的研究结论存在较大差异。此外，他们的研究表明，抛售在很大程度上是机械式的或者说条件反射式的，而非和心理学或者羊群行为相关。

根据我的研究结果，布雷迪委员会所提到的有关商品贸易赤字和利率过高的新闻报道根本不能认为是投资者考虑的核心问题。在我的调查中，我把这些也列在了新闻报道中，受访者的反应很温和（大多数是 4 分）。此外，如果看一下贸易赤字和利率的长期变化图，就会很明显地看到，在当时这两者没有明显的断裂，实际上，贸易赤字和利率都没有对股市产生什么重大影响。

布雷迪委员会提到的提议税收立法根本就没有引起我的注意，也没有将其作为重要新闻报道纳入列表中。这则新闻是暴跌崩盘发生的前五天即10月14日公布的，它根本不是崩盘发生时公众谈论的重要主题。国会议员丹·罗斯滕科斯基（Dan Rostenkowski）的参议院税收委员会正在考虑税收改革，这项改革可能会使企业的收购者失去信心。由于改变资本利得税条款可能对一个有效率的股票市场总体价格有着根本性的重要意义，所以许多对崩盘进行解释的专家都提到了这一点。

当得知这则新闻报道的潜在重要性后，我又翻了一下所收回的调查问卷，看看有多少个受访者在“其他”选项的答案中提到了这一点。我发现，在605个个人投资者中根本没人提到，在284个机构投资者中只有3个提到。很显然，这则新闻报道根本不值得作为崩盘的主要原因。[22]

布雷迪委员会很强调一种称为“组合保险”的机构投资者投资工具。组合保险是加州大学伯克利分校的海恩·利兰（Hayne Leland）和马克·鲁宾斯坦（Mark Rubinstein）发明的用于限制损失的一种战略，在20世纪80年代中期，他们两人将这种战略成功地推广给许多机构投资者。“组合保险”实际上是名称的误用，这种战略只是一种出售股票的计划，涉及大量的数学模型。但事实上，它只是在股票开始下跌时通过出售股票来退出股市的一个标准化的计算过程。利兰本人在他1980年有关组合保险的经典文章中承认说：“对于一些类型的投资者来说，一些简单的规则就接近于最佳动态交易战略，如‘跟着赢家走，降低损失’，和‘高抛低吸’。”[23]因此使用组合保险只是在做一件自然而然的事情，而且只多了一点点数学精确性和仔细的规划。但是“组合保险”这个奇妙的新名词表明了这种战略是谨慎而合理的，由于其高技术形象，这种战略的出现很可能使投资者对过去的价格变化做出更积极的反应。

许多机构投资者把采用组合保险作为一种时尚——一种很复杂但却无意义的时尚。由于它有一个与众不同的名称（组合保险一词在1980年以前还没有被真正地使用），我们可以通过媒体使用该词的频率来追踪投资时尚的历程。我对商业期刊数据库ABI/INFORM进行了一次计算，发现在1980—1983年中，每年引用组合保险一词的不超过1次，1984年是4次，1985年是6次，1986年是41次，1987年是75次。对组合保险一词的引用在稳步增长，这是简单的口头传述模式的特征，这一点我们将在第 10 章进行讨论。[24]

因此，就在 1987 年崩盘以前，组合保险的发展改变了一些投资者对过去价格变化的反应方式。反馈环也可能有其他一些变化，但是由于它们不像组合保险那样经过详细的规划，所以无法直接观察到。事实上，崩盘时公布的各种新闻报道并不是崩盘的真正原因，关键在于反馈环性质的变化。

反馈可能受多种因素的影响，新闻媒体当然会对它产生冲击。1987 年崩盘当天的上午，《华尔街日报》刊登了一个 20 世纪 80 年代道琼斯指数表，其下面的一个表显示，20 世纪 20 年代的道琼斯指数一直处于上升趋势，直到 1929 年发生崩盘。[25]这两个表把现在的日期与 1929 年崩盘的日期列在一起，以此表明 1929 年的崩盘有可能会重复。在 1987 年崩盘真正开始前，投资者在早餐桌上有机会看到这张表。《华尔街日报》公开表示，股市当天有可能崩盘。事实上，它不是一条头条新闻，没有一则新闻在引发崩盘中能起决定性作用。但是这则小报道及其配图确实出现在崩盘的那天上午，大投资者可能对这一暗示比较警觉。

当 1987 年 10 月 19 日上午价格下跌开始时，1929 年崩盘的情形使人们自然而然地怀疑“它”是否又发生了，这里的“它”是《华尔街日报》所说的大崩盘，不是 1907 年的暴跌，也不是 1932 年上扬后的崩盘，更不是人们已几乎完全忘却了的无数次其他著名的股市事件。头脑想象可能形成了从最初价格下跌到后来价格下跌的反馈，从而造成了历史上最大的崩盘。这种想象也为市场在反弹前会跌到什么程度提供了某种暗示，而这是决定市场实际会跌到什么程度的关键因素。事实上，在 1987 年 10 月 19 日的崩盘中，道琼斯指数在一天内的下跌量是 22.6%，这几乎相当于 1929 年 10 月 28 日和 29 日两天下跌量之和（为 23.1%）。两次下跌量基本相同只能看作一种巧合，尤其是由于 1987 年的崩盘持续了两天而不是一天。1987 年，几乎没有投资者知道 1929 年市场跌落了多少。而且，许多投资者对 1929 年狂跌的程度只有一个粗略的印象，而在 1987 年 10 月 19 日，投资者几乎没有掌握任何信息，表明市场何时会停止下跌。

由于投资者的理论和方法会随着时间变化，在 1987 年崩盘时发生的反馈应该被看作持续变化的价格形成反馈的一个例子。如果将这一反馈仅仅看作以组合保险为代表的技术创新的结果，那将是错误的。尽管在执行组合保险战略时使用了计算机，但仍旧是由人来决定利用这种工具，由人来决定在市场下跌时迅速使用这种工具。当然也有许多人知道其他人在使用组合保险，他们根据其他投资者对这种战略的应用来做出对过去价格变化的反应。在这种情况下，组合保险对我们是很有意义的，因为它具体表明了人的思维可以通过反馈的方式来进行调整，股价变动引起进一步的价格变动，最终可能导致了价格的不稳定性。

全球媒体文化

在第 1 章中，我们曾经提到各国的股市行为之间存在着惊人的相似性。在第 3 章对全球房地产市场的分析中也存在着同样惊人的相似性。并且，我们常用的经济变量无法解释这种相似性。但是如果我们把这看作两国价格交互反馈的结果，似乎就不难理解了。而绝大多数人是不会直接考察其他国家的数据的。作为全球文化支撑的新闻媒体的存在是这种相似性产生的一个重要原因。同时，新闻媒体还是全球投机文化的重要支撑。

居住在巴黎的人们不会收看英国的电视节目，也很少阅读英国的报纸。同样的，居住在伦敦的人们也不会收看法国的电视节目，也很少阅读法国的报纸。但是这些媒体的撰稿人却会彼此关注。那些新闻记者，尤其是报道严肃新闻的记者，往往会逐条阅读其他国家的重要新闻。但是，除此之外，记者们还从以往的经验中了解到国外媒体对新闻的排列顺序在很大程度上预示着新闻的重要性。这样他们就可以很容易地找到国外的好新闻，然后根据本地人的阅读习惯作些小调整后发表。

经济学家们很少将新闻媒体作为导致各国市场相似性的因素进行探讨。公众也认为经济学家应该计算诸如利率、汇率这样的经济变量对经济的影响，而不是去解释世界各地报纸上的故事。我们注意到，公众还没有普遍认识到文化和心理对市场产生的重要影响。因此，经济学家们也自然地认为，他们的优势在于满足公众对他们的期望。而经济学家的这种行为只会进一步增强公众对市场波动影响因素的狭隘认识。

美国股市与其他国家存在差异的一个原因是美国人使用英语。英语已经成为了一种世界语言，这使得外国记者对美国或英国发生的事件而不是对德国或巴西的事件做出反应。新闻报告具有较强的时效性。许多记者都具有寻找其他英语国家的新闻故事并将其改编为本国故事的能力。即使最初的故事是英文的，那些读者也不会知道记者的故事来自国外。但是对于记者来说，试图改编一个小语种编写的故事则将面临很大的挑战。

如图 3.3 所示，20 世纪 80 年代中期，波士顿房地产市场出现了繁荣景象，随后出现了伦敦房地产市场的繁荣，进而影响到巴黎、悉尼等，这是一国市场出现的繁荣在其他国家得到复制的一个早期的市场例证。不过，同样的故事并没有在柏林或者东京重复上演，也许是因为这样的故事在那些正在努力寻找本国经济问题的国家并不具有相同的可信度。房地产市场的繁荣是巨大的经济成功，但是这样的事并不是到处都会发生。媒体专业人士本能地知道什么时候适合将国外的故事复制到本国，什么时候不行。

源自国外的故事尤其会在那些国际化大都市居民追捧的媒体（诸如智力性报纸等）上引起共鸣。社会学家罗伯特·默顿认为，世界上存在两类人：世界主义者（将自己定位为面向全世界）和地方主义者（将自己定位为面向他们居住的乡村或城镇）。[26] 世界主义者拥有全世界共享的文化。比如，居住在国际化大都市的人们可能会受到新闻媒体的引导，尽管也会存在语言障碍，但是与本国的乡村相比，他们在文化上会更为接近其他遥远的城市。因此，这些城市的住房价格走势经常趋同也就不足为奇了。

新闻媒体在宣传投机性泡沫中所起的作用

新闻媒体在股市中的作用与人们所想象的并不一样，通常人们只是简单地认为媒体是投资者的一种方便的工具，投资者会对重要的经济新闻做出反应。媒体能积极地影响公众的注意力和思考方式，同时也形成股市事件发生时的环境。

本章的例子表明，媒体在使大众对新闻更感兴趣的同时，也成了投机性价格变动的主要传播者。它们通过报道公众早已熟知的股价变动来使公众对媒体更感兴趣，以此提高公众对这些变动的关注程度，或者提醒公众注意过去市场上发生的事件和其他可能采取的交易战略。因此，媒体的参与能够导致更强烈的反馈，使过去的价格变化引起进一步的价格变化，它们也能引起其他一连串事情的发生（这里指的是注意力的连锁反应）。当然，这并不意味着媒体能将各种思想灌输给观众或读者。应该说，媒体为传播和解释大众文化提供了一个渠道，也因此体现了大众文化有其固有的逻辑，参与了大众文化的转变过程。

我们下面研究有关文化的一些基本观念。随着时间的推移，这些观念也发生了转变，并且这种转变与股市中不断变化的投机情况存在联系。

【注释】

[1] 毫无疑问，报纸问世以前就存在价格投机活动，但我敢说那时的人们绝不像现在这样广泛地关注价格投机活动，并将其描述为难以控制、难以理解或是只受投资者影响的活动。

17 世纪早期出现了第一批定期发行的报纸。一旦出版商弄清了如何激发大众兴趣、扩大销售量和赚取利润，报纸便如雨后春笋般地迅速出现在欧洲各大城市。

我们尽可将大众传媒的起点进一步向前推至印刷的发明，它使刊物的出版发行不再依赖赞助。16 世纪印刷发行了无数的小册子、宽幅宣传画和宗教政治传单。印刷历史学家戴维・扎雷特（David Zaret, *Origins of Democratic Culture: Printing, Petitions, and the Public Sphere in Early-Modern England* [Princeton, N. J.: Princeton University Press, 1999], p. 136）指出："印刷将商业完全置于刊印产品的中心。与抄写产品经济不同的是，刊印产品经济越来越多地涉及计算、冒险及其他市场行为，印刷者必须粗略估计所印文本的需求量并以此调整生产。"印刷的出现大大推进了人们读写能力的提高，到了 17 世纪，在欧洲即使并非所有城里人都能识字，但至少有许多人是识字的。

有关投机热的历史，查尔斯・P. 金德尔伯格（Charles P. Kindleberger, *Manias, Panics and Crashes: A History of Financial Crises*, 2nd ed., London: Macmillan, 1989）没有提及 17 世纪以前风险投资的案例，而我在当地历史学家中所作的调查结果也没有发现。然而，我也不敢断言我们已经掌握了所有的历史资料。

的确，尽管我得出早期投机热与早期报纸的问世相巧合的结论，但有些事情可看作例外情况，而且其他的解释也是不无可能的。耶鲁大学历史学家保罗・弗里德曼给我举了一个有关胡椒的例子来作为例外事件。在调料贸易中，胡椒的价格似乎一直居高不下，而在 16 世纪其价格又极不稳定。在古代和中世纪，曾发生过饥荒导致谷价上涨的例子。历史上土地价格也有过这种波动。例如，公元 95 年在给尼普斯的一封信中，小普林写道："你听说了吗？地价涨了，特别是罗马附近的土地涨了不少。至于地价突然上涨的原因，大家众说纷纭。"（Pliny the Younger, *Letters and Panegyrics*, trans. Betty Radice, Cambridge, Mass: Harvard University Press, 1969, Book 6, No. 19, pp. 437 - 438.）说起"大家众说纷纭"，他谈到了私下交流的作用，但他事实上并没有谈论投机热。

[2] 郁金香热是指 17 世纪 30 年代在荷兰对郁金香价格的高风险投资热，第 5 章章末注释 [1] 讨论了这一现象。

1618 年荷兰就有了报纸，而与当时其他国家不同的是，荷兰的报纸不仅刊登外国新闻，还可以刊登国内新闻。欲查找有关荷兰最早的这些报纸的资料，参见

Robert W. Desmond, *The Information Process: World News Reporting to the Twentieth Century* (Iowa City: University of Iowa Press, 1978)。

现存最早的关于郁金香热的信息来自在荷兰出版的一本小册子，这本 1637 年匿名出版的小册子以两个人对话的形式详细介绍了有关情况，在这之后，陆续有很多关于郁金香热的小册子出版。参见 Peter Garber, *Famous First Bubbles: The Fundamentals of Early Manias* (Cambridge, Mass.: MIT Press, 2000)。

[3] http://www.telegraph.co.uk/culture/tvandradio/5446569/Why-Property-Ladder-is-having-a-recession-refit.html.

[4] Transcript 3143, *MacNeil/Lehrer NewsHour*, WNET/ Thirteen. New York, October 14. 1987. p. 10.

[5] 参见 Victor Niederhoffer, "The Analysis of World News Events and Stock Prices," *Journal of Business*, 44 (2)(1971): 205；也可参见 David Cutler, James Poterba, and Lawrence Summers, "What Moves Stock Prices?" *Journal of Portfolio Management*, 15 (3) (1989): 4–12。

[6] Robert J. Shiller and William J. Feltus, "Fear of a Crash Caused the Crash," *New York Times*, October 29, 1989, Section 3, p. 3.

[7] Cutler, Poterba, and Summers, "What Moves Stock Prices?" p. 10.

[8] 也就是说，除非将 1955 年 9 月 26 日德怀特·艾森豪威尔总统的心脏病发作算成一个外来因素，否则便没有。

[9] "The Tokyo Earthquake: Not 'If' but 'When,'" *Tokyo Business Today*, April 1995, p. 8.

[10] David Santry, "The Long-Shot Choice of a Gambling Guru," *Business Week*, May 12, 1980, p. 112; "The Prophet of Profits," *Time*, September 15, 1980, p. 69.

[11] 哥伦比亚大学的格尔·休伯曼教授 (Gur Huberman) 和托马·雷格夫教授 (Tomer Regev) 写过一篇关于公司股价上涨的案例分析。这一案例分析是针对一篇新闻报道而写的。那篇新闻报道写得洋洋洒洒，让人不可不信，但事实上所言之事早已不是什么新闻。《纽约时报》头版报道了恩特利公司 (EntreMed) 的药物有望治愈癌症，这使该公司的股票价格从前日收盘时的 12 美元升至当日开盘的 85 美元。两位教授指出，报道中的所有内容在五个月前就已经公布过。（参见 Gur Huberman and Tomer Regev, "Speculating on a Cure for Cancer: A Non-Event that Made Stock Prices Soar," *Journal of Finance*, 56 [1] [2001]: 387–396。）还有一种情况也有可能——尽管两位教授没有提到——许多那天购买恩特利公司股票的人可能明知道那篇报道不是新闻，之所以还购买仅仅是因为他们认为这样一篇文笔一流、重点突出的文章一定会使股价上涨。

[12] (New Orleans) *Times-Picayune*, October 29, 1929. p. 1, col. 8; *New York Times*, October 29, 1929. p. 1; *Wall Street Journal*, October 29, 1929, p. 1, col. 2.

[13] Jude Wanniski, *The Way the World Works*, 2nd ed. (New York: Simon and Schuster, 1983), Chapter 7.

[14] Allan H. Meltzer, " Monetary and Other Explanations of the Start of the Great Depression," *Journal of Monetary Economics*, 2 (1976): 460.

[15] Rudiger Dornbusch and Stanley Fischer, "The Open Economy: Implications for Monetary and Fiscal Policy," in Robert J. Gordon (ed), *The American Business Cycle: Continuity and Change* (Chicago: National Bureau of Economic Research and University of Chicago Press, 1986), pp. 459 - 501.

[16] *New York Times*, October 28, 1929, p. 1.

[17] *Wall Street Journal*, October 28 , 1929, p. 1.

[18] O. A. Mather, *Chicago Tribune* , October 27, 1929, p. A1; *New York Times*, October 25, 1929 , p. 1, col. 8; *Guaranty Survey* quoted in *New York Times*, October 28, 1929, p. 37, col. 3.

[19] 个人投资者名单主要包括高收入的积极投资者（"积极"的表现包括资助投资出版物和与证券经纪人保持密切往来）。该名单是从 W. S. Ponton 公司获得的。机构投资者是通过随机抽样搜集来的。10 月 19 日共寄出 3 000 份调查问卷，2 000份给个人投资者，1 000 份给机构投资者。其后没有再寄出问卷或提醒信件。我们分别收到了 605 封个人投资者和 284 封机构投资者寄来的完整回复。参见 Shiller, *Market Volatility*, pp. 379 - 402，该书登载了写于 1987 年 11 月的结果分析。我们也在 1987 年对日本的机构投资者进行了研究，并证实日本的股票市场行为主要受美国消息的影响，参见 Robert J. Shiller, Fumiko Kon-Ya, and Yoshiro Tsutsui, "Investor Behavior in the October 1987 Stock Market Crash: The Case of Japan," *Journal of the Japanese and International Economics*, 5 (1991): 1-13。

[20] 当然，由于问卷是在股市暴跌后填写的，因此这里提出的对过高价格的担忧很有可能是出于事后聪明，我们甚至连答卷者在问卷上将自己归为 10 月 19 日的买者或是卖者的回答都不能完全相信。问卷是不记名的，要求真实回答，并说明调查的目的是为了科学研究股市暴跌现象，所有这些都有利于我们获得客观答复，但是，毫无疑问，没有哪项调查的结果可以被百分之百地相信。

[21] Presidential Task Force on Market Mechanisms, *Report of the Presidential Task Force on Market Mechanisms* (Brady Commission Report) (Washington, D. C. : U. S. Government Printing Office, 1988), p. v.

[22] 马克·米切尔和杰弗里·内特（Mark L. Mitchell and Jeffrey M. Netter, "Triggering the 1987 Stock Market Crash: Antitakeover Provisions in the Proposed House Ways and Means Tax Bill, " *Journal of Financial Economy*, 24 [1989]: 37 - 68）指出，新闻对某些股票的确有直接影响。即使这些新闻中的大部分在股市崩盘那天已经被人们遗忘了，但正如布雷迪委员会得出的结论，这些新闻通过促使最初的价格下降而点燃大崩盘的导火线却是有可能的。

[23] Hayne Leland, "Who Should Buy Portfolio Insurance," *Journal of Fi-*

nance, 35 (1980): 582.

［24］参见 Robert J. Shiller, "Portfolio Insurance and Other Investor Fashions as Factors in the 1987 Stock Market Crash," in *NBER Macroeconomics Annual* (Cambridge, Mass.: National Bureau of Economic Research, 1988), pp. 287-295。

［25］"Repeating the 1920s? Some Parallels but Some Contrasts," *Wall Street Journal*, October 19, 1987, p. 15. 该文刊登在一个 10 英寸×5 英寸的小栏目中，在同一页有另一篇文章：Cynthia Crossen, "Market Slide Has Analysts Eating Crow; Justification of Summer Rally Questioned"。

［26］参见 Robert K. Merton, *Social Theory and Social Structure* (Glencoe, Ill.: Free Press, 1957)。

第 7 章　新时代的经济思想

投机性市场的扩张往往都伴随着一种普遍的观念，即认为未来比过去前景更好或者不确定性更小，而且，人们总是一次又一次地用“新时代”（new era）一词来描述和解释这种情形。

当然，这种新时代的观念具有明显的合理性。上个世纪发展的整体趋势是人们生活水平的提高以及经济风险对个人生活冲击力的减弱。从许多方面来看，我们的世界的确正在进入一个全新而美好的时代，但是流行的新时代思想的最主要特征表明，经济进步以及人们生活水平的提高明显不是一个持续平缓的过程，而是脉冲式推进。

在大众文化中，人们对新时代这个词的引用并不规范，与之相反，经济学家以及其他一些有影响的评论家在历史上不同时期提出新时代这一概念时都非常谨慎。通常他们似乎只有在描述一段长期的连续增长趋势时才会采用这个词。

有时候经济学家由于过分关注数据，而忽视了在最新技术和制度变化过程中一些具有独特价值的新事物，这些新事物预示了新时代的到来。但更为经常的情况是，一般公众会对突然流行的关于新时代的故事反应过度，而忽视了最近的新时代故事与历史上曾多次发生的类似事件之间存在本质上的相似之处。

例如，当 20 世纪 90 年代中期互联网时代到来时，一些非正式的观察家认为这将对生产力产生革命性的推动作用，因为互联网对于通信和销售系统具有根本的重要性。但是，如果我们考察作为通信和销售系统的互联网是否会加速经济增长，我们就需要将它与过去类似的系统进行比较，例如邮政、铁路、电报、电话、汽车、飞机、收音机以及高速公路。所有这些网络对于当时的经济都产生了复杂的影响，有助于简单经济结构的升级。我们很难证实互联网对今天经济的重要性高于上述设施对过去经济增长的作用，因此也就没有理由预计将会产生比过去更快的增长。然而一般公众通常不会从比较的视角来思考过去的经历。

新时代的观念（或由此引发的其他流行的经济理论）在不同的时期以不同的方式影响着公众，这种观点较难反驳。比如，要想通过问卷调查的方式来追溯思想的（演变）过程是很困难的，因为只有在一种思想引起大众注意之后，你才会想到对此展开调查。

我们可以使用数据库对出版物进行统计，从而了解一些经济术语使用频率的变化，不过这种检索太粗略，忽视了（这些）术语使用方式的细微变化。当我尝试统计“新时代”这个词在2000年股票市场达到巅峰时使用的频率时，我发现这个词被用在了许多不同的语境中，这使得仅仅通过检索这个词无法实现我们的研究目的。另一方面，我还从Lexis-Nexis数据库中得知：“新时代经济”这一术语过去在英语中并不流行，直到1997年7月《商业周刊》（*Business Week*）的封面语将这一术语的出现归功于艾伦·格林斯潘之后，情况才发生了变化。因为在几个月前的演说中，他指出那时的市场正处于“非理性繁荣”的状态。[1]在通向2000年股票市场巅峰的道路上，“新时代经济”这一术语就保留在日常用语中了。（将这一术语与一位权势人物相联系的做法又一次印证了个人行为和媒体事件能够改变公众思想。）

“新时代”在文献中的使用实际上要早于《商业周刊》的文章，因为在1997年6月的《波士顿环球报》（*Boston Globe*）上有两篇文章使用了“新时代命题”、“新时代理论家”和“新时代学派”等提法，还将保诚证券公司（Prudential Securities）的技术研究主任拉尔夫·阿坎波拉（Ralph Acampora）视为该学派中的一员。1997年8月，保罗·克鲁格曼（Paul Krugman）在《哈佛商业评论》（*Harvard Business Review*）上撰文批评了新近出现的新时代理论，这却使“新时代”这个词得到更广泛的传播。[2]在1997年以前的10年中，对Nexis数据库的检索显示，“新时代”只是偶尔被用来指代乐观的经济前景，显然，在那段时期这种提法并不怎么流行。

一个值得关注的事实是，1997年前后，“新时代”故事的形成时期与美国和其他国家房地产市场的繁荣状况相当一致。在波士顿、洛杉矶、巴黎和悉尼表现得尤为突出（见图3.3），而伦敦的繁荣似乎比这些地区还要早一年。

在20世纪90年代股市取得惊人发展之后，用“新时代”来描述经济状况的流行说法逐渐得以确定，并且所有关于新时代的说法都带有股市色彩。[3]事实上，新时代的到来是经济学家在分析了国民收入或其他与实体经济有关的数据后提出的。新时代理论主要是在对股市繁荣的事后诠释的过程中形成的，这一点也不足为奇。股市的迅速繁荣带有很强的戏剧性，因而需要同样戏剧性的诠释。相反，GDP 增长率的上升——比如说，从 2%升至 3%——虽然会让经济学家兴奋不已，但并不会给公众造成同样的印象。因为相对而言，它并不实用，在日常生活中显得深奥而遥远，当然不如其他一些华丽而夸张的消息在公众中造成的轰动效应大。

每当股市创下新高，演讲家、作家及其他显赫人士会马上站出来，为股市中渐趋明朗的乐观主义情绪辩解。记者们也许不能总是掐准时间，但他们可以说，正是这些大人物的言论造成了市场的转变。虽然显赫人士可能对股市转变产生影响，但他们的智慧通常都只是在步市场的后尘。不过，他们所推崇的新时代思想是延续和扩大繁荣过程中的一部分——正如我们所看到的，这些新时代思想是能够产生投机性泡沫的反馈机制的一部分。

为市场理性辩护的人可能会指出，即使有关新时代的讨论真的是造成繁荣的原因，这也并不意味着对这些讨论的新闻报道必然出现在繁荣之前。他们的观点是有一定道理的。从技术上说，尽管对新时代理论的媒体讨论往往与股市上扬同时发生或甚至更晚，但“口头上的”谈论的确可能领先于市场并且导致市场繁荣，只是新闻媒体可能没有来得及报道这些讨论。

但是如果我们考虑普通投资者的思维模式的性质时，关于市场理性的辩护似乎有一定道理。大多数人对宏观经济增长的长期预测不大感兴趣。经济学理论表明，投资者如果真是理性的话，就应该对此加以关注。但事实上这一宏观经济论题太抽象、太枯燥、太专业了。公众感兴趣的是对未来技术的大胆描述——例如电脑将会很快具有哪些功能——而不是衡量未来几年美国企业的盈利水平。事实上，很少一部分人能够（在一个相当大的数量级上）较为准确地估计美国企业的总收益，大部分人对预测这些收益的变化基本上不感兴趣。

历史表明，有时公众意见中存在着强大的无形力量，这种力量只有到某些关键性事件发生后才会凸显在媒体或公共讨论中。这种力量一般都与基于个人观察的幼稚想法或对少数群体和外国的无端歧视有关。相对来说，公众对于经济增长率的高低却显得有些漠不关心。[4]

传统智慧将股市解释为是对新时代理论的反应。事实上，由于记者们争先恐后地对股价变动做出判断，看起来更像是股市创造了新时代理论。这让人想起占卜，参与者要解释他们手晃动轨迹的含义，并由此预言未来。或者股市被看成一种神谕，能发出神秘而无意义的“声音”，我们会要求市场的先驱者对此做出解释，然后错误地赋予这些解释以权威的外衣。

在本章中，我试图分析随着美国股市和房地产业最近几个高峰而出现的新时代思想。我提出了一些看法，对这一时期新时代思想进入大众生活及其影响进行了阐述。我引用了当前许多人的论证，因为它们能直接向我们提供当时人们的观点和想法。

1901 年的乐观主义：20 世纪的顶峰

正如第 1 章所提到的，从 1881 年开始出现了三次主要的市盈率峰值，第一次产生于 1901 年的 6 月，恰好是在 20 世纪初。1901 年 6 月之前的 12 个月，股票价格实现了惊人的增长。观察家们这样描述 1901 年中期的投机热潮：“1901 年 4 月爆发的投机风潮在投机狂热的历史上几乎是无与伦比的……报纸上充斥着饭店侍应生、办公室职员甚至看门人和裁缝通过投机一夜暴富的故事，可以想见这些宣传对公众观念的影响。”[5]

1901 年当新世纪到来时，人们广泛谈论着未来以及即将到来的技术进步：“火车将会以每小时 150 英里的速度飞驰……报纸出版商只需按下电钮，自动化设备就会完成其余的工作……在大商店里卖东西的是售货员的照片，机械手将会为顾客找零。”[6]古列尔莫·马可尼（Guglielmo Marconi）于 1901 年进行了首次越洋无线电传输，人们纷纷预测不久后就可以同火星进行无线通信了。

1901 年 5 月 1 日—11 月 1 日，在纽约州布法罗举行的泛美博览会（Pan-American Exposition）将高科技作为一个重点。其中，占据中央位置的是一座高 375 英尺的电塔，为它照明的是 44 000 个电灯泡，它们的电力来自远在尼亚加拉大瀑布的发电机。这座塔“美得无法形容”，让参观者如醉如痴。[7]这次博览会的电气部分展示的是电产生的种种奇观。例如电传机，即通过线路传输图片的机器（传真机的前身），又如电子签名机，即能让人将签名传输到远处的机器（信用卡签名认证设备的前身）。这次博览会还提供了乘坐太空船“路娜”号到月球进行模拟旅行的机会：参观者们在回到地球之前可以行走于月球的街道和商店之间。

从某种意义上说，高科技时代、计算机时代和太空时代在 1901 年看起来已在眼前，只是这些概念是用与我们今天不同的词语来表达的。人们心情振奋，因此，20 世纪随后的 10 年被称为乐观时代、信心时代或者自信时代。虽然已经相隔了一个世纪，我们也刚刚度过 21 世纪的黎明，当时的这种情绪也与一个世纪后的情形相类似。由于现代媒体充分利用了周年纪念或划时代的事件，加之人们也往往将这类事件视为新起点的标志，并对它们赋予过高的期望和企盼，因此世纪之交往往是乐观主义盛行的时期。1901 年的例子告诉我们，新世纪乐观主义情绪事实上可能持续数年，至少一些媒体认为，它将不会受到不幸的世界事件的影响。诸如“9・11 事件”、2008 年的金融风暴、中东的战火与冲突、世界其他地区的政策倾向等事件是否足以持续地动摇我们的信心，还有待观察。

但是还有其他原因解释为什么人们在 1901 年认为股价应该抬高。那几年，报纸上最突出的商业新闻莫过于广阔的商业领域中各种关于联合、托拉斯和并购的消息，例如在许多家较小的钢铁企业基础上联合形成了美国钢铁公司。1901 年，许多股市预测家都把这些变化看成是举足轻重的，“利益共同体”这个提法通常被用来描述这种新的经济现象。1901 年 4 月，《纽约日评》（*New York Daily Tribune*）上的一篇社论这样写道：

> 新时代到来了，这是“利益共同体”的时代，人们希望它能避免以前在经济萧条时常常发生的毁灭性的削价和破坏性的打击，这种关于“利益共同体”的想法在许多行业里都压倒了对竞争的关注。例如，大型钢铁企业时而高度繁荣时而极度萧条，曾被安德鲁・卡内基（Andrew Carnegie）称为工业的王子和贫儿。人们曾一度想将众多分散的钢铁企业合并为若干大企业，然而在过去两年里巨型企业真的建立起来了。如果设计者的初衷都能实现的话，将会避免建立因竞争原因而产生的工厂。这种合并会消除竞争，从而避免重复建设，节约大量的经济资源；它还会消除重复的职位并建立统一的价目表，使经济变得更加灵活有效。
>
> 出于同样的原因，联合在铁路部门也成了占统治地位的思想。相互竞争的铁路正在通过合并或租赁的形式，来实现低成本运行并

> 避免恶性价格竞争，强势铁路公司的代表加入了从前热衷于压价的公司董事会中，尽管他们以前势不两立，但现在大铁路公司的代表开始在这些董事会中发挥控制力，更准确的说是影响力。[8]

用这些原因来解释股市的乐观主义情绪无疑是让人信服的。人们很容易相信，消除竞争会为企业创造潜在垄断收益，并进而提高其股价。

但这篇社论并没有提及反托拉斯法可能会结束“利益共同体”时代。1901 年 9 月，重视商业的总统威廉·麦金利（William McKinley）在参观泛美博览会时被暗杀；他的继任者是“牛仔”副总统泰迪·罗斯福（Teddy Roosevelt）。仅仅 6 个月之后，也就是 1902 年 3 月，罗斯福就动用了尘封已久的 1890 年《谢尔曼反托拉斯法案》（Sherman Antitrust Act，简称《谢尔曼法案》），以反对北方证券公司。在接下来的 7 年里，他严格执行了反托拉斯政策。当《谢尔曼法案》的缺陷日益彰显时，1914 年通过的《克莱顿反托拉斯法案》（Clayton Antitrust Act）又推进了政府对企业联合的打击。

这样，股价的“利益共同体”理论的前提后来被证明是错误的，那些以此理论为基础，并对股市表现出高度乐观情绪的人，当时并没有想到所有人都会犯错误。他们没有考虑到社会可能无法忍受财富急剧向股东手中转移。他们之所以未考虑到这一点，很可能是因为此前没有任何具体的反托拉斯措施。然而，在认识股价水平时，你必须考虑市场能够在未来几十年里提供的长期收益，以及社会是否会做出积极或消极的调整以控制这种收益流。

对股价水平的讨论很少涉及政府对企业利润水平的反应，即使政府对企业的政策发生了实质性的剧烈变化。从 1901 年的 0，到 1911 年的 1%，1921 年的 10%，1931 年的 14%，1941 年的 31%，1951 年的 50.75%（含 30%的超额利润税），再到今天的 35%，单是美国联邦法定的企业所得税就经历了多次大幅度调整。尽管美国政府过去将企业所得税从 0 提高至 50.75%，相当于把股市收益的一半多收归国有（它们实际上在某种程度上强制并维持着这样的税收），未来对所得税可能进行的调整在讨论股市前景时仍然很少被提及。

1901 年的事件体现了一种新时代思想犯错误的方式：这种思想关注当前新闻中重大事件的效果，它很少关注“如果……怎样……”，即使这种假设很可能会成为现实。

1901 年还存在着另一种重要的说法：股票正被“强有力的手”把持着。“股票所有权已经易手，但它并没有被个人投机者所掌握，而是掌握在能在任何情况下为它提供保护的人手中，如标准石油公司（Standard Oil）、摩根（Morgan）、库恩·洛布（Kuhn Loeb）、古尔德（Gould）和哈里曼·英特里斯兹（Harriman Interests）。作为国家最主要的金融巨头，它们显然知道，何时提出建议能够最大化预期收益。”[9]同其他股市高峰期出现的理论一样，这种理论认为出现抛售恐慌是难以想象的。这种理论在短时期内也许是正确的，但是这些强有力的手并没能阻止股市 1907 年的狂跌，也没能阻止 1907—1920 年间股票市值的锐减。

20 世纪 20 年代的乐观主义

20 世纪 20 年代的牛市显然与大多数公众对股市日益增长的热情和兴趣有很大关系，这种热情在 1929 年达到了巅峰。弗雷德里克·路易斯·艾伦（Frederick Lewis Allen）在 1929 年写作、1931 年出版的《恍然如昨》一书中，这样描写 1929 年的情景：

> 有钱人的司机一边开车，一边收听关于贝斯雷姆钢铁公司动向的新闻，因为他自己通过 20%的保证金账户购买了 50 股这个公司的股票。经纪人办公室的窗户清洁工不时停下来看报价牌，因为他正在考虑将辛苦劳动攒得的一点积蓄换成西蒙公司的股票。埃德温·利弗维尔（在当时可称得上是一位经验丰富的股市评论员）描写了一位在股市中赚了近 25 万美元的经纪人的侍者，利用从慷慨的病人那里得到的小费从股市上净赚 3 万美元的见习护士，以及离最近的铁路足足有 30 英里，但却在股市上一天内买卖了 1 000 股的怀俄明州牧牛人。[10]

虽然这些描述可能会对公众关注股市的程度造成一种夸张的印象，但毫无疑问，20 世纪 20 年代的这种关注程度要高过任何其他时期，并且到处不乏狂热的投资者。

20 世纪 20 年代是一个经济快速增长的时代，尤为显著的是，此前只能为富有阶层享用的一些技术创新得到了广泛传播，汽车大致就是在此时开始广泛使用的。1914 年，美国拥有牌照的汽车仅有 170 万辆，1920 年就有了 810 万辆，1929 年达到了 2 310 万辆。汽车给人们带来对自由的新感受和可能性，人们也越来越多地认识到新技术能够促进个人价值观的实现。

20 世纪 20 年代也是电气化从大城市向全国扩展的时代。到 1929 年时，2 000 万美国家庭实现了电气化，煤油灯被淘汰了，白炽灯泡进入了家庭，大约一半的家庭拥有了吸尘器，1/3 的家庭有了洗衣机。不仅如此，20 世纪 20 年代还是无线电广播覆盖面不断扩展，并发展成为一种成熟的全国性娱乐媒体的时期。1920 年，全美只有 3 家广播台，到 1923 年就有 500 多家。享誉全国的广播明星如鲁迪·瓦利（Rudy Vallee）和流行节目如《阿莫斯·安迪秀》（Amos ‘n’ Andy Show）都出现在 20 年代。全国广播公司（National Broadcasting Company, NBC）于 1926 年建立了首家全国广播电台网，定期播出的节目创造了一种前所未有的民族文化意识。李·德福雷斯特（Lee De Forest）于 1923 年发明了电影声音系统，声音开始进入电影中；到 20 年代末，有声电影就完全取代了无声电影。由于这些变革深刻地影响了人们的日常生活，影响了人们的家居和休闲方式，所以 20 年代成为巨大的技术进步时代，即使对最谨慎的观察家来说也是如此。

有许多声称经济新时代已经到来的言论出现在 20 年代股市繁荣时期。例如，早在 1925 年就可以听到“现在看不出有任何东西可以阻碍美国享受贸易史上无与伦比的繁荣”[11]。

约翰·穆迪（John Moody）是一家叫作穆迪投资者服务公司的评级机构的负责人，他在一篇文章中这样描绘 1928 年的股市：“事实上，新时代的形成贯穿于整个文明世界的始终，文明在新的领域开始呈现。我们只在现在才开始发觉，自己所处的这个现代工业文明正处于自我完善的过程中。”[12]

考虑到公众对股票的热情和股市的暴涨，对解释和说明股市繁荣的书籍的需求应运而生。1929 年，查尔斯·阿莫斯·戴斯（Charles Amos Dice）在《股市创新高》（*New Levels in the Stock Market*）一书中，提出了预计股市还会继续上涨的大量理由。与“新时代”相比，他更喜欢“新世界”这个提法，尽管这两者表达的意思是一致的。他写到了“工业的新世界”，谈到批量生产技术、大型研究部门、电气时代的开始、南方的工业化、大规模生产的出现以及农业的机械化。此外，戴斯还写到了“分配的新世界”，预测了分期付款的扩展、连锁店的扩张、刺激需求的广告艺术和新的市场研究方法。他同时也谈到了“金融的新世界”，内容涉及为企业提供更多资金来源的投资银行业务的扩张，融资方式更加灵活的控股公司的大量出现，以及联邦储备系统在稳定经济方面的进步。戴斯将美联储比喻为蒸汽机的调速器，负责调节经济发展的速度。[13]

令人惊奇的是，戴斯的这本书于 1929 年 8 月出版，正好比大萧条发生早一个月。当你发现书中第 69 页附有一张名为“勘误表”的小纸条时，这本书出现的时机就显得更引人注目了。这张纸条显然是在书籍印刷之后、装订之前加上去的，1929 年 9 月 3 日的道琼斯工业平均指数比书中提到的还要高出 20 点。这张纸条提醒读者将书中对道琼斯指数的预测调高 15～20 点。戴斯满以为这样能让自己的预测更加准确，然而却因此犯下了市场预测中可能最具灾难性的错误。

耶鲁大学的欧文·费雪教授（Irving Fisher）是当代公认的美国最杰出的经济学家之一，他认为美国股市在当时不可能被高估。在股市即将达到 1929 年的高峰时，他曾说过：“股价看来是达到了永恒的高原。”他写过一本名为《股市危机及其影响》（*The Stock Market Crash—and After*）的书，前言是在距黑色星期四发生之后不到两个月写作的。费雪一定是在戴斯写作的同时写作这本书的，只不过选择的时机还不算太坏。在 1929 年股灾到来的时候，他还在写作过程中。不过费雪在股市狂跌之后仍然表示乐观，因为与 1932 年的市场低谷相比，这时仅下跌了很小的比例，并且这次股价下跌也没有显示出任何新时代就此终结的迹象。

费雪根据许多理由论证说，将会呈现出收益迅速增长的前景，其中一些原因与戴斯所列举的相同。他首先指出，经历了 20 世纪 20 年代的兼并运动后，企业能够容纳大规模经济生产。“合并后的经济需要时间赢得发展，但它们的形成对股市的影响却是立竿见影的。”科学研究与发明创造正以前所未有的速度向前推进。随着公路网的迅速铺开，汽车的优势正在开始得到利用；废弃物品的有效利用也变得越来越广为人知；农业方面又出现了许多最新的发明，包括翻土深耕、优质的化肥、改良的家畜品种以及新的改进型庄稼。由于所有这些发明创造都在被逐渐投入使用，可以预计它们产生的收益也会不断增长。费雪还宣称，由于科学管理方法的应用、制造设施布局的改进和管理手段的精细化，美国企业的管理水平正在不断提高。他声称，企业能够更好地制定规划，这部分应归功于他发明的“管理人图表”（master-charting），即企业执行者作重点规划时使用的草图法。劳工联盟开始为解决工业问题承担共同责任，这进一步坚定了费雪的认识。[14]

其他人则认为，20 年代的股市定价是合理的，因为我们已处于一个更加清醒的时代——这不仅仅是象征性的。人们认为，对含酒精饮料的禁止给社会带来了更高的稳定性，给人们带来了更多的理智："许多不同的事件导致了这样一个幸福的结果……包括从我们的生活中消除酒吧及其破坏性因素，随之而来的是全体人民的清醒和镇定。以前花在酒吧里的钱现在大都被用于不断提高生活水平、投资和储蓄。"[15]

当然，市场的乐观主义气氛也不是当时的唯一情绪，1929 年的市场价格（相对于基本价值的）过分偏高并非没有引起注意。《纽约时报》和《商业和财经新闻》（*Commercial and Finance Chronicle*）都认为：过度投机导致了股票估值偏高。国际承兑银行（International Acceptance Bank）的保罗·M. 沃伯格（Paul M. Warburg）谴责了"不加限制的投机"。[16]然而，从股市自身的水平就可以知道，在 20 年代的公众情绪中，对股市的积极评价具有压倒性优势。

20 世纪 50 年代和 60 年代的新时代思想

从媒体的报道来看，新时代思想在 50 年代中期又经历了一次突然爆发，从 1953 年 9 月到 1955 年 12 月，股价实际上涨了 94.3%（扣除通货膨胀因素）。股票市场在 50 年代初的大部分时间里受到了抑制，人们普遍担心随着第二次世界大战对经济增长刺激作用的消失，经济又会滑入萧条的低谷。然而，企业利润的稳定增长成了股市上涨的坚实基础，股市价格由此增长了一倍，这显然使公众忘记了此前对经济的担心，并开始再次置身于真正的新时代想法中。1955 年 5 月，《美国新闻与世界报道》（*U. S News and World Report*）写道：

> "新时代"的感觉又一次弥漫在空气中。人们信心高涨，普遍乐观，毫无顾虑。
>
> 战争的威胁正在消除，和平的前景正在展现。工作机会充足，报酬空前之高。（政府承诺）税收将会下降。万事万物都在茁壮成长。
>
> 对萧条的恐慌在 10 年中反复了三次，不过并没有造成太大影响。第一次恐慌发生于 1946 年，在第二次世界大战刚刚结束之后，那时政府开始悄悄地大幅削减军事开支。第二次恐慌发生在 1949 年，公众对商人们的担心视而不见，照常买卖，这次恐慌不攻自破。第三次始于 1953 年年中，它现在只存在于人们的记忆中。[17]

公众对市场的极度乐观和过度自信部分源于新时代思想，并且本身也构成新时代思想的一部分。1955 年 12 月，《新闻周刊》(*Newsweek*) 写道：“(股市) 飙升的基础在于，投资者对强大经济力量的信赖，以及企业正在将这种繁荣兑现。”[18]

与广播在 20 世纪 20 年代发展成为大众文化的载体相类似，电视在 20 世纪 50 年代早期得到了普及。1948 年，只有 3%的美国家庭拥有电视机，到 1955 年就达到了 76%。与互联网一样，电视是一种逼真的技术创新产品，几乎能够激发每个人的想象力，它是技术进步不容忽视的明显证据。在短短几年时间里，大多数美国人就开始每天有规律地花几个小时看电视了。

当时的通货膨胀率非常低，人们将这一点归功于新制定的联邦政策。财政部长乔治·汉弗莱 (George Humphrey) 在 1955 年宣称：

> 在过去 2 年零 9 个月里，美元的价值只变化了半美分，政府已经完全消除了通货膨胀对储蓄的影响。
>
> 政府将通货膨胀看成是最坏的公敌，但在必要时，我们也会毫不犹豫地放松或紧缩银根。货币政策的力量比以往任何时候都能更有效、迅捷地对自然需求做出反应。这是通过恰到好处地使用货币政策和信用政策实现的，是通过国家历史上最大幅度的减税，将购买力归还公众实现的，也是削减不合理的政府开支的结果，更是适时地鼓励基础设施建设、住宅建设和必要的修缮的结果。[19]

与 20 世纪头 10 年“强有力的手”这一理论相似的看法——认为对股票的需求相当稳定，足以防止任何下跌——在 50 年代也同样存在。《新闻周刊》在 1955 年这样写道：

> 许多金融界人士都乐于认为，美国已经发展出了一种具有广阔基础的“新资本主义”。目前大约 750 万人持有公众控股公司的股票，而三年前只有 650 万。共同基金的资产从 1946 年的 13 亿美元猛增到 72 亿美元，为小投资者提供了分散风险的机会。成千上万的工人通过员工持股计划成为了自己工作的企业的所有者。
>
> 以上这些事实加起来也许还不能确保阻止又一个 1929 年的出现，但是许多专家确信，下次危机为时尚早。[20]

欧文·费雪在 20 年代提出了支持乐观主义思想的理由，即企业能够更好地规划未来。这一论据在 50 年代又一次作为新思想浮现：“企业自己具备了防止出现大萧条的新态度。今天的公司能够做出长远的规划，似乎比以前更少受到短期波动的影响。”[21]

婴儿潮被视为推动市场繁荣的又一重要因素，因为人们需要在孩子身上花钱（在今天，那一代孩子早已成年，他们的孩子相对减少，但是仍然有人认为他们的存在有助于抬高股价，因为他们为退休生活进行了储蓄）：“正是婴儿潮将最近这次‘新时代’与上一次区别开来，家庭正在变得越来越大，良好的公路和性能优良的汽车正在走进农村。城市居民倾向于选择居住在郊区，有三四间卧室的大住宅正在成为抢手货。”[22]

同20世纪20年代一样，消费信用的日益增长也是导致繁荣的一个原因。“花钱的欲望，在一个有身份的华盛顿人眼中，就相当于一次‘消费革命’……在花钱的过程中，一个人的欲望逐渐膨胀起来。”[23]

约翰·肯尼迪在1960年当选为总统后，他所采取的刺激经济的措施使人们普遍认为经济将会有更好的表现。肯尼迪在1961年发表的第一份国情咨文激发了公众的信心。人们认为，这份咨文显示出了乐观的憧憬。他在1961年5月的国会特别陈述中也做出了美好的承诺，即美国将在1970年前将人类送上月球，美国人期待这一成就能够被长久铭记，它标志着人类首次离开他们起源的星球。肯尼迪被认为是美国乐观主义和股市力量的化身。“华尔街对股价的强劲走势有一种简洁的描述，即‘肯尼迪市场’。”肯尼迪经济计划激发出的信心使一些人得出国家正在进入“新经济”时代的结论，在这种“新经济”里，“生意人能够永远享受到合理的持续繁荣”，并且比以前“更有理由”对货币政策充满信心。[24]肯尼迪的计划在其继任者林登·约翰逊1964年的“大社会”计划中得到了延续，约翰逊的计划把消灭贫穷和防止城市衰退作为首要目标。

在20世纪60年代，“股市是最佳投资场所”的理论曾盛行一时：“投资者们感到股票是最佳投资工具，因为它是可能的通货膨胀对冲工具，也是分享未来经济增长的手段。”“投资者们似乎确信，通货膨胀将伴随经济复苏出现，所以普通股即使在目前的价位上，也是真正的保值工具。”[25]当时，投资者们都相信，如果通货膨胀爆发，股市将会上涨，而不是像现在普遍认为的那样会下跌，其结果是可能发生的通货膨胀成为持有股票的原因。60年代早期，人们还关注这样一个问题：即使没有通货膨胀，肯尼迪-约翰逊经济计划也会引起通货膨胀。

在20世纪60年代市场高峰背后的一个比较重要的可能因素是，道琼斯指数逼近1 000点。那种认为新的里程碑的临近会对公众的想象力产生巨大冲击的观点看起来挺滑稽，但是，由于无法为市场估值提供其他牢固的基础，这种武断的看法也为人们的预期提供了一个可靠的解释。

在道琼斯指数接近 1 000 点以前，新闻界就已经开始计算里程碑了。1965 年《商业周刊》的一篇文章写道：“就像四分钟跑一英里一样，心理障碍必须加以克服。华尔街又何尝不是如此。道琼斯工业平均指数的 900 点大关（就像此前的 600、700 和 800 点一样）迟早会被突破。”《商业周刊》写道，900 点大关“在许多观察家眼中已经具有了一种神秘的重要性”。1966 年，正当 1 000 点近在眼前时，《时代》杂志写道：“上周末平均指数达到了 986.13 点，距离被整条华尔街看成神秘数字的 1 000 点大关只剩下了不到 14 点。即使那个数字可能更多的只是神秘的（而非有真实含义的），突破的日期也会在历史教科书中保留几十年，甚至几百年——这一天已经不远了。”[26] 市场像赛跑一样就要接近 1 000 点了，但它在很长时间内不会超过这一魔力般的数字。尽管道指当时并不是以分钟计算的，它最终还是在 1966 年 1 月超过了 1 000 点（如果用当天的最高值来计算的话）。直到 1972 年股市狂跌的前夜，道指才在 1 000 点以上收盘，即使在那时候它也只在 1 000 点上停留了很短的时间。

道指直到 1982 年才实实在在地超过了 1 000 点，如果用实际股价计算，股价超过 1966 年的最高点并从此保持下去是在 1992 年 1 月，此时距 1966 年已整整 26 年。[27] 从 1966 年 1 月到 1992 年 1 月之间是低投资回报率的时期，股市的年平均回报率仅为 4.1%。[28] 在这一期间持有股票，收入基本上仅限于股息（基本上没有什么资本利得）。这些现象与那种认为股市在 1966 年只是“勉强”攀升到 1 000 点，并且定价相对过高的观点是一致的。

20 世纪 90 年代牛市中的新时代思想

第 4 章中已经描述了 20 世纪 90 年代特有的一些新时代思想。在这里，我将再做出另外一些评论，然后对当前的新时代思想与其他几个时期中的有关新千年繁荣和次贷繁荣的时代思想进行比较。

与以往主要的股市繁荣期一样，20 世纪 90 年代同样也有用新时代理论解释市场状况的学者。迈克尔·曼德尔（Michael Mandel）在 1996 年《商业周刊》上一篇名为《新经济的胜利》（The Triumph of the

New Economy）的文章中列举了股票市场并未疯狂的五条理由：全球化的发展、高新技术产业的繁荣、低通货膨胀率、利率的降低和企业收益的提高。[29]

在这个繁荣期内，一种流行的理论认为，低通货膨胀率有助于产生好的经济前景。在 90 年代，有关通货膨胀的理论主导了对股票市场前景的讨论，60 年代也发生了同样的事情，只是那时候的观点与现在的正好相反。90 年代的人们认为，如果发生通货膨胀的话，股票市场将会下跌而不是上涨，60 年代的那种认为投资股票可以有效对冲通胀风险的观点（发生通货膨胀时，股市就会上涨）已经过时了。

为什么 90 年代人们会认为通货膨胀将造成黯淡的市场前景，而在 60 年代却认为通货膨胀会促进市场发展呢？在 90 年代，投资者的看法很可能吸收了公开出版的文献的观点，即经济学家们认为突然爆发的高通货膨胀会损害经济发展。事实上，这种研究并未证明，一定程度或长期的通货膨胀与实际经济表现之间存在密切关系。它在某种程度上还表明 60 年代的理论是正确的——股市的实际价值对通货膨胀消息具有免疫力，股市与物价应该是同向而不是反向运动。[30]更为真实的情况是，90 年代的人们正在接受这样一个事实：股市在近年里总是逆通货膨胀而动，而不是与之同向运动。

在 20 年代、50 年代和 60 年代的股市繁荣后出现的命题在 90 年代又重复出现。罗杰·布特尔（Roger Bootle）在 1998 年出版的《通货膨胀的终结》（*The Death of Inflation*）一书中认为，“有计划的资本主义”和强大的工会所引起的螺旋式的“通货膨胀时代”将要走向终结。在“有计划的资本主义”中，“价格不是由个体之间的供求关系决定的，而是人为制定的”。布特尔宣称，我们现在正在进入“零通胀时代”，这是由资本主义全球化、私有化和工会的衰退促成的，所有这些都使价格不可能再由某个委员会来制定。[31]

史蒂文·韦伯（Steven Weber）于 1997 年在公共政策刊物《外交》（*Foreign Affairs*）上发表了《商业周期的终结》（The End of the Business Cycle）一文，该文指出：现在的宏观经济风险是比较低的，“技术变革、意识形态、就业和金融方面的挑战，同生产和消费的全球化一道，减少了工业化世界中经济活动的易变性。由于实证和理论两方面的原因，发达工业经济体中商业循环的浪潮也许正在缩减成涟漪”。韦伯提出了大量有理有据的论证。例如，他注意到经济正日益为服务业所主导，这与 30 年前有了很大区别；他也指出，服务业的就业状况总是比工业生产部门更稳定。[32]

缩减规模和重组——用于描述 20 世纪 80 年代所谓管理革命的术语——在当时被认为是 1982 年之后利润增长的重要原因。关于它们现在仍然是经济增长重要推动力的观点，在许多人心目中挥之不去。不过也有对管理革命持怀疑态度的，这一点在一部连环漫画《呆伯特》（Dilbert）中得到了反映，它主要刻画了新时代经济中微妙的劳资矛盾。

劳动生产率统计数据的增长在 20 世纪 90 年代末的美国造成了一种收益增加的深刻印象。在许多人看来，这实际上证实了互联网和其他高技术产业对经济发展的作用，并可以由此做出股市走强的判断。然而，20 世纪 90 年代末生产力的高增长部分归结为统计数据错误。劳工统计局于 2001 年（股市繁荣之后）修正了 1998—2000 年的增长数字，修正后的增长数字明显变小了。[33]而且，即使生产力增长的数据在某种程度上是对的，人们从中解读出了太多的含义。这些数据成了歌颂互联网的依据，事实上，生产力的增长与初出茅庐的互联网毫不相关，而且它也不是影响总体经济的重要因素。即使撇开这些不谈，人们也没有意识到生产力增长和股市真实收益之间的联系有多么微弱。[34]生产力增长并不能作为股市会有更好表现的理由，但是 20 世纪 90 年代报道的生产力增长却被作为评判和解释引人入胜的股市上扬的基础，这值得股市投资者和新闻媒体深思。

应该注意的是，与以前股价高涨的时期相比，90 年代的媒体并不总是倾向于强调新时代。1901 年和 1929 年都曾出现过的那种滔滔不绝、令人窒息的乐观主义情绪，在 90 年代没有找到。尽管 90 年代也有大量媒体表现出乐观，但那更多的是一种背景推测，而不是大胆断言。在 20 世纪 90 年代，媒体的态度似乎发生了转变，乐观主义的夸张报道也已经没有了，就如在今天 21 世纪第 2 个十年，这样的报道不再流行一样。

在 20 世纪 90 年代，许多作家似乎比以前更加关注股票市场定价过高以及过度投机。事实上，90 年代中后期的许多媒体报道集中在投资者对于股市的疯狂追逐上。例如，1996 年 4 月《财富》（*Fortune*）上的一篇文章写道：记者们在街上随机地拦截采访过往行人，询问他们对股市的看法，包括警察、律师、广告栏木工和健康俱乐部的身份证件检查员，所有这些人都兴高采烈地推荐了股票。他们找不到擦皮鞋的男孩，否则，经济发展就会成为伯纳德·巴鲁克（Bernard Baruch）在 1929 年大危机之前经历的再现。巴鲁克说，他曾经从擦皮鞋的男孩那里得到了对股票的建议，并且以此作为市场过度投机的信号。[35]同时，以《赌博者太多：这是一个老规则不再适用的市场吗?》（Gamblers High：Is This a Market Where Yesterday's Yardsticks Don't Apply?)、《华尔街的郁金香疯狂时代》(It is Tulip Time on Wall Street）或者《对最后的熊市说再见吧》（Say Goodbye to the Last Bear）等为题的文章比比皆是。在 90 年代，股市繁荣可能是投机性泡沫无疑被刻在读者的脑海里。但市场证据表明，公众在 90 年代对这种可能性只表现出平和的关注，新时代思想仍然占据主导地位。

房地产市场繁荣中的新时代思想

房地产市场在新时代思想的推动下走向繁荣，它同股票市场的繁荣几乎如出一辙。在某种意义上，股价自我膨胀的反馈机制可能是房地产市场繁荣的原动力，但是新时代思想也起到了同样的作用，至少表面看来构成了反馈机制的一部分。正如我们前面所提到的，出现在大国中的全国性繁荣似乎还是一个新生事物，但是以往已经存在许多地区性房地产市场繁荣的例子，其背后有地区性新时代故事。一个覆盖了加州整个区域的房地产繁荣发生在 19 世纪 80 年代，并于 1887 年达到顶峰。这一繁荣最初发生在洛杉矶、圣迭戈和圣巴巴拉，但那时那里的人口还比较稀少，对整个美国而言无足轻重。这一繁荣似乎与同时期铁路的迅速拓展相关，铁路使得到达这片土地变得容易得多。这一繁荣的形成很显然受到了圣达菲（Santa Fe）与太平洋联合（Union Pacific）铁路公司之间价格战的影响，它使得到达或离开南加州变得非常便宜。铁路公司也希望能够收回它们在轨道上的投资，因此招募了大批移民开发商，通过宣传南加州地区宜人的气候和美好的未来吸引人们移民到该地区。它们最终成功了：“洛杉矶已经成为一个充斥着移民、业余艺术家和自由职业者的拥挤而热闹的城市，旅馆挤满了旅客，价格飞涨到天文数字，这片南加州的土地上到处——街道上、印刷厂、住宅区和俱乐部——都是忙忙碌碌的。”[36]繁荣之后便是 1888—1889 年房地产价格的崩溃：“一直谈论土地和气候的人们开始强烈地抱怨南加州的经济缺乏坚实的工业基础。当人们回想起原先疯狂的购买行为时，才意识到应该更加理性地分析土地的真实价值。”[37]19 世纪 80 年代的繁荣事件提醒我们，即使在 100 多年以前，人们也有理由为正在逐渐减少的可利用土地而担忧。唯一的区别就在于，那时的故事并没有蔓延到整个美国。加州在那时已经有预留土地的考虑了，然而，显然没有一个人会想到这一繁荣会扩展到全国范围内。

20世纪初，另一次显著的地区性住宅价格泡沫发生在佛罗里达州，尤其是在迈阿密地区，那里的房价在1925年达到顶峰。这似乎是受到了新时代故事的推动，人们在第一次世界大战后拥有了新的财富和飞驰的汽车，于是他们发现可以去佛罗里达度过冬季，那里的土地销售开始加速，因为相信这一故事的人们开始意识到购买的紧迫性。另一个刺激泡沫膨胀的因素是佛罗里达州修正法案取消了收入和遗产税，鼓励富有的退休人员迁移到佛罗里达。对于爱好娱乐的人来说，有如此多地下酒吧和赌博场所的佛罗里达式生活也构成了强大的吸引力。许多名人甚至包括一些海盗头目正在该地区建造他们的家园，这些事给房地产市场的繁荣增添了一些新闻报道的价值，当然还有可信度。这一故事以“临时契约男孩”而闻名，他们说服遍布全国的房屋购买者支付一笔契约费去购买佛罗里达的土地，然后他们设法卖掉这些契约。这个泡沫在1926年一场飓风后突然终结了，因为飓风提醒人们注意佛罗里达的风险。就在全国性的报纸转向这一泡沫并且复述易受骗的人们购买土地的故事时，记者们自己也不知道这些土地毫无用处，有些甚至在水下。[38]

同19世纪80年代南加州地区的土地繁荣一样，1925年佛罗里达的繁荣本质上也是地区性的。二者都有真诚而疯狂的人们，但它们没有，也不可能扩展到整个国家。在20世纪接下来的10年里，我们在美国和其他一些国家看到了房地产市场更为繁荣的景象，这些繁荣都覆盖了相应国家相当大的一部分区域，开始影响国家的房地产价格指数。这种变化的原因很难观察到。在20世纪最后的10年里，这种繁荣似乎已经扩展到了更为广泛的地理范围，并且涉及更多的心理因素、政治问题，以及该地区的经济基础。

在美国，有两次重要的区域性房地产价格繁荣，它们的影响达到足以影响国家房地产价格指数的程度，这一关系绘制在图3.1中。其中的一次是1975—1980年加州的房地产繁荣，另一次是1984—1988年美国东北部地区的房地产繁荣，后一次繁荣一直延续到1986—1989年加州的又一次繁荣。

在20世纪80年代中期房地产价格下降之前，整个加州地区经过通胀调整的实际住宅价格在1975—1980年间上升了60%。[39]驱动繁荣的一个因素是对加州地区环境保护给予超前关注的政治运动的出现，它创造了更为严格的分区法律和建房约束条件，但是，大致从20世纪60年代开始，加州居民决定集体解决这一问题。实施的效果是加大了建造新房屋的难度，使加州地区在20世纪70年代前后成为最难建造房屋的地区之一。[40]

这一政治变动限制了新房的供给，使得曾经用以阻止价格上涨的安全阀变得不再有效。这一点被一些批评家视为富人对穷人、有房者对无房者的胜利。这一胜利受到广泛赞誉，直接推动了已有房屋价值的上升。

另一个刺激泡沫产生的因素是所谓的第13条减税建议，1978年6月，财产税被削减了一半多，而且法院还保证该税收将维持在较低的水平。这是又一场被视作通过削减税收增加财产价值的政治运动。尽管存在着对于建立在政治目标基础上的减税后果的严厉警告，选民们仍然采纳了第13条建议；这一事实被看作新经济时代的先兆。

当现有的个人财产权受到更加有力的保护，以及一个人认为自己的房地产投资将变得更有价值时，放大的分区制标准和第13条建议都被视为新时代的信号。

至今仍有人疑惑20世纪70年代加州地区的房地产繁荣为什么会发生，要知道抵押贷款利率那时达到创纪录的新高，在1978年超过了10%。而就在同一年，房价实现了最快增长。如此高的抵押贷款利率看起来似乎抑制了泡沫的膨胀，因为这意味着，如果要购买高档住宅，将不得不承担非常高昂的贷款支出。在1978年购买一栋相当于4年收入的住宅，在上述利率下单利息支出就将占到收入的40%，这对于大多数家庭来说都是一个难以承受的开支。然而这一繁荣最终反驳了房地产繁荣会被高利率打断的观点。

关于这一切何以会发生，在20世纪70年代的解释之一是，为高利率所困扰的房屋产权所有者通过政治运动质疑低利率贷款的“转售即还”条款，他们因此能免于支付高额的利率。[41]在整个20世纪70年代的繁荣以及最后的数年中，可转让贷款保护了房地产市场免受高利率的影响。而且，20世纪70年代末是一个被很多新的金融机构称为“创新性融资”出现并繁荣的时期。[42]

结果是美国第一次地区性房地产繁荣产生了足以动摇全国房地产价格的影响，直至20世纪80年代初的经济衰退。

另一次房屋价格膨胀于20世纪80年代中期出现在美国东北部地区，尤其是波士顿地区。仅仅在1985年，波士顿地区的房屋价格就上涨了 38%，很难解释其原因。在 1986 年的研究中，卡尔·凯斯回顾了可能推动波士顿房地产价格的所有基本面因素，得出的结论是，波士顿近年来并没有重大变动因素："当经济比较健康而收入正在持续增长时，市场'基本面'似乎并不能对 1983 年以来波士顿地区房地产价格极为迅速的增长提供充分的解释。"[43]

低利率通常被媒体列举为对已经形成的繁荣的回应。的确，利率在 20 世纪 80 年代晚期比初期要低。但是低利率并不能直接解释波士顿地区的繁荣，因为金融市场上的低利率是全国性的，而此时的房地产价格飞涨主要在波士顿地区；90 年代中期波士顿房地产价格下降时，抵押贷款利率比 80 年代飞涨期还低。因此，利率不是很好的解释因素。

20 世纪 80 年代中期波士顿地区房地产市场的显著繁荣也同样与一个新时代故事相关，但这一次并不是一个突然出现的故事。20 世纪 80 年代中期的波士顿的确已成为高技术企业的发源地，但是它扮演这样的角色显然已经数十年。看起来波士顿作为高技术中心的"故事"，似乎是口口相传的。但在个人电脑已成为每个办公桌的必备用品的时代，电脑革命也加速了任何与电脑相关的故事的传播。王安实验室（Wang Laboratories）、数字设备公司（Digital Equipment Company）、通用数据公司（Data General Corporation）和莲花公司（Lotus Corporation）使波士顿成为一个世界级的计算机中心。[44]

对公众之间情绪传染最为重要的是，生活在波士顿的居民（他们购买不动产）如何看待这些故事。1985 年，当地人看到了位于东剑桥（East Cambridge）的庞大的新莲花公司总部的建造，以及 128 国道沿线的房屋建造的一派繁荣。波士顿将成为位于加州的硅谷的竞争对手的说法开始传播，而且波士顿甚至有可能击败硅谷。一位波士顿观察家在 1985 年写道："波士顿有悠久的历史和能够塑造人们世界观的文化积淀。然而硅谷成其为硅谷之前除了果园外一无所有。"[45]这种地域自豪感夹杂着这一地区新兴工业发展的基本现实构成了一个新时代故事。经济上的成功开始被称为"马萨诸塞奇迹"，并且这个故事引起人们广泛的共鸣，以致迈克尔·杜卡基思（Michael Dukakis），这位竭力将经济繁荣归功于自己的马萨诸塞州州长，在 1988 年被民主党提名为总统候选人参加美国总统选举。

这个故事相当具有说服力，因为 20 世纪最后数十年一直是拥有高技能和良好教育背景人口的城市迅速增加的时代。[46]20 世纪 80 年代造就波士顿地区繁荣的因素确实对城市的基本价值产生了持续的影响，但对这次繁荣产生的反馈明显抬高了基本价值，导致了 90 年代房屋价格的回落。

20 世纪 80 年代波士顿地区的繁荣并不仅仅局限于波士顿，而是在一定程度上涵盖了整个美国东北部地区，事实上，它已远远超越了美国的边界，因为类似的繁荣还出现在远离波士顿的伦敦，以及整个世界的其他城市。推动波士顿的新时代故事与一种观点相联系，这种观点认为，一个拥有受过良好教育和深厚文化积淀的人口的城市在当今的世界会拥有一个美好的未来。

我们已经在第 4 章中提到，许多因素促成了 20 世纪 90 年代房地产市场的繁荣，其中的一些可以被归为“新时代”理论一类。我们也注意到了另一种新时代理论，它与当前人们对旅游和第二家园的特别偏好密切相关，这可以解释从 2000 年开始的世界许多地区房屋价格的迅速上升。

人们普遍认为，互联网、无线电话、移动办公的出现使正在工作的人到偏远、美丽的地方旅行变得更为容易，且能同时继续他们的工作。人们也普遍认为，当婴儿潮时出生的一代人在 2008 年左右开始退休时，他们将会从目前所在城市迁往一些美丽的地方。有时还出现这样的说法，随着生活水平的持续提高，越来越多的新生富人将会选择购买那些天然稀缺的优美居所，如海洋沿岸和大山之巅，因为这些财产的供给不会增加。通过建造越来越高的建筑来炫耀自己的财富正变得日益落伍，自然和美丽的住宅在未来将比那些庞然大物显得更有吸引力。

对于这些与第二家园有关的新时代故事来说，似乎还存在某种真实的成因。但是回顾 20 世纪 20 年代佛罗里达土地泡沫的故事，这些故事现在可能流传得更为广泛，因为正在推动房屋价格上涨的反馈增加了这些故事的感染力。在 2003 年或 2004 年左右，与旅游和第二家园有关的新时代故事和 20 世纪 20 年代佛罗里达泡沫之间存在一些令人不安的相似性。例如，在 1925 年的佛罗里达，繁荣被认为是由汽车的出现推动的，而现在第二家园的繁荣被认为是互联网的出现推动的。在这两个事件中，退休人员的激增都成了推动市场的支撑力量。如同佛罗里达的情况，通过一些投机性和不可靠的新时代故事，房地产繁荣的破灭曾一再影响这些市场。

新时代的终结

尽管投机性泡沫往往意味着股市最终可能暴跌，但是与之相伴的新时代思想并不会突然终结。因为股价基本上是在买卖股票的投资者的头脑中形成的，这么多的投资者不可能同时对长期判断做出突发性的改变。

今天的人们只记得 1929 年的股市狂跌是在一两天之内发生的。事实上，在停止下跌之后，市场于 1930 年初就收复了全部失地。1929 年的重要性不仅在于 10 月份中有一天股市下跌了，而且在于那一年代表了终结的开始：在接下来的三年中，股市丧失了在整个 20 年代中价格持续上涨所取得的所有收益。其他的股市下跌也是如此，一天的事件并不占据显著的地位，它只是作为股市内部弊病的一种标志。

我在第 1 章中提到，1901 年股市上涨，紧随其后并未发生剧烈的价格下跌，而是价格停止上涨，并且大约 20 年之后，市场才失去了在 1901 年时所拥有的大部分实际价值。这种变化经历的时间如此之长，以至具有了整个时代的特征，因此，在各种媒体中都很难发现与之有关的评论。

如果我们看看 1920—1921 年的情况，就会发现这时股市的实际价值下降到了 1901 年以来的最低点。这一时期的多数评论都将注意力集中在 1920—1921 年的经济衰退上，这次衰退异常严重。新闻报道集中于商人们新近蒙受的损失和消失的财富。利益共同体有利于稳定股价的观念被农民和承运人对铁路的敌视，以及消费者要求降价的呼声所取代。战争结束之后，政府订单的减少暴露了当时商业发展中的诸多问题。战后紧张的国际形势也是美国经济发展的不利因素之一。同时，做空者（short seller）和猎熊者（bear raider）的行为都对股票市场产生了不利影响。

有证据表明，1921 年的投资者已经学会了不再受夸张的宣传和论断的影响。在 1921 年的《星期六晚邮报》（*Saturday Evening Post*）上，艾伯特・阿特伍德（Albert Atwood）的一篇文章将高度投机的价格描述成过去的事物，并援引一位股票经纪人的话说："过去几年的增长既不像 1900 年和 1901 年时的繁荣那么离奇，也不令人吃惊。"贯穿这一时期报道的另一主题是，市场心理发生了一些奇妙的变化，变得非常消极。阿特伍德援引了一位银行家在 1921 年的讲话："整个世界都联合起来降低价格，当整个世界都下定了决心，并且每个人都抱着同样的想法决定降价时，就没有什么能阻挡这种趋势了。"[47]

1929 年新时代思想迅速终结，并且与随后发生的大萧条直接相连。美国进入了前所未有的最严重的衰退，到 1932 年时已经有充分的证据表明新时代已经结束了。曾经为美好的经济前景大唱赞歌的乐观主义者哑口无言了，因为事实与预测大相径庭，仅靠原有理论的简单调整是难以解释这种现象的。经济预测家也表现出对未来的极度不确定性，消费者行为观察家则声称，消费者需求的不确定性阻碍了需求增长。[48]

在 20 世纪 30 年代的大萧条中，经济学家对经济体系是否正在衰亡给予了广泛的关注。1939 年，芝加哥大学经济学教授奥斯卡·兰格（Oscar Lange）在《美国经济评论》（*American Economic Review*）上撰文说道："人们普遍认为美国经济已经失去了扩张势头，并或多或少地进入了长期停滞的阶段。"[49]

资本主义的失败迎来了共产主义在美国的鼎盛时期。共产主义在许多人看来成为了未来的发展主流，甚至是必然趋势。20 世纪 30 年代许多最优秀的学者都表现出对共产主义的公开同情，包括肯尼思·伯克（Kenneth Burke）、埃思肯·考德威尔（Erskine Caldwell）、罗伯特·坎特韦尔（Robert Cantwell）、杰克·康罗伊（Jack Conroy）、爱德华·达尔伯格（Edward Dahlberg）、约翰·多斯·帕索斯（John Dos Passos）、詹姆斯·法雷尔（James Farrell）、兰斯顿·休斯（Langston Hughes）和威廉·萨罗杨（William Saroyan）。[50]

另外一个关于毫无控制的资本主义失败的例子是国外风起云涌的极端政治运动。纳粹的出现表明的是 1929 年资本主义大萧条之后人们心中的绝望，德国公民思想的急速变化也证明了公众意愿是多么容易改变。

新时代思想在 1965 年底突然与一种夸大了的恐惧联系在一起，包括世界人口增长的后果、自然资源的枯竭、高通货膨胀率的出现。这些恐惧抑制了股价的进一步上扬，刺激了商品价格上涨。

人口数量的恐慌在 20 世纪 60 年代早期突然出现。有学者以"人口爆炸"等为关键词，基于《洛杉矶时报》（*Los Angeles Times*）、《纽约时报》和《华盛顿邮报》的历史数据库，对这一历史时期的文章进行了检索。研究表明，1945—1949 年没有相关文章，1950—1954 年有 1 篇文章，1955—1959 年有 169 篇文章，1960—1964 年有 1 319 篇。保罗·厄里斯（Paul Ehrlich）在其 1968 年的《人口爆炸》（*The Population Bomb*）一书中预测，涉及关键词"人口爆炸"的文章在 20 世纪 60 年代初达到顶峰后，随后将逐步下降。果然，1985—1986 年，相关的文章数量下降到了 177 篇。

此外，整个 60 年代，通货膨胀的恐惧又被重新点燃。肯尼迪政府曾经宣称，他们能够在不引起通货膨胀的同时，通过高压经济政策来降低失业率，但是他们并没有做到。事实上，美国进入了高通货膨胀和高失业率的“滞胀”状态。1974 年，曾经担任肯尼迪总统经济顾问委员会成员并且后来成为主席的阿瑟·奥肯（Arthur Okun）将高压经济政策的尝试称为“现代经济分析中最惨重的失败之一”。通货膨胀被认为是阻碍经济增长的重要因素。联邦储备委员会主席阿瑟·伯恩斯（Arthur Burns）说：“据我所知，没有哪个国家能在通货膨胀失控时维持经济繁荣。”[51]虽然这一论断没有经济理论分析的支持，但却被公众广泛接受。[52]

到 80 年代早期，人们普遍感到美国正在将其经济霸主地位拱手让与日本。《今日美国》（*USA Today*）上一篇名为《日本正在怎样接管我们的市场》（How Japan Is Taking Over Our Markets）的文章，引用了一位专家的话：“唯一的问题在于，历史上没有哪种工业——不管是汽车、钢铁、滚珠轴承、电视，还是摩托车——能够抵挡来自日本的猛烈攻势。”在当时看来，日本在高技术领域特别强大。

20 世纪 70 年代，一场自 30 年代以来最为严重的经济衰退曾经中断了加利福尼亚房地产市场的繁荣。1980 年和 1981—1982 年美国接连发生了两次严重的经济衰退，这两次衰退导致了加州住宅实际价格的小幅下挫，并且导致市场转向一个相对低迷的时期，直到 20 世纪 80 年代后期市场才重新走向繁荣。这是一个投机性繁荣经历短暂调整，在几年后以更大的势头持续的实例。80 年代早期的这两次极其相似的衰退以及由此引起的房地产价格的下跌在总体上并没有阻碍情势的发展和第一次房地产泡沫的形成。事实上，在 20 世纪 80 年代自由市场和减税政策的推动者、加利福尼亚州州长罗纳德·里根当选美国总统，并且很多加利福尼亚人确信加州是世界经济的领头羊。

另一场经济衰退发生在 1990—1991 年，它宣告 20 世纪 80 年代房地产市场的繁荣走到尽头。这一时期的价格下降是非常严重的，在 1989 年末达到顶峰后，洛杉矶的实际住宅价格大幅下降。到 1997 年住宅价格已经下降了 41%。不过，没有明显的证据表明这次衰退中断了房地产市场的繁荣。波士顿的价格早在 1988 年就开始下降了，比经济衰退的到来要早两年；洛杉矶的价格下降始于衰退开始前的 1990 年，并且在经济衰退结束后还持续了很长时间才停止。以就业人数来看，加州的衰退持续的时间更长，但很难说清楚价格下跌导致了就业人数减少还是相反。需要再次强调的是，没有明确的证据表明新时代终结的思想改变是市场衰退的主要因素，人们更多的是从价格变化本身导致的反馈效应来理解的。

为什么股市的表现与房地产市场不尽相同，这是任何解释 2000 年股市泡沫结束的人都不得不面对的问题，后者在股市大幅下挫了后仍繁荣了好几年。

2001 年经济的衰退部分归因于公司利润的大幅下滑，这当然会影响股票市场，但却不会波及房地产市场。2000—2001 年间，美国唯一出现房屋价格回落的大城市倒是那些临近高新技术中心——硅谷的城市，如圣何塞和旧金山。

作为一个历史问题，2000 年后的绩优股是网络概念或者门户网站的股票。它们的股价在 2000 年 3 月的急转直下非常突然。道琼斯指数在 2000 年 3 月 9 日达到前所未有的高峰；到 4 月 14 日为止，仅仅一个月多一点的时间内却损失了一半的市值。[53]在那一个月的时间里究竟发生了什么？除了价格本身的持续下跌之外，没有任何重大的事件发生，也没有任何有说服力的理由能够在如此短的时间里将人们对股票的未来预期降低一半。

2000 年 4 月 29 日《金融时报》上的一篇文章给出了一种解释："人们开始意识到基本面分析仍然是对的，追加对于网络股的投资只是一个空洞的暗示。"[54]这篇文章本身只是一种共识，而非一个具体的新故事。对于网络股的强烈偏好突然显得非常愚蠢，事实上成了令人痛苦的狂热，这基本上反映了公众心理的变化。

伴随着公众观念转变的是大量的评论。来自 Lexis-Nexis 数据库的大量新证据显示，报纸上网络股的故事数量到 1999 年底已经开始急速增加了。它们通常报道公众初始投资的巨大成功，但报道中也有怀疑的观点。到 2000 年年初，含有关键词"网络"和"股票"的故事增加到每周 1 000 条，这一数量在 2000 年 4 月 16 日的那一周达到顶峰，高达 1 400 条之多。经过这段媒体关注的扩散期之后，含有这两个关键词的故事数量开始逐渐衰减，其半衰期大致为一年。

这些发生在股市转折点的故事在当时显得尤为重要。杰里米·J. 西格尔 2000 年 3 月 14 日在《华尔街日报》上发表了一篇题为《大盘科技股是一个越陷越深的赌博》(Big-Cap Tech Stocks Are a Sucker Bet) 的文章，这篇文章表明大盘股的市盈率已超过 100。西格尔在这篇文章中宣称，历史表明，"任何大盘股的失败都曾经发生在市盈率接近 100 的时候"。这一判断后来被经常引用。

当时的另一篇文章包括一个网络公司的排名，这些公司在未来的几个月里逐渐失去了财富，直到最后烧掉所有的钞票，这一现象被杰克·维拉夫拜（Jack Willoughby）称为“燃烧的市场”。[55]维拉夫拜关于网络公司排名的文章使这些公司的问题马上变得生动而清晰起来，并且具有非同寻常的引用价值。他的文章是一个炸弹，引导了质疑性的讨论，这些讨论相应地能够使得这类股票毁灭。

我们考察了出现在市场巅峰时期的报纸文章和其他媒体关于股市的预警文章。比如，在2000年2月底到2000年4月初的一段时间里，市场达到巅峰时出现了大量的报道，如保罗·克鲁格曼在《纽约时报》、戴维·亨利在《今日美国》、约翰·卡西迪在《纽约客》（*New Yorker*）撰写的文章，以及《经济学家》、《新闻周刊》和《商业周刊》上的一些文章。但是这些出版物产生的影响，并不足以中断股市的上升趋势。它们中有影响的一些文章很可能曾经促使公众转变观念，不过，更多的时候它们扮演着安徒生童话《皇帝的新装》中无辜孩子的角色。小说中，孩子所说的“皇帝没有穿衣服”只是每个人都交头接耳议论的话题，直到他们注意到别人的反应，才意识到其他所有的人也都抱有同样的怀疑。[56]也有可能，这些不同的报道引起的关注仅仅是公众开始质疑的征兆，而无论是否有这些报道，公众的质疑必将以某种形式刺破市场的泡沫。在那种情形下，公众对这些出版物的兴趣很可能成为反馈机制向下运转的先兆。

此后，股票市场的大幅下跌与公众信心的丧失存在显著的相关性。网络股的整体下挫影响了投资者的信心，也成为市场反转的标志。不过，2000年以后股票市场的衰落并没有影响到房地产市场，这也许是因为对于网络股下跌的反馈机制没有影响到房地产市场。

股票市场的下跌既与2001年的经济衰退相关，也与2000—2001年度公司利润的下降有关。但是这些并不能看作市场衰落的外因，因为人们并没有将它们视为导致股价回落的反馈机制的一部分。市场的整体性衰退更多地应该被归结为人们心理的自然反馈和纠正过程，而不是某些完全从外部作用于市场的事件。

正如我们在市场跨越顶峰之后的这几年里所看到的，公众对股市和经济的预期逐渐变得悲观。消费者信心在2000年达到最高点后急剧下降，甚至降到了10年前的水平。媒体对于股票投资的相关信息和报道也在减少。虽然从一个较长的历史时期来看，目前市场仍然在高位运行，但是20世纪90年代的狂热似乎已经非常遥远了。

不过，2000年以来，公众对股票投资信心的回落却实际上刺激了对房地产需求的增长。如同本书第4章所提到的，有证据表明，对工作不确定性的担忧激励了人们对不动产的投资；又如本书第5章所讨论的，股市的衰退使得人们提高了对不动产投资的预期。多种因素在反馈机制下的共同作用，使得房地产市场仍然可以保持繁荣。但是，这也许并不是一个稳定的状态，当促使房地产市场走向繁荣的反馈机制走到尽头，股市在全球金融风暴后再次暴跌时，我们将面临股票市场和房地产市场泡沫双双破灭的局面。

2003—2007年股票市场繁荣的终结与1997—2006年房地产市场繁荣的终结似乎大致一致。在我们的观念里，我们也许认为这二者都是被紧随而来的金融风暴所终结的。但是，实际上这两次繁荣的幻灭之间、两次繁荣幻灭与金融危机爆发的最初信号之间有着明显的分界线。这些事件必定有某种联系，但绝不是一个很明显的联系。实际上，即使是在两次繁荣的回落之际，经济预测者们依然未能看到金融风暴的来临。国际货币基金组织的海茨·阿希尔（Hites Ahir）和普拉卡什·隆戈尼（Prakash Loungani）指出2008—2009年间有62个国家经济滑坡萧条，但是，截至此一年前的9月，在《共识预测》(*Consensus Forecasts*)所调查的著名经济分析家中，没有一个分析家曾预测到任何一个国家的经济衰退。[57]

本书第3章曾提到，2005年左右美国公众对于房地产泡沫的概念有了更多的关注。实际上，公众的想法从魅惑的新时代想法变为“我真傻，居然相信这个”。2005年年中，杂志和报纸都对房地产泡沫进行了显著的封面报道。谷歌趋势（Google Trends），一个可对自2004年以来的搜索词进行统计的网站，显示2005年“房地产泡沫”词条搜索量迅猛增长，直至2014年渐趋于无。这表明人们已经理解或者说已经习惯了房地产泡沫的概念。这些突然出现的新词汇以及人们的“我们经历过的不是一个‘新时代’而只是一个泡沫时代”的观念导致了那些激进拆借的影子银行系统中的挤兑以及整个金融领域中信心的崩塌。

新时代终结之际，人们普遍沉浸在悲观的气氛中。此时，如果一个公众演讲者仍然认为在演讲中赞美美国经济的美好前景是个好主意，那么他的做法将难以令人信服。谈论有关经济复苏的例子也许会更加吸引人，毕竟历史上股市的萧条总会有复苏的时候。不过，即使是做出这种论述的演讲者也无法获得公众广泛的关注，因为市场中弥漫的悲观气氛使得听众无法接受乐观的表述。

【注释】

[1] Dean Foust, "Alan Greenspan's Brave New World," *Business Week*, July 14, 1997, pp. 44 - 50.

[2] Aaron Zitner, "Shhhh, Listen: Could That Be the Ghosts of '29?" *Boston Globe*, June 22, 1997, p. E1; Peter Gosselin, "Dow at 10,000, Don't Laugh Yet," *Boston Globe*, June 22, 1997, p. E1; and Paul Krugman, "How Fast Can the U. S. Economy Grow?" *Harvard Business Review*, 75 (1997): 123 - 129.

[3] 关于"新时代经济"的 Nexis 检索产生了 48 篇文章，每篇都含有"股票市场"这个词。

[4] 参见 George Katona, *Psychological Economics* (New York: Elsevier, 1975)。

[5] Alexander Dana Noyes, *Forty Years of American Finance* (New York: G. P. Putnam's Sons, 1909), pp. 300 - 301.

[6] *Boston Post*, January 1, 1901, p. 3.

[7] Thomas Fleming, *Around the Pan with Uncle Hank: His Trip through the Pan-American Exposition* (New York: Nutshell, 1901), p. 50.

[8] "A Booming Stock Market: Strength of the Underlying Conditions," *New York Daily Tribune*, April 6, 1901, p. 3.

[9] A. A. Housman, "Reasons for Confidence," *New York Times*, May 26, 1901, p. v.

[10] Allen, *Only Yesterday*, p. 315.

[11] Tracy J. Sutliff, "Revival in All Industries Exceeds Most Sanguine Hopes," *New York Herald Tribune*, January 2, 1925, p. 1.

[12] John Moody, "The New Era in Wall Street," *Atlantic Monthly*, August 1928, p. 260.

[13] Charles Amos Dice, *New Levels in the Stock Market* (New York: McGraw-Hill, 1929), pp. 75-183.

[14] Irving Fisher, *The Stock Market Crash—and After* (New York: Macmillan, 1930), pp. 101-174.

[15] Craig B. Hazelwood, "Buying Power Termed Basis for Prosperity," *New York Herald Tribune*, January 2, 1929, p. 31.

[16] 引自 *Commercial and Financial Chronicle*, March 9, 1929, p. 1444。

[17] "Is 'New Era' Really Here?" *U. S. News and World Report*, May 20, 1955, p. 21.

[18] "The Stock Market: Onward and Upward?" *Newsweek*, December 12, 1955, p. 59.

[19] "The U. S. Prosperity Today," *Time*, November 28, 1955, p. 15.

[20] "The Stock Market: Onward and Upward?" p. 59.

[21] "Why Businessmen Are Optimistic," *U. S. News and World Report*, December 23, 1955, p. 18.

[22] "Is 'New Era' Really Here?" p. 21.

[23] "The New America," *Newsweek*, December 12, 1955, p. 58.

[24] "Investors Bet on a Kennedy-Sparked Upturn," *Business Week*, February 4, 1961, p. 84; Dean S. Ammer, "Entering the New Economy," *Harvard Business Review* (1967), pp. 3-4.

[25] "Investors Bet on a Kennedy-Sparked Upturn," p. 84; "The Bull Market," *Business Week*, March 18, 1961, p. 142.

[26] "Battling Toward 900," *Business Week*, January 23, 1965, p. 26; "Year of the White Chips?" *Newsweek*, February 1, 1965, p. 57; "On Toward 1000," *Time*, January 14, 1966, p. 78.

[27] E. S. Browning and Danielle Sessa, "Stocks Pass 10,000 before Slipping Back," *Wall Street Journal*, March 17, 1999, p. C1.

[28] 这是标准普尔综合指数的几何平均实际收益。

[29] Michael Mandel, "The Triumph of the New Economy," *Business Week*, December 30, 1996, pp. 68-70.

[30] 参见 Michael Bruno and William Easterly, "Inflation Crises and Long-Run Growth," *Journal of Monetary Economics*, 41 (1) (1998): 2-26。当然要考虑许多有关选择时机的复杂问题：股票市场可能会因一则预测通货膨胀将来可能会更高的新闻而下跌，接着又会随着消费者价格指数的上升而逐渐复升。对这类时机问题的思考对大多数公众来说过于专业，因此这一问题可能在公众心中永远都解决不了(或者说，正因为如此，单靠经济学家无疑是不够的)。

[31] Roger Bootle, *The Death of Inflation: Surviving and Thriving in the Zero Era* (London: Nicholas Brealey, 1998), pp. 27, 31.

[32] Steven Weber, "The End of the Business Cycle?" *Foreign Affairs*, 76 (4) (1997): 65-82.

[33] 参见 George Hager, "Productivity Rise Not So Stunning after All?" *USA Today*, August 7, 2001。

[34] 参见 Gordon, Robert J., "U. S. Productivity Growth since 1879: One Big Wave?" *American Economic Review*, 89 (2) (1999): 123-128。自 1871 年以来，剔除与经济衰退相关的短期生产力改变后的美国生产力似乎已经历了一个大的波动。生产力增长率从 19 世纪末开始逐渐上升，在 20 世纪 50—60 年代达到顶峰，然后开始逐渐回落。但股市显然没有经历这种长周期的波动。

[35] "When the Shoeshine Boys Talk Stocks," *Fortune*, April 15, 1996, p. 99; *U. S. News and World Report*, July 14, 1997, p. 57; *Forbes*, May 18, 1998, p. 325; *Fortune*, June 22, 1998, p. 197.

[36] 参见 Glenn S. Dumke, *The Boom of the Eighties in Southern California*

(San Marino, Calif.: Huntington Library, 1944), p. 49。

[37] Dumke (*The Boom of the Eighties*, p. 260) 对下述著作进行了引用：Robert Glass Cleland, *History of Occidental College* (Los Angeles: Ward Ritchie Press, 1937, p. 4)。

[38] 参见 Kenneth Ballinger, *Miami Millions: The Dance of the Dollars in the Great Florida Land Boom of* 1925 (Miami, Fla.: Franklin Press, 1936)。

[39] 此为扣除消费物价因素的房地产价格。

[40] 参见 William A. Fischel, *Regulatory Takings: Law, Economics and Politics* (Cambridge, Mass.: Harvard University Press, 1995)。

[41] "转售即还"条款是一种当房屋出售时，以该房屋为抵押的所欠的贷款会自动到期，必须立即偿还的规定，是为了防止购买者单纯以获取原有的低利率抵押贷款为目的。当加州储蓄贷款协会在 1969 年试图执行这一条款，强制要求两对加州夫妇立即偿还低利率抵押贷款时，遭到了他们的起诉。加州高等法院判决，只有当借款人的信用基础明显削弱时，抵押贷款的"转售即还"条款才具有强制力。(参见 *Tucker v. Lassen Savings & Loan Association*, 1974。) 其他州的法院也支持类似的决定。这使得购买房屋变得非常容易，但另一方面也给抵押贷款的发放人造成了巨大压力，它们开始为推翻这一决定展开斗争。它最终出现在美国高等法院的决定上。(参见 *Fidelity Federal Saving and Loan Association v. de la Cuesta et al.*, 1982。)

[42] 私有房主几年来一直享受到能够减少部分房屋购买价格的"抵用券"的优惠，然而大多数人更希望能够降低抵押贷款利率。以房产作抵押的二手或三手高利率抵押贷款被房产经纪人卖给了富有的投资者，他们中的许多人显然希望通过投资于高收益抵押贷款的方式，在房地产市场繁荣时获利。当房地产市场在 20 世纪 80 年代早期在低迷附近徘徊时，许多私有房主在这些抵押贷款上违约了。

[43] Karl E. Case, "The Market for Single-Family Homes in the Boston Area," *New England Economic Review*, May-June 1986, p. 47.

[44] 经济学家爱德华·格莱赛 (Edward Glaeser) 在他的文章《重生的波士顿：1640—2003 年》(Reinventing Boston: 1640-2003, National Bureau of Economic Research Working Paper No. 10166, 2004) 中宣称，经济生活中已经有一些非常重要的革新取代了原有的东西。他指出，波士顿经历着长期、持续的衰落：20 世纪 20—80 年代，波士顿的人口从占美国总人口的 0.7%下降到 0.25%，它的制造业也被竞争者夺取了。与如此规模的人口下降相伴而来的是老住宅的大量剩余，其中一些住宅的出售价格已经低于当初的建造成本。正如格莱赛所说，当现有的出售价格显著低于其建造成本时，供给几乎对需求的增加没有反应，因此，价格有可能迅速上升，直到住宅价格与建造成本持平为止。对新的住宅建设的有力回应直到 20 世纪 80 年代才在波士顿出现，随后出现了住宅建设过度和住宅价格回落。也可参见 Karl E. Case and Robert J. Shiller, "A Decade of Boom and Bust in the Prices of Single-Family Homes: Boston and Los Angeles 1983 to 1993," *New England Economic*

Review, March-April 1994, pp. 40-51。

[45] 引自 Jonathan Rotenberg, in Steven B. Kaufman, "Boston Mixes High Technology with Its Traditional Economy," *Washington Post*, June 30, 1985, p. G3, col. 4。

[46] 参见 Edward Glaeser and Albert Saiz, "The Rise of the Skilled City," Working Paper No. 10191 (Cambridge, Mass.: National Bureau of Economic Research, 2004)。

[47] Albert W. Atwood, "Vanished Millions: The Aftermath of a Great Bull Market," *Saturday Evening Post*, September 1921, p. 51.

[48] Christina Romer, "The Great Crash and the Onset of the Great Depression," *Quarterly Journal of Economics*, 105 (1990): 597-624.

[49] Oscar Lange, "Is the American Economy Contracting?" *American Economic Review*, 29 (3) (1939): 503.

[50] 参见 Harvey Klehr, *The Heyday of American Communism: The Depression Decade* (New York: Basic Books, 1984)。

[51] Okun quoted in *Time*, January 14, 1974, p. 61; Burns quoted in *U. S. News and World Report*, June 10, 1974, p. 20.

[52] 参见 Bruno and Easterly, "Inflation Crises"。

[53] 参见 John Cassidy, *Dot. con: How America Lost Its Mind and Money in the Internet Era* (New York: Perennial Currents, 2003)。

[54] 引自 Martyn Straw, in Andrew Hill, "Dotcom Fever Fades as Investors Seek Profits," *Financial Times*, April 29, 2000, p. 11。

[55] 参见 Jack Willoughby, "Burning Up: Warning: Internet Companies Are Running Out of Cash—Fast," *Barron's*, March 20, 2000, pp. 29-32。

[56] 从更广的角度来看，我们社会中例行的很多仪式都具有使每个人意识到某些东西的终极目的；很多仪式通过这种方式表达了深层次的社会心理暗示。参见 Michael Suk-Young Chwe, *Rational Ritual: Culture, Coordination, and Common Knowledge* (Princeton, N. J.: Princeton University Press, 2003)。

[57] 参见 Hites Ahir and Prakash Loungani, 2014. "There Will Be Growth in the Spring: How Do Economists Predict Turning Points?" *Vox*, April 14, 2014, http://www.voxeu.org/article/predicting-economic-turning-points。

第 8 章　新时代与全球泡沫

事实上，许多其他国家和地区也发生过类似于美国股市的大幅波动，这为我们提供了更多的观察机会。从全球范围看，“新时代”理论与投机性泡沫（其间充满夸张但短暂的投资者热情）总是联系在一起，这似乎是一个普遍规律了。

在本章中，我考察了发生于 2000 年千禧繁荣之前的全球范围内最大的股市波动。这当然需要依赖于新闻媒介提供的资料。虽然媒体报道并不总是可靠的，但是这些资料还是能够在一定程度上表明，对美国股市波动产生重要作用的因素在其他国家和地区也同样重要。正如人们认为泡沫存在时所做出的预期一样，在这些国家和地区，每次异常的股价增长均呈现出反转趋势。

近期内最重大的股市事件

表 8.1 是截至 1999 年，36 个国家和地区单个年度实际股价涨幅的前 25 位，表 8.2 是跌幅的前 25 位；表 8.3 是最后 5 年内实际股价上涨的前 25 位，表 8.4 是下跌的前 25 位。这些表格是在不同国家和地区，不同时期的月度数据基础上制成的，在这 36 个国家和地区中，一半以上的数据起始于 1960 年或更早。[1]

表 8.1　近期 1 年内涨幅最大的实际股票价格指数

国家和地区	涨幅（%）	期间（1 年）	其后 1 年内的价格变化（%）
1. 菲律宾	683.4	1985 年 12 月—1986 年 12 月	28.4

续前表

国家和地区	涨幅（%）	期间（1年）	其后1年内的价格变化（%）
2. 中国台湾	400.1	1986年10月—1987年10月	65.7
3. 委内瑞拉	384.6	1990年1月—1991年1月	33.1
4. 秘鲁	360.9	1992年8月—1993年8月	15.8
5. 哥伦比亚	271.3	1991年1月—1992年1月	−19.9
6. 牙买加	224.5	1992年4月—1993年4月	−52.9
7. 智利	199.8	1979年1月—1980年1月	38.9
8. 意大利	166.4	1985年5月—1986年5月	−15.7
9. 牙买加	163.4	1985年8月—1986年8月	8.7
10. 泰国	161.9	1986年10月—1987年10月	−2.6
11. 印度	155.5	1991年4月—1992年4月	−50.3
12. 意大利	147.3	1980年4月—1981年4月	−32.1
13. 奥地利	145.4	1989年2月—1990年2月	−19.8
14. 芬兰	128.3	1992年9月—1993年9月	46.3
15. 丹麦	122.9	1971年4月—1972年4月	−12.4
16. 西班牙	119.8	1985年12月—1986年12月	4.2
17. 卢森堡	113.4	1992年12月—1993年12月	−10.8
18. 瑞典	111.5	1982年8月—1983年8月	−9.6
19. 葡萄牙	103.8	1997年4月—1998年4月	−34.1
20. 卢森堡	103.6	1985年1月—1986年1月	2.6
21. 中国香港	101.0	1993年1月—1994年1月	−38.5
22. 中国香港	99.1	1975年2月—1976年2月	−3.4
23. 韩国	98.8	1975年2月—1976年2月	31.9
24. 中国香港	98.6	1979年11月—1980年11月	−22.4
25. 瑞典	96.6	1977年8月—1978年8月	−50.8

从世界范围来看，股价的重大变动十分平常，其中许多国家股市的变动幅度都比最近美国股价的变动幅度要大，以至于美国市场排不进这些表格。（美国股市是世界上最大的，并且在百分比的计算中存在近似误差。例如，1994 年 4 月—1999 年 4 月间，美国股市有 184.8%的实际涨幅，但还是进入不了 5 年内最大价格上涨的行列。此外，1973 年 10 月—1974 年 10 月，美国股市 44.1%的实际跌幅几乎可以进入最大单年度下跌的行列。1932 年 6 月—1933 年 6 月，113.9% 的涨幅本应使它有资格列入最大单个年度上涨的名单，只不过从大萧条的谷底到开始复苏的这一转变要远早于这些表格包含的时期。）

表 8.2　　近期 1 年内跌幅最大的实际股票价格指数

国家和地区	跌幅（%）	期间（1 年）	其后 1 年内的价格变化（%）
1. 中国台湾	−74.9	1989 年 10 月—1990 年 10 月	85.1
2. 牙买加	−73.8	1993 年 1 月—1994 年 1 月	69.6
3. 瑞典	−63.6	1976 年 8 月—1977 年 8 月	96.6
4. 英国	−63.3	1973 年 11 月—1974 年 11 月	72.7
5. 泰国	−62.8	1997 年 8 月—1998 年 8 月	71.9
6. 南非	−62.1	1985 年 7 月—1986 年 7 月	48.9
7. 菲律宾	−61.9	1973 年 10 月—1974 年 10 月	−14.1
8. 韩国	−61.9	1997 年 6 月—1998 年 6 月	167.0
9. 巴基斯坦	−59.5	1990 年 10 月—1991 年 10 月	9.0
10. 印度	−58.4	1963 年 11 月—1964 年 11 月	−18.8
11. 丹麦	−56.0	1969 年 7 月—1970 年 7 月	−15.3
12. 中国香港	−55.5	1997 年 8 月—1998 年 8 月	90.0
13. 中国香港	−55.1	1981 年 12 月—1982 年 12 月	7.7
14. 挪威	−54.2	1967 年 5 月—1968 年 5 月	39.9
15. 西班牙	−54.1	1976 年 10 月—1977 年 10 月	−15.6
16. 挪威	−53.6	1974 年 1 月—1975 年 1 月	−2.1
17. 澳大利亚	−53.0	1973 年 9 月—1974 年 9 月	33.6
18. 法国	−49.0	1973 年 9 月—1974 年 9 月	25.3
19. 印度尼西亚	−48.1	1997 年 3 月—1998 年 3 月	−45.1
20. 加拿大	−47.9	1981 年 6 月—1982 年 6 月	69.4
21. 芬兰	−47.5	1990 年 2 月—1991 年 2 月	6.3
22. 哥伦比亚	−47.1	1980 年 1 月—1981 年 1 月	74.2
23. 意大利	−46.1	1974 年 4 月—1975 年 4 月	−31.3
24. 挪威	−46.1	1989 年 12 月—1990 年 12 月	68.6
25. 丹麦	−45.8	1973 年 9 月—1974 年 9 月	14.7

每一份表格最右边的一栏尽可能地显示出了在股价剧烈变化之后的 12 个月或 5 年中所发生的事情。[2] 我们可以看到，在接下来的一段时期，各国（地区）的股市是沿着原有方向变化还是发生逆转，各国（地区）的表现并不一致。在本章的最后，我将说明从这些巨大的股价波动中能够知道些什么。

表 8.3　　近期 5 年内涨幅最大的实际股票价格指数

国家和地区	涨幅（%）	期间（5 年）	其后 5 年内的价格变化（%）
1. 菲律宾	1 253.2	1984 年 11 月—1989 年 11 月	43.5

续前表

国家和地区	涨幅（%）	期间（5年）	其后5年内的价格变化（%）
2. 秘鲁	743.1	1991年9月—1996年9月	—
3. 智利	689.7	1985年3月—1990年3月	104.2
4. 牙买加	573.9	1980年12月—1985年12月	38.7
5. 韩国	518.3	1984年3月—1989年3月	—36.6
6. 墨西哥	501.7	1989年1月—1994年1月	—50.9
7. 中国台湾	468.1	1986年5月—1991年5月	—12.7
8. 泰国	430.7	1986年5月—1991年5月	17.0
9. 哥伦比亚	390.7	1989年4月—1994年4月	—52.0
10. 西班牙	381.9	1982年10月—1987年10月	—33.7
11. 印度	346.1	1987年4月—1992年4月	58.4
12. 芬兰	336.3	1992年9月—1997年9月	—
13. 奥地利	331.3	1985年1月—1990年1月	—39.7
14. 葡萄牙	329.1	1993年4月—1998年4月	—
15. 芬兰	291.0	1982年9月—1987年9月	—55.5
16. 牙买加	280.2	1984年7月—1989年7月	10.9
17. 日本	275.6	1982年8月—1987年8月	—48.5
18. 法国	262.6	1982年3月—1987年3月	10.2
19. 芬兰	262.5	1968年2月—1973年2月	—68.2
20. 中国香港	261.6	1975年1月—1980年1月	—17.2
21. 荷兰	256.6	1993年7月—1998年7月	—
22. 挪威	253.1	1982年9月—1987年9月	—18.9
23. 挪威	248.4	1992年10月—1997年10月	—
24. 瑞典	247.1	1982年8月—1987年8月	—36.9
25. 中国香港	230.9	1982年10月—1987年10月	—14.6

与最大的价格变动相关的事件

与单个年度价格变动有关的情况相比，5年内的相关情况更容易说明问题。5年时间足以使导致股市涨跌的因素远离公众的视线，这些因素往往已经被当作一种潜在的发展趋势而不是重大事件。表8.3中显示的25个5年内价格上涨中，有14个包含了表8.1中显示出的单个年度价格上涨期，而表8.4中显示的25个5年内价格下跌中，有11个包含了表8.2中显示出的单个年度价格下跌期。

表 8.4　　近期 5 年内跌幅最大的实际股票价格指数

国家和地区	跌幅（%）	期间（5 年）	其后 5 年的价格变化（%）
1. 西班牙	−86.6	1974 年 12 月—1979 年 12 月	0.1
2. 牙买加	−85.5	1973 年 7 月—1978 年 7 月	185.2
3. 委内瑞拉	−84.9	1977 年 5 月—1982 年 5 月	138.9
4. 泰国	−84.0	1994 年 1 月—1999 年 1 月	—
5. 菲律宾	−83.1	1980 年 2 月—1985 年 2 月	1 000.0
6. 意大利	−80.7	1973 年 6 月—1978 年 6 月	72.6
7. 巴基斯坦	−78.3	1994 年 2 月—1999 年 2 月	—
8. 挪威	−77.1	1973 年 7 月—1978 年 7 月	74.1
9. 牙买加	−76.9	1993 年 1 月—1998 年 1 月	—
10. 菲律宾	−76.6	1969 年 9 月—1974 年 9 月	−40.7
11. 印度	−74.6	1962 年 8 月—1967 年 8 月	0.7
12. 英国	−73.5	1969 年 12 月—1974 年 12 月	81.5
13. 南非	−73.4	1981 年 4 月—1986 年 4 月	16.6
14. 哥伦比亚	−73.3	1971 年 7 月—1976 年 7 月	−24.8
15. 哥伦比亚	−72.7	1979 年 7 月—1984 年 7 月	36.9
16. 智利	−72.6	1980 年 6 月—1985 年 6 月	587.9
17. 菲律宾	−72.2	1976 年 4 月—1981 年 4 月	24.4
18. 芬兰	−71.3	1973 年 10 月—1978 年 10 月	99.0
19. 韩国	−68.3	1993 年 6 月—1998 年 6 月	—
20. 葡萄牙	−67.9	1988 年 1 月—1993 年 1 月	222.6
21. 牙买加	−64.2	1969 年 11 月—1974 年 11 月	−68.9
22. 韩国	−63.6	1978 年 8 月—1983 年 8 月	375.0
23. 意大利	−62.6	1970 年 1 月—1975 年 1 月	−46.1
24. 法国	−62.5	1973 年 1 月—1978 年 1 月	5.7
25. 意大利	−62.3	1960 年 9 月—1965 年 9 月	−0.5

有理由证明，其中一些单个年度价格上涨看来是正常的价格变化。对变化最大的那些年份来说，更是如此：在那些年份中一般都发生了不同寻常的事件。但即使这样，市场同样呈现出反应过度的迹象。

表中最大的单个年度股价上涨发生在 1985 年 12 月—1986 年 12 月间的菲律宾，其上涨幅度达到了惊人的 683.4%，5 年内最大上涨幅度高达1 253.2%。1984 年 11 月—1989 年 11 月，这 5 年正好包括了单个年度涨幅最大的年份。

1985 年 12 月—1986 年 12 月的一年时间里，费迪南德・马科斯（Ferdinand Marcos）的政权倒台了，马科斯逃到国外，科拉松・阿基诺（Corazon Aquino）领导的新政府接管了政权。在股价上涨之前的一段时间里，政治动荡差点让这个国家变成了又一个越南。马科斯政府谋杀了科拉松·阿基诺的丈夫，并在街头制造示威游行活动。总的来说，这是一段前途未卜的日子。随着新政府的成立，整个国家出现了新的希望："新时代"似乎就在眼前。并且，从表中也可以看出，这种价格变动在接下来的一年或多年里都没有发生逆转。

你也许会认为，1985 年 12 月，也就是股市高涨前夕，菲律宾股市如此低迷是一种负泡沫的结果。的确如此，表 8.4 中显示的前 25 位 5 年内股价下跌的国家和地区中，到 1985 年时已有 3 次发生在菲律宾。在令人叹为观止的上涨发生以前，菲律宾股市的确延续着令人沮丧的记录。1985 年以前的报纸都在探讨市盈率为什么会低到只有 4 左右。从这一角度看，我们的表中显示出的最大股价上涨幅度只不过是一系列下跌的反弹罢了。

第二大的单个年度上涨（1986 年 10 月—1987 年 10 月）和最大的单个年度下跌都发生在中国台湾（1989 年 10 月—1990 年 10 月），台湾也产生了第 7 大的 5 年内上涨，即 1986 年 5 月—1991 年 5 月，和第 27 大的 5 年内下跌，即 1988 年 10 月—1993 年 10 月。

1986 年 10 月—1987 年 10 月是台湾投机性增长最快的一年，当时的乐观情绪是出于一些令人印象深刻的"新时代"因素。出口的增加使经济增长率跃升到两位数，人们普遍认为，由于经济进入了飞速发展的轨道，台湾很快就能生产出电脑芯片等高科技产品。全新的富足景象随处可见：昂贵的进口轿车穿梭于台北的大街小巷，商人们在豪华饭店里一掷千金。即使这样，储蓄率仍然非常高，人们都在准备为未来大量投资。

1987 年秋天，在一系列示威游行之后，台湾当局最终废除了 1949 年以来一直实行的戒严法，并且首次允许成立反对党。同年的晚些时候，即 1987 年 9 月，当局又颁布了两项历史性的宣言：允许外商在台湾建立公司和自 1949 年以来首次允许台湾人到大陆探亲。

尽管这些因素可能促成台湾经济"新时代"的到来，但许多观察家仍然认为，1986—1987 年的台湾股市仍有着过度投机的气氛，交易额急剧增长，1987 年 1—9 月增长了 7 倍，超过了除日本以外其他亚洲市场的总和。[3]市盈率达到了 45，而年初时还仅仅为 16。

当时台湾赌风盛行，不仅在股市如此，在其他方面也有所体现。一种叫做"百家乐"的非法数字游戏在 1986 年还不为人知，但是突然之间就让所有人都着迷了。它非常流行，以至于“在开奖的日子里，工人旷工，农民也不种地”。[4]

在耶鲁的一名台湾学生后来向我透露，1987 年他还是个孩子，当时他妈妈就经常让他到股票交易所去看交易情况，并且回家报告有没有发生重大事件。正是在执行这一使命的时候，他开始确信疯狂投机的确存在。

台湾股市上涨之后并没有立即发生逆转：在上涨最快的那一年之后又继续上涨了一年。但此后的一年，台湾股市的市值下跌了 74.9%，这也就是表中最大的单个年度下跌。

第三大的单个年度股价上涨幅度是 384.6%，发生于 1990 年 1 月—1991 年 1 月间的委内瑞拉。这一次股价上涨是在 1989 年严重经济衰退的基础上发生的，在衰退期间经济增长率为−8%，失业率为 10%，通货膨胀率高达 85%。[5]当时伊拉克占领科威特（1990 年 8 月—1991 年 2 月），导致波斯湾石油供应中断，国际市场上油价迅速上涨，对委内瑞拉石油的需求量也不断上升。这使委内瑞拉出现了一个突然繁荣期。科威特的经历使投资者们认识到，委内瑞拉可以替代不稳定的海湾地区，成为重要的石油供应者。不过这似乎并不能合理地解释委内瑞拉股市蹿升的原因，因为海湾石油停止供应的可能性在侵略发生以前就已经被估计到了。卡洛斯·安德烈斯·佩雷斯总统（Carlos Andres Perez）警告说：“委内瑞拉人正生活在一个完全人为的经济中”，它仅仅依靠油价上涨为支柱。[6]尽管如此，股市还是蹿升了。股价增长势头在第二年中并未发生改变，但是到 1993 年 1 月，委内瑞拉股市就已经失去了在 1991 年所拥有价值的 60.3%，到 1999 年 1 月失去了 82.0%。

第四大单个年度价格上涨幅度为 360.9%，发生在 1992 年 8 月—1993 年 8 月的秘鲁。股价上涨发生在 1992 年 4 月股市下跌之后，当时阿尔贝托·藤森（Alberto Fujimori）攫取了独裁权力，在同“光明之路”（Shining Path）游击队的长期内战中解散了国会，中止了宪法。但是 1992 年 9 月“光明之路”领导人被捕，到 1993 年 4 月秘鲁就恢复了民主，结束了长达 14 年导致 2.7 万人丧生的游击队暴力。1990 年通货膨胀率高达 7 000%，经济增长率为负值，到 1993 年时通货膨胀就得到了控制，经济也开始出现正增长。一种奇妙的“新时代”感无疑已经出现。不过一年中股价上涨了 4 倍又让许多人怀疑这种增长是否有些过热。市场在次年还略有上升，但随后就出现了小幅下挫。到 1999 年 1 月，市场实际水平比 1992—1993 年间要低，但只低 8%，然后在 2000

年崩盘并经历了一些曲折的弯路。

1991 年 4 月—1992 年 4 月，印度股市的上涨在表 8.1 中排在第 11 位，当时拉吉夫·甘地（Rajiv Gandhi）遇刺，从而结束了尼赫鲁（Nehru）家族 38 年的统治。甘地的继任者立即任命德里经济学院的一位教授曼莫汉·辛格（Manmohan Singh）为财政部长（后于 2004 年成为印度首相）。新政府宣布了一项被认为是脱离了社会主义的放松管制计划，国外投资开始进入印度。辛格提出了一项对金融资产免征财产税的预算计划。此前，公司经理们总是尽可能压低股价以避免纳税，而现在他们开始鼓励股价上涨。这份预算计划还减少了对新股价格和上市时间方面的限制。这些改革措施无疑为股市上涨提供了充足的理由，但是许多人都认为这种增长过热了，并且当时的政府也对过度投机提出了警告。这段时期也是许多人尝试操纵股价的时期。在 1992 年股市达到峰值以后，孟买的一位股票经纪人哈沙德·梅赫塔（Harshad Mehta）制造了一起全国性丑闻。他创造了“旋涡效应”，即买入股票然后压低价格卖给关联机构，再从已经缩小的股票总量中买入，从而推动价格上涨。[7]1992 年印度股价的上涨现在被称为“梅赫塔高峰”。而在达到顶峰的第二年市场就下跌了 50.3%。

在上述案例中，有一部分是由某个或一系列场外因素促成了真正的新时代的开始，从而导致了股市的大幅波动。即使有人认为市场对这些因素做出了过分的反应，但也很难找到确凿的证据。而在另一部分案例中，股价大幅度的上涨则根本无法归因于实际经济变量的变化或重大历史事件的发生，因此媒体对于这些现象的阐释主要集中于对股市的长期趋势或市场心理的解释。

例如，在 1985 年 5 月—1986 年 5 月的意大利股市上涨中，股市实际上升了 166.4%。据报道，经济稳定增长，通货膨胀率低，贝蒂诺·克拉克西总理（Bettino Craxi）的政府十分稳定并受到拥戴。但是这些都不能算真正的新闻。一家意大利报纸援引一位分析家的话说：“没有解释…… 每个人都发了疯，仅此而已。企图理解、阻止或指导都是徒劳的。”[8]伦敦《金融时报》说：“一股狂热席卷了意大利，众多初次投资的小股民们像买彩票一样将钱抛入股市。”[9]次年，意大利股市的实际价值下降了 15.7%，到 1992 年 9 月，股市已失去了它在 1986 年时实际价值的 68.0%。

与此同时，在法国，投资者无缘无故地对股票市场产生了热爱。[10]这使许多观察家大吃一惊，因此，法国股市也凭借 1982 年 3 月—1987

年 3 月 282.6%的实际上涨幅度而进入了我们的列表。有人认为弗朗索瓦·密特朗（Francois Mitterrand）统治下的法国政府正在偏离其社会主义原则，因此，我们也可以认为当时的情况具有某些“新时代”的特征，然而这种说法似乎并不足以解释此次股市暴涨的原因。相反，即使真有新时代存在的话，在许多观察家看来也仅仅与市场心理有关。也就是说，法国投资者以崭新的热情拥抱自由的股市。在这一充满热情的时代之后到来的是 1987 年世界范围内的股市暴跌，它也使法国股市受到了打击，不过，其后 5 年，即 1987 年 3 月—1992 年 3 月间股市仍取得了 10.2%的增长。并且，法国股市从那时开始呈上升趋势，1992—2000 年间，法国实际股价的增长几乎同美国一样显著，当然也一样地令人难以捉摸。[11]

新时代的终结和金融危机

前一节所描述的大幅股价上涨导致了各种各样的结果，随之而来的往往是大反转。那么究竟是增长本身为其毁灭埋下了种子，还是其他原因导致了增长的终结呢?

牛市的结束经常是由股市中的具体事件引起的，其中较为引人注目的是金融危机，例如银行和汇率危机。因为这些事件通常比股市危机有着更加确定的原因，所以它们就很自然地成为了各方面市场人士和媒体分析的焦点。这使得“新时代”的终结看上去仅仅起源于技术原因，而不是心理或社会原因。

1994 年墨西哥危机看起来像是表 8.3 中第六大的 5 年内股价显著上涨的后果。这次危机的成因十分复杂。分析家们认为，这是投资者竞相抢购，然后又拒绝接受墨西哥政府的美元短期债券的结果。投资者知道，如果很多人都抛售比索的话，墨西哥政府就没有足够的美元储备来支持汇率。虽然这一认识本身不一定会导致货币贬值，但是如果公众坚信贬值迫在眉睫，那么它就在事实上导致了贬值。当然，贬值本身并不是一件坏事，事实上它还可能是墨西哥经济所需要的推进剂。但是紧接着到来的是投资者不再信任并且拒绝投资新的美元债券。这样由于墨西哥政府无法再出售新债券，也就不能兑付已到期的旧债券。幸运的是，墨西哥政府得到了一项国际贷款的援助，使它最终偿付了债务，经济危机也因此迎刃而解。

然而，请注意：尽管我们已经发现问题的根源与此有关，尽管墨西哥经济危机的持续时间不长，尽管有国际贷款帮助墨西哥解决这一问题，但是，到 1999 年中期，墨西哥股市的市值仍比 1994 年的峰值低 50%。在这段时间，公众对墨西哥股市的态度发生了根本性转变。1994 年危机之前，在萨利纳斯（Salinas）政府的统治下，达成了《北美自由贸易协议》(North American Free Trade Agreement)，墨西哥获准加入了经济合作与发展组织（Organization for Economic Cooperation and Development)，这本应该给人们带来所谓的“新时代”感觉，使人们对墨西哥的未来充满信心，但在危机之后，市场的悲观气氛使这些因素的影响都烟消云散了。

1997—1998 年的亚洲金融危机也不仅仅是股市的危机，它包含了汇率和银行系统的危机，并且又一次吸引了分析家的注意力。但是，从表 8.3 中可以看出，在这次亚洲金融危机发生之前，出现了许多大幅度的 5 年内股价上涨，并且大大早于汇率和银行系统的危机。日本股价从 1982 年 8 月到 1987 年 8 月上涨了 275.6%，中国香港股价从 1982 年 10 月到 1987 年 10 月上涨了 230.9%，韩国从 1984 年 3 月到 1989 年 3 月上涨了 518.3%，中国台湾从 1986 年 5 月到 1991 年 5 月的涨幅为 468.1%，泰国同期的数字为 430.7%。这些价格上涨大多出现于 1982—1987 年间，因为当时世界经济正从 1981 年的大萧条中复苏。到 1996 年 12 月，所有这些国家和地区的股市已经从高峰降了下来，而那时还未出现亚洲金融危机的迹象。看起来，这些国家和地区中的投机性泡沫的破灭要早于危机的发生，并且也是产生危机的因素之一。然而当危机最终到来时，有关股市和公众信心的情况都只被一带而过，人们的注意力都集中在了汇率、外资突然撤走、银行系统及通货膨胀和劳动力等问题上。

这些与金融危机有关的情况说明了吸引经济和金融分析家注意力的一些复杂因素，其中每一个都似乎能对事件做出恰当的解释。我们可以对这些因素加以讨论，并将注意力不再放在公众意志上，尽管这种公众意志会反映在股票价格上。其结果是，我们常常忽略了投资者对新闻的过度反应，以及价格进一步上涨的反馈环机制。

上涨（下跌）的通常会下跌（上涨）

我们无法证明这些事件背后都存在过度投机的观点。有人认为，从市场上涨时所能获得的证据来看，投资者对于自己的投资行为给出了合理的解释，并且用新时代理论预测未来也并不是毫无道理的。不过，我们可以这样来考察这个问题，如果股票价格变动后没有发生逆转，那么就说明确实是实际经济因素的变动导致了股价的变动。相反，如果此后没有发生新的外生因素，而价格上涨之后却发生了逆转，我们就可以证明投资者提出的那些原因都是站不住脚的。

我们表格中的数据确认了由沃纳·德邦特（Werner De Bondt）和理查德·塞勒（Richard Thaler）首先得出的结论：赢家股票——如果赢家的地位是由较长的时间段，例如 5 年来衡量——通常都在同样长的下一个时间段中表现不好；输家股票——如果输家的地位是用同样长的时间段来衡量——则通常会在同样长的下一个时间段中表现良好。[12]

从表中的数据中我们发现，表 8.3 中 25 个股价上涨的国家和地区中，有 17 个（68%）在经历了 5 年大幅度股价上涨后出现了下跌，并且所有 17 个国家和地区的平均股价下跌了 14.7%。[13]同样，表 8.4 中 25 个股价下跌的国家和地区中，有 20 个（80%）在经历了 5 年大幅度股价下跌后出现了上扬，并且平均上涨了 119.7%。因此，我们发现了 5 年股价在另一个 5 年中发生逆转的重大趋势，对上涨和下跌都是如此，虽然这一趋势还不完美。

当表 8.1 和表 8.2 中的单个年度股价发生变化时，我们发现，这种逆转的趋势并不十分明显，正如过去对单个股票价格的讨论所预期的那样。在表 8.1 中 25 个股价上涨的国家和地区里，有 15 个（60%）在单个年度大幅上涨之后又经历了下跌，变化的方向是在涨跌之间平均分布的，总的平均变化趋势为下跌 4.2%。在表 8.2 中 25 个股价下跌的国家和地区中，有 18 个（72%）在单个年度大幅下挫之后又经历了上扬，平均股价上扬了 36.3%。如果要观察并分析这些极端的股价变化发生逆转的原因和规律，12 个月的时间还不够。

随着资本流动更加自由，越来越多的跨国投资者通过买入价格偏低的股票或抛出价格偏高的股票来盈利，市场将会变得更加稳定。单个国家和地区的股价先是剧烈上涨而后又出现反转的趋势可能会逐渐减弱。即使如此，这些现象并不会消失。无论现在还是将来，我们都不能忽视大范围投机性泡沫出现的可能性。

在这一部分中，我们探讨了不同历史时期人们对股价变动做出的解释，也看到了证明这些文化因素存在的证据。最终，从这些证据中所能得出的结论还要取决于对人的本性的看法以及人们做出前后一致的独立判断的能力。为了巩固对这一论证的理解，我们将在下一章中转向对基本心理因素的研究，包括人的独立行为或默许别人行为、同意或不同意、自信或自我怀疑以及专心与不专心等各种倾向。了解这些心理倾向将会加深我们对投机性泡沫的认识。

【注释】

[1] 30 个国家和地区的数据来自国际货币基金组织的《国际金融统计》(*International Financial Statistics*)。以下国家的数据始于 1957 年 1 月：奥地利、比利时、加拿大、法国、德国、芬兰、印度、意大利、日本、新西兰、挪威、菲律宾、南非、美国及委内瑞拉。其他数据来源相同的国家的数据起始时间如下：巴西，1991 年 8 月；智利，1978 年 11 月；哥伦比亚，1963 年 10 月；丹麦，1969 年 2 月；以色列，1982 年 11 月；牙买加，1969 年 7 月；韩国，1978 年 1 月；卢森堡，1980 年 1 月；墨西哥，1985 年 7 月；巴基斯坦，1960 年 7 月；秘鲁，1989 年 9 月；葡萄牙，1988 年 1 月；西班牙，1961 年 1 月；瑞典，1976 年 1 月；英国，1957 年 12 月。余下六国和地区的数据来自 Datastream 公司，起始时间如下：澳大利亚，1973 年 3 月；中国香港，1974 年 7 月；印度尼西亚，1996 年 1 月；新加坡，1986 年 2 月；中国台湾，1986 年 1 月；泰国，1984 年 1 月。

每个国家或地区的股票月指数除以当月的消费者价格指数，就得到实际股票价格指数。实际股票价格指数变化是所示时期内实际指数的最大月变化，其中不包括相隔三年以内的时期，也不包括消费者价格指数月涨幅超过 4%的时期，因为在高通货膨胀时期，时间的控制以及消费者价格指数的计算往往不准确，会导致股票价格指数虚假上涨。

表的最右边还显示相同时间长度（12 个月或 5 年）内实际股票价格指数百分比的变化，其中每段时期开始于前面提到的期间的结束月份。例如，从表 8.1 我们可以看出，菲律宾的股票市场自 1985 年 12 月至 1986 年 12 月扣除通货膨胀因素后实际上涨了 683.4%，自 1986 年 12 月至 1987 年 12 月又上涨了 28.4%。又例如，从表 8.4 我们可以看出，西班牙股票市场自 1974 年 12 月至 1979 年 12 月扣除通货膨胀因素后实际下跌了 86.6%，自 1979 年 12 月至 1984 年 12 月又上涨了 0.1%。

[2] 表 8.2 的最右列中，韩国在 1999 年股票价格涨幅很大，按前面的解释，可以置于表 8.1 中，但表 8.1 的样本期没包含 1999 年。

[3] "Casino Times: After 280% Increase This Year, Taiwan's Stock Market May Be Poised for a Plunge," *Asian Wall Street Journal Weekly*, October 12, 1987.

[4] "Obsessed with Numbers, the Taiwanese Are Forsaking Work, Health and Sanity," *Asian Wall Street Journal Weekly*, September 14, 1987.

[5] James Brooke, "Venezuela Isn't Exactly Wild for Another Boom," *New York Times*, September 2, 1990, p. IV. 3.

[6] Eugene Robinson, "As Venezuela Restructures, Even Gas Prices Must

Rise," *Toronto Star*, May 21, 1990, p. C6.

[7] "Bonanza for Bombay?" *Far Eastern Economic Review*, May 28, 1992, p. 48.

[8] La Repubblica, quoted by Ruth Graber, "Milan Stock Mat Has Gone to the Bulls," *Toronto Star*, May 25, 1986, p. Fl.

[9] Alan Friedman. "Milan's Bulls Run Wild: Italy's Stock Market Boom," *Financial Times*, March 25 , 1986, p. I. 25.

[10] David Marsh, "The New Appetite for Enterprise: The French Bourse," *Financial Times*, July 4, 1984, p. I. 14.

[11] 尽管 90 年代末期法国牛市表现非凡，但人们对股市的兴趣仍未冲击法国文化，而在美国则不一样。参见 J. Mo, "Despite Exceptional Performance, the Stock Market Does Not Attract the French," *Le Monde*, November 25, 1999, electronic edition。

[12] Werner De Bondt and Richard H. Thaler, "Does the Stock Market Overreact?" *Journal of Finance*, 40 (3) (1985) , 793 - 805. 收益序列相关的文献综述，参见 John Y. Campbell, Andrew Lo, and Craig Mackinlay, *The Econometrics of Financial Markets* (Princeton, N. J. : Princeton University Press, 1997), pp. 27 - 82, 253 - 289。

[13] 想要判断价格大幅上涨（下跌）预示着未来的价格上涨还是下跌，我们不妨运用表格中的这些结果。例如，在表 8.3 中，有 20 个股市在足够长的时间内大幅上涨的事件，我们能够观测到其后五年内的价格变化，有 13 个（占 65%）发生了下跌，并且表中的所有股市实际价格平均下跌了 10%。在表 8.4 中，有 21 个股市在足够长的时间内大幅下跌的事件，我们观测到其后五年内，有 16 个（占 76%）的收益是正的，并且表中的所有股市实际价格平均上涨了 130%。

然而，这些结果还不能证明市场的可预测性，因为我们是通过表中所列五年之后的数据确定市场最多五年后的情况的。

第三篇

心理因素

第 9 章　股市的心理锚定

我们已经看到，股票市场的价格并不完全由基本面来决定。人们甚至对股市的“正常”水平一无所知，并没有多少人花时间考虑它应该达到什么水平或者今天的股市是否被高估或低估了。那么，是什么决定了每一天的股价水平？是什么支撑着股市？是什么决定了道琼斯工业平均指数是 4 000 点还是 14 000 点？是什么最终限制了投机活动的反馈？为什么当股市价格稳定在一个特定区域的时候，会突然发生逆转？我们已经看到了部分答案，但是要理解股市价格运动的基础，我们必须转向心理学方面的研究。

在考虑来自心理学的启示时，必须注意，关于投资心理的许多流行报道并不可信。这些报道将投资者说成在股市繁荣时欣喜若狂，在股市暴跌时诚惶诚恐。而不管是在繁荣还是在萧条时，投资者的行为都被描述成毫无自己的想法，如羊群般的盲目从众行为。用相信市场是理性的来理解市场比单纯的流行心理学理论更为可靠。

我们都知道，大多数人在发生金融波动期间要比上述这些报道所显示的更为明智。对大多数投资者来说，金融繁荣或萧条并不像战斗胜利或火山爆发那样煽情。事实上，在最重大的金融事件发生时，多数人都在忙于个人事务而无暇顾及。因此，很难想象市场作为一个整体会反映出心理学理论所描述的情绪。

然而，严谨的心理学研究显示，人类行为模式表明：若投资者是完全理性的，那么股市的心理锚将是不存在的。这些行为模式并不是人们无知的结果，而是人类智慧的产物，它反映了人类智慧的长处和局限性。投资者总是努力去做正确的事情，但是他们的能力有限，当他们无法把握自己行为的准确性时，特定的行为模式就会决定他们的行为。[1]

在此，我们将考虑两类心理锚：数量锚（quantitative anchors），它们给出股市应达到的水平，人们以此为标准来衡量股市是定价过高还是过低以及是否应该买进；道德锚（moral anchors），它们是促成人们购买股票的原因，由此人们判断购买股票还是将已投入（或能投入）股市的财富转向其他用途。根据数量锚，人们判断股票（或其他资产）定价是否正确。根据道德锚，投资者将投资于股市的情感或直觉力量与他们的财富和当前的消费需求相权衡。

股市的数量锚

调查问卷的设计者都知道，调查问卷本身总会产生某些暗示，而人们给出的答案往往会受到这些暗示的强烈影响。例如，当人们被问及收入属于哪个数量范围时，答案就受到了给定范围的影响。这些范围也就成为答案的“锚”。

心理学家已经证明，人们在模棱两可的情况下做出的决定往往会受到身边可用的锚的影响。当你必须做出估计，而又不知道该说什么好时，会选择此时出现在你面前的任何数字。心理学家阿莫斯·特沃斯基（Amos Tversky）和丹尼尔·卡尼曼（Daniel Kahneman）在一次幸运轮盘实验中清晰地证明了这一倾向：在一个很大的轮盘上面有从 1 到 100 的数字，与电视中的轮盘机相似，它转动起来后会随机地停在某一个数字。被测试者需要回答问题，答案是从 1 到 100 之间的一个数字，比较难的问题有“联合国中有多少个非洲国家”等。他们首先要回答，答案是高于还是低于幸运轮盘刚才产生的数字，然后再说出确切的答案。这一实验表明，答案受到了幸运轮盘产生的随机数字的深刻影响。例如，如果幸运轮盘停在 10 处，被测试者回答的非洲国家数量的平均值为 25，但是如果幸运轮盘停在 65 处，平均值就会变成 45。这一实验特别有趣的地方在于，所有被测试者都清楚地知道，轮盘产生的数字是随机的，并且也不会对测试者产生任何情绪影响。[2]

在判断股票的价格水平时，最可能的数量锚就是记忆中离现在最近的价格，因此数量锚的影响会使得股价日复一日地趋同。其他数量锚还包括过去的股价，这一点也就成为股价发展势头会被逆转的原因之一。另外还包括道琼斯股指在最近达到的顶峰和最近的整体水平，投资者对这种数量锚的使用有助于解释市场中的一些异常行为。如果人们的注意力转移到过去的某个时点，那么当时的价格变化可能也会成为数量锚。回想一下，在第 6 章中我们曾经提到，1987 年 10 月 19 日的股市在下跌的百分比上与 1929 年 10 月28—29 日的下跌几乎一致，而 1929 年下跌的情况在 1987 年常常被提及。

对单个股票来说，价格变化往往会以其他股票的价格变化为基准，市盈率也会以其他公司的市盈率为基准。这种联系有助于解释为什么不同的股票会一起涨跌，为什么股票指数会如此多变——为什么已考虑在指数中的股票平均值并不能有效地消除其波动性。[3]它可能也会解释为什么行业不同但总部设在同一国家的企业比行业相同但总部设在不同国家的企业有着更加相似的股价变动趋势，这一点与人们通常认为的行业比总部位置更能影响企业基本面的观点恰恰相反。[4]它也许还能解释，在股票交易所中交易的房地产信托投资基金为什么表现得更像股票，而不遵从商业房地产的价值。[5]金融市场中出现的许多异常现象实际上都是由于人们倾向于把便于参考的数字作为数量锚。

股市的道德锚

根据道德锚，人们需要在保持投资和消费的需要二者之间做出取舍，这会对股市产生重要影响。由于投资者明白股市价格的“正常”水平是多少或者超出了什么水平就算过高了，所以股市价格不会一直持续上涨。如果市场涨幅过大，人们在股市中拥有的财富数量与当前生活水平之间的差异就会使他们不再继续持有股票。我们可以通过一个极端的例子理解这一现象的本质。假设股市水平上涨使得大多数持股者都成为账面上的百万富翁，那么，除非继续持有每种股票的理由十分强烈，否则大多数人可能会卖掉一些股票来换钱花，使自己过上百万富翁般的生活。当然，由于没有买主，这种出售显然会立即压低股价。从这个例子中我们可以得出结论，只有在人们认为有充分的理由不去消费新近获得的财富时，股市才会达到非常高的水平。

这种道德锚有其心理学理论依据，即人们从想法到行动大部分并不是基于精确的数量分析，而是喜欢以“讲故事”和“找原因”的简单形式出现。这就是为什么在道德锚的例子中，人们总是喜欢将毫无数量基础的故事与所观察到的可用于消费的金融财富数量相比较。这种推理在普通的经济学理论中并未得到解释，但是有大量证据表明，投资者的推理过程的确采取了这种形式。

心理学家南希·彭宁顿（Nancy Pennington）和里德·黑斯蒂（Reid Hastie）研究了陪审员对棘手案件做出裁决的过程，表明了“故事”在决策中的重要性。他们发现了陪审员审理复杂案件的推理方法：构建一个故事，将与案件有关的已知细节整理成连贯的一串事件。在陈述裁决时，他们往往不会谈及数量或概率，也不会总结证据的重要性，而仅仅将案件当作故事来讲述，通常是罗列事件的前后顺序，并且努力证明故事如何严密，内容如何连贯一致。[6]

类似的，那些向公众出售股票的人通常也会讲一个与股票有关的故事，生动地描述企业历史、产品性质以及公众如何使用这种产品。这种叫卖一般不会涉及对数量和概率的讨论，也不会从未来分红和收益的数量来讨论目前股价是否处于正常水平。数量因素与人们自然形成的基于叙述的决策过程显得有些格格不入。

虽然在不同文化背景下赌博有不同的表现形式，但是从根本上说，人们都对赌博感兴趣。[7]这种兴趣在投机性市场中也是如此。尽管赌博有着诸多危害，但赌博还是能够吸引众多的人，这是因为那种偏爱叙述故事的思维在起作用。如果你听见赌博者的谈话，就会发现他们通常是在讲故事，而不是评价事件发生的概率，而且这些故事中所包含的内容往往比数量概念有着更加实际的意义。赌博者使用的是与概率理论家完全不同的词汇，他们乐于使用“运气”或“幸运日”这些词，而很少使用“概率”或“可能性”这些词。他们认为，在赌博之前出现的一连串事件可能预示着好运气或坏运气，这会直接决定赌博的输赢。他们还会讲许多故事，以证明押上好注的直觉力。这些故事为实际上完全随机的事件增加了特殊含义。[8]

我们注意到，即使在投资分散化更符合利益的情况下，雇员们仍然有投资于本企业股票（即雇用他们的公司发行的股票）的倾向。在大规模的退休储蓄计划中，约有1/3的财产投资于本企业股票，在一些公司如可口可乐，这一比例达到了90%。[9]这种投资于本企业股票的趋势与投资者受到故事的影响是一致的：他们了解更多的是本公司的故事，因此投资于本企业的股票。

人们喜欢为决策找到简单的原因，他们需要用简单方式向别人或者自己解释为什么。因此，人们需要在决策背后有一个故事；故事和原因都是能够口头传递给别人的简单推理。

心理学家埃尔德·沙菲尔（Eldar Shafir）、伊塔马尔·西蒙森

（Itamar Simonson）和阿莫斯·特沃斯基通过实验证明了一种效应的存在，这种效应表明，人们往往试图寻找一些简单的原因来作为决策的理由并因此导致了决策的偏差。在这项实验中，要求测试者选择他们要将孩子交给什么样的家长看管。他们让测试者在两个选项中做出选择，其中一个是“贫穷”，没有明显的正面或负面特征。另一个选择是“富有”，带有鲜明的正面或负面特征。家长 A，也就是“贫穷”的选项，“收入一般，健康一般，工作时间适中，与孩子相处较融洽，社交生活相对稳定”。家长 B，即“富有”的选项，“超过一般水平的收入，与孩子关系紧密，社会生活极其活跃，出差多，健康问题少”。实验证明测试者的选择取决于对他们提问的方式。当被问及愿意选择谁看管孩子时，64%的被试者选择了 B。当被问及不愿意选择谁看管孩子时，另一组测试者中又有 55%的人选择了 B。这两组给出的答案在逻辑上是说不通的，但是都符合“人们需要为决策寻找一个牢靠的理由”这一心理现象。心理学家发现，即使在进行纯属个人决策（不用向别人解释）时，这种心理也会发生作用。[10]

持有股票或其他投资的原因不仅可以是实际的，也可以是道义的。我们的文化可能会从道德方面解释为什么要持有股票或其他储蓄手段，持有股票的行为被看成是负责任的、聪明的或正常的表现。《邻家的百万富翁》（*The Millionaire Next Door*）——1996 年的一本畅销书，那时正值 90 年代股市繁荣期，就宣称美国大多数百万富翁并不是特别能挣钱，只不过是非常善于攒钱罢了。他们也是普通人，只不过他们不会把钱花在每年一辆新车、一幢洋房或其他金钱陷阱上。[11]

这本书不仅仅是对百万富翁的有趣研究，它还潜移默化地暗示，那些在一生中拥有并不断积累财富的人具有道德上的优越性，因而为节省和投资提供了极具说服力的理由。这本书没有讲到对市盈率的分析，也没有谈及任何具体的投资建议，似乎这些都无关紧要。相反，它谈到了许多成功而又节俭的人的故事，其中许多人都是在最近的牛市中才发达起来的。这些故事细致而生动，很能打动读者的心。人们总是大肆宣扬那些百万富翁不会将财富兑现并用于消费，这恰好为延续当前的牛市提供了不可或缺的道德锚。

过度自信和直觉判断

在判断这些心理因素对股市的影响时，我们发现人们往往具有强烈的过度自信倾向。许多人会在别人认为他不该有信心的那些事情上采取行动。

人们认为自己知道的总是比实际的要多。他们喜欢对自己一无所知的事情表达观点，并在这些观点的指导下采取行动。我们不时能发现身边的一些“万事通”。心理学家仔细研究了这种过度自信的倾向及其普遍存在的内在含义。

心理学家巴鲁克·菲施霍夫（Baruch Fischhof）、保罗·斯洛维奇（Paul Slovic）和萨拉·利希滕斯坦（Sarah Lichtenstein）指出，如果让人们回答一些简单的事实性问题（例如两本流行杂志中哪一本发行量大，或者两种常见的死亡原因中哪种更经常发生），然后再问他们的答案正确的概率，他们常常会高估答对问题的概率。实际上，当人们确定自己正确时，其正确率实际上只有 80%左右。[12]

这一结果成为心理学家们争论的焦点，过度自信现象还没有被证明是普遍存在的。在实验条件下，人们有时可以通过训练摆脱过度自信状态。[13]但是过度自信的一些基本倾向似乎是人类根深蒂固的特征：人们总是倾向于过度自信而不是信心不足。当我采访投资者时，我发现他们存在着明显的过度自信，他们似乎是在表达异常强烈的观点并且匆匆做出总结判断。

长期以来，心理学家们都在探究为什么人们看起来总是过度自信的。一种理论认为，在评价其结论的正确性时，人们往往注意到其推理的最后一步是否正确，全然不顾推理中其他部分可能存在错误。[14]另一种理论认为，人们是通过寻找其他已知事物的相似性来判断概率的，但他们忘记了每个事物都有自身的特点。[15]过度自信的原因还可能与事后聪明有关，即人们常以为如果他们当时在场并注意到某事的话，他们在实际情况发生之前就能得知有关情况。[16]事后聪明使人们认为世界实际上很容易预测。

在过度自信表现中与投机市场有关的另一因素是异想天开（magical thinking）。当谈及人们对投资情况的好坏和自己作投资决定的直觉时，往往谈的都是他们内心深处的想法——也就是无须向别人解释的想法。这种被心理学家称为“异想天开”或“准异想天开”（quasi-magical thinking）的思维模式很可能会发挥作用。人们偶尔会感到某些行动会让他们交好运，即使他们知道这些行动实际上对运气并无任何帮助。

人们有时会以一些毫无逻辑的想法为基础，做出一些严肃的决定。人们在一枚还未掷的硬币上所下的赌注要大于在已经掷过但结果还未公布的硬币上所下的赌注。在被问及人们愿意以多少钱转让已持有的彩票时，如果是自己挑的数字，他们说出的价格会高出 4 倍以上。很明显，人们认为在某种程度上他们能影响还未投掷的硬币，也能通过选择数字影响赢得彩票的可能性。[17]

从实验结果来看，人们往往会这样想，至少在潜意识里这样想："如果我买了一种股票，它不久就会上涨"；或者"如果我买了一种股票，别人可能也会买，因为他们的想法和我一样"；或者"我最近手顺，我运气好"。这些想法就是导致投机性泡沫形成的过度自信。

过度自信的另一表现形式是，人们在不确定的情况下会通过假定将来的模式会与过去相似并试图寻找熟悉的模式来做出判断，而不仔细考虑这种模式发生重复的原因或者概率。人们判断中的这一不正常现象称为代表性启发（representativeness heuristic），这在行为经济学家特沃斯基和卡尼曼的许多实验中得到了验证。

例如，研究者让人们从一张写有人名和个人特征描述的列表中猜测这些人的职业。如果给出的特征是艺术性和敏感性，他们就会选择指挥家或雕塑家，而不会猜工人和秘书。在这个过程中，被试者完全不考虑从事前两种工作的人极少，因而成为答案的可能性也就很小。[18]在回答这类问题时，永远不猜指挥家或雕塑家这类职业会更为明智，因为其出现的概率太小。但是人们总是将目光投向最符合特征描述的职业，而全然不顾其出现的概率。[19]

无论过度自信是怎么产生的，它都是提高投机市场交易额的根本因素。在没有过度自信的情况下，你会看到金融市场中的交易会非常冷清。如果人们是完全理性的，那么一半的投资者会认为其交易能力处于平均线以下，并因此不愿意同另一半人进行投机交易，因为他们认为，另一半人将会在交易中起支配作用。结果，平均线以上的一半投资者也就没有与其进行交易的人了，从理想状态上讲，这时也就不会再有出于投机动机的交易了。[20]

即使人们都理智地相信股价是不可预测的，过度自信有时还是会让人以为，他们自己知道市场在什么时候会发生变动。在 1987 年 10 月 19 日股市狂泻之后，我随机地对投资者进行了调查，我问："你认为在 1987 年 10 月 19 日你知道什么时候股市将会发生反弹吗?"在那天购买了股票的个人投资者中，47.1%的人回答说"是"；在机构投资者中，47.9%回答说"是"。也就是说，在那天进行了交易的投资者中，近半数的人知道股市当天会发生什么。我认为这是值得注意的。即使在当天没有交易的所有个人投资者中，也有 29.2%的人对这个问题回答说“是”；在当天没有交易的所有机构投资者中，28.0%回答了“是”。

为什么人们会认为他们知道股市在某一天会发生什么，特别是在这么混乱的一天？传统观点认为，股市具有不可预测性，同时也很难确定准确的股市时间表。然而人们的这种自信同以上两个传统观点是根本对立的，从而可以看出相当多的人并不总是坚信股市从来不可预测。

这次问卷调查的下一个问题是：“如果回答‘是’的话，是什么让你认为你是知道什么时候会发生反弹的呢?”出人意料的是，这些回答都没有牢固的根基。人们提到了“直觉”、“内心想法”、“历史证据和常识”或者“股市心理学”，但很少提到具体的事实或明确的理论，即使在机构投资者中也是如此。

这些有关市场未来前景的直觉性认识对股市狂跌的过程有极其重要的影响，因为正是这些直觉判断形成了阻止股价进一步下跌的基础。要理解投机性泡沫，无论它是正向的还是负向的，我们都必须认识到，人们直觉判断中的过度自信发挥了根本性的作用。

锚的脆弱性：提前考虑不确定的未来决策的困难

我们这里讨论的心理上的锚，部分解释了市场日复一日的稳定，但也必须注意到锚偶尔松弛或突然松弛的可能性。这种松弛会导致股市发生急剧变化。市场不时让人吃惊的原因在于，新闻事件会对人们的推理产生无法预期的作用。

心理学家沙菲尔和特沃斯基描述了一种他们称为非连贯推理过程（non-consequentialist reasoning）的现象，这种推理过程的特点是，人们不能通过得知假设前提事件的发生与否来做出自己的判断。根据沙菲尔和特沃斯基的理论，在事件实际发生之前，人们都无法决定。在玩逻辑游戏（如国际象棋）的时候，我们必须思考应付对手未来决策而所应做出的相应决定。人们学会思考，“如果我走这里，她就会走这里或那里，如果她走这里我就没事，但如果她走那里我就会处境困难……”也就是说，人们学会通过某一决定的各种可能性来进行思考。在日常生活中，我们有时也会用在这类游戏中所学到的方式来进行思考。但是现实世界中的决策往往因为情感因素和缺乏确定的目标而受到影响，因此，人们并不总能像事先想好的那样行事。

沙菲尔和特沃斯基选择了一个例子来说明这一现象。学生们在知道一次重要考试通过与否之后，决定是否要去夏威夷度假。面临这样一个选择时，学生们都努力寻求对这一选择的感觉。通过了考试的学生会想，“我要把度假作为庆祝和回报”。没有通过考试的学生则会想，“我会把这段假期作为安慰，在考试失败之后恢复情绪”。一些学生无论考试是否通过都将去度假。如果做事有逻辑性的话，那些在两种情况下都会去度假的人应该会在考试之前就安排好假期，因为他们知道考试结果与做出的决定无关。但是这些人有时在知道考试结果之前会很难做出选择。在考试之前，他们并不能完全预料到度假的情感动因，因而不能心安理得地将自己与它联系起来。[21]

虽然在这一例子中，人们面临的困难在于确定他们自己将来的感觉，这与国际象棋中的决定问题是不同的，但在现实中有关投资的决定很可能与是否度假的决定一样有诸多感情成分。

因此，新闻故事对股市的影响可能更多地取决于我们对新闻的感觉，而不是我们对它的理性反应。在很多情况下，我们只有在得知新闻之后才能做出决定。心理锚的崩溃之所以如此难以预料，部分原因就在于，人们只有在价格变化之后才能够弄清楚他们自己的感情和意愿。

股市的心理锚与我们意识的最深层次中最奇怪的东西相联系。这种锚时而跳跃，时而蹒跚，最后的结果往往让我们吃惊不已。在本章，我们讨论了解释这种锚的一些心理因素。但是只有当同样的思想进入许多人头脑中时，这种锚才会在整体上对股票市场价格产生作用。在下一章，我们将转而讨论投资者思考的社会基础：从众行为倾向和思想传染。

【注释】

[1] 要查找最近一次更为广泛的针对心理学在金融领域作用的调查，请参见 Hersh Shefrin, *Beyond Greed and Fear: Understanding Behavioral Finance and the Psychology of Investing* (Boston: Harvard Business School Press, 2000)；或 Andrei Shleifer, *Inefficient Markets: An Introduction to Behavioral Finance* (Oxford: Oxford University Press, 2000)。

[2] 参见 Amos Tversky and Daniel Kahneman, “Judgment under Uncertainty: Heuristics and Biases,” *Science*, 185 (1974): 1124-1131。

[3] 参见 Robert J. Shiller, “Comovements in Stock Prices and Comovements in Dividends,” *Journal of Finance*, 44 (1989): 719-729。

[4] 参见 Steven L. Heston and K. Geert Rouwenhorst, “Does Industrial Struc-

ture Explain the Benefits of International Diversification?" *Journal of Financial Economics*, 36 (1994): 3-27; John M. Griffin and G. Andrew Karolyi, "Another Look at the Role of Industrial Structure of Markets for International Diversification Strategies," *Journal of Financial Economics*, 50 (1998): 351-373; 以及 Kenneth Froot and Emil Dabora, "How Are Stock Prices Affected by the Location of Trade?" *Journal of Financial Economics*, 53 (2) (1999): 189-216。正如锚定理论说明的，投资者对有共同语言的国家更感兴趣；参见 Mark Grinblatt and Matti Keloharju, "Distance, Language, and Culture Bias: The Role of Investor Sophistication," *Journal of Finance*, 56 (3) (2001): 1053-1073。

[5] 参见 James D. Petersen and Cheng-Ho Hsieh, "Do Common Risk Factors in the Returns on Stocks and Bonds Explain Returns on REITs?" *Real Estate Economics*, 25 (1997): 321-345。

[6] Nancy Pennington and Reid Hastie, "Reasoning in Explanation-Based Decision Making," *Cognition*, 49 (1993): 123-163.

[7] 参见 D. W. Bolen and W. H. Boyd, "Gambling and the Gambler: A Review of Preliminary Findings," *Archives of General Psychiatry*, 18 (5) (1968): 617-629。赌博给人带来刺激，使人兴奋，被这种冒险游戏所吸引的人常常是那些喜欢追求感官刺激的人。参见 Marvin Zuckerman, Elizabeth Kolin, Leah Price, and Ina Zoob, "Development of a Sensation-Seeking Scale," *Journal of Consulting Psychology*, 28 (6) (1964): 477-482; William F. Straub, "Sensation Seeking among High-and Low-Risk Male Athletes," *Journal of Sports Psychology*, 4 (3) (1982): 243-253; 以及 Helen Gilchrist, Robert Povey, Adrian Dickenson, and Rachel Povey, "The Sensation-Seeking Scale: Its Use in a Study of People Choosing Adventure Holidays," *Personality and Individual Differences*, 19 (4) (1995): 513-516。

[8] 参见 Gideon Keren, "The Rationality of Gambling: Gamblers' Conceptions of Probability, Chance and Luck," in George Wright and Peter Ayton (eds.), *Subjective Probability* (Chichester, England: John Wiley and Sons, 1994), pp. 485-499。

[9] 参见 Shlomo Benartzi, Richard H. Thaler, Stephen P. Utkus, and Cass R. Sunstein, "The Law and Economics of Company Stock in 401(k) Plans," *Journal of Law and Economics*, 501(1) (2007): 45-79, 以及 Shlomo Benartzi, "Why Do Employees Invest Their Retirement Savings in Company Stock?" unpublished paper, Anderson School, University of California, Los Angeles, 1999。本纳兹发现，员工之所以投资公司股票，是因为被过去 10 年里股票的收益深深吸引。他指出，公司很少为了鼓励员工购买而降低公司股票价格，员工是自愿选择投资公司股票的。因为购买量水平不能预测将来股票的收益，所以投资公司股票并不一定说明员工掌握了有关公司的好消息。2006 年以来出现了放弃持有公司股票的趋势，参见 the Vanguard Group, Inc., "How America Saves 2013," https: //pressroom. vanguard. com/content/nonindexed/2013. 06. 03_How_America_Saves_2013. pdf。

[10] Eldar Shafir, Itamar Simonson, and Amos Tversky, "Reason-Based Choice," *Cognition*, 49 (1993): 11-36.

[11] Thomas J. Stanley and William D. Danko, *The Millionaire Next Door: The Surprising Secrets of America's Wealthy* (New York: Pocket Books, 1996).

[12] Baruch Fischhof, Paul Slovic, and Sarah Lichtenstein, "Knowing with Uncertainty: The Appropriateness of Extreme Confidence," *Journal of Experimental Psychology: Human Perception and Performance*, 3 (1977): 522-564.

[13] 参见 G. Gigerenzer, "How to Make Cognitive Illusion Disappear: Beyond 'Heuristic and Biases'," *European Review of Social Psychology*, 2 (1991): 83-115。

[14] 参见 Gordon W. Pitz, "Subjective Probability Distributions for Imperfectly Known Quantities," in Lee W. Gregg (ed.), *Knowledge and Cognition* (Potomac, Md.: Lawrence Erlbaum Associates, 1975), pp. 29-41。

[15] 参见 Allan Collins, Eleanor Warnock, Nelleke Acello, and Mark L. Miller, "Reasoning from Incomplete Knowledge," in Daniel G. Bobrow and Allan Collins (eds.), *Representation and Understanding: Studies in Cognitive Science* (New York: Academic Press, 1975), pp. 383-415。

[16] 参见 Dagmar Strahlberg and Anne Maass, "Hindsight Bias: Impaired Memory or Biased Reconstruction," *European Review of Social Psychology*, 8 (1998): 105-132。

[17] 参见 E. J. Langer, "The Illusion of Control," *Journal of Personality and Social Psychology*, 32 (1975): 311-328；也可参见 G. A. Quattrone and Amos Tversky, "Causal versus Diagnostic Contingencies: On Self-Deception and the Voter's Delusion," *Journal of Personality and Social Psychology*, 46 (2) (1984): 237-248。

[18] Tversky and Kahneman, "Judgment under Uncertainty."

[19] 经济学家尼古拉斯·巴伯瑞斯（Nicholas Barberis）、安德里·施莱弗（Andrei Shleifer）和罗伯特·维什尼（Robert Vishny）将"代表性启发"这种现象发展成为投资者选择性过度自信理论和心理学上的期望反馈理论。作者认为，一旦投资者看到股票朝着相同的方向运动一段时间，他们就会渐渐认定这种趋势代表了他们看到的其他经济数据的发展趋势。根据保守心理原则，人们改变观点通常很慢，正因为如此，投资者做出这个趋势将继续的结论需要花些时间。代表性启发和保守心理之间的互相影响决定了投机反馈前进的速度，参见 Barberis, Shleifer, and Vishny, "A Model of Investor Sentiment"。关于过度自信和股票市场的进一步探讨，可参见 Nicholas Barberis, Ming Huang, and Tano Santos, "Prospect Theory and Asset Prices," *Quarterly Journal of Economics*, 116 (2001): 1-53; Kent Daniel, David Hirshleifer, and Avanidhar Subrahmanyam, "Investor Psychology and Security Market Over- and Underreaction," *Journal of Finance*, 53 (6) (1998): 1839-1886; and Harrison Hong and Jeremy C. Stein, "A Unified Theory of Underreaction, Momen-

tum Trading, and Overreaction in Asset Markets," *Journal of Finance*, 54 (6) (1999): 2143-2184。

[20] 参见 Paul Milgrom and Nancy Stokey, "Information, Trade, and Common Knowledge," *Econometrica*, 49 (1982): 219-222; John Geanakoplos, "Common Knowledge," *Journal of Economic Perspectives*, 6 (4) (1992): 53-82。

[21] Eldar Shafir and Amos Tversky, "Thinking through Uncertainty: Nonconsequential Reasoning and Choice," *Cognitive Psychology*, 24 (1992): 449-474.

第 10 章　从众行为和思想传染

一项关于人类社会的基本观察是：那些定期进行沟通和交流的人，他们的想法往往会很相似；同样的，每个时代都有着自己的时代精神，并且它的影响无处不在。在股票市场中，如果数以百万计的投资者都真的彼此独立，那么任何错误想法所造成的后果就会相互抵消，也就不会对价格产生什么影响。但是，如果大多数人的想法是非理性的，而且这些想法又都相似的话，那么它们就足以成为股市兴衰的原因了。因此，想要研究人们的心理因素和思维方式如何在市场中形成合力，进而影响价格的走势，就必须考察人们的思考方式的相似性从何而来。

处于相同时期的人们会做出相似的判断，部分原因是由于他们是在对相同的信息（大家都能获知这一信息）做出反应。但是，我们将在这一章看到，人们的思维方式存在着相似性，这并不一定是由于他们对公共信息做出了理性的反应。而且，公共信息也总是得不到适当的运用或合理解释。

社会影响与信息

备受推崇的社会心理学家所罗门·阿什（Solomon Asch）在 1952 年公布过一个实验。对于这个实验，他的解释（这个实验还被其他许多人解释过）是：它表明了社会压力对个人判断的影响十分强烈。当他的论文发表时，公众正对一些问题普遍感到迷惑不解，比如德国纳粹竟有能力让人服服帖帖地去执行对犹太人和“其他不受欢迎”的人种进行大规模种族灭绝的命令。各媒体广泛引用阿什的发现，把它作为人们不能做出完全独立判断的科学依据。直到今天，他的实验结果还被人引用。

在他著名的实验中，阿什让实验对象加入到一组人当中。除了实验对象，这个小组中还有 7～9 个人与实验对象都素不相识，但却是阿什的“同党”，并从阿什那里得到了如何协助实验的指示。整组人被要求按顺序回答 12 个关于线段长度的问题。这些线段是画在卡片上的。实验对象在当众给出自己的答案之前，会先听其他大部分人的答案。问题的正确答案是显而易见的，但那些协同实验的人故意把 12 个问题中的 7 个答错。看着大家无一例外地给出似乎是相当明显的错误答案，有 1/3的实验对象会屈从并给出同样的错误答案，而且常常会表现出焦虑或苦恼情绪。这说明因为害怕被看成是另类或傻瓜，他们的判断受到了动摇。[1]

阿什把实验结果解释为实验对象是受社会压力的影响才有如此举动。这种解释也许确有可信之处，可后来证明，这些实验对象并不主要是因为压力才给出了错误答案。在阿什宣布了他的发现后的第三年，心理学家莫顿·多伊奇（Morton Deutsch）和哈罗德·杰勒德（Harold Gerard）公布了另一个实验。它是阿什实验的翻版，不同之处在于，实验对象被告知，他们是被“匿名”安排到一组人中的。他们以前从未见过那些组员，以后也不会见到。那些组员的回答也只能通过电子信号间接得知（实际上根本没有这么一组人）。实验对象不用在众目睽睽之下回答问题，只要按按钮就行了。这样他们就不必面对来自队组的压力。除了这一点，实验的其他部分还是按阿什曾做过的那样进行，结果，实验对象给出的错误答案几乎和以前那个实验一样多。[2]

多伊奇和杰勒德的结论是，之所以在阿什实验中，实验对象给出的答案大部分都是错的，是因为他们简单地认为，不可能其他所有人都是错的，与其说他们是害怕在一群人之前表达一个相反的观点，倒不如说是在对一条信息做出反应，即他们做出了和大部分人不同的判断。他们在实验中的行为是出于一种很理性化的考虑：在日常生活中，我们知道，在涉及一些简单事实的问题上，当大部分人都做出相同判断时，那么几乎可以肯定他们是正确的。阿什的实验对象之所以产生了焦虑和苦恼情绪，部分原因可能是来自他们自己的结论，那就是自己的感觉多少有些不可靠了。

还有一系列与从众行为密切相关的实验也被广泛引用，这就是斯坦利·米尔格拉姆（Stanley Milgram，1974）在权威的力量方面进行的调查。在米尔格拉姆的实验中，实验对象被要求对一个坐在旁边的人施行电击，这个受电击的人仍是一个协同实验者，与实验对象素不相识。事实上，根本没有什么真正的电击，但此人假装做出正在遭受电击而疼痛难忍、痛苦不堪的样子，并表示他非常痛苦，要求停止实验。但当主持实验的人让实验对象接着施行电击，并坚持说电击不会对人体组织造成永久性伤害时，许多人都会按他们的话去做。[3]

从这些现象可知，权威会对人的想法造成巨大影响。人们的确可以在某种程度上这样理解实验结果，但还有另外一种解释。大家都知道，当专家告诉他们某件事没有什么大不了的时候，尽管有时看起来不像他们说的那样，但很可能情况的确如此。（事实上值得注意的是，在上述实验中，主持实验的人的确是对的：尽管多数实验对象对所给的理由没起疑心，继续施行电击确实也不会造成什么伤害。）因此，米尔格拉姆的实验结果也可以这样解释，实验对象之所以那样反应，是因为他们通过过去的学习知道权威是可靠的。[4]

从对信息的解释角度看，阿什和米尔格拉姆的实验表明，人们乐于信任多数人所持有的或者权威的观点，甚至权威们明显地与理所当然的判断相矛盾时也无所谓。其实这种行为在很大程度上是明智且理性化的。大多数人先前都有过这种经历，当他们的判断和大多数人或某一权威人士的结论相悖时，犯错的总是他们。现在他们已经从中汲取教训了。因此，阿什和米尔格拉姆的实验让我们有了不同的视角去看待这种过度信任现象：人们很尊重权威们提出的看法，然后会对这些看法产生近乎迷信的信任感，并把这种对权威的信心延续到自己的判断中去（这些判断也是在权威观点的基础上得出的）。

根据阿什和米尔格拉姆观察到的现象，就不难理解为什么许多人在评估股市时会接受他人的判断了。实验对象虽然亲眼看见了卡片上的线段，以及他们身边的人所遭受的痛苦，但还是不能完全相信自己的判断。其实，在现实生活中，人们对自己判断的信任程度甚至还不如实验中实验对象对于自己亲眼所见的那些现象的信任程度来得高。

从众行为和信息瀑布相关的经济理论

当考虑其他人的判断时，完全理性的人也可能会表现出从众行为，即使他们知道其他人的做法也是一种从众行为。虽然就个人而言，这种行为可能是合情合理的，但由此产生的从众行为却是非理性的。有学者研究认为，这种一窝蜂似的从众行为是由信息瀑布（information cascade）产生的。[5]

我们首先用一个简单的案例来说明信息瀑布是如何开始的。假设两家仅一墙之隔的饭馆开业了，每个潜在顾客都要从中选一家就餐。这些顾客可能会透过饭馆窗户向内张望一番，然后决定哪一家比较好，但这样判断并不会太准确。第一位顾客在选饭馆前，只是看了看这两家空荡荡的饭馆，然后根据他所看到的做出选择。但下一位不但能以他所看到的饭馆门脸（自己判断而得出的信息）为基础作决定，还可以看看第一个顾客是在哪家吃饭来作选择，这就是第一位顾客发出的有关如何选择的信息。如果第二位顾客选择和第一位一样的饭馆，那么第三位顾客就会看到那家饭馆有两个人在吃饭。最终的结果很可能就是所有顾客最后都在同一家饭馆吃饭。但由于潜在顾客在对这两家饭馆进行观察后，没有真正仔细考虑过所得到的综合信息，所以最后选的很可能是那家比较差的饭馆。如果所有人都能把他们的第一印象集中汇总，然后大家一起讨论，也许就能推断出哪家饭馆比较好。但在我们假设的这种情形中，人们在跟随他人的判断时并没有把自己的信息透露给别人，因而无法对彼此获取的信息加以利用。

饭馆的例子以及蕴含其中的经济理论本身并不是股市泡沫理论的组成部分。然而，它很明显地与股市行为有关，并且它为经济学家们研究那些理性的投资者如何做出错误决策提供了心理学的理论基础。[6]一直以来都有一个普遍的看法，认为所有投资者都通过某种方式对市场真实价值进行表决，并由此确定了价格水平。现在根据上述理论，这一看法很显然是错的。没有人真正地进行什么表决，相反他们很理性地选择不在这些表决上浪费时间，不去自己下功夫对市场做出判断，因而这些个人也就没有对市场施加任何独立的影响。归根结底，股市基本面价值的信息之所以在传播和评估过程中会产生失真，可以由信息瀑布理论来解释。

有必要强调一下，如果满足下列假设：行为人完全理性且拥有充分知识，信息披露不充分；那么，信息传播的失败可以通过经济理论建模来解释。但是，为了更好地理解金融市场错误定价的有关问题，我们应该了解人类行为不完全理性的一些特征，了解人们处理信息的过程中受到的限制，这些与传统假设不一致的现实却和信息传播及潜在的投机性泡沫密切相关。

人类信息处理与口头传播

在几乎完全没有印刷品、电子邮件、互联网或其他任何沟通方式的情况下，人的大脑逐步进化发展。依靠与生俱来的对信息进行处理的能力，人类能够征服这个星球上几乎所有其他的居民。这种能力最为重要的部分就是，把重要事实有效地从一个人传递给另一个人。

在过去的几百万年时间里，人的大脑不断进化，优化了沟通的渠道，进而产生了一种有效沟通的情感驱动力，并培育了这种传播知识的强大能力。正是因为这种情感驱动力，多数人最喜欢做的事就是谈话。看看你的周围，无论你走到哪儿，只要有两个或更多的人待在一起，恰好他们又无所事事的话（有些时候，甚至是在干其他事情的同时），他们肯定会聊天。人类这一物种最根本的特征就是不间断地进行信息交流。多个世纪以来，传播速度最快的信息一般都能对社会日常生活有所帮助，比如关于食物来源、危险情况或社会其他成员的消息。

因此，在当今的社会中，热门股票的买进机会、个人财产面对的直接威胁或者某家公司经营者的经历这类话题就可能很快成为人人议论的对象。这些话题和我们的祖先所谈论的如出一辙。但是关于一些抽象问题的话题传播得就不那么好了，比如金融数学、资产收益统计或者退休储蓄的最佳水平等。自然而然，这种知识的传播是费劲的、不经常的和不完善的。

面对面交流和媒体传播

有研究表明，印刷媒体、电视与无线电广播等传统媒体在传播思想时神通广大，但在激发主动行为方面就有些束手无策。人与人之间形成互动的交流会对行为产生最重要的影响，特别是面对面或口头交流。

在 1986 年对个人投资者的一项研究中，我和约翰·庞德（John Pound，1986）想研究人们的注意力一开始是如何转向某只股票的。我们随机地给一些个人投资者寄去了问卷并请他们仔细考虑自己最近刚购买股票的那家公司，我们问：“是什么开始引起你对这家公司的注意?”只有 6%的人确切地答出了几份期刊和报纸的名字，绝大部分回答所说到的来源都涉及人与人之间的直接交流。[7]即使人们读了许多资料，最能引起他们的注意力并刺激他们采取行动的仍是人与人之间的交流。

交易所中市场监管部门和证券交易委员会的工作充分说明了人与人之间口头交流的威力。他们的职责是监察内幕交易活动，为了达到这个目的，他们会极为仔细地跟踪个人投资者间相互交流时所留下的蛛丝马迹。法院的文档中披露了这样一件事。1995 年 5 月，在 IBM 工作的一位秘书被要求复印一些文件，在这些文件中提到了 IBM 要兼并莲花开发公司（Lotus Development Corporation）（这在当时还是绝密，IBM 计划要到那年的 6 月 5 日才宣布这一笔交易），然后一连串的口头交流就开始了。这个秘书只把这件事告诉了她的丈夫，一位寻呼机推销员。6 月 2 日，这位丈夫又告诉了另外两个人：一个是他的同事，他在得知消息的 18 分钟后就购买了 IBM 的股票；另一个是他的朋友，一个计算机技术人员，从他开始，一连串电话又打了出去。在 6 月 5 日兼并宣布的时候，与这几个人有联系的 25 个人根据这条消息投资了 50 万美元，这 25 个人中包括一个做比萨饼的厨师、一个电气工程师、一个银行经理、一个奶制品批发商、一个以前当过老师的人、一个妇科专家、一个律师和四个股票经纪人。[8]很明显，信息的口头交流速度可以非常快，并且能够在迥然不同的人群之间畅通无阻。

尽管直接的口头交流在全国范围内的传播不如股票市场变化那么快，但它似乎对促成每天或每小时的股市波动起了重要作用。我在 1987 年股市发生崩盘后的一周时间内对投资者发出了调查问卷（这次崩盘在第 6 章有详细描述）。在这次调查中，我问了他们一些关于口头交流信息的问题。在所有进行答复的个人投资者当中，有 81.6%说在崩盘当天的下午 5 点之前，他们就已经得到消息了，因此他们的消息来源并不是当天的晚报或者第二天的晨报，这些投资人得知这一消息的平均时间是东部夏季时间（EDT）下午 1：56。而机构投资者则平均在 EDT 上午 10：32 就已知道这件事了。个人投资者在股市崩盘当天，每人平均向其他 7.4 个人讲过市场情况，机构投资者则平均对另外 19.7 个人说过这件事。

面对面的口头交流方式经过了几百万年的进化发展。在远古时代，它几乎是人与人之间进行交流的唯一方式；在今天，我们所知道的各种沟通渠道似乎都非常有利于进行这种面对面的口头交流。在我们的头脑中，特定的交流形式根深蒂固：听到另一个人的声音，看得到他的面部表情，能感知其情感，还联系到一种与之相关的信任、忠诚与合作的氛围。因为在印刷品或电子读物中并不包含这些要素，人们发现对这些信息资源做出反应更困难，他们在感情上不能把这些信息来源与面对面交流所得到的信息置于同等地位，也无法对这些信息记得那么清晰，利用得那么好。这就是我们为什么还需要老师的重要理由，它解释了为什么不能只是让孩子坐下来看书，或者靠计算机辅助教学来学习就行了。

也正是由于这个原因，电视才成了如此强大的传媒工具，它可以模仿大部分的人与人之间直接对话的情景，看电视恰好能激发平时交谈中所经历过的行为：听到声音，看到脸部表情，体会到情感。在电视上做广告的人在宣传产品时，经常再现日常聊天的场景。如今，电视已经具备了交互性特征，观众可以在收看电视的同时通过社交媒体进行聊天，但是从根本上说这样的交流仍然是单向的。因此，还不能像直接的人与人之间的交流那样卓有成效。

电话诞生于 100 多年前，它也许至今仍是人与人之间进行交流的最为重要的传媒，除了缺少视觉刺激外，电话所激发的交流行为与面对面交流极为相似。社会学家和交流方式研究人员发现，尽管电话谈话不像面对面交流那样能看到彼此，也不能在解决矛盾时那样得心应手，但在信息传播与解决问题的功能方面，它与面对面交流非常相近。[9]

20 世纪 20 年代，电话似乎是起起落落、变化无常的股市背后的一种幕后影响力。虽然 1876 年就发明了电话，但它那时还不够经济实用，并没有得到广泛使用。克拉伦斯·戴（Clarence Day，1935）在他的《和父亲一起生活》（*Life with Father*）一书中回忆了为什么人们在 19 世纪 90 年代都没有拥有一部电话时提到：“当时除了经纪人之外，几乎没有人有电话，因而也并没有要通过电话交谈的人。虽然人们隐约感觉到如果每人都有电话将会更方便些，但是大家都决定等每个人都有的时候再拥有它。”[10]后来人们对它作了大量改进，比如在 1915 年发明了长途电话用的真空管扩大器等，这样电话才开始流行起来。到了 20 世纪 20 年代中期，美国平均每人每年要打 200 多个电话。毫无疑问，电话的广泛使用使得向公众销售股票也更加容易，结果也为欺诈行为提供了可乘之机。于是美国 1933 年制定了《证券法》（Securities Act），1934 年制定了《证券交易法》（Securities Exchange Act），第二个法案的生效促成了证券交易委员会的成立。[11]

在 20 世纪 90 年代的股市繁荣时期，我们目睹了另一场技术创新带来的冲击，这场以电子邮件、聊天室和交互式网站为主要内容的变革使人与人之间的交流更加便捷。与电话一样，许多人起初总是需要很长一段时间才能接受这些创新，但是随着时间的推移，它们已经越来越明显地成为了每一个人日常生活的一部分。虽然不是面对面，但是这些交互式的、新型的、有效的交流平台也许会再次起到扩大人际间信息传播的作用。如果没有它们，20 世纪 90 年代人们对股票市场的狂热也许就不会波及得如此广泛。当然，与此同时，我们还需要研究如何为了公众利益规范这些新媒体的使用。

虽然电子邮件与其他网络平台的出现是通信技术中发生的意义重大的变化，但我们还不太清楚它们的出现是否比 100 多年前电话的问世更加重要，因为电话可以利用声音的表现力来达到情感上的互通。比起那些依赖于书面语的交流方式，如电子邮件、推特等，电话也许在激发有效交流方面更出色。然而，更接近于人类交互模式的 Skype、Facetime 以及 Google Hangouts 等视频交互方式又进一步增强了远距离交流能力。

用于口头传播方式的传播模型

流行病学家利用疾病传播的数学理论来预测传染过程和死亡率。[12]这些模型也可被用于更好地理解各种信息的传播和投机性泡沫（speculative bubbles）的反馈环机制（feedback mechanism）。

在最简单的流行病模型中，疾病被认定有一个假定的传染率（infection rate，即感染人群以这个比率把疾病传播给未受感染人群）和一个假定的退出率（removal rate，即感染人群以这个比率变为不再处于患病状态，无论他们是痊愈还是死亡）。

如果退出率为零，那么在标出第一个感染者之后，标明受感染人数的图形就会出现一条数学曲线，称为“逻辑曲线”（logistic curve）。[13]沿着这条逻辑曲线，受感染的人口百分比一开始是以感染率上升，虽然增长率一开始几乎是不变的，但记录在案的患病人群的绝对数字却增长得越来越快：当越来越多的人患病时，越来越多的人就会被感染。但当未受感染的人群数量下降时，患病人数的增长率也会降低，尽管固有的疾病感染率并未改变，新受感染的人数增长速度却下降了，因为已受感染的人接触到未受感染的人的几率小了。最终，所有的人都受到感染，这条逻辑曲线也变得平缓了，受感染比率达到 100%，当然就不会有新病例出现了。

如果退出率大于零，但小于感染率，那么模型就会预测出疾病传染过程的另一个状态：一开始感染者数量会从零升至最高峰，然后再降回零点，在人群百分之百受感染之前，最高峰就会出现。

如果退出率大于感染率，那么疾病就不会开始流行，也就观测不到疾病传染的状况。

流行病学家建设性地利用这些模型去理解疾病爆发的模式。比如通过使用这些模型，他们可以推断出，如果退出率只比传染率高一点，那么一个基本健康的人群就处于某种流行病爆发的危险之中，因为感染率稍有上升或退出率稍有下降，就会失去平衡，流行病就会爆发。由此，流行病学家得出推论，天气变化可能造成传染率上升至高于退出率，因为这种天气变化让人们留在家中，那么他们受传染的概率也更大，疾病流行将由此开始，但开始时绝对受感染人数的增长将会很慢。如果在这一例子中，天气变化很快，其结果使感染率又降回原处，染病人数没有增加很多，那么大家就根本不会注意到这一流行病。但如果坏天气一直持续下去，感染率与退出率间的差距拉大，那么流行病就将在所有人中传播开来，变得引人注目。根据此例，流行病学家可利用这个模型预测坏天气持续多长时间就会爆发一场严重的流行病。

相同类型的流行病模型已被用于其他生物学现象的研究，而这些现象也许与金融市场有着某种联系。经济学家艾伦·克尔曼（Alan Kirman，1993）用这些模型描述出蚂蚁的行为模式。他注意到，股票市场的价格变化似乎和那些行为模式不无关联。[14]他通过实验发现，当给蚂蚁的窝边放上两处一模一样的食物时，蚂蚁一般从两处都拿，但从一处比另一处拿得多。一段时间后（在此期间，不断对这两处食物加以补充，使得它们总是一样多），蚂蚁的主要注意力就从一处食物转向另一处了。为什么它们不从两处平均地取食物？又是什么转移了它们的注意力呢？克尔曼注意到，蚂蚁都是各自征募其他伙伴去寻找食物源的。在整体上，蚁巢没有统一的指挥。它们通过接触和跟随或者留下一条化学踪迹来完成征募。这两种过程便是“蚂蚁版”的口头交流过程了。克尔曼证明了如果征募是随意性的，那么实验观察到的现象就可以用一个简单的流行病模型来解释。

我们研究股市泡沫时，疾病的扩散和蚂蚁的行为具有一定的理论价值，有社会学家将流行病模型用于预测信息的口头传播过程，使其与股市的实际操作有了最为紧密的联系。[15]在他们的研究中，传染率是信息传播的概率，而退出率是忘记信息或者失去兴趣的概率。信息传播的动态过程可能与疾病的传播相似。然而，正规的数学理论在将社会过程模型化时，不如在将疾病传播或蚂蚁行为模型化时那么精确。现在社会学家还没有提供一套成功且具影响力的资料文献。也许社会科学模型的基本参数不像在生物应用中那样稳定，因此数学理论无法精确描述社会现象的演进过程。

由于观点的变更率较高，也就是说传播过程中出现错误的可能性远远高于疾病传染或其他生物学过程，因此事实上将传染病模型套用于信息传播的研究并不成功。许多人都会想起孩提时玩的传话游戏。在游戏中，第一个人选择一个简单的故事并在第二个人的耳边小声讲述，接着第二个人又讲给第三个人听，依次进行下去。当游戏链条上的最后一个人向大家讲述他所听到的故事时，最初的故事已面目全非，甚至令人捧腹大笑。人与人之间无论转述多么简单的事都不会完全可靠。

因此，仅凭对信息纯粹的口头交流是不可能使其影响扩展到整个国家的，即使借助于电话线也不行，因为远在这种情形发生之前，传播的精确性就已被破坏了。相反，计算机联机传送却可以是准确无误的。计算机病毒可以不断复制并在国内以及国际传播。但是病毒没有改变人们思想的能力，它们不能超越机器。而电子邮件使用者能够发送他人的消息或是有效提供网页链接，这些能力使口头交流可以准确无误地进行。并且一些新技术能够将他人的信息作为电话谈话或者电视会议的一部分进行传送，这些新技术还会再次极大地推进人际交流的精确性和持续性。

尽管当前所发生的人际交流具有非精确性和易变动性，使正规的数学模型无法准确预测信息的传播，但是传染病模型仍然有助于理解那些导致股票市场价格变动的因素。例如，疾病传染率或退出率的任何变化都会改变新信息的传播率，对这一问题的思考是很有益处的。

举例来说，一则未涉及金融市场的全国范围的新闻可以分散对金融市场的注意力，从而降低与投机市场相关的信息传播率。这一现象可能有助于解释在第 6 章中提出的问题，即为什么当国家处于危机中时，尽管这样的危机对于该国的商业来讲具有潜在的重要性，但股价的波动并非明显地反复无常，以及为什么在没有任何新闻时，大多数股市反而发生大的波动。相反，当新闻鼓励关于股市或与之密切联系内容的讨论时，与股市相关的信息传播率也可能因此而提升，这一点也解释了互联网在股市上显而易见的夸大性效果：对于网络的关注在总体上促进了人们对于科技股的关注，与这些股票相关的理论的传播率也因此而提高。

当然，信息的口头交流并非一定会影响整个股市。确切地说，口头交流可能会加强公众对于新闻事件以及媒体对这些事件评价的反应。由于大多数人总是通过社会传播才能了解到新观点和新概念，那么为了了解这些观点对于人们的影响，我们有必要考虑社会传播中传染率与退出率的比值。如果某一事件可以变成一个活灵活现的好故事，那么它影响股票市场价格的可能性就会增加。

从许多新产品推广的案例中我们可以看到，编造一个可述性强的故事是很重要的，它有助于维持较高的信息传播率，比如电影的宣传。当故事被首次搬上银幕时，推销者就会发起一场广告运动，来吸引观众的注意力，尤其是易于接受新思想和新事物的观众。然而，只有很少一部分人是直接针对最初的广告做出反应的，电影的成功主要依赖于这些人对该部电影的感受，以及他们告诉给别人的观点和看法。众所周知，电影批评家的建议所具有的冲击力不如口头交流的大众影响力。现在，制片商已认识到在电影中包含固定部分的重要性。这些固定的部分就是故事情节，它们在电影放映期间，或者作为电影预告片的一部分，已经具有了成为口头交流内容的很大的潜力。这一点和流行的玩笑或一些难以置信的故事——或者是雄心勃勃的公司的故事很相像。

信息传播中的故事情节的效果的确会对市场价值产生影响。为什么一些油画的价值会如此之高呢？当我带着我的长子来到卢浮宫时，我们参观了《蒙娜丽莎》这幅作品。他困惑了：为什么这幅油画要远比其他的油画更有价值呢？他认为，不可否认它确实很棒，但与其他所有很优秀、非凡的作品在一起，它表现得也并不是那样突出。我们敢打赌，在这幅作品前挤着参观的许多人都会和同伴互相表达着相同的困惑。

为了理解《蒙娜丽莎》被夸大了的价值，我们必须考虑到有关“蒙娜丽莎的微笑”这个故事强大的口头流传的潜能。这个故事最初源于乔治奥·瓦萨里（Giorgio Vasari）在列奥纳多·达·芬奇（Leonardo Da Vinci）去世后很短时间里为他写的一部传记，后来又经过了口头流传的润色修饰。这个如今已经有了很多版本的故事是说达·芬奇很难捕捉到她的微笑，并且花了四年的时间来做这件事，但仍觉得不是很成功。在瓦萨里为他写的最初的传记里写道：达·芬奇试过了音乐家、歌手和小丑几种不同的角色，来试图让模特展示出最适当的表情。瓦萨里的书中写道：画中的微笑“神圣得有别于一般人，几近一个奇迹”。[16]瓦萨里所描述的画和我们今天所看到的并不太吻合，所以也许这里面有某些误会，故事中的画也许是另一幅。但是，今天这个故事已经和卢浮宫里的这幅画紧密联系在一起了。

故事真的很流行，所以它没有因质疑而被压制。这个故事似乎还和很多其他的思潮有关。“蒙娜丽莎的微笑”曾经在几个世纪里都是诗人和评论家热衷的主题。如果没有一个关于达·芬奇是如何费尽心思捕捉微笑的充满强大流传潜力的口头交流故事，公众的注意力也许不会这么长久地聚集在这幅画上。

“蒙娜丽莎的微笑”的故事因1910年发生的两件事得到了更进一步的推广流传。这两件事都强化了这个关于微笑的传说，并且加大了它的流传度。

第一件事情是在1910年西格蒙德·弗洛伊德（Sigmund Freud）所著的一本公开出版的研究达·芬奇的潜意识的书中，详细描述了《蒙娜丽莎》。弗洛伊德认为，对达·芬奇来说，“蒙娜丽莎的微笑”是为了抑制自己对4岁时就和其分开的生母的想念，并且他的生母对自己的儿子有不正常的感情。

第二件事情是卢浮宫里《蒙娜丽莎》1910年被盗，接着更为传奇的是，当权威人士试图重新恢复它原来的样子时，传来了画已被送回和盗贼被审判的新闻。当然新闻的作者提到了那个微笑：作者出色地隐藏了画失窃的事情，却没有忘记提到微笑。失窃事件整整延续了数年时间，这段时间极大地加强了微笑在公众中的印象。这个微笑的故事充斥在各种新闻里。即使在1914年盗窃事件最后的审判结果中也包含了这样荒谬的描述：“他带着神秘的蒙娜丽莎式的微笑听着最后的审判。”[17]记者仅仅是为了将微笑故事包含在内。

根据Proquest数据库搜索英文出版物得到的结果，1915—1925年间（盗窃事件结束之后）蒙娜丽莎被引用的次数是1910年前（也即1899—1909年间）的20倍。充斥着1910—1914年间的有关微笑的新闻今天仍存在于我们身边，并且通过连续不断的新闻报道和持续到现在的从未停止的对画的临摹，甚至还放大了媒体和口头流传的反馈。1910年的盗窃事件已经被今天的大多数人忘记了，但不断加强的有关微笑的故事非但没有被忘记，反而成了《蒙娜丽莎》这幅画在今天价值倾城的重要原因。

依此类推，那些更易于通过随意谈话方式传播的新闻事件，反过来更有可能对思想和观点的传播发挥重要作用。一位专家对一国经济干巴巴的、纯分析式的描述，很可能不会被口头流传。相比较而言，市场发生突变的消息则更易于被广泛传播。可以肯定的是，专家的意见往往追随价格变动的消息，但是很少能成为口头交流的焦点。

对其肯定也好，否定也好，口头交流都是投机性泡沫蔓延的一个中心组成部分，而任何事件被口头交流的可能性都应以是否会引发投机性泡沫来衡量。举例来说，被称之为“Y2K”的千年虫（Y2K bug）会引发普遍的电脑问题，这一广泛传播的预测之所以成为一个经典口头交流的作品，是因为它既迎合了国民对电脑的痴迷，也反映了他们对新千年的迷惘。因此——尽管这种恐惧没有任何理由——与那些缺乏生动性的消息相比，千年虫问题对市场造成了超乎寻常的冲击。

人们心中矛盾观点的汇集

为什么有时观点的传播会非常迅速？为什么公众思想有时又会突然发生 180 度的大转弯？其中一个原因是，受质疑的观点已预先存在于我们的头脑中。即使是相互矛盾的观点也可以同时共存于我们的头脑中，而当支撑这些观点的事实发生变化或公众注意力发生转移时，我们头脑中也许就会突然萌生一种明确的信念，并且与先前的信念恰恰是相矛盾的。

比如，人们普遍认为股市不可预期，因此对市场的任何预期都是无效的。但是人们也相信（正如我们在第 5 章中所看到的），如果股市出现崩盘，它也必定会复苏。很明显，这两种观点是矛盾的。

对于人们能在同一时间持有如此相互冲突的观点的解释是，人们认为他所听到过的这两种观点都曾被专家认同。在现实生活中，往往有大量假定的事实在同时传播，这些事实又往往被归因于“他们”或“他们说的……”。当这些故事被想象成有一定的权威性而被接受时，矛盾就可能产生。

有时，即便没有权威参与，故事也能被传播。例如，一个人一次又一次地听到“据说”大多数人的大脑只开发了 10%——这个虚构的故事可以回溯到 19 世纪，那时神经科学很明显对这样一个说法既无法证实也无法证伪。“据说”1965 年的那次电力中断使得纽约市民一时无事可做，其后 9 个月纽约市的出生率骤增，而事实上并没有这回事。[18]而更神乎其神的一个说法是，“据说”在 1929 年经济危机期间自杀率异乎寻常地高，但实际上这同样也是子虚乌有。[19]人们在聊天时经常谈论，而且有时媒体也会鼎力推荐的一些故事，往往都和事实相去甚远。

因为人们倾向于把各种观点归因于某些真正的或者是假想的专家，所以他们并不担心所持观点中存在的明显矛盾，人们乐于搭便车式地认为那些专家已经审慎考虑过了那些看上去存在矛盾的观点事实上并不存在矛盾。的确，有时候表面上看似矛盾的理论事实上并不矛盾。因此，我们猜想专家对大部分看似矛盾的理论进行解释并不困难。

一知半解的观点（它们也许是相互矛盾的）绝对会使人们对于神秘的投资领域的思考变得更加扑朔迷离，或至少使其不能纳入到一致性的统一分析框架内。推断这些观点在具体的投资决策中的意义是一个真正的挑战。

人们同时持有相互矛盾观点的重要意义在于，人们往往对许多观点没有自己明确的认识。因此，尽管投资者信誓旦旦地说，市场在崩盘后必然会复苏，我们还是不能过分相信，因为市场崩盘的现实境况又会带出其他相互矛盾的观点，这些观点会为市场反弹乏力辩护。从他们先前表示的信心中根本就无法预先得知投资者将会如何反应。

基于社会的注意力变化

人脑的结构决定了在一个时点上，人的有意识的注意力只能集中于一个焦点上，并且很快会从一个焦点转移到另一个。我们周围的环境所提供的感官信息非常复杂，而大脑成功地过滤掉了几乎所有的复杂性，只产生现实和现在的感觉（解释目前什么是最重要的）以及随之产生的围绕这一解释的一连串想法。比如，当一个人在机场大厅里坐着等候登机时，他的注意力会不时回到“等候登机”这个主题，并围绕该主题组织了许多想法，进行了许多观察，仿佛它就是目前现实中最重要的事。他往往不会去研究地毯上的花纹、玻璃上的污点，或思考屏幕上字母的形状，尽管在理论上他可以这样做。我们接收到了这些细节的感官信息，并对它们进行了处理，但很显然我们自己并未意识到它们。

将注意力集中于重要事物的能力是智慧的显著特征之一，而没有人真正明白人脑是如何做到这一点的。不能将注意力集中于恰当的事物也是人类判断的最大失误。人类大脑在进化中形成了某个特定的部分专门用于集中注意力，这个部分构造虽然出色，但远不够完善。

如果一个人回顾他在过去所铸成的一些最重大的错误，可能会发现，这些过错往往是他未能关注细节问题而造成的。假若有人反复要求某人集中注意力，并向他指出某些关键事实，那么他会马上做出反应并改变其行为。所以要理解过去犯下的错误，很重要的一点是要考虑你没有给予关注的东西。

人脑进化形成了能够正确引导注意力的一个机制，这使得我们能够基于社会的选择性，与周围的其他人关注相同的事物。注意力具有一定的社会基础，当某些个人认识到某些信息的重要性时，通常能够引发群体中其他成员的关注，并且能产生一致的世界观和信息集合，而这些又能保证群体行动的一致。然而，注意力的社会成分也并未充分完善地运作，它可能导致整个群体犯相同的错误，因为大家都将注意力集中于某一点，从而漏掉了个体可能注意到的细节。正像单个人的注意力一样，社会注意力的现象是行为进化的一项伟大创造，对人类社会发挥功能非常关键，但它也并非完美无缺。

社会关注机制会突然间引发整个群体对貌似紧急事件的关注，因此如果我们回顾传染病模型，我们会发现传染率可能会突然并且大幅度地激增。人们会议论某些事件而置其他谈论于不顾，股市的突变便是其中之一。

注意力的社会基础通过口头交流来运作，并以媒体作为传播观点的载体，从而能在广泛的范围内激发集中的注意力，这种注意力的聚焦会迅速覆盖世界上的大部分地区。所以，在这个星球上，有相当一部分人突然对股市大感兴趣不足为奇，进而，世界各地的股市虽远隔重洋却也能同时同向变化。对于这种协同变化，各国的基本面因素无法解释得通。

人们无法对注意力变化做出解释

进一步来讲，人们常常发现，要解释是什么使他们决定采取某一特定行动是非常困难的，引发最初注意力的导火索也许已被忘记了。这也许能解释为什么投机资产价格的变化通常发生在人们的注意力变化之后，但还是难以解释每次投机资产价格变化的具体原因。

即使是职业投资者，价格变动本身也会吸引他们的注意力。在针对机构投资者的个股选择进行的一项研究中，约翰·庞德和我制作了一个股票清单，这些股票在早些年中价格上涨得非常快，也具有很高的市盈率。然后我们又得到了一份机构投资者的名单，上面的机构投资者向证券交易委员会提交了一份报告，告知它们已经购买了其中的一只股票（实验组）。而另一张名单上的机构投资者随意选择了一只股票（控制组）。我们对相关人员进行了询问，关于他们购买的股票（实验组价格飙升的股票或控制组任选的股票），他们是否同意这样的说法："我最初的兴趣是在一大堆股票中系统性地寻找某一特征股票的结果（使用了计算机或相似的搜寻过程）。"[20]既然他们是职业投资者，那么67%选择任意股票（即控制组）的投资者同意这种说法也并不足为奇。但是，在实验组中，即选择价格飙升股票的投资者只有25%同意该说法。实验表明，价格上涨或相关事件在吸引他们的注意力方面扮演了重要的角色。重要的一点是，大多数购买价格飙升股票的投资者指出，他们在作决定时没有什么系统性。

当注意力的变动是行为变化的重要诱因时，我们并不指望人们告诉我们其行为改变的原因。人们常常不能解释什么使注意力集中在某些事物上，因此也就不能解释他们自己的行为。1931年，心理学家梅尔（N. R. F. Maier）所做的一个实验说明了这一点。梅尔给实验对象提出的挑战是：把两条绳索系在一起。这两条绳索都挂在天花板上，且相距非常远。一个人不可能同时够到两条绳索，除非它们相互靠近。实验对象有大量的工具用来尝试完成这一任务，同时要求他们指出能找到多少种方法将两条绳索连在一起。一个方法是在一条绳索的一端系一个重物，使它像钟摆一样摇摆不停。用一只手抓住另一条绳子的一端，然后用另一只手抓住摇摆的绳子。当主持实验者自己使一条绳索摇摆时，许多实验对象马上有了他们自己的主意。但是当问到他们是怎么想到这些主意的，只有1/3的人提到是因为他们看到了摇摆的绳索。摇摆的绳索只是转移了他们的注意力，而大多数的实验对象都没有看到自己的行为与使之想到这个办法的刺激因素之间的联系。[21]

依此类推，某些因素就像摇摆的绳索一样，吸引了对股市的注意力，从而使股市开始繁荣起来。在目前的市场情况下，看到一则共同基金的广告或收到一位雇主401(k)计划的登记表都会成为那条摇摆的绳索。但只通过询问实验对象，我们永远无法得知这些刺激因素的重要性。即使人们回想起了它们，也无法告诉我们这些因素是如何影响他们的。

总　结

这一章对我论点的精髓部分进行了总结，即非理性繁荣确实对股市和房地产市场价格大幅涨跌的形成产生影响。我们在第一篇开始时，提出了 12 个诱发因素，通过反馈环和自然而然产生的庞氏骗局，这些因素的作用得到了加强。作为市场繁荣的推动者，新闻媒体也起了推波助澜的作用。在股市达到巅峰的 2000 年，我们仍看到投资者的信心高得出奇，对股票市场的期望也丝毫未减。在这之后投资者的信心才渐渐消退。

在第二篇中，我们考虑到了繁荣的文化因素，对新时代理论不同程度的社会关注，以及这些理论对于股票市场走势的作用。在第三篇中，我们研究了一些基本的心理因素，正是这些因素使得前面所描述的变化能够发挥作用。第 9 章的内容向我们展示了几乎无法察觉的心理锚是如何最终决定股票市场价格水平的，以及投资者的过度自信是如何对这些心理锚产生拉动作用的。而本章则尝试解决当前股票市场状况中的中心难题，即如何结合公众的理性思考来解释股票市场定价过高的现象。

在本书余下的部分，我将非理性繁荣的相关理论置于一个更加广阔的背景下来进行论述，同时考察一些反对非理性理论的观点。在最后一章中，我们将转向最根本的问题，即非理性繁荣带给我们的关于政策问题的思考：这些问题既包括个人的，也包括机构和政府的。

【注释】

[1] Solomon Asch, *Social Psychology* (Englewood Cliffs, N. J.: Prentice Hall, 1952), pp. 450-501.

[2] Morton Deutsch and Harold B. Gerard, "A Study of Normative and Informational Social Influences upon Individual Judgment," *Journal of Abnormal and Social Psychology*, 51 (1955): 629-636.

[3] Stanley Milgram, *Obedience to Authority* (New York: Harper and Row, 1974), pp. 13-54.

[4] 米尔格拉姆指出，被试们总认为实验者是专家，比他们知道得多。当他改做另一个实验且实验者很明显不是专家时，他发现被试们服从的趋势大大减少（出处同上，pp. 89－112）。然而，与阿什一样，米尔格拉姆似乎没有认识到信息对其结果的影响，他认为他们揭示了一种“服从本能”，这种“服从本能”是从普通的进化原则“价值等级制度”发展而来的（出处同上，pp. 123-125）。

[5] 参见 S. D. Bikhchandani, David Hirshleifer, and Ivo Welch, "A Theory of Fashion, Social Custom and Cultural Change," *Journal of Political Economy*, 81 (1992): 637-654；以及 Abhijit V. Banerjee, "A Simple Model of Herd Behavior," *Quarterly Journal of Economics*, 107 (3) (1992): 797-817。

[6] 参见 Christopher Avery and Peter Zemsky, "Multidimensional Uncertainty

and Herd Behavior in Financial Markets," *American Economic Review*, 88 (4) (1998): 724-748；以及 In Ho Lee, "Market Crashes and Informational Avalanches," *Review of Economic Studies*, 65 (4) (1998): 741-760。

[7] 答卷者是由调查抽样公司在美国高收入人群中随机抽取的。我们将他们的回答分为10类，131个答卷者所占百分比如下：(1) 朋友或家人 (13%)；(2) 为公司工作 (21%)；(3) 与公司有关系的人 (3%)；(4) 经纪人 (33%)；(5) 成功公司的挤出者 (2%)；(6) 新股上市宣传 (2%)；(7) 期刊、报纸 (6%)；(8) 公司顾客 (2%)；(9) 继承的股票或作为礼物接受的股票 (2%)；(10) 有类似表现的公司 (0)。其他回答无法归入以上10类。参见 Robert J. Shiller and John Pound, "Survey Evidence on the Diffusion of Interest and Information among Investors," *Journal of Economic Behavior and Organization*, 12 (1989): 47-66。如果现在让我们重复这项研究，电视（现在不乏商业报道）和互联网肯定榜上有名。在《心理经济学》(*Psychological Economics*) 中，同是心理学家和经济学家的乔治·卡托纳 (George Katona) 提出并证明了人们不断相互影响，从而形成一种"社会效仿"现象，刺激人们行动起来。罗宾·巴洛和他的同事发现了与我们相似的证据，个人投资者常常是在与别人商量后才作决定的。参见 Robin Barlow, Harvey E. Brazer, and James N. Morgan, *Economic Behavior of the Affluent* (Washington, D.C.: Brookings Institution, 1966)。

[8] Amy Feldman and Bill Egbert, "Mess of an Invest: Little People in Big Trouble with 1.3 Million Scam," *New York Daily News*, May 27, 1999, p. 5.

[9] 参见 A. A. L. Reid, "Comparing Telephone with Face-to-Face Contact," in Ithiel de Sola Poole (ed.), *The Social Impact of the Telephone* (Cambridge, Mass.: MIT Press, 1977), pp. 386-414。

[10] Clarence Day, "Father Lets in the Telephone," in *Life with Father* (New York: Alfred A. Knopf, 1935) p. 178.

[11] 要查询20世纪20年代的证券诈骗以及当时的限制立法，参见 Emmanuel Stein, *Government and the Investor* (New York: Farrar and Reinhart, 1941)。

[12] 参见 Norman T. Bailey, *The Mathematical Theory of Epidemics* (London: C. Griffin, 1957)。

[13] 逻辑曲线为 $P=1/(1+e-rt)$，P 表示受感染人群的比例，r 表示单位时间的受感染率，t 表示时间。该表达式是微分方程 $dP/P=r(1-P)dt$ 的解，式中，$(1-P)$ 为可能受感染人群的比例。

[14] Alan Kirman, "Ants, Rationality and Recruitment," *Quarterly Journal of Economics*, 108 (1) (1993): 137-156.

[15] 参见 David J. Bartholomew, *Stochastic Models for Social Processes* (New York: John Wiley and Sons, 1967)。

[16] Giorgio Vasari, *The Life of Leonardo da Vinci* (Longmans Green and Co., 1903), p. 35.

[17] "Mona Lisa' Thief Gets a Year in Jail," *New York Times*, June 6, 1914, p. 3.

[18] 参见 Tom Burnam, *More Misinformation* (Philadelphia: Lippincott and Crowell, 1980), pp. 20-21。

[19] 加尔布雷思解释了自杀之谜。大萧条之后的 20 世纪 30 年代，纽约的自杀率呈上升趋势。参见 Galbraith, *The Great Crash*: 1929, pp. 132-137。

[20] 取样大小为 30（控制组）和 40（实验组）；参见 Shiller and Pound, "Survey Evidence," p. 54。

[21] 参见 N. R. F. Maier, "Reasoning in Humans. II: The Solution of a Problem and Its Appearance in Consciousness," *Journal of Comparative Psychology*, 12 (1931): 181-194；也可参见 Robert E. Nisbett and Timothy DeCamp Wilson, "Telling More than We Can Know: Verbal Reports on Mental Processes," *Psychological Review*, 84 (3) (1977): 231-259。

第四篇

理性化繁荣的尝试

第 11 章　有效市场、随机游走和泡沫

有效市场理论反对市场不断出现过度繁荣和泡沫的观点，大量学术研究支持这一理论。

根据有效市场理论，在任何时候，所有的金融产品价格都能准确、及时地反映各种公共信息。也就是说，在任何时候，在给定公共信息的条件下，金融资产都能被准确地定价。有时价格似乎会过高或者过低，但根据有效市场理论，这只是一种幻觉。

有效市场理论将股价描述为具有“随机游走”（random walk）的特点，因为价格是随新的信息而变的，而新的信息又很难预测，因此价格的变动也是很难预测的。利用股票市场数据，许多学术研究试图检验有效市场理论和随机游走假设，这些支持性研究论文发表在金融和经济学的学术期刊上。但同时这些学术期刊也发表了许多论文在统计上拒绝了这个理论，然而，还是有一些文章解释说，这种描述是近似真实的。研究有效市场理论的某些论据显得充分有力，并且包含了许多高质量的工作。因此，无论最终赞同与否，至少应该严肃地对待这个理论。

有效市场和价格随机游走的基本论证

有效市场这个概念最初开始流行得益于 20 世纪 60 年代芝加哥大学尤金·法马教授（Eugene Fama）的研究成果（2013 年，法马教授与我共同获得了诺贝尔经济学奖，虽然我们的观点并不相同）。不过，实际上有效市场的观点已经存在了很长时间。[1] 早在 1889 年乔治·吉布森（George Gibson）出版的《伦敦、巴黎和纽约的股市》（*The Stock Mar-*

kets of London, Paris and New York）中就曾明确提到过这个概念。吉布森是这样描述的：“当股票在一个开放市场公开发行时，其价值可以被看作市场最好的情报员。”[2]

自20世纪70年代以来，有效市场理论在大学经济学系和金融系一直是必修内容。这个理论通常被用来证明市场价值的上升是合理的。比如说，1929年股市的最高点就是合理的。普林斯顿大学的约瑟夫·劳伦斯教授（Joseph Lawrence）在1929年时得出这样一个结论：“在有序的市场，即股票交易所中，对成千上万股票的价值判断都表明，在现阶段并没有定价过高。是否有人能够否决明智的人们所做出的这一判断呢？”[3]

观察表明，在股市上似乎很难做到通过低价买入、高价卖出来赚大钱，这是支持有效市场理论的最简单也是最直接的证据。许多看上去非常能干的人们尝试这么做，但都没有取得持续的成功。不仅如此，要赚钱就必须与其他那些最精明的投资者竞争，即所谓“聪明钱”，因为他们也在金融市场上进行交易，寻求相同的机会。如果有人认为一份资产不是被低估就是被高估了，那么他就应该想到：在许多其他同样精明的投资者都在竭力寻找赚钱机会的情况下，这种被低估或高估的现象为什么还会存在呢？

如果能够找到贱买贵卖有利可图的方式，那么根据有效市场理论，那些精明的投资者就会使资产的价格反映原来的价值。他们会低价买进某些股票，这会导致这些股票价格升高；或者大量卖出高价的股票，使得这些股票价格降低，而且如果股票被严重地错误定价，那么将会使那些精明的投资者成为富人，由此也增加了他们对股市的影响力，从而提升他们消除错误定价的能力。

遗憾的是，这个有效市场假说的论断并没有告诉我们股市往往不可能在几年或几十年时间内结束这种错误定价。实际上精明的投资者经常不能抓住机会迅速赚钱，而且这种错误定价的情况何时结束也无法确定。如果今天真的有人知道市场将在下一个10年或者20年的时间里变得疲软，但是不清楚市场将具体在何时变得疲软，也不能向广大的投资者证明这一说法，那么投资者就无法从中获得什么大的好处。所以，事实上并没有现实的证据来证明精明的投资者一定能消除这种错误定价。

但是，有效市场理论的这一缺陷往往会被忽视。我们可以假设一个相同的有效市场理论：由于难以预测股市每天的变化，所以也将难以预测股市的任何变化。

关于“聪明钱”的思考

有效市场理论认为，能力的差别不会导致不同的投资业绩表现。这个理论宣称，在投资业绩表现上，最聪明的人也不会比最笨的人做得更好。这是因为，他们对股市细致的理解已经完全反映在股价中了。

如果接受有效市场理论的前提，那么就该知道，太聪明没有优势，而不太聪明也不是劣势。如果不太聪明的人在交易中不断遭受损失，这就预示着精明的投资者将有一个获取收益的机会，因为只要他们与不太聪明的人做的事恰好相反就可以成功获利。然而，根据有效市场理论，根本不存在这样的获利机会。

因此，根据这一理论，努力和智慧在投资中什么用处也没有。即使考虑了预期投资回报率，人们也可能随意选取股票，通常人们把这种投资方式比作在上市公司的清单上无目的地投掷飞镖，然后投资于飞镖投中的企业的股票。也正是因为这个原因，人们不需要关注股票是否股价太高，并可以忽视在写这本书时市场的不寻常估价，也不用管 2000 年股市繁荣的高度。

我要说的是，为什么最聪明的人应该根据有效市场理论来设定所有的价格呢？许多似乎不太聪明或者消息不太灵通的人们也在买进卖出，为什么他们不应该对股价有影响呢？

正如前面提到的，其中一个原因是精明的投资者已经通过盈利的交易控制了市场，从而可以正确地设定价格。而不太聪明的投资者所持的份额很小，不足以形成强大的力量。这个说法很容易引起争论。首先，如果因为精明的投资者操纵了市场，那么就必须存在对他们有利的交易，否则他们就无法运用其智慧来操纵市场。不仅需要存在盈利的交易，而且这种交易应当能够持续地进行下去，否则精明的投资者就会从市场中退出，而新的投资者将会代替他们的位置。但是我们不能证明精明的投资者在 100 年前就控制了股市，我们无法证明从那时起他们就一直控制着金融市场，因为从前那些精明的交易商早就不在人世了。

另一个支持有效市场理论的论据是，从整体来看，专业投资者、货币基金经理或者股票分析师都没有可靠的能力来战胜市场。事实上，如果我们将交易成本和管理费用剔除之后，就会发现机构投资者的表现通常并不会超过股市的平均表现。这个结论或许很让人费解，因为人们常常认为，专业投资者受过更多的投资训练，应该比个人投资者更有系统性。事实上，这个结论并不那么难以理解。因为个人投资者总是会向专业投资者咨询意见，他们也可以观察到（尽管有时间差）专业投资者的行为。所以，即使专业投资者的分析对其他人来讲非常宝贵，但在实际上专业技资者的表现就代表了整个市场的表现。拥有较多固定资产的个人投资者大都是受到良好教育的、明智的人，而且最近的一些研究表明，只有将专业分析师的建议迅速付诸实施，它才具有一定的价值。[4]

最终，对于“比较明智的人有可能赚更多的钱”这个论断，在研究的时候没有发现强有力的证据，是因为没有适当的方法来衡量投资者的聪明程度。机构投资者并不一定比个人投资者聪明。我们没有数据库显示投资者的智商，从而来将他们的表现与智商相比较。不过即使有这样的数据库，也不清楚是否现有的智商测试能够正确衡量人的能力。

朱迪思·谢瓦利尔（Judith Chevalier）和格伦·埃利森（Glenn Ellison）曾经做过一个调查，他们把投资经理们的大学平均学术能力测试（SAT）成绩列成一张表，得到了与投资经理的智商比较接近的数据。他们确实发现，SAT 成绩较高的经理，其公司运作得更好，甚至在对其他因素进行了控制后也是如此。[5]

另一种检测是否“比较明智的人有可能赚更多的钱”的方法是看其能否持续成功地进行投资。如果我们有个人交易者的交易数据，并且其中一些人要比其他交易的人更聪明，那么我们应该能够通过交易数据发现一部分人账户上的钱持续减少，而另一部分则相反。事实上，我们能够通过投资者过去的成功投资记录来测量其投资的聪明度，然后再与其后续的成功记录进行比较。现有的研究表明，就长期而言，共同基金是唯一能够稳固持久地进行成功交易的投资者。[6]不过，共同基金是组织，而非个人投资者。至少直到最近，个人交易者复杂的交易数据仍几乎无法获得。

但是在近期的一个研究中，一些学者使用台湾证券交易所 5 年的日内回转交易参与者数据进行研究。研究发现交易成功具有相当的持续性。[7]同时还发现，大部分进行日内回转交易活动的投资者在交易当天甚至没有从他们的交易中赚足够的钱来抵消他们的交易成本，而其他很少一部分交易者却能够持续做到。那些失败的日内回转交易者逐渐退出市场，而成功的日内回转交易者则继续进行大量交易。

虽然这些研究没有解决聪明与投资成功关系的问题，但是，根据现有的证据，从长远角度来看，我认为聪明和努力的人能获得更好的投资业绩。

“明显”错误定价的例子

尽管有效市场理论在广大公众的心目中占据着权威地位，但是也常有人公然举例提出反对意见。事实上，现实经济生活中存在着许多错误定价的例子，媒体也常常报道此类案例。比如，在 20 世纪 90 年代股市繁荣时期，从许多互联网股票的价格判断，公众似乎一度过高估计了它们的潜力。

例如，eToys 公司成立于 1997 年，其业务是在互联网上销售玩具。1999 年该公司股票首次公开发行后很短时间内，股票市值高达 80 亿美元，大大超过了老字号的积木玩具零售商 Toys “R” Us 公司 60 亿美元的市值。然而，eToys 电子玩具公司 1998 财政年度的销售额仅为 3 000 万美元，而 Toys “R” Us 公司当年度的销售额为 112 亿美元，几乎是 eToys 公司的 400 倍。该年度 eToys 公司亏损了 2 860 万美元，而 Toys “R” Us 公司却净赚了 3.76 亿美元。[8]事实上，和其他玩具零售商一样，Toys “R” Us 公司目前已经建立了自己的网站。虽然在建立网站的初期有些困难，但是 Toys “R” Us 公司被认为比 eToys 公司更具有长期的竞争优势，因为 Toys “R” Us 公司规定，如果客户对网上购买的玩具不满意，可以到任何一个零售商处退货或咨询。此外，在吸引回头客方面，Toys “R” Us 公司的网站也做得非常好。尽管人们对 eToys 公司存在诸多怀疑，却还是喜欢投资它。不过，这些怀疑很快就变成了现实。2001 年 3 月，eToys 公司提出破产并申请从纳斯达克退市，最终，在 2001 年 5 月 eToys 公司把网站卖给了 KB Toys 公司，而最终这家公司也在 2004 年 1 月申请破产了。

在许多市场观察家看来，在 1999 年和 2000 年整个市场处于顶峰时，像 eToys 公司这样的股票，其极高的市场价格显得很荒谬。但是，这些市场观察家对市场的影响力并没有使错误定价现象得以纠正。他们该采取什么样的行动来纠正价格的扭曲呢？那些怀疑股票价值的人会试图卖空，一些人也许能成功，但是因为股价被热情的投资者哄抬的可能性总是存在，因此他们卖空的做法会受到限制。我们将看到其他一些原因。荒谬的价格有时会持续较长一段时间。

很显然，这些股票的投资者对投资的长远潜力考虑得不是很清楚，而股票市场中也没有一种力量能阻止投资者过高定价。这些证据是否有力地反驳了市场的有效性，或至少对于一些股票是这样的呢？如果有些股票可以被过高定价，而这些股票又是市场的一部分，那么这是否意味着股票市场作为整体可以被高估呢？

卖空限制和“明显”错误定价的持续

如果市场中经常存在对于卖空活动的限制，那么即使有大量聪明钱（精明的投资者）在不断寻找错误定价的资产，“明显”的错误定价也还是会发生。1977 年，新奥尔良大学教授爱德华·米勒（Edward Miller）在《金融学杂志》（*Journal of Finance*）上发表了一篇文章，在这篇文章中他首次提到了上述观点，这使得那些支持有效市场理论的学者们感到惊讶。[9]

米勒的论证实际上很简单。假设一只股票或者郁金香，或者其他别的什么东西，被一小群狂热者所抢购，他们会疯狂地相互竞价，并尽可能多地购买该项资产。有效市场理论并没有提到市场中不存在狂热者，它只是提出最终会由那些精明的投资者来决定市场的价格。但如果狂热者失去理智不断购买，并且最终成为该项资产的全部持有者，谁能够说这些资产的价值不会被过分高估呢？当然，那些精明的投资者并不会那么疯狂，他们可能会卖空该项被高估的资产，从而在其价格下跌的过程中获利。但是，如果他们无法借入这一资产，那么唯一能够参与该项资产的活动就只有购买了。因此，最终的结果是，他们将面临被迫出局的境地。有卖空限制的市场会被大幅高估，那些精明的投资者了解这一情况，但却无法以此来获利。[10]

卖空限制是真实存在的。一些国家的政府甚至根本不允许卖空行为。即便在允许卖空的国家里，支持卖空行为的机制也可能不能很好地运作。其中部分原因是，在这些国家里人们普遍对卖空者很反感，人们将各种坏的事情归咎于卖空者。纽约证券交易所过去曾有一个有序的股票借贷市场，融券券商们在此进行交易。但在 1929 年的股灾后，这个市场就被关闭了，卖空者因此受到了广泛的谴责。[11] 由于卖空者会造成公正价格的波动或下滑，所以他们通常被看做“具有超人力量的恶巫”。2008 年股市崩溃之后，为了阻止股市价格继续下滑，美国和欧洲都曾暂时禁止对金融股票的卖空行为。

难以进行卖空交易对证券的错误定价影响很大。3Com 公司在 2000

年 3 月股市处于顶峰时出售其子公司 Palm 的案例就是一个很好的错误定价的例子。在首次公开发行中，3Com 公司将其生产个人数码工具的子公司 Palm 公司 5%的股票卖给了公众投资者，同时声称不久后将卖掉其所持有的 Palm 公司的剩余股份。于是最初 Palm 公司 5%的股票涨到了相当高的价位，如果剩余的 95%的股票也值同样的价钱，那么其总市值将超过 Palm 公司所有者 3Com 公司的市值。这显然是错误的。不过，2000 年 7 月借入 Palm 公司股票的成本达到了一年 35%，这使得那些精明的投资者根本无法通过卖空 Palm 公司，以及买进 3Com 公司的股票来获利。[12]

Palm 公司的例子有些极端，但它说明了卖空限制的影响。其实，除了很明显的利息成本，还有很多因素阻碍了卖空行为，比如政府的、人们心理上的以及一些社会性的因素。

错误定价的统计证据

单凭几个所谓的资产错误定价的实例，很难得出任何可靠的关于市场有效与否的结论。事实上，有系统性证据表明，用传统衡量方法判定的“过高定价”的公司在此之后的表现不尽如人意。许多金融学术杂志上的文章并不是用几个例子，而是通过对许多公司大量数据的系统估计来证明这一点的。

斯蒂芬·菲格莱斯基（Stephen Figlewski）在 1981 年研究指出，投资难以卖空的股票可能影响投资收益。[13]在股市中更普遍的情况是，被高估的股票未来会比被低估的股票表现得差。1977 年桑吉·巴苏（Sanjoy Basu）研究发现高市盈率的公司未来表现更差，1992 年尤金·法马和肯尼思·弗伦奇（Kenneth French）在高市盈率的股票中也发现了这一点。[14]1985 年，据沃纳·德邦特和理查德·塞勒的研究，那些股票价格在五年之中大幅攀升的公司，在接下来的五年中，其价格趋于下跌，而那些在前五年内价格大幅下跌的公司，在接下来的五年中价格持续上涨（在第 8 章中，我们看到全世界股市有相同的趋势）。[15]1991 年杰伊·里特（Jay Ritter）发现，公司股票的首次公开发行总是出现在行业投资热的高峰时期，然后在接下来的三年里表现为缓慢和持续的价格下跌。[16]所以，股价有回归到平均值（或者长期的历史价值）的趋势，即涨幅大的股票有下跌的趋势，跌幅大的有上涨的趋势。

这些发现以及许多研究者的类似发现促成了一个市场策略——价值投资（value investing），也就是挑选那些用传统方法衡量价值被低估的股票。因为这些股票只是暂时被投资者忽略，最终还是会升值的。这个策略的另一种方法是将高估的股票卖空。有人可能会认为，价值投资者对股市的影响会降低，甚至有可能在一段时间内消除股票价值与其回报率之间的联系，原因是价值投资者追求的是买进定价过低的资产，这会拉高价格，并转移对价值被高估的资产的需求。

当投资者一窝蜂地去投资时，许多价值投资策略将很可能变得无效，但是整体上说，价值投资并不是永远不可取的。远离那些被高估的股票，才是明智的战略。定义价值的方式有很多种，并且从市场整体来看，完全消除这样的获利机会并不容易。

而且，即使价值对股票收益的影响消失了，也不意味着价值对整个市场长期收益的影响会消失。价值投资者的战略特征是，从定价过高的个别股票中退出，但在整个市场出现定价过高时不退出市场。

盈余变化和价格变化

另一个论点是，市场基本是有效的，然而从最广泛的意义上来说，这个论点仅仅指股票的价格大致是随盈余变化的。不过实际研究表明，尽管盈余的波动很大，但是市盈率却始终维持在一个相对小的范围内。

在 20 世纪 90 年代股市处于牛市期间，投资分析师彼得·林奇（Peter Lynch）频繁地出现在媒体上。富达投资集团（Fidelity Investments）的广告中刊登了他的一张整版巨幅照片，并用红色的大号字写道："尽管第二次世界大战以来有 9 次经济萧条时期，但是因为收益增长了 54 倍，股市仍然上涨了 63 倍，收益水平推动着市场的发展。"这则广告在股市达到峰值之前首次出现，其目的在于，让读者相信价格的增长是取决于盈余增长的。但事实上，这些数据都具有欺骗性。[17]由于彼得·林奇作比较时选取的时间间隔较长，又没有考虑通货膨胀因素，而且第二次世界大战结束时盈余水平比较低，所以他可以找到这样一种联系。但是如果选择其他的例子，价格的变化就不再取决于盈余的增长了。林奇的说法表明了一种普遍的看法，股价大致是取决于盈余的变化的，这也意味着，股市价格的变动不是由于投资者的任何非理性行为造成的。

正如我们已经指出的，在美国历史上只有三个比较大的牛市，即三个股价持续飞速增长的时期：20 世纪 20 年代的股票牛市，结束于 1929 年；20 世纪 50 年代的牛市；1982—2000 年的长牛市。（也许有人会算上 1901 年达到最高点的那次牛市，但那次涨幅不大。2003—2007 年的次贷繁荣以及 2009—2014 年的后次贷繁荣相比之下幅度也没有那么大。）

第一次牛市（1920—1929 年）是盈余迅速增长的阶段。在这个阶段，实际标准普尔综合盈余增长了 1 倍，而股票的实际价格上涨了大约 5 倍，股市的变化也许被认为是对盈余变化的反应，尽管这个反应大了些。

但是在第二个牛市的时候，这种价格上涨和盈余增长之间的联系就不是很明显了。大部分价格上涨发生在 20 世纪 50 年代，从 1950 年 1 月到 1959 年 12 月，实际标准普尔综合股价指数大约增长了两倍。但标准普尔综合盈余仅仅增长了 16%，从历史标准来看是低于平均水平的。从整个经济增长状况来看，20 世纪 50 年代的增长水平虽然不如 40 年代和 60 年代，但比平均水平要略高一些：1950—1960 年实际国内生产总值年均增长率为 3.3%。

第三次牛市时，股票实际价格从 1982 年到 2000 年一直持续上涨，但是盈余水平却没有增长，实际标准普尔综合盈余在 1991 年萧条时期的最低水平要低于 1982 年萧条时期的最低水平，但是实际标准普尔综合股价指数却是 1982 年的 2.5 倍。所以，在这次牛市时期，价格就不能仅仅看作盈余增长的结果了。

这些例子都表明，盈余增长和价格上涨的联系并不紧密，认为它们之间联系紧密从而否定泡沫理论是不正确的。

市盈率和随后长期收益之间的历史联系

实际上，价格的变动与盈余具有很大的相关性。从历史上看，相对于收益的长期趋势的价格波动倾向于在后来出现反方向的回复。图 11.1 是一幅散点图，其横轴是 1881—2003 年每年 1 月份的市盈率，纵轴是此后 10 年股市的实际（经通胀调整的）年收益率。这个散点图使我们可以直观地看出市盈率能够很好地预测长期（10 年）收益率。这里只有 1 月份的数据，如果一年 12 个月的数据都被标出，这个散点图就无法阅读了。当然这种制图方法的不足之处是：我们只能展示1月份的数据，从而忽视了市场的许多峰值和谷值。例如，我们缺少了1929年市场的峰值，也没有紧随其后的负收益。

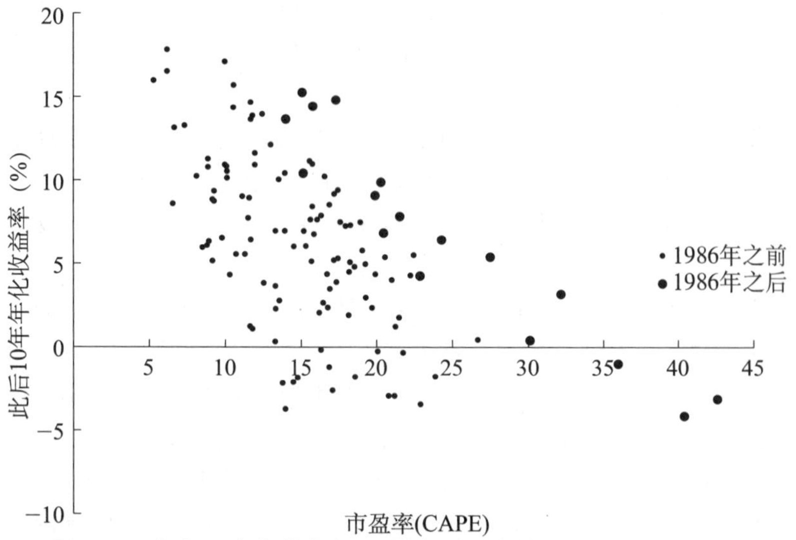

图 11.1　作为 10 年期收益率预测指标的周期性调整市盈率（CAPE）

该图是根据市盈率作出的 10 年期年化收益率散点图。横轴是每年（1881—2003 年）1 月份的市盈率（同图 1.3）。纵轴是每年 1 月份根据投资、再投资分红以及 10 年后抛售所得等计算的标准普尔综合指数股票年几何平均收益率。

资料来源：作者计算时所使用的数据来源同图 1.3。也可参见第 1 章章末注释 [3]。

由于横轴所示的周期性调整市盈率在每 10 年开始的时候就已经知道了，故图 11.1 展示了市盈率是如何预测收益率的。这幅散点图是由我的同事、经济学家约翰·坎贝尔（John Campbell）和我共同完成的。1996 年 12 月 3 日，格林斯潘刚刚结束其非理性繁荣的演讲，这张图成为了摆在美联储董事成员面前最强有力的证据。[18] 图 11.1 与我们那次会议所给的图略有不同，我们现在多给出了 17 年的数据，即 1987—2003 年（以 10 年为收益率预测区间的数据计算，右端点范围为 1997—2013 年），所以这 17 个新点被添加到了原来有 106 个点的图上。

这些点从左端最高处到右端最低处显示了一定程度的倾斜。在散点图左边一些时期（如 1920 年 1 月、1949 年 1 月、1982 年 1 月）接下来的长期收益率是很高的。而在散点图右边一些时期（如 1929 年 1 月、1937 年 1 月、1966 年 1 月）接下来的长期收益率是很低的。这里有一些很重要的例外，如 1899 年 1 月，尽管市盈率为较高的 22.9，其接下来 10 年期收益率仍高达每年 5.5%。另外如 1922 年 1 月，尽管市盈率只有 7.4，但其接下来 10 年期收益率仅为每年 8.7%。平均来看，这幅散点图总的规律是：低市盈率的年份对应着此后高的收益率，而高市盈率的年份对应着此后较低或者负的收益率。

尽管有人质疑其统计显著性，因为这 123 年的数据事实上只有 12 个没有交叠的 10 年期间隔，但市盈率与此后收益率的相关性还是比较强的。事实上，类似统计显著性的相关学术争论始终存在，一些复杂问题的统计方法仍处于研究中。[19]然而，我们相信以上得出的相关性是统计显著的。图 11.1 证实了对那些把资金投资于市场整整 10 年的长期投资者而言，若投资起始时股价相对于公司收益处于较低水平，则其长期的投资收益会相对较高。而若投资起始时股价相对于公司收益处于较高水平，那么其长期投资的收益则不尽如人意。我个人建议长期股票投资者应该在股价处于较高水平时减持，比如目前的市场就是这样，而在股价处于较低水平时抓住时机进场。[20]

2000 年市场达到顶峰时，股市的平均市盈率越过了 40，远远超出了正常的历史范围。如果把这样一个市盈率标记在横轴上，就要画在图的外面了。同年，在本书的第一版中，我并没有使用这个图来作为预测股票市场的基础。这个预测让人们难以相信。如果有人想用直线或曲线来拟合这些散点，由于 2000 年的市盈率是在历史范围之外的，这个曲线的形状将会受到很大影响。这个图告诉我们，从 2000 年开始到 2010 年进行长期投资，预期的平均收益率将是负数。如果用 20 世纪中期的市盈率来计算，那么 2014—2024 年其预期实际收益率为零，这个预测再一次让人觉得难以置信。

对于图 11.1 所示关系的质疑部分是真实的，如果不是那么高度可靠的话，其中的原因在于，正如图中计算的数据（使用 10 年期的移动平均收益率），从历史上看，当价格相对于收益率很高时，以股息表示的收益率是很低的；而价格相对于收益率很低的时候，以股息表示的收益率则是相对较高的。[21]2000 年市盈率创出新高，而股息收益率则刷新了最低纪录。2000 年 1 月，标准普尔的股息仅是价格的 1.2%，远远低于 4.7%的历史平均水平。2004 年，整个市场走低，股息有了一定的增长，达到了 1.7%，但仍然处于较低水平，而在 2014 年则上升至 1.9%。如果一个人所获得的股票股息如此之低，他将调低对于投资收益率的预期，毕竟股息是持有股票全部收益的一部分（其余部分是资本利得），而且一直就是股票平均收益的重要组成部分。股息获得的是可靠的收益，而资本利得的收益就不那么好预测了。

当股息很低的时候，持有股票的收益率也很低，除非低的股息本身能够预测股票价格的上升。所以，在股息低的时候，人们期望股票价格比平时涨得更多，从而抵消低股息导致的收益率下降。不过历史数据显示，当股息相对于股票价格较低时，随之而来的并不是未来5～10年内股票价格的上升。恰恰相反，当股息相对于股票价格低的时候，往往跟随着很长时期的股价下跌（或者说增长率比平时低）。因此，此时投资者的总收益将受到双重打击：一方面是低的股息，一方面是股价下跌。所以，一个简单的道理是：当人们获得的股息相对于购买股票的价格低时，不是购买股票的好时机，这一道理已经被历史证明是正确的。

用于预测超额收益（股票超出债券）的利率

当利率非常低（正如本版书稿写作之时的利率）时，投资股市似乎更有吸引力，即使从周期性调整市盈率（CAPE）来看，股价已经非常高。这是因为，除了股市，没有更好的投资选择了。实际上，如果长期利率非常低（比如，2012年长期利率跌至其历史最低点，如图1.3所示，其时美联储宣布其第三轮量化宽松政策），债券投资者必定会怀疑债券相对于股票的投资价值，即便此时市盈率非常高。

既然通过周期性调整市盈率可以反向预测出长期收益，那么我们可以猜想，股票与债券之间的实际超额收益（也就是股票所得实际收益减去债券所得实际收益）会同时受到市盈率和预计实际长期利率的负面影响。实际上，图1.1所显示的正是这样的一种情景。[22]如果市盈率很高，长期实际利率也很高，那么此时应该就是我们抛弃股票、转投债券的最好时机了。1929年9月正是这样一个时机，当时市盈率是32.6，长期利率是3.4%，同时由于20世纪20年代通货紧缩，实际长期利率甚至更高，为3.7%。1929—1939年，股票较之于债券的估计超额收益为－2.3%（1929—1939年实际年超额收益为－6.3%）。而在2014年笔者完成本版书稿时，我们处在一个不同的时间点上，此时市盈率（CAPE）在25左右，长期利率在2.5%左右，而估计实际长期利率大约只有0.25%。基于截至2014年7月的简单数据分析，预计2014年7月至2024年7月的10年间，美国股票较之于债券的年超额收益为2.4%。当然了，任何这样的预测都需要我们格外谨慎小心。

股息变动和价格变动

一些经济学家指出，股票实际价格的变动与实际股息的变动有着紧密的联系。[23]股息变动能被看做根本价值的显示器，所以这些经济学家提出：有证据表明股价是由真实价值而非投资者的态度推动的。

我认为这些经济学家夸大了股息与价格变动之间的关系，事实上股价的波动并不是与股息的波动密切联系的。回顾一下 1929 年 9 月的股市高峰和 1932 年 6 月的低谷，根据标准普尔实际指数，股市下跌了 81%，而实际股息只下跌了 11%。在 1973 年 1 月股市高峰和 1974 年 12 月股市低谷期间，根据标准普尔实际指数，股市下跌了 54%，而实际股息只下跌了 6%。还有其他许多这样的例子。

我们所看到的实际价格和实际股息的互动现象，很有可能缘于股息对相同的因素所做出的反应，这些因素（可能包括投机性泡沫）非理性地影响着价格。投资经理们设定股息，这样做在一段时间内会使股息率，也就是分红比率各不相同。投资经理属于投资大众文化的一部分，所以也和公众一样，常常受各种不同的乐观或者悲观态度的影响。他们也许会允许这种感觉影响股息政策的决策行为，所以价格和股息本质上有些相似，因而它们都易受潮流和时尚的影响。

总的来说，股价有其自身的规律：它不是简单地随着盈余或股息的变动而变动，也不是由未来盈余或股息的信息所决定的。为了真正了解股价变动的原因，我们需要观察一下其他方面。

过度波动和总体情况

在金融学术杂志上，有许多有关市场有效性的论据，但是很难说这些论据是支持有效市场理论的还是反对它的。近几年来，在有效市场理论中发现了大量市场异象。其中包括一月效应（January effect）（股价在 12 月到来年 1 月之间容易上涨）、小公司效应（small-firm effect）（许多小规模公司的股票容易有较高的回报率）、周历效应（day-of-the-week effect）（股市在星期一表现较差）和其他许多现象。我们如何将这些现象解释成支持有效市场理论的证据呢？

认为这些市场异象仍然支持有效市场理论的一种说法是，大多数现象所产生的影响较小，并不是股票牛市或者熊市的重要因素。另一个说法是，这些异象在被发现后很快就消失了。的确，自 1995 年以后一月效应以及在千禧繁荣期间小公司效应好像已经消失了。[24]但对此类研究结果的这种概括似乎难以令人信服。按照有效市场理论支持者的逻辑，一方面，这些异象持续时间较长，显示了金融市场的非有效性；另一方面，这些异象的消失则表明了有效市场理论的正确性。[25]

市场有效理论的主要支持者默顿·米勒（Merton Miller）注意到确实有许多细小的市场异象，但是他认为，它们是微不足道的："我们将所有这些事实抽象并构造成模型，并不是因为这些事实不有趣，而是因为它们太有趣了，所以可能会分散我们的精力，使我们不再注意主要的问题——普遍的市场力量。"[26]但是，他没有解释市场力量是不是理性的。

将周历效应以及与此相似的各种异象的细节抽象化（就像米勒所做的那样），我们能从整体上讲股市是有效的吗？多年的股市价格大幅变动是否真的反映了企业重要变化的信息？

市场中不存在短期动量效应或者惯性（股价指数每日或每月的变化没有多大的可预测性），这些证据都不能给予我们任何有关整体有效性的论证。我们已经从简单的经济原理中知道，股价每天的变化是无法预测的。因为如果能够做出这样的预测，就可能产生极高的收益，而这样高收益的机会是不太可能存在的。

判断是否有论据证明有效市场理论基本正确的方法之一是：在较长时间内，观察股息的变化能否证明股票价格波动的合理性。这个方法我已经在 1981 年发表于《美国经济评论》的一篇文章中进行了阐述［同时，斯蒂芬·勒罗伊（Stephen LeRoy）和理查德·波特（Richard Porter）也写了类似的文章］。如果股价的变动像有效市场理论最初所说的那样，能够用公司未来分配的股息来说明，那么按照有效市场理论，我们就不可能只有波动的价格而没有波动的股息。[27]

事实上，我的文章得出的结论是，美国市场总体股价变动超过了由股息变动决定的趋势，因为股息目前表现出了前所未有的平缓增长趋势。在得出这个结论时，金融界比现在要更相信有效市场理论。这个结论引起了非常大的反响，我因此受到了许多攻击。股价比股息现值（dividend present value）更易波动。除了两者之间的差别是否有统计上的重要意义以及我对这种差别的解释是否切中要害这两点还有待商榷以外，没有人能对这一现象提出质疑。

我的文章中有一幅结论性的图，它显示了 1871—1979 年实际标准普尔综合股价指数。同时在这幅图上，还有一条股票股息现值的曲线。股票股息现值是这样计算的：我们先算出在某一个年份之后，构成实际标准普尔综合股价指数的股票每一年实际分发的股息是多少，然后将其折现至开始时的年份，这就得到了那个年份的股票股息现值。2003 年，这幅图有了更新的版本（见图 11.2），展示了股票价格和股息现值。[28]

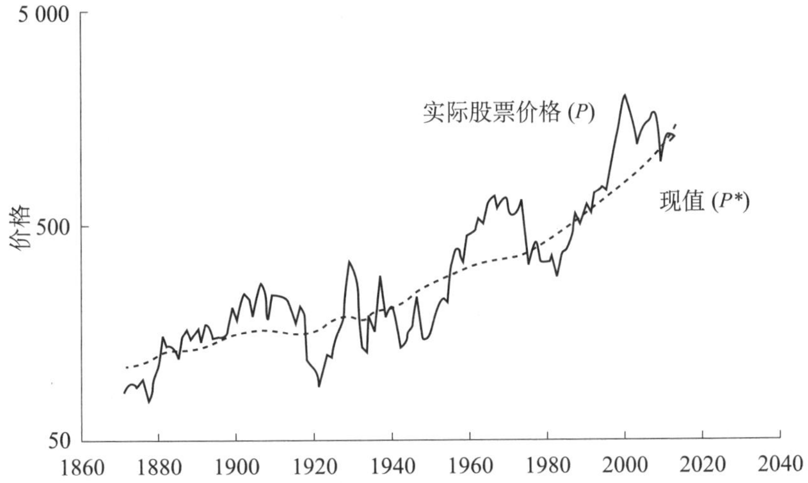

图 11.2　股票价格和股息现值，1871—2013 年

图中，实线为实际标准普尔综合股价指数 1881—2013 年的值，虚线为该指数通过常数折现率计算的股息现值。图中纵轴为对数标度，这与本书之前的图表处理不一样，但都只是显示每年 1 月份的数据结果；也正因为如此，图 1.1 所示的实际股价曲线与这里的曲线有所差异。

资料来源：作者计算时所使用的数据来源同图 1.1。也可参见第 1 章章末注释［3］。有关数据计算见本章章末注释［28］。

股息现值在当年并不十分确定，因为它完全由此后年份的股息决定，而此后的股息在当时还没有支付。根据有效市场理论模型，未来股息的现值就是当年股票的真实价值。那么当年股市的实际水平，也就是图 11.2 所示的股价，应当被认为是股票真实价值的最优预测，因为这种预测是根据当年市场上有关股息现值的信息做出的。

对照这幅图，我们可以看到整个市场的情况以及证明美国股市整体有效性的重要证据。如果股息现值随时间起伏很大，或者如果实际股价能够准确地预测股息现值的变化，从而显示出与股息现值相同的变动趋势，我们就可以认为，有证据表明股价的变动是符合有效市场理论的。

但是我们看到现值序列没有比价格序列本身波动更大，此外，没有迹象表明股价能预测股息现值。[29]

股息现值是非常稳固的并且呈现出一定的趋势。一部分原因是，用来计算当前价值所使用的数据延伸到了未来一段时期内；另一部分原因则是股息本身没有显著的变化。因为能从很长的一个时间段来考察现值，在一些早已熟知该理论的人（那些研究它，并对它的数量有直观把握的人）看来很明显的是：历史上这些大的股市价格波动事实上与股息后来的变动没有什么联系。也许有人会说，100 多年的时间对于发现这种联系来说不够长。但是事实仍然证明了股票价格和股息现值的这样一种联系并不存在。

我在 1981 年提出了股价变动过大而不能与有效市场保持一致的观点。假设股票价格被认为是股息现值的最优预测值，那么如果公司的价值呈现平缓的增长趋势，股票价格则不应该不规则地变化。如果公众能够完美地预测未来，价格就有可能像现值一样不稳定，在那种情况下，价格应当与现值完美吻合。如果公众不能很好地预测未来，那么预测的价格将会围绕真实价值上下波动。但这不是我们在图 11.2 中见到的情形。

从图 11.2 中我们可以看出，媒体所称的因为企业的短期前景而引起股市波动的这种说法是具有误导性的。如果有效市场理论是正确的，近期内暂时性的经济萧条实际上不会对股价产生什么影响。历史上的衰退一直以来都是短暂、微弱的，从而无法证实与它们相联系的股票市场的变动。相反，如果根据有效市场理论来解释，股价的波动应当是对实际股息的长期预测做出的反应。但是在整个美国股市的历史中，股息波动是沿平缓的趋势上升的。

在 1981 年的论文中，我认为，使股价的波动性与有效市场模型相吻合的唯一方法（在不依赖股票市场折现率变化的前提下），就是假定股息的历史性波动并不代表未来的波动。也就是说，人们可以这么认为，虽然股息变动碰巧没有发生在我们所观察的这个世纪的数据中，但无论在什么情况下，所观察到的市场价格的波动都是人们出于对可能、主要和持久的股息变动的考虑。举例来说，人们可以考虑到一个重大而很少发生的事件，比如政府对股市的国有化使得股息骤然减少，或者一个技术上的突破使现有公司能够支付高达几倍的股息。在股票定价时，人们也可能考虑未来利率的波动或大经济环境的变化，这些变化因素也是本书稿所附笔者诺奖演讲稿所考虑的可能因素。[30]

我以前也提到过，我的发现受到了广泛的批评。其中最显著的批评来自罗伯特·C. 默顿（Robert C. Merton），他是一位杰出的金融理论家，同时他作为美国长期资本管理公司（Long Term Capital Management）对冲基金（hedge fund）的主要负责人也遭受了严重的经济损失。默顿和特里·马什（Terry Marsh）一起在 1986 年的《美国经济评论》上发表了一篇文章反驳我的观点，并得出了一个具有讽刺意味的结论：投机市场并没有太大的波动。[31]

约翰·坎贝尔和我写了许多论文，试图为这种过度波动的说法寻找更有力的证据。我们建立了一个数据模型，来分析这个问题以及其他被许多批评家强调过的问题。[32]我们认为有非常有力的论据证明股市违反了有效市场模型。

然而，我们的研究仍然没有彻底解决这个问题，因为所能提出的数据问题太多，而且仅仅只提供一个多世纪的数据是不能得出任何结论性的东西的。

还应该指出的是，金融市场波动中的相当一部分也许可以由未来股息或盈余的信息来解释。在过去的 100 年中，美国公司的股息非常有规律，也许这可以归结为运气，而不是股息走向存在固定的规律。坎贝尔和我将趋势的不确定因素考虑在内，对数据研究的结果进行了解释，我们预测美国股市年回报率波动的 27%是未来股息的真实信息造成的。[33]坎贝尔和约翰·阿默尔（John Ammer）用同样的方法以及一组更近的数据（战后的数据）发现，只有 15%的美国月度回报率的波动是由于有关未来股息的真实信息引起的。[34]

我发现长期利率水平过度波动的证据较少，同时证明各股价指数之间的差额存在着过度波动的证据也很少。[35]就单只股票而言，那些未来股息的现值波动比整体市场波动更厉害的股票，显示了比整体市场较少的过度波动。[36]投机性泡沫引起的过度波动可能是推动投机市场发展的因素之一，这种因素的重要性随市场的变化而不同。我们并不总是处于一个过度波动的情形中。

但是现在我们的股市、房地产市场甚至商品市场似乎都正处于这样一种过度波动的情形中。为这些市场近期价格水平过高而辩护的人们很难举出鼓舞人心的事实，他们认为，在这些市场的价格激增应该被解释为理性的有效市场对真正新信息的反应。

另一些辩护者对这些突然增高的价格有着完全不同的解释。为了证实市场上价格上升的合理性，这些辩护者放弃了市场总是有效的观点，他们认为这些市场只是在逐渐变得有效，这是人们在经历了许久的无知之后，才明白的一个真理。这种说法与市场本质上就是有效的形成了鲜明的对比。考虑到很多人都在推进这一说法，我们还不能否认它。我们将在下一章评价这种观点。

【注释】

[1] 参见 Eugene Fama，“Efficient Capital Markets：A Review of Theory and Empirical Work，” *Journal of Finance*，25（1970）：383-417。

[2] George Gibson，*The Stock Markets of London*，*Paris and New York*（New York：G. P. Putnam's Sons，1889），p. 11. 关于有效市场理论思想的历史，参见 Robert J. Shiller，“From Efficient Markets Theory to Behavioral Finance，” *Journal of Economic Perspectives*，17（2003）：83-104。

[3] Joseph Stagg Lawrence，*Wall Street and Washington*（Princeton，N. J.：Princeton University Press，1929），p. 179.

[4] 如果不算交易费用以及必须跟上职业分析家不断改变的看法等原因，听取他们的建议似乎确实有一定的好处。参见 Womack，“Brokerage Analysts' Recommendations”；and Brad Barber，Reuven Lehavy，Maureen McNichols，and Brett Trueman，“Can Investors Profit from the Prophets? Security Analyst Recommendations and Stock Returns，” *Journal of Finance* 56（1）（2001）：531-563。第二篇文章认为除了交易费用，“那些考虑股票应该买入还是卖出的（投资者）……最好是买入那些分析师一致推荐的股票，并且卖出那些分析师评级较差的股票”（p. 562）。

[5] Judith Chevalier and Glenn Ellison，“Are Some Mutual Fund Managers Better than Others? Cross-Sectional Patterns in Behavior and Performance，” *Journal of Finance*，54（3）（1999）：875-899.

[6] 例如 William Goetzmann and Roger Ibbotson，“Do Winners Repeat? Patterns in Mutual Fund Performance，” *Journal of Portfolio Management*，20（1994）：9-17；Edwin J. Elton，Martin Gruber，and Christopher R. Blake，“Survivorship Bias and Mutual Fund Performance，” *Review of Financial Studies*，9（4）（1996）：1097-1120；以及同一作者的文章，“The Persistence of Risk-Adjusted Mutual Fund Performance，” *Journal of Business*，69（1996）：133-137。

[7] 参见 Brad M. Barber，Yi-Tsung Lee，Yu-Jane Liu，and Terrance Odean，“Do Individual Day Traders Make Money? Evidence from Taiwan，” unpublished paper，University of California，Davis，2004。

[8] Andrew Edgecliffe，“eToys Surges after Listing，” *Financial Times*，May 21，1999，p. 29.

[9] Edward M. Miller，“Risk，Uncertainty and Divergence of Opinion，” *Journal of Finance*，32（1977）：1151-1168.

[10] 从理论上来说，即便没有狂热的购买者，卖空限制在资产价格超过了其实际内在价值的时候也可能出现。也就是说，当人们完全理性的时候，从众所周知的经济模型中，人们明白价格在未来的某一确切的日子会回落。数理经济学家用资产估价过高的相关知识从理论角度给出了理性预期模型，但这一知识并不是众所周知的。在这本书中，对卖空限制的陈述不是从一个普通的终值角度引出的。每一个人都知道价格会下跌，但人们还是希望能在价格下跌之前把资产卖个好价钱。参见 Frankin Allen, Stephen Morris, and Andrew Postlewaite, "Finite Bubbles with Short Sale Constraints and Asymmetric Information," *Journal of Economic Theory*, 61 (1993): 206-229。

[11] 参见 Charles M. Jones and Owen A. Lamont, "Short Sale Constraints and Stock Returns," *Journal of Finance*, 66 (2-3) (2002): 207-239。

[12] 参见 Owen A. Lamont and Richard H. Thaler, "Can the Market Add and Subtract? Mispricing in Stock Market Carve-Outs," *Journal of Political Economy*, 111 (2003): 227-268。

[13] 参见 Stephen Figlewski, "The Informational Effects of Restrictions on Short Sales: Some Empirical Evidence," *Journal of Financial and Quantitative Analysis*, 16 (1981): 463-476。菲格莱斯基关于卖空的计算可能不是特别准确，还有其他一些更好的用于预测收益的方法。参见 Joseph Chen, Harrison Hong, and Jeremy C. Stein, "Breadth of Ownership and Stock Returns," *Journal of Financial Economics*, 66 (2002): 171-205；以及 Anna Scherbina, "Stock Prices and Differences in Opinion: Empirical Evidence that Prices Reflect Optimism," working paper, Kellogg Graduate School of Management, April 2001。

[14] Sanjoy Basu, "The Investment Performance of Common Stocks Relative to Their Price-Earnings Ratios: A Test of the Efficient Markets," *Journal of Finance*, 32 (3) (1977): 663-682; Eugene Fama and Kenneth French, "The Cross Section of Expected Stock Returns," *Journal of Finance*, 47 (1992): 427-466. 当股价过高的时候公司经理是知道的，于是会减少发行新的股票。因此，公司发行股票融资是其未来收益的负面信号。参见 Malcolm Baker and Jeffrey Wurgler, "The Equity Share in New Issues and Aggregate Stock Returns," *Journal of Finance*, 55 (5) (2000): 2219-2257。

[15] De Bondt and Thaler, "Does the Stock Market Overreact?"；也可参见 James Poterba and Lawrence Summers, "Mean Reversion in Stock Prices: Evidence and Implications," *Journal of Financial Economics*, 22 (1988): 26-59。

[16] Jay R. Ritter, "The Long-Run Performance of Initial Public Offerings," *Journal of Finance*, 46 (1) (1991): 3-27.

[17] 提到林奇的研究的广告随处可见，《共同基金》(*Mutual Funds*, September 1999, p. 37) 就是一例。广告中说这些数据是标准普尔 500 指数，但却没有给出取样日期。通过寻找收益增长幅度最大的时期，同时不考虑通货膨胀因素，我可

以大致重复引文的结果。为了使收益增长幅度最大，先在第二次世界大战刚结束那段时期找一个起始数据，那时的收益受战争影响仍然很低，而且还处于 1945 年 10 月经济萧条的底部。滞后的全年标准普尔总收益从 1946 年第二季度到 1997 年第三季度共增长了 48 倍，1946 年 6 月—1998 年 4 月间，标准普尔综合股价指数上涨了 60 倍。因此，多少可以确定林奇的结果来自这段时间。但是如果选取另一些时期，结果会大不相同。从 1947 年第四季度到 1998 年第四季度，收益只增长了 23 倍，而价格从 1947 年 12 月到 1999 年 4 月上涨了 83 倍，这些略为不同的取样时期给人的印象是，价格的上涨比收益的增长要快得多，这与那则广告所表明的情况完全不同。

1946—1997 年，生产者价格指数上涨了 7 倍，因此，事实上那段时间的实际收益只增长了 7 倍。这意味着实际收益年增长率约为 4%。从 1947 年第四季度到 1998 年第四季度，实际收益的年增长率只有 3%，整个这段时期扣除通货膨胀因素的收益增长并不显著，至多不会超过政府保值债券的现行利率。然而那则广告由于选样与众不同，所显示的变化相隔时期长且没有扣除通货膨胀因素，以致给人造成错误印象：巨大的收益增长必然带来巨大的价格上涨。

[18] 参见 John Y. Campbell and Robert J. Shiller, "Valuation Ratios and the Long-Run Stock Market Outlook," *Journal of Portfolio Management*, 24 (1998): 11-26；以及 John Y. Campbell and Robert J. Shiller, "Valuation Ratios and the Long-Run Stock Market Outlook: An Update," in Richard Thaler (ed.), *Advances in Behavioral Finance II* (New York: Sage Foundation, 2005)。

[19] 一些人认为比率（市盈率、股息价格比，以及其他测量实际价值对价格的比率）是能够预测收益的。约翰·科克伦在《资产定价》一书中曾提出，股息价格比能预测股票的超额收益。参见 John Cochrane, *Asset Pricing* (Princeton, N. J.: Princeton University Press, 2001), p. 389。

然而，学术著作还没有解决这个问题的统计显著性。还存在着没有解决的统计复杂性，尤其是单位根的比率以及价格中独立变量与从属变量两者之间的内生变量问题。坎贝尔和我（1989 年）曾推断图 11.1 中收益的可预测性并不是内生变量问题；参见 John Y. Campbell and Robert J. Shiller, "The Dividend Ratio Model and Small Sample Bias: A Monte Carlo Study," *Economics Letters*, 29 (1989): 325-331。也可参见 Robert Stambaugh, Jianfeng Yu, and Yu Yuan, "The Long of It: Odds that Investor Sentiment Spuriously Predicts Anomaly Returns" (Working Paper No. 18231, Cambridge, Mass.: National Bureau of Economic Research, July 2012)。还有其他统计问题：渐近分布理论在小样本中应用是否合适，制度变化产生的问题，潜在数据的测量问题以及解释由某研究者有选择性地给出的复杂统计资料的困难。

乔纳森·卢埃林（Jonathan Lewellen）使用美国的数据来说明这些比率中不存在单位根，并且得出了结论：市盈率、账面市值比率和股息价格比在预测收益时都是统计显著的。参见 Jonathan Lewellen, "Predicting Returns with Financial Ratios," *Journal of Financial Economics*, 64 (2004): 209-235。

然而，沃尔特·托伦斯（Walter Torous）、罗森·瓦尔卡洛夫（Rossen Valkanov）和严姝（Shu Yan）考虑了单位根存在的可能性，并且估计了自回归参数的范围，使用美国的数据得出结论：有迹象表明，基于短期而非长期的比率具有可预测性。参见 Walter Torous, Rossen Valkanov, and Shu Yan, "On Predicting Stock Returns with Nearly Integrated Explanatory Variables," *Journal of Business*, 78 (1) (2005): 937-966。

约翰·坎贝尔和莫托海罗·约格（Motohiro Yogo）使用美国股市 1871 年以来的数据，做了基于自回归参数的估计边界的更加有力的实验，得出结论：股息价格比和市盈率在预测股市超额收益时都是显著的。参见 John Y. Campbell and Motohiro Yogo, "Efficient Tests of Stock Return Predictability" (Working Paper No. w10026, Cambridge, Mass.: National Bureau of Economic Research, October 2003)。

阿米特·戈扬（Amit Goyal）和伊沃·韦尔奇（Ivo Welch）使用这些比率做了预期衰退的实验，得出实验中预期的相关性并不稳定。参见 Amit Goyal and Ivo Welch, "Predicting the Equity Premium with Dividend Ratios," *Management Science*, 49 (2003): 639-654。

安德鲁·安格（Andrew Ang）和吉尔特·贝克特（Geert Bekaert）研究了 5 个国家的数据得出结论：在这些国家中用股息价格比来预测收益的正确度不是很高。参见 Andrew Ang and Geert Bekaert, "Stock Return Predictability: Is It There?" unpublished paper, Columbia University, 2004。

关于重叠观察和长期预期衰退，罗森·瓦尔坎诺夫（Rossen Valkanov）得出了一些新的结果，并且认为股息价格比在预测收益时并不是统计显著的。参见 Rossen Valkanov, "Long-Horizon Regressions: Theoretical Results and Applications," *Journal of Financial Economics*, 68 (2003): 201-232。

埃里克·耶尔马森（Erik Hjalmarsson）是第一个研究了 40 个处于衰退中的国家股票市场的人，他得出结论，在大多数情况下，运用比率预测收益不具有统计显著性。参见 Erik Hjalmarsson, "Predicting Global Stock Returns with New Methods for Pooled and Long-Run Forecasting Regressions," unpublished paper, Yale University, 2004。

这些论文讨论的问题都相当精妙。要完全解决这些难题可能要数年的时间。

[20] 除此以外，长期趋势将会向相反的方向发展。短期股价有向同一个方向运动的微弱趋势。参见 Campbell, Lo, and Mackinlay, *The Econometrics of Financial Markets*; Narasimhan Jegadeesh and Sheridan Titman, "Returns to Buying Winners and Selling Losers: Implication for Stock Market Efficiency," *Journal of Finance*, 48 (1993): 65-91；以及 Brunce N. Lehmann, "Fads, Martingales, and Market Efficiency," *Quarterly Journal of Economics*, 60 (1990): 1-28。

[21] 很早以前就已经知道，股息倾向于按照长期移动平均收益率那样变化。参见 John Lintner, "The Distribution of Incomes of Corporations among Dividends, Retained Earnings and Taxes," *American Economic Review*, 46 (1956): 97- 113。

[22] 通过表1.1中的数据，我们可以构造出1881—2004年中每一年之后10年股票与债券的实际收益（对应的是相隔10年之后的1891—2014中每一年的收益）。长期利率的计算是从长期债券收益率中减去过去10年实际的平均通货膨胀率。超额收益对周期性调整市盈率（CAPE）和实际利率进行回归的结果显示，两者的回归系数都为负，并且 R^2 为0.41。

[23] 经济学家罗伯特·巴斯基（Robert Barsky）和布拉德福德·德朗（Bradford De Long）提出，如果股价对股息的变化有所反应，那么股价的变动就不应该认为是由投资者的投机性行为引发的。参见 Robert Barsky and Bradford De Long, "Why Have Stock Prices Fluctuated?" *Quarterly Journal of Economics*, 108 (1993): 291-311。他们提出也许人们理性地认为最近股息的增长将会无限期地持续到未来——即使是在历史数据中，增长率也从未持续这么长时间。

肯尼思·弗鲁特（Kenneth Froot）和莫里斯·奥伯斯特费尔德（Maurice Obstfeld）对价格和股息之间的协动性做出了评价，他们假定了一个内在泡沫模型，在该模型中价格的反应是明显夸张的，但股息的变动是很理性的。在他们的理论中，在某种意义上，股价对股息是反应过度的，但是并没有机会利用这种过度反应来获利。参见 Kenneth Froot and Maurice Obstfeld, "Intrinsic Bubbles: The Case of Stock Prices," *American Economic Review*, 81 (1991): 1189-1214。对实际价格而言，使用担保价格并不比股息更合适，除非在他们的模型中，当股息更高的时候，股价的反应也更加敏锐，这样才会使得1950年后的担保价格更加贴近实际股价。

[24] 关于这些市场异象的回顾，参见 Siegel, *Stocks for the Long Run*, 5th ed., pp. 326, 176, 336, etc。一项研究观察了发表在学术期刊上的95种不同股票市场异象预测收益的文章，并发现可预测性上限的下降是由于25%的统计偏差，而对于发表后的下降，文章作者归因于统计偏见和知情交易，占比为56%。参见 R. David McLean and Jeffrey Pontiff, "Does Academic Research Destroy Return Predictability?" unpublished paper, University of Alberta, 2014。

[25] 市场有效性研究的反复无常的异常现象也主要归因于计量经济学所使用的不同的方法。参见 Tim Loughran and Jay R. Ritter, "Uniformly Least Powerful Tests of Market Efficiency," *Journal of Financial Economics*, 55 (2000): 361-389。

[26] Merton Miller, "Behavioral Rationality in Finance: The Case of Dividends," in Robin M. Hogarth and Melvin W. Reder (eds.), *Rational Choice: The Contrast between Economics and Psychology* (Chicago: University of Chicago Press, 1986), p. 283.

[27] Robert J. Shiller, "Do Stock Prices Move Too Much to Be Justified by Subsequent Movements in Dividends?" *American Economic Review*, 71 (3) (1981): 421-436; Stephen LeRoy and Richard Porter, "Stock Price Volatility: A Test Based on Implied Variance Bounds," *Econometrica*, 49 (1981): 97-113. 也可参见 Sanford J. Grossman and Robert J. Shiller, "The Determinants of the Variability of Stock Market Prices," *American Economic Review*, 71 (1981): 222-227。

[28] 为计算任意给定月份的股息现值，我们要统计未来任何一年中支付的股息在给定年份的月折现值。未来任一年中支付的股息在给定年份的折现值是将该年的实际股息支付除以 $(1+r)^t$，这里 r 是年实际折现率，t 是未来年份与给定年份的间隔。图 11.2 的第一个股息现值使用的是一个常数折现率 r，r 是与 1871—2013 年间的市场平均实际年收益率相等的值。认为 r 是常数的假设是根据有效市场预期中，从长期来看市场预期收益是常数。因此，从预期收益来看，不存在进入股市好的或坏的时机。

当然，我们并不知道在将来股息是多少。为了计算股息的现值，我认为 2013 年之后的实际股息将会以 2003—2013 年的实际平均几何增长率增长。我们需要对 2013 年之后的实际股息增长速度做出假设意味着图中更多近期的股息现值没有实际股息现值那么可信。然而，2013 年之前的 20 年或更多年中，股息现值数据是相当可靠的，因为 2013 年以后的年份在计算现值时被折现了很多。

最近有人担心，股息政策可能会掩饰从公司到投资者的现金流动。凯文·科尔 (Kevin Cole)、简·赫尔维格（Jean Helwege）和戴维·拉斯特（David Laster）（“Stock Market Valuation Indicators: Is This Time Different?” *Financial Analysts Journal*, 52 [1996]: 56-64）估计，总体说来股息形式的股票回购会使 20 世纪 90 年代中期的股息价格比上升 80 个基点。尽管经历了这次调整，标准普尔综合股息价格比至今仍远远低于其历史最低点。梁和夏普（Liang and Sharpe, “Share Repurchases and Employee Stock Options”）指出，科尔、赫尔维格和拉斯特关于股票以市场价格发行的假说是错误的，因为许多股票的发行要受员工股票期权的影响。对股票发行价低于市场价这一事实可理解为，由于股息现值低于图 11.2 所示的数值，使得股息终值趋于降低。

[29] 需要强调的是，有效市场理论并不意味着股价曲线要比股息现值曲线平滑，而是从整体上看起伏波动较小，从某种意义上说，这一点需要严格定义，我在一篇关于过度波动性的文章中曾努力解释过这一点，参见 Robert J. Shiller, “The Volatility of Long-Term Interest Rates and Expectations Models of the Term Structure,” *Journal of Political Economy*, 87 (1979): 1062-1088。可是一些评论家却无视这些解释，当他们后来再次提出这一点时，还以为自己提出的观点很新鲜，很有创意；特别的，参见 Allan Kleidon, “Variance Bounds Tests and Stock Price Valuation Models,” *Journal of Political Economy*, 94 (1986): 953-1001。单靠这幅图无法得出任何有关有效市场的可靠结论，然而我认为这幅图为有效市场提供了不少信息，弥补了它在美国综合股市数据方面缺乏整体证据的不足。这幅图可以帮助我们纠正一些有关市场有效性证据的错误想法。

[30] 桑福德·格罗斯曼（Sanford Grossman）和我做了许多同方向的研究（in “The Determinants of the Variability of Stock Market Prices”），但仍然把整个市场描述成是过度波动的。

[31] 他们的论据是，公司依据价格确定股息，所以导致了股息的不稳定性；参见 Terry A. Marsh and Robert C. Merton, “Dividend Variability and Variance

Bounds Tests for the Rationality of Stock Market Prices," *American Economic Review*, 76 (3) (1986): 483-498。我对此的回答是，虽然他们的模型不存在技术错误，但它与美国 20 世纪的经历不大相符；参见 Robert J. Shiller, "The Marsh-Merton Model of Managers' Smoothing of Dividends," *American Economic Review*, 76 (3) (1986): 499-503。整个争论至今仍没有结束，因为衡量过度波动性的计量经济学不再用假定不变的股息进行计算。例如，John Y. Campbell and John Ammer, "What Moves Stock and Bond Markets? A Variance Decomposition for Long-Term Asset Returns," *Journal of Finance*, 48 (1) (1993): 3-38。

[32] 坎贝尔和我开发了一个综合对数线性矢量回归模型，它能够代表有效市场模型的各种形式。参见 John Y. Campbell and Robert J. Shiller, "The Dividend-Price Ratio and Expectations of Future Dividends and Discount Factors," *Review of Financial Studies*, 1 (1988): 195-228; Shiller, *Market Volatility*; and Campbell et al., *Econometrics of Financial Markets*, pp. 253-337。

[33] 参见 Campbell and Shiller, "The Dividend-Price Ratio"。

[34] 参见 Campbell and Ammer, "What Moves Stock and Bond Markets?"

[35] 参见 Shiller, *Market Volatility*, pp. 197-214。

[36] 保罗·A. 萨缪尔森（Paul A. Samuelson）曾经说股票市场是"微观有效的"和"宏观无效的"。也就是说，有效市场假说相对于整体股票市场而言，更适用于个体股票。有一些证据证明了萨缪尔森的说法，参见 Jeeman Jung and Robert J. Shiller, "Samuelson's Dictum and the Stock Market," *Economic Inquiry* 43 (2) (2005): 221-226。早期支持该结论的研究是 Randolph Cohen, Christopher Polk, and Tuomo Vuolteenaho, "The Value Spread," *Journal of Finance*, 58 (2003): 609-642; and Tuomo Vuolteenaho, "What Drives Firm-Level Stock Returns?" *Journal of Finance*, 57 (2002): 233-264。

第 12 章　投资者学习和忘却

在市场价格存在明显的投机性高估的时候，正如撰写本书时，股票市场繁荣以及其他投机性市场繁荣的一个合理解释是，公众已经知道市场的长期估价要高于过去他们所认为的，同时也要高于传统指标所预示的。根据这一论断，股市目前的市盈率较高是因为公众了解了一些简单的事实，比如关于历史回报率与分散化投资，或全球状况。这种论证与有效市场论证的不同点在于，它假设由于公众的无知，市场原先的定价太低。我们可以简单地将这一论断表述为：“股票市场在历史上的大部分时间内并不太有效，股票价格太低，但是（或许）目前是有效的。”

这一论断很有可能是合理的（至少从第一眼看来），即社会可能已经认识到市场比曾经认为的更有价值。社会作为一个整体的确在学习，并且学习的累积效应是现代社会相比之前进步的原因。但现在的问题是社会是否真的学习到了一些关于股票市场的重要东西？如果是真的，我们到底学到了什么？

对风险的“学习”

一般来说，最近人们开始得知股市并不像以前认为的那样具有风险性，股市投资往往优于其他投资形式。投资者学习导致了关于股票作为一种投资方式相对其他方式具有优势的媒体报道广为流传。例如，杰里米·西格尔于 1994 年出版了《股票的长期走势》（*Stocks for the Long Run*）一书。根据上述观点，投资者已经意识到相对于历史统计，他们太过于担心股市。这些新知识使得投资者现在将股价抬升到一个较高的、理性而真实的水平，并且如果股价一直维持这样的水平，也不会引起投资者对股票的过分害怕。现在虽然股票的交易价格较高，但是投资者售出股票的收益却相对较低。不过，投资者完全可以接受，因为他们知道股票的风险并没有那么高。换句话说，股权风险溢价（投资者对股票风险所要求的额外补偿）下降了。[1]

的确，有时公众并不能察觉他们正面临着股市中如此之大的风险。在第 5 章中，我们的调查结果显示，大部分人认为如果出现像 1987 年 10 月 19 日那样的暴跌，那么在一两年左右的时间里股市肯定还会再度回升。虽然在市场跨越了 2000 年的顶峰之后，这一观点已经不再流行，但是大多数人仍然有这样的想法。所以，股市暴跌的可能性不再使人们感到担忧。但这是因为人们现在真的有了一些股市知识，还是其他一些短暂的因素使得人们有了新的观点呢?

这种“新学习”理论的一个问题是，投资者都应该知道一个历史事实，即股市基本上比其他投资运行更为良好，这不是最近的发现。事实上，埃德加·劳伦斯·史密斯（Edgar Lawrence Smith）在他的一本 1924 年最畅销的书中曾经对股票和债券的投资作了大量历史性的比较，他发现，无论是在价格上涨（通货膨胀）时期，还是在价格下跌（通货紧缩）时期，在长时间内，股票总是略胜一筹。[2]史密斯强调说，同一时期的另一位作家肯尼思·范斯特鲁姆（Kenneth Van Strum）也持相同的观点：投资于债券也是有风险的，因为尽管债券支付的票面价值是固定的，但是它们的实际收益却随总体价格水平的变化而波动。[3]

1929 年欧文·费雪教授曾经撰文指出，20 世纪 20 年代出现的牛市是因为公众从这些书中学到了知识：“只有当大部分公众意识到（很大程度上是通过阅读埃德加·劳伦斯·史密斯的书），在美元贬值时期，应该选择股票而不是债券时，牛市才会真正做到对普通股正确而合理地定价。”[4]

对于公众学习的观点，其他人与费雪的看法一样。1929 年查尔斯·阿莫斯·戴斯撰文写道：“公众接受股票和债券的教育，从而消除了认为市场不稳定而对市场产生恐惧的旧偏见。”[5]《纽约先驱论坛报》（*New York Herald Tribune*）的一位作者在 1929 年写道：“看到这一商业（这里指的是股市）的繁荣真是件高兴的事。但是人们对这一商业了解的增多更为重要，正是这种了解使商业繁荣成为可能。当越来越多的人对一种产业表示信任，成为该产业中的一员，并按时得到关于该产业的可靠信息时，再也没有什么力量能阻止这种健全的产业茁壮成长。”[6]

1929 年，人们了解到股票在整个 20 年代里的表现全面超过了债券。但是如果后来的人们还坚持这种观点，那他们可能是忘记了 1929 年之后市场传递的信息。现在摆在我们面前的问题是，在观察了最近的股市表现以后，人们是否仍然认为股票总是优于债券，并继续相信这一点呢?

杰里米・西格尔在其 1994 年出版的《股票的长期走势》一书中指出，在美国，没有一个 30 年期的债券比股票运行得要好。实际上这个说法并不正确。因为就像杰里米・西格尔在其书中指出的，在 1831—1861 年这段时期内，债券比股票运行得更好。[7]看起来在很长一段时间内人们都没有认识到在美国股市历史上没有多少不相互重叠的“30 年时期”。自 1861 年以来，也就只有 5 个完整的时期。有很多重叠的“30 年时期”，然而，没有独立的证据表明股票比债券运行得更好。即使看一下比 30 年更短的历史时期的股票回报率，我们也不能发现什么证据。在其 2014 年出版的《股票的长期走势》(第 5 版）中，杰里米承认了这一点。该书新版补充了 2000 年之后的市场变化，指出了更多的美国股票次于债券的“30 年时期”。2010—2011 年，美国穆迪 AAA 级企业债券总回报指数（Moody's AAA Corporate Bond Total Return Index）完胜标准普尔 500 总回报指数。

2000 年之前，市盈率曾经有过三次达到较高的程度：1901 年 6 月、1929 年 9 月和 1966 年 1 月。如今我们的市盈率又再次达到了 1966 年的水平。三个顶峰中后两个顶峰（1929 年和 1966 年）的此后 10 年期，股市回报率都低于短期利率。[8]如果我们以 20 年期作为标准，现实的情况是，在这三个时期中，只有 1901—1921 年这段时期中股票回报率超过了短期利率。[9]但是，每一个顶峰之后的 20 年，股市的实际（考虑了通货膨胀）行情都很差。1901 年 6 月—1921 年 6 月标准普尔综合指数（几何）平均实际年回报率为−0.2%，1929 年 9 月—1949 年 9 月年回报率为 0.4%，1966 年 1 月—1986 年 1 月为 1.9%。尽管股市回报率很低，在 1929—1949 年以及 1966—1986 年这两个时期内，股市的回报率仍高于短期利率，因为通货膨胀使实际短期利率降到一个非常低的水平。事实上，在 1929—1949 年实际短期利率曾达到过负值。第一次世界大战、第二次世界大战以及越南战争时通货膨胀使实际利率为零。

而且，在股市实际回报率方面，美国本身就是一个例外。菲利普・乔瑞（Philippe Jorion）和威廉・戈茨曼（William Goetzmann）对 1926—1996 年间 39 个国家的股市市值实际增长率（不包括股息）进行了研究，发现这些国家的股市市值实际年均增长率仅为 0.8%（美国的这一数字为 4.3%）。[10]因此，如果参考其他国家的经验，我们也许会认为未来股市的表现将更加不尽如人意。

事实上，目前并没有明显的证据证明在较长时间内股票总是优于债券。而且，即使历史记录支持这种论点，我们也必须认识到（从某种程度上来说，大部分人都应该认识到）未来并不一定会和过去一样。举例来说，投资者过去在股市中取得的成功，现在很有可能造成了广泛的过度投资。各大公司由于策划过多的宏伟计划或在产品开发和广告宣传中投入太多，会使得业绩不如以前那么好。还有这样的可能性，某些技术的革新被当做经济前景乐观的原因，而事实上，经济前景有不确定因素。新技术也许会改变企业的优势，使它们被新兴企业代替。所以，这些变化会提高而不是降低未来 30 年中股票形势不好的可能性。

所以，股票优于债券的“事实”其实并不存在。实际上，公众并不了解基本事实。相反，他们的注意力从基本事实上转移了，他们至少对于股票的一个重要基本原理不怎么敏感：股票是对公司现金流的剩余索取权，只有在兑付了其他所有债权之后，其剩余部分才属于股票持有人。换句话说，股票是非常具有风险性的。此外，另一个事实投资者也没有注意到，这就是没有人能够保证股票一定能赚钱。并且，政府对在股市上亏损的人没有任何福利措施。

“股票优于债券理论”在投资文化中的角色

20 世纪 90 年代早期，我就对股票一贯优于债券这一广为流传的说法感到惊讶，所以，我决定调查一下这个说法到底有多流行。在 1991 年对美国机构投资者所作的问卷调查中，我提出了以下问题：

请看下面这个论点：

在过去的 65 年里，投资股票取得的回报率要比投资债券的回报率高得多。自 1926 年以来，没有一个 20 年期债券优于股票。所以任何人如果打算投资 20 年或者 20 年以上的时间，应该首先投资股票。（画圈选择一个）

1. 我同意这种说法；
2. 我不同意这种说法。

在 172 份答卷中，84%选择了 1，只有 16%选择了 2——绝大多数人对这种广为流传的说法给予了强大的支持。

这样的措辞还是没有弄清楚回答者听到股票优于债券这种说法有多少次了。为了弄清楚这一点，1993 年秋天，我又向机构投资者提出了相似的问题，但提法不一样。

> 请看下面这种说法：
>
> “自从 1860 年以来，没有一个 30 年期美国政府债券优于股票。”你是否听到过大致这样的说法（可以有一些细节上的不同，比如不是 30 年期）?
>
> 1. 是的，常听到；
> 2. 是的，一次或两次；
> 3. 没有。

在 125 个回答者中，52%选择“是的，常听到”，22%选择“是的，一次或两次”，26%选择“没有”。所以，74%的人说他们记得听到过这种说法。像这样清楚的说法已经成为投资文化的一部分了。

长期的历史知识（其中有些至少可以追溯到 1924 年且在 1991 年或 1993 年还被普遍记得）并不能对 20 世纪 90 年代后期股价突然上涨到历史最高水平做出合理的解释。对于这些知识，投资者显然一直都很清楚。公众相信，股票市场的下降趋势最终会被扭转。这种信心在最近几年里确实成为了非常强大的力量，但是它并不是源于对历史记录的简短新闻报道，也不是因为投资者从长期历史数据中突然发现了新知识。我认为，这种信心是因为过去价格上涨的反馈环机制（第 5 章讨论过）在起作用，它最终与其他各种参与因素（第 4 章讨论过）共同作用，形成了这种强大的信心。

关于共同基金、分散化投资以及长期持有的学习

1998 年和 1999 年，詹姆斯·格拉斯曼（James Glassman）和凯文·哈西特（Kevin Hassett）在极有影响力的《华尔街日报》上发表了两篇文章说：“多亏了媒体和共同基金，投资者比以前更了解股票，他们学会了长期持有股票，并把价格下跌只看做短暂的行为，是买进的时机。”他们得出结论，投资者已经学会了通过各种股票组合来降低风险，股票比以前想象的有更高的价值。所以，投资者现在愿意更多地投资于股票。由于对股票的投资需求增长，未来的股市将会维持在一个较

高水平上。[11]

在这些文章之后，格拉斯曼和哈西特又出版了一本名为《道琼斯36 000点：从股市上升机会中获利的新策略》（*Dow 36 000: The New Strategy for Profiting from the Coming Rise in the Stock Market*）的书。在书中，他们强调，投资者还没有完全了解分散化持有股票是没有风险的，随着对股市了解的不断加深，投资者在未来几年里将会继续抬升股价。他们宣称："道琼斯指数达到36 000点目标的日期可能会是2005年的前几个月，也许会更早。"[12]如果这是真的，当该书1999年出版后相信这一点的人们就可能有机会在1999—2005年间大赚一笔，或者更快地实现巨大收益，当大部分投资者还在学习关于股票的长期真实价值的知识时，了解上述情况的投资者就应该早点在股票上投资。尽管这本书表面上的主题是，因为股票的风险太大，所以不能把它看做政府债券的替代品，但这本书实际上所要阐述的是（我们可以从书名中看到），一些人可以通过现在购买股票而迅速致富，其他人则要过后才知道股票是没有风险的。

现在来看，格拉斯曼和哈西特对于市场的预测是完全错误的。然而，在某些方面，格拉斯曼和哈西特曾经是正确的，例如，他们指出人们对共同基金的优点了解得越来越深，投资者开始采用长期投资的策略，并且认识到股价下跌总是暂时性的。但是从这一点并不能推断出人们已经学到，或者正在学习一些重要的事实。我们已经看到股价的下跌并不是暂时的，它有可能会持续几十年，所以即使是长期投资者也应该认识到股票投资的风险性。这也正是为什么对共同基金的热情被认为是一种投资热，而并不是源于对事实的了解。

投资者对选择合适的共同基金显示了极大的兴趣，它表现在投资者不断地从一种共同基金换到另一种。由于这种高度的投资兴趣，共同基金行业形成了上千种新的基金，与之相对应出现的广告和邮递业务也迅速增长。然而对共同基金业绩的研究发现，尽管共同基金发展很好，并且这种良好势头有可能继续下去，但这种趋势是很微弱而且很短暂的。人们似乎认为比较聪明的做法是，观察各种共同基金的表现，然后经常性地在各种投资基金之间变换，将投资放在目前表现最好的那个共同基金上去，但事实上，这么做赚得很少。[13]

1996年，我对投资者认为他们能在股市中赚钱的想法进行了评估，对共同基金在整个过程中所扮演的角色作了分析。我对个人投资者作了问卷调查，并在问卷中加入了他们对投资整体以及共同基金投资的信任程度问题，这些问题以及每个答案被选择的百分比罗列如下：

> 试图看准股市的时机，在它下跌时出市，在它上涨时入市：
>
> 1. 是件明智的事，我可以非常理智地预见到这样做会成功。——11%
>
> 2. 是件不明智的事，我不能理智地预见到这样做会成功。——83%
>
> 3. 没有任何看法。——5%
>
> （回答提问者共 131 人。）
>
> 选择个股进行预测，比如说，福特汽车股票何时将会上涨，或者 IBM 的股票何时将会上涨：
>
> 1. 是件明智的事，我可以理智地预见到这样做会成功。——40%
>
> 2. 是件不明智的事，我不能理智地预见到这样做会成功。——51%
>
> 3. 没有任何看法。——8%
>
> （回答提问者共 131 人。）
>
> 试图挑选共同基金，找出拥有能选择上涨股票的专家的共同基金：
>
> 1. 是件明智的事，我可以理智地预见到这样做会成功。——50%
>
> 2. 是件不明智的事，我不能理智地预见到这样做会成功。——27%
>
> 3. 没有任何看法。——23%
>
> （回答提问者共 131 人。）

从这些结果中，我们可以看到，人们非常相信金融市场的有效性，以致认为不必选择在股市中适当的入市或出市时机。但是他们同时认为，他们仍然能够选出个股和共同基金。只有 27%的人认为试图选出业绩好的共同基金是件不明智的事，与之相对应，51%的人认为选择个股和 83%的人认为试图在股市中选择适当时机是不明智的。

如果真的有人相信金融市场是有效的，那么他会对所有的问题都回答："是件不明智的事。"如果股价是随机游走的，那么投资者根本不能选择恰当的入市时机，不能挑出能够战胜市场的个股，也不能挑出好的共同基金。

事实上由于能够成功选择共同基金的例子非常少，所以很难说明投资者到底学到了什么，而且很难判断选择好的共同基金经理是否比选择好的企业经理更容易。

经常有这样一种说法，人们已经知道了分散投资的重要性，并且通过选择共同基金来达到分散投资的目的。[14]对于费用很低而管理较好的公司来说，这种说法有些道理。但是许多基金征收的管理费用很高，所以投资者最好还是靠自己来实现这种分散化投资，而且当他们在一个非免税的环境中投资时更要如此。因为共同基金卖出股票要被征收资本利得税，而通过直接持有股票，投资者可以避免这一点。对于交易量大的基金来说，这个问题尤为重要。投资者通过避税，可以弥补因为股票下跌而造成的损失。而如果选择共同基金，那么在避税方面就显然不利。

学习和忘却

公众常被认为学会了股票在下跌之后总会反弹这个基本知识。我们已经看到，许多证据表明大部分人是这么想的，但是他们想错了。股票可以下跌，而且可以下跌许多年。股票市场可以被高估，同样可以低迷许多年。

公众常被认为通过学习知道，从长期来看股票总是优于其他投资，比如债券，所以长期投资者投资股票会更好。我们看到，有证据表明大部分人是这么想的，但他们又想错了。在数十年的时间里，股票并不比其他投资优越，也没有理由相信它将来也会这样。

公众也常被认为通过学习知道，股票投资聪明的做法在于选择共同基金，因为它们了解市场的变化。我们发现大部分人确实是这么想的，但他们又一次错了。选择业绩良好的共同基金所获得的收益比投资者想象的要少。

当这些事实是错误的时，就不能称其为学习。正如图 5.1 所表明的，2007—2009 年的金融危机导致了投资者们忘记了股票是“最好的投资”这一事实。之后当市场再现峰值，市场价值估计再次走高时，投资者们会再次学习这一“事实”。其实，这根本算不上学习，但是投资者们根据最近投资经验产生的关于未来的直观想法是泡沫经济反馈的一部分。

类似的投资者“学习”过程也出现在股票市场之外的其他市场。在度过 2001 年股市的崩盘之后，很多人“学习”到房地产才是真正低风险的最佳投资资产，如图 5.2 所表明的。公众已经学到重要知识的感知支持了市场价格的上升。

我们突然学习到重要事实以及得到新的启蒙，这样一种认识在历史上已出现多次，可以被认为是非理性繁荣的可预测部分。我们必须考虑如何对待思想的变化（这一变化导致人们认为进入了新的启蒙阶段）以及这些变化对我们生活的冲击（通过对股票价格产生影响）。

我们必须考虑自己作为个人，以及作为社会的一员，应该如何抵制这种繁荣的负面影响。让我们在最后一章来讨论这个问题。

【注释】

[1] 一直以来，经济学家都对过去股票风险溢价为何如此之高而感到困惑。他们不明白，既然股票优于其他形式的投资，人们为何没有更多地投资于股票呢？参见 Raj Mehra and Edward C. Prescott，"The Equity Premium Puzzle，" *Journal of Monetary Economics*，15 (1988)：145-161。根据本章提到的学习理论，股票风险溢价之谜已是过去的事了，人们终于变聪明了。

[2] Edgar Lawrence Smith，*Common Stocks as Long-Term Investments* (New York：Macmillan，1924).

[3] Kenneth S. Van Strum，*Investing in Purchasing Power* (Boston：Barron's，1925).

[4] Fisher，*Stock Market Crash*，pp. 202，99. 虽然他在书中其他地方强调了 20 世纪 20 年代的价格格外稳定，而在这里他却写道："在那段美元贬值的时候"，这不免让人有些费解，也许他想说"即使是在那段美元贬值的时候"，用来指 20 世纪 20 年代物价上涨的一段时期。可以肯定的是，他指的不是美元汇率，因为那时实行的是金本位制度。

[5] Dice，*New Levels in the Stock Market*，p. 126.

[6] Franklin L. Dame，"Public Interest in Business Is Found Growing，" *New York Herald Tribune*，January 2，1929，p. 30.

[7] Siegel，*Stocks for the Long Run*，1st ed.，p. 16.

[8] 参见 Ibbotson Associates，*Stocks*，*Bonds*，*Bills and Inflation*，Table 2-9，p. 46，或在我的个人网站上查阅这些数据，http：//www. econ. yale. edu/～shiller。

[9] 根据 Ibbotson Associates，*Stocks*，*Bonds*，*Bills and Inflation*，Table 2-11，p. 50 中的数据，自 1926 年以来，没有哪个 20 年期显示在此期间短期利率是优于股票收益率的。他们没有列出 1901—1921 年间的数据。事实上我的《市场波动性》一书中的数据（通过用消费者价格指数测量 1913 年后的通货膨胀来更新）显示，1966—1986 年以及 1901—1921 年这两段时期内短期利率略优于股票收益率。对于 1966—1986 年期间，我和艾伯森公司的数据结果不同是由于所选的短期利率不同（一个是商业票据，一个是国库券），而且所选的时间也有所不同。

［10］参见 Philippe Jorion and William N. Goetzmann，“Global Stock Markets in the Twentieth Century，” *Journal of Finance*，54（3）（1999）：953-980，以及 Stephen J. Brown，William N. Goetzmann，and Stephen A. Ross，“Survival，” *Journal of Finance*，50（3）（1995）：853-873。杰里米·西格尔指出，算上金融收益，中值普遍大大低于平均值，而且所有国家和地区的平均增长率也不算低。也可参见 Elroy Dimson，Paul Marsh，and Mike Staunton，*Triumph of the Optimists*：101 *Years of Global Investment History*（Princeton，N. J.：Princeton University Press，2002）。

［11］James K. Glassman and Kevin A. Hassett，“Are Stocks Overvalued? Not a Chance，” *Wall Street Journal*，March 30，1998，p. 18，and “Stock Prices Are Still Far Too Low，” March 17，1999，p. 26；此处引自后一篇即 1999 年发表的文章。

［12］James K. Glassman and Kevin A. Hassett，*Dow* 36，000：*The New Strategy for Profiting from the Coming Rise in the Stock Market*（New York：Times Business/Random House，1999），p. 140.

［13］例如，参见 Goetzmann and Ibbotson，“Do Winners Repeat? Patterns in Mutual Fund Performance”；Elton et al.，“Survivorship Bias and Mutual Fund Performance”；and Elton et al.，“The Persistence of Risk-Adjusted Mutual Fund Performance”。

［14］共同基金给个人投资者提供了更好的分散化投资形式，就这一点而言，它降低了股票的风险，因此共同基金的增加将降低投资者要求的风险补偿。约翰·希顿（John Heaton）和卢卡斯得出结论：增加的分散化投资“至少已有证明美国目前高价格股息比合理性的趋势”，希顿和卢卡斯提出了一个有效且具有深层意义的问题。然而他们的理论有一点美中不足，他们所描绘的人时刻都很理智，但没有解释为何人们直到最近才更多地投资于共同基金。参见 John Heaton and Deborah Lucas，“Stock Prices and Fundamentals，” unpublished paper，Northwestern University，1999。

第五篇

行动呼吁

第 13 章　自由市场中的投机波动

美国和其他国家股票市场的高估值在 2000 年到达了顶峰，并且这种相对高估值的情况在 2007 年和 2014 年再次出现，但是并没有合理的理由来加以支撑。在 21 世纪刚刚开始的几年中，房地产市场也出现了高估值的情况，并在 2006 年达到峰值，在金融危机之后，这种情况在许多国家再次出现，同样地背后并没有合理的理由来加以支撑。

一方面，股票市场的繁荣并不能代表把长期投资作为分析重点的专家们的共识。事实上，股票市场被高估是因为大量投资者各自无关紧要的观点共同作用所导致的，这些投资者中很少有人认为有必要对长期投资价值进行仔细研究，同时这些投资者受到自己的情绪、随机因素，以及自身对传统学识理解的影响。另一方面，新闻媒体则并不关心如何向读者提供正确的基本价值观以及定量分析的方法，而是热衷于介绍具有较强的故事性或关于直接用途的内容以吸引它的客户和读者，因此新闻媒体对人们过于情绪化的非理性投资行为产生了很大的影响。

正如许多人所认为的，房地产市场在 2006 年所达到的峰值水平并不是理性需求和房屋供给真实作用的结果，就像购房者经常说的一样，房子的价格是由供给和需求决定的，这个价格导致市场出清。但是影响供求的因素很多，包括很多社会因素和情感因素，比如对价格上涨本身的过分关注、专业人士传递给公众价格持续上涨的信号，以及公众自身相信价格持续上涨的倾向等等。并且，随着社会文化的变迁，这些因素也将会不断变化。

本书的重点是分析各种社会因素如何推动投机市场的变化。当然，想要判断在这些市场的变化中究竟哪一些是由合理的因素和专家意见推动的，哪一些是由人们的想象和社会心理因素推动的，这对我们大多数人来说是非常困难的。不过，通过对前面各章的论述，我们可以清楚地看到，一些主要市场的价格波动往往是由后者推动的。

在股票和房地产市场上，人们对于投资品的真正价值是多少以及它们的价格应该处在怎样的水平上只有一个模糊的概念。他们也许只能判断出与另一个同类型股票相比，这个股票是不是被高估了；或者，与另一所类似的房子相比，这所房子是不是要价过高。人们对于价格的增长率非常重视，在价格高度波动的时期，人们会时常谈论它。并且，价格的增长率对投机性资产的需求也有微妙的影响。

在泡沫的产生过程中，价格不断上涨，人们的想法也在不断地改变。随着价格的上涨，那些原来认为经济中存在泡沫的人，会对自己先前的判断产生怀疑，并开始思考是否真的是那些基本的经济因素推动了价格上涨。如果价格持续上涨了若干年，那么许多人就会认为那些把价格上涨视为泡沫的专家可能错了。并且，他们会义无反顾地相信确实是基本经济因素推动了价格的上涨，并且这些因素将永远继续作用下去。这就是那些个人投资者看待市场变化时，其想法变化的过程，当然不同的人在不同的时期也会有所不同。

反馈环理论认为，价格上涨激励了投资者，而且使得投资者推动价格进一步上涨，这一理论得到了一些人的支持，至少大多数人对此略有所闻。但是总体而言，公众对于这一理论的关注和认可还相当不够。虽然也有一些正规的报刊文章介绍这一理论，但是对于大多数人来说这些文章不具有说服力。

很多人都不曾怀疑以下假定的“事实”：第一，如果以 30 年为一个周期来进行考察，那么股价的表现一定会优于债券；第二，房地产的价格从未出现快速、大幅的调整。作为心理因素的组成部分，这种想法促使了泡沫出现，或者至少在一定的时期促使了泡沫出现。以前，这种心理因素曾经在我们的市场中引起了意料之外的、没有实际经济支撑的价格上涨，并且这种情况可能以后还会出现。

如果价格长时间没有上涨，人们就会逐渐产生不满情绪。即使实际经济指标有所增长，这种逐渐增长的不满情绪也可能导致市场反应的迟滞甚至价格下跌。由于市场动力逐渐被消耗，市场可能在几年甚至几十年的时间里处于低迷状态。

在 2014 年本版书稿撰写之时，我们正经历美国股市的又一轮增长。这之后可能又是另一个重要的回落调整，虽然目前我们尚无法确定。历史证据表明，在回落之前，股票市场价格可能会经历巨大攀升。

金融危机过后，今天各种新的政府机构相继成立，以应对系统性风险，例如在 2009 年由 G20 成员国建立的金融稳定委员会、2010 年根据《多德-弗兰克法案》创立的美国金融稳定监督委员会，2010 年由欧洲议会创立的欧洲系统风险委员会，等等。然而，潜在的经济泡沫和金融危机所带来的问题，并不能由这些新机构来自动解决。与此同时，这些问题十分严峻，政府机构亦没有十足的勇气和信心来应对。事实上，在最近一次金融危机之前，世界各主要国家也都设立了中央银行的相关机构，通过不同手段稳定市场，但即便如此，危机仍然未得以避免。[1]

当我们对泡沫事件有所察觉时，我们应该做些什么呢？每次我们看到泡沫在股票市场、房地产市场、石油市场或者任何投机市场里产生，就像看着一次事故从开始发生到逐渐恶化。我们什么都做不了吗？事实上，我们有很多的事情要做。

公众人物所犯的一个严重错误是他们默许了市场估值水平的起伏，他们对估值背后的隐含意义保持沉默，却把所有的解释工作都丢给市场分析师来做。但是，这些市场分析师却在专攻一些不可能完成的工作，比如预测短期内市场的动态。同时，他们还与投资银行、经纪人、建筑商和房地产经纪人共同分享收益。

一些人认为专家不应该谈论投机市场的估值过高或者过低，或者试图预测市场，因为他们不可能对市场进行可靠预测。如果真按照这种方式，市场将会疯狂，因为有效市场理论的有效性本身取决于有多少投资者会回应所谓的理性观点，而要让投资者知悉这种理性观点，其必须被公开。事实上，正是这种疯狂促成了新千年繁荣末期的价格空中楼阁，而当时正是有效市场理论盛行之时。

市场定价水平是一个国内和国际上都很关注的、极其重要的问题。无论是个人计划还是社会规划，我们对未来的种种安排都取决于我们所拥有的财富。试想如果明天大量的财富突然消失，那将必然使我们的这些计划陷入混乱。投机泡沫的增长以及随后出现的紧缩趋势会导致社会财产分配不均，其甚至还会使我们中的许多人对市场经济和自由市场制度的发展能力产生疑问，正如 2007—2009 年金融危机以后许多人所抱怨的以及 2011—2012 年以“占领华尔街”为代表的各种运动所体现的。基于以上原因，我们必须弄清楚紧缩的前景以及个人和国家应该如何应对。

不过，那些观念的领导者往往同时也是市场的道德权威，这时他们会面临这样一种困境：作为专家，他们知道市场不是被高估，就是被低估，从经济学的角度这是显而易见的。但是这种观点在市场中并不被广泛接受。陈述上述观点的领导者将会发现：他们的观点往往来自关于市场基本面状态和心理因素的直观判断，首先做出这样的难以证实的观点需要足够的勇气。

因此，如果公众人物总是发表股票市场或者房地产市场的回报率在今后的几年里会降低或者市场存在泡沫之类的否定言论，这将会使他们面临陷入困境的风险。在本书中我们看到，虽然当市场价格过高或过低时，市场似乎确实具有对长期走势的预测能力，但是市场的前景确实存在较大的不确定性。如果一个观察家因为担心自己对前景的估计可能错误，从而对公众过分依赖市场以及过于相信未来回报的情况保持沉默，那他就无异于一个医生，诊断出病人患了高血压却什么都不说，仅仅因为他侥幸地认为病人可能不会发病。

货币当局应运用温和的货币政策来抑制泡沫

回首往昔，紧缩性货币政策往往和股市泡沫破灭联系在一起。例如，1929 年 2 月 14 日，美联储将再贴现率从 5%提高到 6%，表面上是为了控制投机性交易。接下来，20 世纪 30 年代初期，美联储继续采取紧缩性货币政策，股市随即下降，并逐渐演变为有史以来最大的跌幅，结果经济进一步恶化，导致严重的全国性经济萧条。

1989 年 5 月到 1990 年 8 月期间，正值日本股市的高峰期，日本银行（日本的中央银行）将再贴现率从 2.5%提高到 6%。表面上是稳定金融市场（有人认为金融市场价格过高是由于宽松的货币政策造成的）和日元汇率，日本银行的这一举措很可能是日本股市下跌和紧随而来的严重萧条的原因之一。[2]

尽管我们很难推断其精确的因果关系（即使在市场剧烈波动的时候也是如此），但我们需要知道的是，利率政策将对经济从总体上产生影响，而不仅仅是对投机性泡沫产生影响。此外，投机性泡沫的产生是一个长期、缓慢的过程，涉及人们思想的缓慢变化。利率的微小变化将不会对人们的思想产生影响，大的利率变化或许会产生影响，但随之而来的是对整个经济的毁灭性影响。

从根本上讲，20 世纪 30 年代的经济大萧条是由于货币当局试图通过利率政策稳定投机市场这一失败举动造成的，尽管它针对的不是股市，而是自身的货币市场，但还是引发了股市危机。许多国家试图通过保持以金本位制（gold standard）为代表的固定汇率制度，来抵抗经济萧条的袭击。但实际上那些最早放弃货币保护政策的国家最早摆脱了经济萧条。[3]

当认为股票市场估值过高时，货币当局采取小幅度的但又是象征性的利率提高政策是有用的一步，在这个过程中需要向公众阐明这一政策的目的是为了抑制投机。但货币当局不应该通过强烈的紧缩性货币政策来试图促使泡沫破灭。

2014 年本版书稿撰写之际，各国中央银行正处于进退两难的地步。金融危机之后，许多地方的经济仍然疲软，亟待低利率和更多的刺激措施来拯救经济。然而，低利率可能进一步导致市场定价过高，使得经济再次陷入困境。

意见领袖应发表有利于市场稳定的言论

长久以来，知识分子和道德领袖试图限制金融市场内投机活动的方式是：在价格偏低或过高时，用发表评论等方式来引起公众必要的关注。这种方法纯粹是口头上的，不需要真正实施扩张性的（或者紧缩性的）货币（或财政）政策。这种方法在历史上曾被反复采用，只不过其成功与否尚无定论。

在 1907 年股市崩盘期间，银行业在同年 10 月份也开始出现恐慌，这个时候国家金融巨头们公开声称对股市仍信心十足，并表示将更多地投入自己的个人财富。约翰·D. 洛克菲勒（John D. Rockefeller）说："我个人对股票未来价值信心十足，也相信经济状况会逐步好转。"他与 J. P. 摩根组建了银行家集合资金池，通过借钱来帮助银行渡过难关。1929 年 10 月 24 日的"黑色星期四"（Black Thursday），美国最有影响力的五家银行领导人，与 J. P. 摩根公司一起发表声明宣称，他们相信"市场的基本面将会逐步好转"。[4]尽管他们未曾公布购股的具体计划，但上述声明却被理解为他们将会这么做。这次试图稳定市场的行动并未成功。几天以后，即 1929 年 10 月 28—29 日，股市危机便爆发了。

自联邦储备委员会成立后出现了三次重大的股市高峰期，即 1929 年的高峰、1966 年的高峰和 2000 年的高峰。在每次通往高峰期的路上，联邦储备委员会主席就会警告股市价格已经偏高。本书前面提到过的1929年提高利率的措施，是直接针对投机行为的。1966年股市高峰之前，美联储主席威廉·麦克切斯尼·马丁（William McChesney Martin）在1965年发表声明，称他已察觉到当时的经济状况与20年代经济危机前夕很相似。他举例说，其中一个相似的特点就是社会上充斥着“新经济时代”已经开始的坚定信念。[5]但此后长时间内，美联储主席再没有对股市定价过高发表过警告声明，直到格林斯潘在1996年12月（即下个股市高涨期的开端）发表的“非理性繁荣”的演讲中再度提起。看来美联储主席似乎保留了定价过高时期对股票市场价格发表公开声明的道义劝告的做法。只不过无法判断这些很少发表的声明能否有效地稳定股票市场，我们也无法得知如果没有这些声明，股市将会有多大的震荡。

意见领袖这样的行动很可能对稳定市场起到了一定的作用，尽管这样的作用效果比较小。如果他们的声明是真正无私的，并且他们被公众认为是真正的道德领袖，那么，这样的声明应该会对稳定市场起到一定的作用。

制度应鼓励建设性的交易

另一种有利于减少股市风险的方法是：在股市价格急剧变化的时候关闭市场。目前采用的熔断制度（circuit breakers）就是这种措施的典型代表。根据纽约证券交易所80B规则，当道琼斯工业平均指数在下午3:25之前，相对于前一天收盘价跌幅超过7%时，市场将关闭15分钟；下午3:25之前下跌超过13%时，市场将再关闭15分钟；一天当中任何时间内，若跌幅超过20%，则关闭市场直至收盘。这种关闭市场的措施为投资者提供了一段冷静思考的时间，好让他们三思而后行，并且抑制股市下跌带来的恐慌。然而，这种相对短暂的关闭能否有效地抑制一天内的价格巨变，我们还不得而知。毕竟，历史上最大的两次股市危机，即1929年10月和1987年10月的两次危机都发生在星期一，这是在此前的价格剧烈下降被整个周末阻断之后。

熔断制度并不能直接解决引起股市大起大落及长期价格动荡背后的真正因素，事实上，这种动荡历史上不断发生。通过暂时向公众屏蔽短线价格的巨大变化以阻止公众对价格变化的过激反应，以期让更长期的价格走出单日交易的阴影，这似乎有一定道理。单日价格的戏剧性暴起暴落最易吸引公众的眼球，媒体也最愿意大手笔渲染这种单日价格变化，尤其是当价格创下新低或新高时，其往往被载入史册。然而，这种短期关闭市场策略对于长期价格到底有什么影响，我们知之甚少。如果股价巨变经过市场的自我调节很快又恢复正常了呢？比如像 1987 年 10 月的股价变动就是这种情况。或许，社会公众在市场自身调节后，亲身经历一次股市危机比通过关闭股市而掩盖潜在的股市危机会更有利于稳定市场。

卖空规则是另一个通过限制交易来阻止泡沫发生及破灭的办法。允许卖空也就是允许投资者通过市场表达他们的负面意见，因此在理论上，这种方式有利于从一开始就防止泡沫的滋生，但是当卖空交易者试图卖空下跌的股市时，其也会加速泡沫的破裂。美国证券交易委员会长期以来的规定是只有在上扬时期才可以进行卖空，也就是说，只有在前一期的交易处于股价上涨时期才允许卖空。这一规则在 2007 年金融危机前夕被废除，部分条款在 2010 年恢复。卖空交易的合法性在其他国家则有着复杂而纠结的历史。我们已经注意到，一些国家在 2008 年和 2009 年对股票实施临时卖空限制，来抑制股票市场的下跌。直到 2010 年，中国才允许卖空交易，在此之前一直不允许卖空，这使得其股市很容易形成初期泡沫，并最终危害市场。

为维护经济的长期稳定，保持市场平稳的上策就是扩大市场。通过扩大市场交易的范围，使尽可能多的人更频繁地参加交易活动，这将会扩大市场风险交易的范围，从而分散和对冲风险。

假设投机性泡沫在很大程度上受到口头传播效应、本地认知价值和信息感知偏好以及爱国主义情感的影响，那么国外投资者就不可能像当地投资者一样助长投机性泡沫，他们甚至有可能会采取一种抵消泡沫的方式进行交易。例如 1989 年，当日经指数达到最高点时，我们的问卷调查结果显示日本机构投资者期望来年日经指数再上升 9.5%，而美国的投资者则预测日经指数将下降 7.7%。不同的环境让人们对市场产生了迥然不同的感觉。如果美国或国外投资者在日本市场的势力能更加突出的话，那么日本股市就不可能出现股价过高的现象。[6] 因此，从更广泛的意义上来讲，通过开放并增加国际化交易来扩大市场，可以平衡不同预期，从而对稳定市场价格产生积极影响。

我们不应该认为，任何稳定股票市场日间或短期波动的政策都是好政策。突然的股价变化未必是坏事，而是需要考虑其对经济福利的影响。长期持续的错误定价甚至更糟，投机性泡沫的长期扩大并导致将来的崩盘，对整体经济是致命的。

如果有迹象表明投机性泡沫即将产生，那么从整体上讲，它的最终破灭很可能实际上是一件好事。1997—1998年亚洲爆发了金融危机，国际投资者纷纷从亚洲市场撤出资本，这使本已遭受严重打击的亚洲金融市场雪上加霜。但从长远意义考虑，这并不是一场危机，而是一场自我反省的检查，其目的是阻止有可能进一步恶化、导致灾难性后果的泡沫继续发展下去。这场危机促使亚洲人民在国外各种批评的启示下重新反思他们的商业和经济，从这层意义上讲，这场金融危机让亚洲各国受益匪浅。

如果采取正确的方式扩大市场，那么基本面信息就会变得格外显著。也就是说，公众的注意力会脱离短期投资而被吸引到长期基本面上来。

卡尔·凯斯和我共同编制的房地产价格指数可作为期货市场房地产交易的基础。2006年，标准普尔与Fiserv公司的戴维·斯蒂夫（David Stiff）和琳达·拉德纳（Linda Ladner）合作，改进并采用了标准普尔/凯斯-希勒房价指数；2006年，芝加哥商业交易所（CME）基于10个美国城市房地产价格指数和整个美国房地产价格指数开发了相关产品期货市场（见约翰·多兰的网站 homepricefutures. com）。时至今日，这些市场依旧在持续运营，并与CoreLogic公司合作。这些市场的交易允许房地产价格泡沫的怀疑者来表达他们对于市场的看法，这会稳定房地产价格，至少能阻止我们看到的这些市场上强烈的动量效应。然而，目前在这些期货市场上的交易量不容乐观。

迈克尔·布伦南（Michael Brennan）曾提出应为标准普尔500资产剥离证券建立新的市场，即一个包括标准普尔500家公司未来年度股息总额的市场。例如，2005年将建立起一个可包括2006年标普500公司股息总额的市场，以及2007年标普500公司股息总额的市场，还有2008年标普500公司股息总额的市场。事实上建立到一定期限，比如20年的全部随后总体股利的市场，然后形成一个指数最终价值的市场（这里就是2025年）。布伦南认为，“这样的市场会给分析者提供一种动力，鼓励他们集中全力分析预测基础信息（即未来股息）……而不是仅仅专注于预测市场本身的水平。另外，由于市场指数水平必须与未来股息相一致，因此，它们之间的关系可以反映出一种暗含的假设，那就是达到一定价值水平才有可能形成市场。这种假设很快就会成为关注和讨论的焦点”[7]。近年来大量的股息期货出现在欧洲市场，尽管这些市场的影响力还不足以达到布伦南的目标。

金融技术的进步有时候看起来似乎非常缓慢，但事实上，历史已经证明了，主要的新经济制度正是从看起来非常缓慢的第一步逐渐发展起来的。一个关于新制度的尝试，其推进必将遇到很多困难和挫折。但是我们最终将学会如何处理它们。在过去几十年中，关于金融制度的实验和研究速度不断提高，先进的信息技术被更广泛地采用，而这些信息技术利用了更广泛的数据库，同时也降低了新金融服务的成本。

公众应该得到更多的对冲风险帮助

为鼓励适当的风险管理，各类权威人士应更为强调风险的套期保值。我在本书中说过，人们最终会深深地受到“权威专家”意见的影响，诸如各类“某某专家说……”的权威言论对公众影响深刻。除非有专家鼓励他们进行风险管理，否则公众是不会这样做的。

如今，虽然金融专家们极为推崇分散化投资，但他们并不真正强调风险管理的确切含义。许多人仍然认为，只要持有在美国股市上多家公司的股票，他们就做到了分散化投资。事实上，他们必须更广泛地进行投资，才能真正做到分散化投资，同时他们必须十分注意其他可能存在的风险。

此外，应建立新的制度帮助个人投资者摆脱对股票市场或房地产市场的依赖。目前已有的制度，比如卖空、股指期货、看跌期权和房价期货等，对于投资者来说并不方便，多数投资者并没有受益。如今，许多投资者感到投资受困，因为卖出资产会产生资本利得税，并且他们无法找到其他可以减少头寸的方法。

金融专家应当鼓励投资者去理解，真正的分散化投资在很大程度上意味着可以降低被套牢的风险。[8]这意味要对能保障劳动收入不贬值的资产进行投资，对在劳动收入下降时升值的资产进行投资，或是对至少不会朝同一个方向变动的资产进行投资。要想有效实现这一目标，需要通过大量持有和劳动收入负相关（或者至少是最低程度正相关）的现有资产来实现。[9]也意味要对有助于保障家庭房屋产权价值的资产进行投资，最好是对住房价格下降时还能够增值的资产进行投资。由于劳动力收入与房屋产权在人们的财产中占有很大的份额，所以抵消这类风险是风险管理的关键功能。

例如，在我 2008 年的《次贷危机解决方案》（*Subprime Solution*）一书中，我提出应该有一个替代性的住房抵押贷款类型，我称之为可持续调整的住房抵押贷款，这个产品为业主提供一个不是一次性的预先固定还款方案（如果房价下跌，本金将减少），而是根据不断变化的房地产市场状况进行调整。[10] 我和我的同事拉法尔·M. 沃伊切乔夫斯基（Rafal M. Wojakowski）、M. 夏希德·伊卜拉欣（M. Shahid Ebrahim）以及马克·B. 沙克尔顿（Mark B. Shackleton）的进一步工作正在解决这些新的抵押贷款中的细节问题。这种贷款的发行方可通过房产价格指数期货市场来对冲风险。[11]

尽管套期保值是商业风险管理中由来已久的一种方法，但是它到今天对于大多数人来说还很陌生，甚至很少有非专业人士能给它下一个明确的定义。关于投资收益和个人劳动收入及房产价格的相关性很少在公众投资讨论中涉及。由于人们已经在传统方式下进行了大量的投资，并且相信通过股票投资或房地产投资一定能够发财致富，因此，要改变人们的传统思维往往很困难。各类个人投资媒体通常推崇那些已经发财致富的人的观点，再不然就是偏信那些暗示自己的建议有助于致富的说法。新闻媒体和投资群体里的一些人总不愿意冒险去打破这种致富神话，因为他们正是依靠这种神话才获得了今天的成功。但是，如果公众观念的主导者们能够意识到这一点，并且自觉地强调必须从传统观念上做出改变，那么公众的态度才会随之转变。一旦新的套期保值投资观念变成了大众口头上的“他们（专家）说……”这样的俗语，人们就会照本宣科般地依据正确步骤进行套期交易来保障现有财产，就好像如今习以为常地购买房主保险一样。

储蓄和退休计划的政策应该现实考虑泡沫的存在

财务顾问们认为，根据简单的有效市场模型，主要资产类别的预期收益是随时间保持不变的，因此在市场被高估时并没有对制定储蓄和退休计划的人予以警告，这是一个不幸的趋势。

在 1982—2000 年的千禧繁荣以及 2003—2007 年的次贷繁荣的大部分时期里，随着股价上涨，美国个人储蓄率不断下降。同时 1997 年后，随着房价的不断增长，人们甚至错误地认为他们不再需要储蓄。1982 年 7 月，在美国股市处于谷底时，个人储蓄占总收入的比例为 12%。

截至 1996 年 11 月，当房价开始出现上升迹象时，这一比例降至 5.8%。2007 年 10 月，在金融危机之前的股价巅峰时期（此时房地产市场也接近峰值），这一比例降至 2.9%。当然，在股价和房价大幅下跌期间，人们也大幅提升储蓄率，即便如此，在此期间由于收入降低和失业率攀升，储蓄实则艰难。2009 年 5 月金融危机最严重的时候，个人储蓄率也只是回升到 8.1%。[12]

此外，那些掌管固定收益养老金计划的资金主管对养老金计划投入不足，他们认为神话般的股票市场投资回报将为退休人员提供无限的慷慨，并对他们的未来负责。在经济繁荣的沾沾自喜中，养老金储备资金不足看起来不会出现。

2000 年的千禧繁荣和 2007 年的次贷繁荣之后，我们尝到了苦果。尽管市盈率（特别是按 CAPE 测量）居高不下，然而，在金融市场将会按照预期一样表现良好的乐观预期下，固定收益养老基金投入严重不足。在经济繁荣时期，那些被冲昏头脑的州政府和地方政客自然不想通过提高征收比例来增加养老基金储备。同样被冲昏头脑的还有工会，他们也没有就成员的养老金储备与相关部门做出积极的交涉。他们认为，股票市场价格的进一步上涨将为那些退休的婴儿潮一代提供足够的养老保障，提高固定缴存比例没有必要。后果是灾难性的，如同在每一次经济最萧条的时期，面对着各种提高养老金的呼声，州政府和地方政府只能削减教师和警察开支，同时通过增加政府自身的储蓄来应对养老金的缺口。

美国养老金福利担保公司（PBGC），1974 年在国会一项法案的支持下创立，旨在通过筹集信托基金来保障那些签约于私人养老金计划机构的工人不会因为养老金机构的资金短缺而无法获得养老收入。次贷繁荣破灭后，该公司面临着巨大的问题，直至 2009—2014 年的后次贷繁荣时期，问题才得以暂时缓解。然而，除非股票市场持续繁荣，不然它的问题无法得以根本性解决。在 2014 年发布 2013 年度财政报告之前，PBGC 一直使用一种养老保险建模系统（Pension Insurance Modelling System）来预测公司的未来收益。该系统假设养老金的几何平均收益率为 6.1%，而事实上，这一收益率是不切实际的，尤其是在股票市场被严重高估以及债券收益率持续走低的情况下。即便是有这种乐观的 PIMS 收益假设，在它自己的 2013 年度报告中，PBGC 也预警，按照现在的养老金缴存水平，到 2019 年，它可能无法为那些多雇主养老金计划缴存者提供养老支持，而到 2025 年这种可能性将为 90%。[13]

在2014年本版书稿撰写之际，股票市场价格已经过高，房价也在上涨，我们极有可能重蹈覆辙。最新数据显示，由于各种经济刺激手段试图通过储蓄率来达到其刺激目的，美国个人储蓄率有所增长，目前为4.8%，但这一比率仍然很低。随着经济更全面的复苏，个人储蓄率还将继续提高。即便在今天，美国政府可以通过投资公共基础设施间接刺激个人储蓄，这为时未晚，因为政府可通过实际为零的利率来借款以支持基础设施建设。

目前（2014年），大多数人还没有为未来存下足够的钱，养老基金也没有储备足够的资金。在股票市场估值很高的时间点上，个人投资者得到的教训是，不要把大量投资退出股市投入债市，因为债券收益率也很低。与此同时，个人投资者不要因过去几年的投资表现而自满，要谨记过去几年的回报水平不太可能持续下去。政府应进一步强化经济刺激，促进公共基础设施投资，充分利用政府可以低利率筹得资金的能力为未来投资。

总结：拟定良策应对投机性波动

投机市场泡沫频现的总体趋势为政策制定者们提出了诸多复杂的难题。在拟定政策以解决由泡沫造成的问题时，政策制定者们不得不全面考虑投资者对于泡沫抑或高风险投资特性的不断演化的认识和理解。遗憾的是，泡沫的本质特性复杂多变，对于任何一项政策在实现我们的长期经济福祉目标方面所起的作用，专家也未必能说得清楚。

用关闭和限制交易的方法来干预市场，虽然在一些特定的情况下很有效，但是在解决投机性泡沫所造成的问题时，这种方法显然不是首选之举。投机市场自身具备一些关键的资源配置功能（这一点我认为是毫无疑问的，故没有在本书中阐述），任何为缓解泡沫而对市场采取的干预都会阻碍这些功能发挥作用。

遗憾的是，在自由社会中，政府不可能保护人们免受因自己的过错而造成的损失，不可能在完全肯定其成功可能性的前提下保护他们，也不可能完全保护社会免受不合理的乐观或悲观情绪的影响，情绪反应本身就是人类生活的一部分。

处理投机波动的策略有点像应付不稳定政治的策略。我们担心诉诸不正当手段或是草率下定论的政党会赢得控制权。但我们并不想通过在动荡中取缔某些政党或对他们的活动征税的方法来避免这种危险，相反，我们允许各个政党自由地发表意见，期望公众最终会做出正确的选择。这一令人欣慰的结果是通过计划及不断完善竞选和选举规则而得以实现的。

相比较而言，我们国家应对投机性泡沫的首要办法是采取鼓励交易的政策，同时给人们更多的机会去参与更广泛、更自由的市场，通过设计更好的社会保险形式和建立更完善的金融制度来更有效地控制真正的危险，从而能够获得更好的效果。当我们每天经历着股市中投机性泡沫的时候，应牢记的最重要的一点是，我们不应当为了它而分散对上述重要事务的注意力。[14]

【注释】

[1] 为数不多不具备中央银行的国家是安道尔共和国、摩纳哥以及伊斯兰国（如果后者可以称为一个国家的话）。

[2]《泡沫经济》（*Bubble Economics*）（Yukio Noguchi，*Baburu no Keizaifgaku*（Tokyo：Nihon Keizai Shimbun Sha，1992）描述了这些事件。假设即使没有这一货币政策，泡沫也不会破灭，也是有道理的。人们对投机的期望有所改变说明日本股市下跌还有其他一些原因；参见 Robert J. Shiller，Fumiko Kon-Ya. and Yoshiro Tsutsui，“Why Did the Nikkei Crash? Expanding the Scope of Expectations Data Collection，” *Review of Economics and Statistics*，78（1）（1996）：156-164。

[3] 参见 Barry Eichengreen，*Golden Fetters：The Gold Standard and the Great Depression*：1919 - 1939（New York：Oxford University Press，1992），Table 12. 1，p. 351。

[4] “Courtelyou Puts in ＄25,000,000，” *New York Times*. October 24. 1907，p. 1；“Worst Stock Crash Stemmed by Banks，” *New York Times*. October 25，1929，p. 1.

[5] “Will History Repeat the '29 Crash?” *Newsweek*，June 14，1965，p. 78.

[6] 参见 Shiller，Kon-Ya，and Tsutsui，“Why Did the Nikkei Crash?”

[7] Michael Brennan，“Stripping the S&P 500，” *Financial Analysts Journal*，54（1）（1998）：14.

[8] 参见 Marianne Baxter and Urban Jermann，“The International Diversification Puzzle Is Worse than You Think，” *American Economic Review*，87（1997）：170-180。

[9] 通过理论金融模型模拟实际数据，Athanasoulis 和我的研究表明，如果国民收入风险管理得当，可对经济福利产生较大影响。参见 Stefano Athanasoulis and Robert J. Shiller，“World Income Components：Discovering and Implementing Risk Sharing Opportunities，” *American Economic Review*，91（4）（2001）：1031 - 1054。

[10] Robert J. Shiller, *The Subprime Solution*: *How Today's Global Crisis Happened and What to Do about It* (Princeton, N. J.: Princeton University Press, 2008).

[11] Robert J. Shiller, Rafał M. Wojakowski, M. Shahid Ebrahim, Mark B. Shackleton, "Mitigating Financial Fragility with Continuous Workout Mortgages," *Journal of Economic Behavior and Organization*, 85 (2013): 269-285.

[12] 美国国家收入与产品统计，表 2.6，个人收入及存款，参见 http://www.bea.gov/iTable/iTable.cfm? ReqID=9&step=1#reqid=9&step=3&isuri=1&904=1960&903=76&906=q&905=2014&910=x&911=0。

[13] 2013 财年 PBGC 预算报告，http://www.pbgc.gov/documents/Projections-report-2013.pdf.

[14] 通过扩展风险市场以及社会保险来造福社会的思想可参见我近期的著作《金融与和谐社会》(*Finance and the Good Society*, Princeton, N. J.: Princeton University Press, 2012)。

附　录　诺贝尔奖演讲：投机性资产价格①，*

我将从长期资产定价的一般思想开始本演讲。到底是什么从根本上驱动了长期资产价格，比如股票价格或住房价格等随时间的变化？我们又该怎样解读这些变化？我将述及同行学者们关于一些问题的讨论，诸如理性在长期资产价格形成中的作用，以及行为金融学或更广泛意义上的行为经济学的发展趋势等。行为金融学以及行为经济学的发展反映了人们对心理性、社会性以及感染性等非经济性因素在影响价格方面的重要作用的日益认同。我将聚焦于一些统计方法，这些方法允许我们洞悉股票市场和房地产市场价格波动的根源，以及近几十年来引起金融思想领域行为金融革命的相关证据。

演讲更广泛的目的在于理解金融技术的前景。自 2008 年最严峻的日子以来，金融和经济危机的影响仍在延续，关于当前金融制度的质疑层出不穷。我试图从总体上讨论金融在未来的可能发展，而不是针对当前经济危机各种症状开出治标不治本的临时应急药方。在阐述金融技术之前，我将先讨论市场理性，因为市场理性是我们理解新技术潜力的基础。

我演讲的结论在于，市场已然是一个良性运作的“人因工程”，并

---

① 本稿件完成于 2014 年 2 月 19 日，其是对 2013 年 12 月 8 日我于瑞典中央银行纪念阿尔弗雷德·诺贝尔经济学奖颁奖礼上所做演讲的大幅修订版。我的诺奖演讲可见于：www. nobelprize. org/mediaplayer/index. php? id=1996。

* 演讲稿还可参阅希勒发表于《美国经济评论》2014 年第 6 期的论文（Shiller，R. J. (2014)，“SpeculativeAsset Prices，” *American Economic Review*，104 (6)，1486-1517）。——译者注

且随着对导致泡沫及相关问题的心理学因素的认识的提升，我们可以通过创新来进一步改善市场的功能。

价格波动、理性预期和泡沫

到底是什么导致了公司股票、商品或不动产等投机性资产价格的波动呢？这是长期以来人们在思考金融市场时颇具争议的基础性问题。一些人可能认为这样一个基础性问题很早以前就应该有了确切的答案。然而，真正回答这个问题实非简单。①

与这一广泛争议问题相呼应的是，在一些其他领域，市场本质上受心理驱动的观点已经得到了同等广泛的认同。事实上，自 1991 年理查德·塞勒和我成为国民经济研究局行为经济学研究方向带头人以来，该研究方向已经发布了数以百计与市场理性一般思想迥异的文章。②

在相关研究中，“投机性泡沫”这个术语经常被随意使用。“泡沫”一词的流行始于 1720 年破灭的欧洲股票市场“密西西比泡沫”时期。那是一个经常被提及的“疯狂”时代，然而这个时期能否作为“狂野非理性”的代名词尚存在争议（见 Garber (2000) 以及 Goetzmann et al. (2013))。我想说的是，投机性泡沫是一种在投机性市场中常见的、特有的“时尚”或者说是社会流行病，不是充满着幻象的狂欢，而是社会心理学原理以及不完备新闻媒体和信息渠道共同作用下的自然结果。在《非理性繁荣》（第二版）中，我对“泡沫”进行了定义，我个人认为该定义反映了“泡沫”一词在经济和金融领域的最佳用法。该定义如下：

> 价格上涨的消息刺激了投资者的热情，并且这种热情通过心理的相互传染在人与人之间扩散，在此过程中，被夸大的故事使得股票价格增长显得合理，有关价格增长的消息又不断被放大，撩拨了一波又一波的投资者扎堆到市场中。这些投资者尽管可能对资产的真实价格有所疑虑，但可能出于对其他投资者发迹的羡慕，抑或因为“赌徒”的兴奋感，不自觉地卷入到市场中。

上述定义的核心是感染扩散、投资者情绪以及新闻和信息媒介的渲

① 同样很难在经济学领域达成共识的一个问题是：正如国内生产总值数据所体现的，到底是什么驱动了总体经济活动的季节性波动？见 Shiller (1987)，Akerlof and Shiller (2009)。

② http://www.econ.yale.edu/~shiller/behfin/index.htm.

染属性。在我看来，泡沫不是投资者的疯狂，其形容的是投资者如何整体盲信于一个个看似合理的估价理论。想象一下辩论赛，如果辩论对手技能不济，那么一个好的辩手可以站在议题的任意一边，从任意立场说服观众。大学辩论队经常有这种现象，辩手们经常抑制一些事实，同时放大和粉饰另一些事实。回到泡沫情景中，价格随时间不断变化让投资者立场飘忽不定；特别的，当价格上扬时，“辩手”们在捍卫泡沫合理性时所援引的一些事实在投资者中重新蔓延开来，让投资者们蠢蠢欲动。相比于那些大学辩手们，新闻媒体更善于包装各种情景。

投资观念可以像传染病一样扩散。过去，经济学家们对于传染病学、社会学、社会心理学以及传媒和新闻学并没有给予过多关注，也因此他们在理解这些迥异的学术风格时颇费心思。

关于上述问题，有效市场理论笃信者与行为金融推崇者之间存在着严重的分歧。前者相信市场价格准确地反映所有公开信息，他们怀疑泡沫的存在；后者认为必须借力于其他社会科学（例如心理学等）才能理解诸如泡沫等与有效市场相悖的现象和问题。但我怀疑部分分歧只是一种假象，原因是目前没有被广泛接受的关于“泡沫”的定义。通过“投机性泡沫”一词比喻投机性投资就像肥皂泡一样注定会突然破灭，未免过于浅薄，因为历史上从来没有发生过这种爆发性灾难。尽管发生于1929年、2000年以及2007年的股票市场繁荣的突然崩溃看起来与这个比喻非常贴近，但这些繁荣在不久之后又很快再现（分别于1933—1937年、2003—2007年以及2009年至今）。

我认为对于“投机性泡沫”这个一般性术语来说，当其运用得当时，强调其“刹那间破灭的宿命性”这层寓意是不必要的。“泡沫”这种比喻用法具有潜在误导性：其对市场的反映较之于实际情况更富有戏剧色彩，其为市场上发生的各种事件赋予了独特意义，这也是为什么新闻记者们热衷于使用这个词语来博取读者眼球的原因。正如新闻记者喜欢报道某个指数再创新高，以挑拨投资者神经一样（他们刻意掩盖这种历史新高实际上频频出现的事实，尤其是他们从来不指出通胀在其中的一些推动作用），他们同样喜欢向投资者暗示市场可能即将发生崩盘，希望“一语成谶”的若干年后，他们会被载入史册。

我有时候希望有更好的比喻。比如考虑用“风中交易”（一个使用于“郁金香热”时期的词语）来替代。“郁金香热”反映的是17世纪早期发生于荷兰、声闻遐迩的郁金香价格暴涨暴跌事件。较之于一触即碎的泡沫，将投机性市场比喻成云端风里的交易似乎更贴切。

有趣的是，2013 年，时值斯德哥尔摩诺贝尔周，詹姆斯·E. 罗斯曼（James E. Rothman，2013）在其医学诺奖演讲中也援引了肥皂泡，用于类比他在诺奖研究中所重点关注的“细胞囊泡”。他展示了一个影像，其中两个肥皂泡被挤压在一起，令大多数人惊诧的是，它们没有破裂，而是合为一体，形成一个更大的肥皂泡。这与细胞囊泡机制类似，罗斯曼如是说。这让我琢磨，21 世纪早期的股市泡沫和房地产泡沫是否也以某种方式融合为一个更大的泡沫，这个泡沫于 2008 年左右破裂，并因此引发了波及全球的金融危机。这类想象是有趣的，甚至会启发我们的灵感，但我们不能让“泡沫”的比喻，或者任何简单的类比，从一开始就引导我们的模型构建。因为按照这种方式，假如我们最终得到的是荒谬的结论，那么我们前期所作的任何比喻都将是敝鼓丧豚，费而无益。

有效市场理论

尤金·法马（师从默顿·米勒和哈利·罗伯茨），早在其 1964 年的博士学位论文中就发现股票价格非常难以预测。他发现，1957—1962 年间，30 只道琼斯工业平均指数股票连续多日对数价格变化之间的平均相关系数只有 0.03，他认为这一事实“可能对于统计学家和投资者都不重要”。① 同年，保罗·库特纳（Paul Cootner）《股票市场价格的随机性》（*The Random Character of Stock Market Prices*）一书问世，相关研究得到有关市场效率的类似结论。

“有效市场理论”更多地归功于法马（1970）及其所带动的学术研究。该理论认为价格反映了投资者对诸如盈余的最优预测、公司所面临风险因素的标准差估计等基本面的理性评判。正如这一理论所阐述的，在投资者理性主导下，价格因受到那些实实在在消息的影响而不断变化，而这些消息从本质上就不具可预测性。法马的研究推动了金融领域的有效市场革命。在法马提出该理论后不到十年的时间里，我亦携我有关长期债券市场效率的博士论文（1972）加入到该革命运动的阵营中。

其他不同视角以及收益可预测性

1948—1964 年的 16 年里，实际股价上涨为原来的 4 倍多，强劲的牛市带来了投机性泡沫，在这样的背景下，一些收益可预测性的理论横

① Fama (1964: table 10 and p. 70).

空出世。1954 年约翰·肯尼思·加尔布雷思在其畅销书《1929 年大崩盘》中生动地描述了 20 世纪 20 年代那场荒唐的市场繁荣以及随后的崩盘。加尔布雷思断言，这种“投机狂欢”会以相当高的几率再次上演。①

继《1929 年大崩盘》之后的另一部畅销书是查尔斯·金德尔伯格的《狂热、恐慌和崩盘》(1978)。该书通过类似的方式，描述了那些错杂着荒唐和愚蠢的系列人类事件。这两本书都写于行为金融学革命之前很多年，作者并没有进行大量基于心理学和社会学的学术研究，因此他们的成果被一些人认为是不切实际的。尽管加尔布雷思和金德尔伯格都是受人尊敬的学者，他们书中的故事也是有说服力的，还是有很多人认为这两本书不具有科学可信度，因为书中没有进行足够的数据分析（而有效市场假说则有广泛的数据支持）。

归根结底，我认为协调这两种看似明显矛盾观点的重点在于构建正确的统计检验。然而，当我们真这么做了，我们会发现，所谓构建在严密数据分析基础上的、看起来让人印象深刻的市场有效性证据也并非无懈可击。

期望现值模型与过度波动

有效市场模型的最简单版本认为，股价变化完全反映了未来股息支付信息，因此进入市场的时机没有好坏之分。自有效市场革命以来，这种最简模型就强势驻扎于学者的想象空间中，被认为是一个对于更复杂模型的有效简化。该模型中价格等于基于现有各种公开信息，以固定折现率对未来股息进行折现的期望值：*

$$P_t = E_t \sum_{k=0}^{\infty} \frac{D_{t+k}}{(1+r)^{k+1}} \tag{1}$$

检验这个有效市场模型的方法之一是对时间 t 和 $t+1$（$t=1,\cdots,n$）之间的回报在 t 时刻所获悉信息变量 I_t 上进行回归。这类检验通常被近似描述为“随机游走假说”检验。随机游走假说认为，价格变化完全随

① Galbraith (1954：194).

* 式 (1) 中 P_t 表示时间 t 的资产价格，E_t 表示时间 t 的市盈率（其反映了投资者在公开可用信息基础上对资产前景的预期），D_{t+k} 表示时间 t 之后的第 k 个时期的股息分红，r 表示折现率。——译者注

机，不可预测。只有当信息变量对未来回报或价格变化的预测系数（即回归系数）非常接近 0，有效市场模型才成立。此外，即便该模型被拒绝，如果回报的预测方差比例很小，则我们也可以认为该模型对现实进行了较好的近似刻画。

这类市场有效性检验方法及其他类似方法大量见诸文献，其以回报是否持久不具可预测性为检验准则。然而关于收益是永不可预测的还是完全由一时的狂热和潮流所驱动（基本面因素没有变化）的检验，有效性水平非常低，原因是类似后者的这种理论也意味着仅有一小部分月到月的收益是可预测的（Shiller，1984，1989；Summers，1986）。

许多市场有效性检验方法使用的是每日价格观测值。因为观测如此频繁，即使数据跨度只有几十年，观察频次亦成千上万。很多人倾向于认为，数百个观测值已是很多数据，但从区别有效市场理论和其他理论角度来看，这些数据是远远不够的。

举个例子，我们可能试图确定某些价格时间序列数据反映的到底是一个随机游走过程还是一个连续时间内的一阶自回归过程。① 如果是前者，则价格是高是低对于未来的变化不具预测力。如果是后者，当价格相对平均值而言过高，则价格最终会回落（有如泡沫的破灭，虽然不是瞬间灾难性破灭）。然而，如果自回归参数充分接近于 1，则即便有大量的观察值，即便每日或每分钟环比观测，检验方法也难以区分两类过程模型。在一个固定的数据跨度内，试图通过增加观测频次来提升检验效果，即便频次到达连续观测的极限，也不会有什么实际效果（Shiller and Perron，1985，Phillips and Perron，1988）。

2013 年诺贝尔经济学奖遴选背后的科学组织——瑞典皇家科学院 2013 年经济学奖委员会强调，2013 年经济学奖桂冠的加冕实则肯定了投机性资产回报在一个较长的时间域里可具有更好的预测性（依据 R^2）。这与长期以来我们对投资者的建议相吻合：投资者需有耐心，不能指望短时间内获得稳定的回报。但这与人们对天气预报的期望相反，专家们可以相当准确地预测明日的气温，但不能准确地预测未来一年的天气变化。

在某种意义上，投资性资产的短期价格变化是不可预测的，这不难理解：如果每日投资回报大体上可预测，那么依据这种预测进行交易，投资者可不费吹灰之力在一年内身价暴增；而事实上，投资挣钱并不容

① 如果是连续时间，我们试图区分是维纳过程还是奥恩斯坦-乌伦贝克过程。

易。西姆斯（Sims，1984）在一个连续时间框架里对这一思想进行了形式化描述，其对投机性资产价格的“瞬时不可预见性”进行了定义，认为这种不可预见性必须满足当 s 逼近零时，时间 t 到 $t+s$ 上的预测值 R^2 亦逼近零值。其研究表明，在一定的规制条件下，如果价格不满足瞬时不可预测性，则采取一种简单快速的交易方式将可获得极大的收益，这显然不符合现实。

很多短期市场有效性检验方法都从“可预测”的基本含义出发来否定回报的短期可预测性，从这个意义上讲，这些方法所得到的低 R^2 检验值并不意外，也无新意。这些检验结果只是告诉我们看似明显的结论，而没有告诉我们这个结论违背了人们会抓住任何使自己快速致富的机会这样一个客观事实。

针对有效市场理论现有检验方法的上述问题，我提出另一类更有效的检验方法，该方法基于回报波动估计检验市场是否存在“过度波动”。我曾基于该检验方法利用美国和英国的数据进行检验，结果拒绝了债券市场的利率期限结构预期模型（Shiller，1979）以及美国股票市场的简单有效市场模型（Shiller，1981a）。[①] 类似的，肯尼思·辛格尔顿（Kenneth Singleton，1980）在其独立工作中使用方差界检验方法，利用美国市场数据进行检验，结果拒绝利率期限结构期望模型；斯蒂芬·勒罗伊和理查德·波特（Stephen LeRoy and Richard Porter，1981）的研究亦拒绝了美国股票市场的简单有效市场理论。方差界检验方法还被用来检验基于消费贴现的有效市场模型（Shiller，1982；Hansen and Jagannathan，1991）。除了方差界限，有效市场模型还意味着资产价格之间的协方差存在界限（Beltratti and Shiller，1993）。

在检验基本的有效市场思想与其他思想相比于现实的刻画能力方面，较之于回归方法，基于过度波动的检验方法可能更胜一筹。毋庸置疑，在回归模型的约定性假设条件下，将超额回报作为因变量，对预测变量的回归系数进行常规 t 检验，这一过程有其显著优点。[②] 但是，通过在信息变量上对超额回报进行回归以检验市场有效性忽略了一个“时点”条件，即价格的所有变动都必须为后续有关基本面变化的信息所证实。我的前期研究（1981b）表明，如果我们针对这个条件放宽假设，

① 波动检验部分受启发于杰里米·西格尔和我有关事后理性价格计算的研究工作（Shiller and Siegel，1977）。

② 回归测试也有其缺陷，例如，当用蕴含价格要素的比率值对价格的未来变化进行回归和解释时，会导致内生变量问题；参见 Campbell and Shiller（1989）。

回归测试将不再是最好的方法。事实上，在特定有关数据对齐的极端假设条件下，简单方差比检验，较之回归检验，可能是更有效的方法。[①]

另一类市场有效性检验方法是事件研究法。该类方法旨在分析特定事件（例如股票拆分）在发生前后若干天对于资产价格的影响。具体操作时，该方法会采集一类事件的很多不同案例，并分析这类事件的平均价格表现。它类似于回归检验，对多个股票的日度收益率序列构成的面板数据进行分析，并用虚拟变量来表示某事件的发生日，以及事件发生后的若干天。有效市场理论的事件研究重点在于分析事件发生后有无异常收益以及其是不是由该事件引起的。从学术文献记载来看，第一个进行事件研究的学者可追溯到多利（Dolley，1933）。但是，正如2013年诺贝尔经济学奖遴选背后的科学组织所指出的，尤金·法马、劳伦斯·费希尔、迈克尔·詹森和理查德·罗尔发表于1969年的那篇影响深远的论文第一次真正揭示了事件对价格的影响作用。他们的研究表明，即便某个事件为公众所知悉，价格亦未必呈现稳定的和显著的联动反应。多利1933年的研究文章悉心于股票拆分事件的各种细节，在那个年代自然也不会提及有效市场理论。法马、费希尔、詹森和罗尔的研究为这一新兴理论提供了证据，通过绘制事件前后的股票回报曲线，这些证据看起来令人印象深刻。

然而，这里再次强调的是，有效市场检验在本质上与回归检验一致，其不足以揭示是否有泡沫在左右着价格，或者说股票价格变动是否主要源于泡沫。

方差界检验对于市场有效性的拒绝不能被认为是“正确但微不足道”而被束之高阁，正如有效市场研究文献所发现的市场无效性不能被漠然置之一样。这些文献指出，大多数与未来的基本面相关的信息引起的股市总体波动是无法解释的。

方差界检验方法受到诸多指责。起先，我努力去回应其中一些质疑，比如对 Marsh and Merton（1986）和 Kleidon（1986）的回复(Shiller，1986，1988)。后来，指责的文献数量逐渐超出了我的应对能力，相关讨论也明显偏离了最初的方向。一些分歧意见抽象晦涩，甚至

① 在评述我的波动检验方法时，约翰·科克伦（1991，1992）强调波动检验和回归检验具有等价性。但这是关于零假设的等价，不是检验能力的等价。在科克伦后期的研究中，他认识到这里所提到的时点条件的重要性（见 Cochrane，2007）；另见 Lewellen（2004）以及 Campbell and Yogo（2006）的研究。

触及认知论和逻辑哲学的深层问题。[①] 我只能期待将来能在一个更广泛的学科层面上就这些争论达成共识。

我将这一主题下我的论文及相关文献收集在了我的专著《市场波动性》（1989）一书中，从此我放弃了对过度波动的计量研究。当然，其他人还在继续这项工作，从那以后甚至展开了更多的相关工作。

股市过度波动与价格预测的图形展现

正如事件研究通过绘制事件前后股价状态变化图形让很多读者确信了有效市场理论的部分核心论点一样，其他一些简单图形也可通过不同的方式从另一个角度让人清晰地认识股票市场事实上并非那么有效。

图 A.1 是我 1981a 研究论文中的相应图形的更新版本。这幅图展示了自 1871 年以来股票真实价格以及固定利率折现模型计算的理论价格的变化过程。其中实际的股票价格序列是经过通货膨胀调整的标准普尔综合指数（1957 年后则是标准普尔 500 指数）。

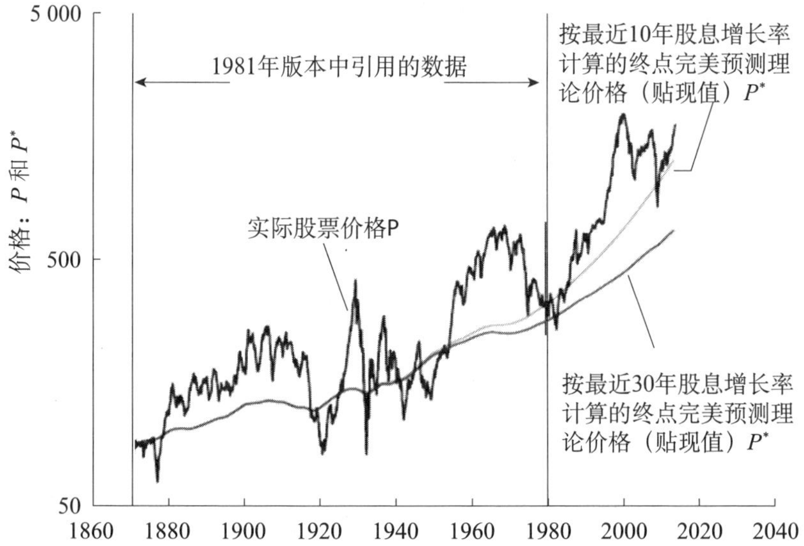

图 A.1　1871—2013 年标准普尔综合股票价格指数曲线与按恒定比率折现的股息现值曲线对照图

图中两个现值曲线的区别在于它们基于不同的股息增长假设。

该图的早期版本后来成为那篇研究论文最受人关注的核心。有时

① 例如 Flavin (1983)，Buiter (1987) 以及 Cochrane (1991)。

候，一些简单的图形较之于形式化的分析更能挑起他人的兴致。看这些数据就像看一个摄影记者对一个历史事件的图片回顾，比起文字性的纪年表，图形的方式更直接，更能让人进行直观比较。

图中，1871—2013 年间每日股息现值通过后续实际分红基于恒定年折现率 $r=7.6\%$来计算，该折现率等于 1871 年以来市场历史平均实际回报率。正如我在 1989 年著作中所描述的，针对图中的股息数据，我使用了标准普尔自 1926 年以来公布的实际股息数据，并按照艾尔弗雷德·考尔斯（Alfred Cowles，1939）的方法将其回溯至 1871 年。正如我在出版该图的初始版本时并不知道 1979 年之后的股息一样，在写作本书当前版本时我也无法知道 2013 年之后的股息。

在这次演讲中，如我在 1981 年所做的一样，我对 2013 年后未知的未来股息作了一些简单的假设。借用传统股利折现模型，即戈登模型，将最近的 2013 年标准普尔 500 指数作为 2013 年后股息预测的基准，并对 2013 年后股息作了两种替代性假设。第一种假设认为 2013 年后实际股息将在最后一个股息观察值基础上，以最近 10 年股息平均增长率（年 5.1%）持续增长；基于此假设，2013 年股息折现值 P^* 为 1 292。第二个假设的基本计算方式与第一个假设一致，但 2013 年之后的股息增长率按最近 30 年股息增长率的几何平均计算，即年 2.5%；基于此假设，2013 年股息折现值 P^* 为 669。在这两种假设基础上得到的 2013 年股息折现值可与按照标准普尔 500 指数度量的 2013 年实际市场价值（波动区间为 1 494 至 1 802）进行对比。①

我们是否应该以最近 10 年的实际股息增长率为参照来展望未来，而不是最近 30 年或其他时距呢？不同的人对这一问题有着不同的理解。10 年的数据相对更新，但就整个股市历史来说，10 年太短；再者，2003—2013 年的 10 年是不同寻常的 10 年，其始于 2001 年经济萧条的余创，其间遭遇了自大萧条以来的最大金融危机，历经政府救市的一揽子刺激措施。更糟糕的是，尚没有一种客观方法可用于预测未来几十年的股息，这也是为什么我要设计两种方案来粗略反映未来股息的可能变数。

之所以要绘制两种不同的最优理论价格 P^* 序列，一方面是因为

---

① Jeremy Siegel（2005，2008）曾指出，由于自二战以来盈余股息支付率一直呈下降趋势，因此未来股息增长率应高于过去值。如果企业将盈余用于再投资，而不进行发放，则它们在未来理应有更多的可发放股息。这一理论的正确性毋庸置疑。Arnott and Asness（2003）指出，低派息也可能是管理层因为预期盈余增长率将下行而做出的决策。

2013年后的股息现值有着相当的不确定性，而另一方面，就像我们今天所看到的一样，对于早些年来说，后续股息在那些年的折现值同比变化并不显著。以2013年为回溯起点，早些年（比如1980年之前的年份）已太遥远，后期股息向这些年份的折现十分微薄（或者说后期股息对于这些年来说贬损太大），也因此，即便对于2013年的股息现值预测有一千种结果，将这些股息折现到早些年份所得到的最优理论价格 P^* 仍然没有太大差别。

图A.1很清晰地表明，不管基于哪种假设，股息现值（图中采用对数刻度）看起来都非常像一条稳定的指数增长曲线，然而股票市场价格却一直在该曲线上下剧烈振荡。我在1981年曾提出了这样一个问题：如果有效市场理论成立，即实际价格是未来股利折现的最优值，那么为什么股票市场波动如此之大？

尽管不同的人对图A.1有着不同的反应，但一个共同的反应是：有效市场模型 $P_t = E_t(P_t^*)$ 在这里站不住脚。如果股息现值曲线呈现如此简单的趋势，为什么追随现值的实际价格却如此跳跃？这里的意思并不是说 P_t 应该比 P_t^* 更平滑，因为按照有效市场模型，当导致一些价格可能发生微妙变化的重要新信息出现时，市场价格可能会应声发生突然晃动。然而，因为股息本质上比较平滑（不会发生显著波动），所谓重要新信息实属鲜见。

为理解这里的有效市场问题，想象图中标注为 P_t^* 的序列不是股息折现价格而是实际气温，P_t 不是市场价格而是天气预报员对日期 t 的温度预报。我们可能会觉得这个天气预报员疯了！即便在股票市场上，预测的误差不会立刻给予预测者们反馈，预测者们也应该避免频繁地上下调整他们的预测，除非真的有什么新的消息出现。但显然，历史上，并不是股票市场实际发生事件产生的消息导致了价格上下剧烈波动。

图A.1揭示了这样一个基本问题：人们用以大体预测未来的模型（即通常所谓的近似模型）在所有时期几乎都是错误的。有时候人们认为上世纪30年代大萧条时期的低股价是合乎当时情理的，即人们理性地看到了经济萧条所造成的未来实际股息的损失。然而事实上，即便在1932年股市萧条的最惨淡时期，后续股息也不至于长期低迷以至于显著压低 P^*_{1932}。没有什么能真正长时间地让股息每年偏离长期增长趋势两三个百分点。

在我最初的那篇论文（1981a）里，我剔除了数据中的趋势（如发布在诺贝尔基金会网站科学背景文档中的相应图形的复制版本所示），本着投资者知悉这些趋势的假设。这个假设是合理的。在这个假设条件下，有效市场模型意味着 P 较之于 P^* 更多地服从趋势（或者说更少地偏离趋势），而这一点显然并未体现于图 A.1 中。

然而，有关投资者对趋势有着实质性理解这一假设，那些指责我论文的学者做出了否定的回应，他们或许并不认同这一假设。总体上，这些指责认为，他们总能找到一些依据来支持：股息的变化路径可能会逐渐显著偏离其历史增长路径，市场上会不断蹦出有关这种偏离可能性的新信息，投资者也一直在对这类信息做出评判和处理；即便股息增长路径从未长期或显著偏离趋势线，投资者也时刻保持着清醒的头脑，对有关股息变化的新信息给予充分的关注。这些指责认为，价格的所有波动都是因各种与类似于“黑天鹅”的稀有事件相关的信息所致。这类事件理应发生于过去的一个多世纪里，但是它们从未发生过。其中一些指责认为，股息序列可能含有单位根，因此表面平滑的趋势或许只是一个偶然结果，这种结果可能不会持续多久。①

图 A.1 中 2013 年之后股息现值的不确定性确实凸显了一个重要问题：纵观股市历史，每一个时刻在其当时都存在对未来股息现值预期的不确定性。聪明的人总能援引一些因素或主流理论来证明未来股息增长率会走高抑或走低。

例如，我们是否可以基于有效市场来解释为什么股市在大萧条时期如此低迷？在大萧条时期实际未来股息现值并非特别低，但在当时人们也许根据所能掌控的理论，认为股息现值将走低，或者他们认为政府最终会将股市收归国有而并不给予任何补偿。诚然，当时人们有这些想法算不上不可理喻，也算不上疯狂。然而问题是，人们所惴惴不安的事情真的发生了吗？在历史上又真正发生过多少呢？如果没有实质性发生，那市场为何动荡至此呢？

现值模型的不同形式

当然，正如我们所知道的，有效市场基本思想并不要求折现率一定为常数，也不要求股息一定不可预测。有效市场理论的一个更一般的形

---

① 单位根问题是金融计量学潜在的严重问题；参见 Campbell and Shiller (1987, 1988a); Shiller and Beltratti (1992); Torous, Valkanov, and Yan (2004); Campbell and Yogo (2006); and Cochrane (2007)。Campbell and Shiller (1988c) 曾提出通过对数差分方法重新对过度波动进行更具鲁棒性的检验。Fama and French (1988) 以及 Poterba and Summers (1988) 曾基于不同区间的回报方差比率对简单有效市场模型进行了检验。West (1988) 的研究表明，价格和现值的不同测度方法存在不等价性，这种不等价性为过度波动提供了新的证据。

式将允许折现率取决于一个时变利率：

$$P_t = E_t(P_t^{*r}) = E_t \sum_{k=0}^{\infty} \prod_{j=0}^{k} \left(\frac{1}{1+r_{t+j}+\varphi}\right) D_{t+k} \tag{2}$$

此外，在 LeRoy（1973）和 Lucas（1978）提出、Grossman and Shiller（1981）以及 Hansen and Singleton（1983）扩展的模型中，折现率与消费有关，通过使用消费的跨期边际替代率来表示：

$$P_t = E_t(P_t^{*C}) = E_t \sum_{k=0}^{\infty} \prod_{j=0}^{k} M_{t+j} D_{t+k} \tag{3}$$

其中，M_t 是时间 t 和 $t+1$ 之间消费的边际跨期替代率，其等于 $\rho (C_t / C_{t+1})^A$（假设相对风险厌恶系数 A 恒定），其中 C_t 表示时间 t 上的实际人均消费。

图 A.2 显示了美国实际股价以及按照式（1）、（2）和（3）三种方式测度的完美预测股价（股票红利折现值）。[①] 该图再一次表明，用三种不同测度方式计算的事后理论价格和实际股票价格之间几乎不存在对应关系。在确定股票价格时，投资者似乎不知道这些变量的未来变化，因而也不会根据这方面的知识做出理性回应。进一步，假设他们确实缺乏对未来变化的理解，那么我们可能会琢磨，为什么实际股票价格随时间变化的总趋势与完美预测的理论价格的变化趋势如此一致呢？

为了提高基于消费的模型的适用性，人们做了许多尝试来修正它（例如 Campbell and Cochrane（1999）和拉尔斯·彼得·汉森 2013 年的诺奖演讲），但还没有任何一个模型能够就图 A.2 为有效市场理论做出一个有力的辩护。

John Campbell and John Ammer（1993）利用美国战后数据和时间序列方法，对非预期的超额回报进行了方差分解（沿用坎贝尔 1991 年所开发的方法）。这个方差分解参考 Campbell and Shiller（1988b）所使用的方法，基于现值关系的对数线性化处理。假设时点状态一经确定即静止不变，时间 $t+1$ 上超额回报（以无风险利率 e_{t+1} 为基准）新信息——$(E_{t+1} - E_t)$ 是三种新信息模型的叠加求和：

$$e_{t+1} - E_t e_{t+1} = (E_{t+1} - E_t)\left\{\sum_{j=0}^{\infty} \rho^j \Delta d_{t+1+j} - \sum_{j=0}^{\infty} \rho^j r_{t+1+j} - \sum_{j=0}^{\infty} \rho^j e_{t+1+j}\right\}$$

---

① 参数 φ 的评估准则在于使得 $r_t + \varphi$ 的平均值等于 1871—2013 年股票市场的平均实际回报率。参数 A 被设置为 4，ρ 被设置为 1。一年期利率数据来自于不同来源，见 Shiller（1989，2005）；实际人均消费来自于美国国民收入和生产账户数据。

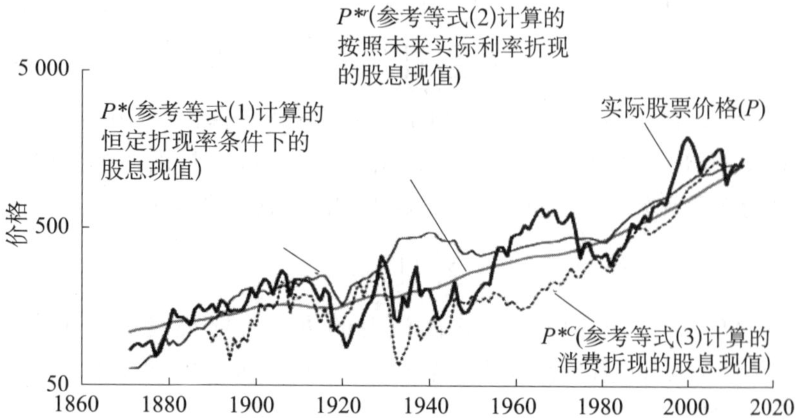

图 A.2　1871—2013 年标准普尔综合指数实际股票价格以及三种股息现值曲线对照图

所有三种股息现值均假设 2003—2013 年实际股息增长率将持续到 2013 年后。三种股息现值只在折现率时间序列假设上存在差异。

使用方差分解以及向量自回归模型，利用二战后股市回报数据，坎贝尔和阿默发现超额回报新信息标准差是未来股息增长新信息标准差的三四倍。由此，整体股市波动受制于预期未来回报波动主导，而不是有关未来股息派发的消息。①

回报可预测性的解读

社会学家对这些收益可预测性结论提供了一种可能的解读，这种解读体现的主体思想可以追溯到一百年前。席卷历史长河的市场波动在不同的时期产生了不同的思想体系，体现了不同的时代精神。爱米尔·涂尔干（Émile Durkheim，1893）提出了“集体意识”，这种集体意识刻画了特定历史时期的共同信念、态度和道德评判。莫里斯·哈布瓦赫（Maurice Halbwachs，1925）提出了“集体记忆”，其指的是一个时期里为人们所共同记忆的事情，但如果这些事情不被口口相传，或不被活跃的新闻媒体持续记载，它们就会逐渐从人们的记忆中淡出。新闻媒体在讲述故事时倾向于迎合时下的兴致，而不是那些于读者无趣但于历史有用的事实。② 显然，人们对过去的无意识性忘却影响着他们普遍的价值判断。今天还有多少人能够娓娓道来 1907 年的金融恐慌或者 20 世纪

① 这些研究结果受到 Goyal and Welch (2003，2008)；Chen and Zhao (2009)；Chen，Da，and Zhao (2013) 的批判。Campbell，Polk，and Vuolteenaho (2010) 以及 Engsted，Pedersen，and Tanggaard (2012) 对这些批判进行了反驳。

② 参见 Shiller (2000) 和 Mullainathan and Shleifer (2005)。

40 年代后期的房地产价格飞涨呢？那时的人们或许奔走相告，而今天几乎每个人对于这些事情都会一脸茫然。在泡沫兴起的时期，伴随着人们早期集体记忆的褪去，有关泡沫的消息不断滋生，一些消息被掩盖，一些消息被粉饰（就像大学辩手们所使用的策略那样），媒体以及那些流行访谈节目不再强化人们过去的记忆，而那些市场事件所衍生的故事却被不断放大。

所谓投机性价格有效地综合了所有有关未来股息变数的信息的论调，是经不起推敲的。另一种理解可能要合理得多，即整体股票市场价格的变化，体现了投资者变幻无常的感知和理解，这种变幻无常即是凯恩斯所谓“动物精神”这一术语所蕴含的意义，这种变幻无常甚至感染着市场上大多数所谓“聪明钱”的思维。在其 1921 年《概率论》一书中，凯恩斯颇为前瞻地预料到这一问题。凯恩斯断言，在决策理论意义上，概率是模糊的，其无法精确测度。凯恩斯认为，由于基本面的模糊性，金融交易中无法避免地充斥着“幻想元素”。① 一些重要的决定都产生于冲动，而不是深思熟虑。人们可能也对各种变数进行了思量和运筹，但他们经常不完全相信自己的评判，进而最终凭直觉做出决定。

在我早期的行为金融研究论文《股票价格和社会动力学》（1984）中，我提出了另一种股票价格的期望现值模型。较之于前文所讨论和图解的三种期望现值模型，这一模型无法回溯到 1871 年，因为其依赖于一个至少在目前尚无法客观量化的时变因素。我曾一直试图通过调查手段来衡量个人和机构投资者的市场因素，不过，在 1989 年后才真正开始。还有一些学者调查了投资者情感，但调查结果不够明确。我与卡尔·凯斯在 1988 年开始了住房购买者调查研究②，1989 年我又开始了个体和机构投资者调查研究③，现在这些调查工作由耶鲁大学管理学院延续着。

30 年前，我将这个至今仍不可测度的因素称为“普通投资者的股票需求”，今天，我们且称之为“动物精神”，用符号表示为 A_t，即每一个普通投资者在时间 t 上对每只股票的需求。这些普通投资者不是“聪明钱”，他们没有真正关注市场，对市场缺乏缜密的系统性理解，也

① Keynes (1921: 23).

② 参见 Case and Shiller (1988, 2003); Case, Shiller, and Thompson (2012)。

③ http: //som. yale. edu/faculty-research/our-centers-initiatives/international-center-finance/data/stock-market-confidence. Greenwood and Shleifer (2013) 研究了投资者情绪指数与股票价格的关系，其中投资者情绪指数源自六种不同的调查数据，包括我的。

不从事市场研究，他们会受到那些不经意遇到的信息的袭扰甚至狂轰滥炸。显然，这类普通投资者构成了投资者的绝大多数，这个大多数群体也许会将期望现值模型引入一个极端。他们的观点所昭示的莫过于不断变化的市场大流、各种闲言碎语，以及他们对那些不重要的情况和消息的过度反应。A_t 具有时滞性，因为在一般情况下，不是所有人都会在顷刻间蜂拥般地改变他们的“天真”想法。

这里的核心在于，市场上还有一拨“聪明钱”投资者，他们慎行于股市，不为幻象所蛊惑。他们必须谨慎，不仅因为未来股息无法确定，也因为普通投资者的行为在一定程度上难以预料。普通投资者的飘忽不定可引起价格波动，如果“聪明钱”投资过多，他们很可能因此而受损。这些“聪明钱”投资者总能获取有关 A_t 未来可能取值的信息，正如所有新信息一样，关于 A_t 的新信息在时间上同样具有无关性和不可预知性。我认为“聪明钱”对每只股票的需求等于他们理性预期的、大于无风险回报 r（为简单起见，假定 r 随时间恒定不变）部分的股市超额回报，即对股市回报与无风险回报差除以一个恒定风险系数 φ。两种需求，即普通投资者需求加上“聪明钱”需求，必须加起来等于“1”以达到市场出清。由此，我们需要进一步求解理性预期模型，这即是我们要提出的第四个现值模型：①

$$P_t = E_t(P_t^{*A}) = E_t \sum_{k=0}^{\infty} \frac{D_{t+k} + \varphi A_{t+k}}{(1+r+\varphi)^{k+1}} \qquad (4)$$

如果 $\varphi = 0$，“聪明钱”占主导地位，公式即解构为前文等式（1）。当 φ 趋近于无穷大时，“聪明钱”退出市场，普通投资者完全决定了价格，等式解构为 $P_t = A_t$。介于这两种极端条件中间的情况最有趣。在中间情况中，即便“动物精神”主导着 P_t 的大幅波动，每日价格和每月价格也具备较低的可预测性，这与有效市场理论一致。A_t 长期的缓慢摇摆可能导致股价的长期缓慢摇摆（这或许就是为什么所谓“牛市”或“熊市”会持续多年），即使股价的每日变化与时间几乎没有任何关系。价格不仅仅是对有关未来股息的消息的回应，也是对动物精神的回应。前文所述的基于事件研究的检验方法测试了市场在一段时间上对一些后期被证实的诸如股票拆分等事件相关新闻的反应。检验的结果或许完美支持了有效市场模型，因为一旦事件的消息传到“聪明钱”的耳朵里，不管事件实际发生于何时，事件对股息和动物精神的影响作用将被反映到价格中。

① 这个等式即 Shiller（1984）中的式（3），不过在符号表示方式上略有变化。

还有一个广泛用于有效市场研究的论点，那就是模型（4）中的中间变量 φ 不能提供一个稳定的平衡点，因为“聪明钱”会越来越富有并最终占领市场，φ 最终会变成 0。事实上，这通常不会发生，因为其中存在着投资者能力的自然循环：“聪明钱”起家时可能并不阔绰，他们需要花许多年来谋取足够的财富以影响市场；同时他们终将年老退休，又或者他们在谋取了足够财富、过上舒适生活后，会理性地放下对利益追求的兴趣。市场是充分有效的，投资者击败市场的胜算甚小，且有着诸多不确定性，回报也较慢，因此，那些最聪明的人会把时间用到对他们个人来说更有意义的事情上，例如经营一家公司，攻读金融学博士学位，或者其他更惬意的事情，而将市场更多地留给普通投资者。真正的“聪明钱”投资者不可能赔上他们正常的生活而积攒足够的成功经验，以向普通投资者证明自己能够多有效地管理他们的资金：他们需要耗费很多年的时间来作此证明，同时基本面有着太多不确定性，无法让他们以充分的把握来实现这一追求。多年以后，等到他们准备好证明自己的时候，他们或许已经没有了当初的决心和意志，也没有继续走下去的能力了（Shiller，1984；Shleifer and Vishny，1997）。

个股

整体股票市场的一些研究结论却未必能应验于个股。保罗·萨缪尔森曾断言，市场是微观有效而宏观无效的。也就是说，个股价格的变化由有关未来股息的新信息主导，但总体股票市场的变化由“泡沫”主导。①

Tuomo Vuolteenaho（2002）使用类似于 Campbell and Ammer（1993）的研究方法，发现对于个股来说，预期回报相关新闻的方差约为现金流相关新闻方差的一半。对于市场校正个股对数回报率（对数回报减去截面平均对数回报）来说，预期回报相关新闻的方差只有现金流相关新闻方差的五分之一。因此，泡沫及其幻灭不会对个股回报产生实质影响，大部分个股回报率的变化源于与企业如何派发未来股息相关的新闻消息。

---

① 萨缪尔森进一步指出：“现代市场表现出相当的微观效率，因为那些察觉微观效率偏离的少数人将从这种偏离中赚钱，而当他们这样做时，他们实际上是在扫除市场中持续的无效要素。与我前面所说的不相违背的是，证券价格总体指标的时间序列相对于通过不同方式定义的基本面价值，长期上下振荡，从这个意义上看，我曾经假设宏观市场存在相当的低效率。”（出自保罗·萨缪尔森写给约翰·坎贝尔和罗伯特·希勒的私人信件。）

我与 Jeeman Jung 合作发表于 2005 年的研究论文中，采用了时间跨度较长的股票数据，这些股票的公司在超过半个世纪里没有显著的资本变化却得以长期运营，我们也得出了相似的结论。我们认为，可通过图形化展示股息价格比率（即股息率）如何准确地预测股息增长来更形象地考察有效市场理论如何适用于个体公司。简单有效市场理论表明，有着相对较低股息率的个体公司在未来的年份里将在当前的价格基础上表现出较高的股息增长。为了以这种简单的方式绘制视觉图形，我们选择那些有着较长历史的公司样本（尽管这样做可能会带来选择性偏差）。

我们从证券价格研究中心（CRSP）数据库中选择从 1926 年至 1976 年持续运营且无数据间断的公司样本。满足条件的公司样本只有 49 个，这些公司提供了 2 499 个 1926—1976 年间的年度观察值。图 A.3 中的每一个散点的纵坐标为 $\sum_{k=0}^{24}\frac{\Delta D_{t+k}/P_t}{(1+r)^k}$，即未来 25 年里股息变化现值（以美元计算，并通过历史平均股市回报率折现）除以公司股票当前美元价格；横坐标为 $\frac{D_{t-1}}{P_t}$，即股息率，用当前股息除以当前价格。如等式（1）所示的有着固定折现率的有效市场意味着，如果截取 25 年为时段，对未来股息折现不存在问题，那么纵贯这些散点的回归线的斜率应为－1，回归常数项应等于固定折现率。换句话说，如果市场有效，当投资者即将持仓特定个股，则只有当投资者有着实在的理由看跌未来股息并要求在当前对未来股息损失进行补偿时，高股息价格比才会发生。类似的，低股息率的股票意味着投资者有确切的证据看涨未来股息，并认为股息上涨将最终补偿其在持仓当时所获得的低股息回报。

实际评估得到的、最能拟合图中散点的回归线的斜率是－0.5，与理想值－1相差稍远，但正像所预期的那样为负。股息率从适当的方向决定了样本公司未来股息的变化。与其他散点相比，零股息公司（对应纵轴上的散点）相对于股价的未来股息增长比总体较高。最右边的观察点刻画的是 Schlumberger 公司 1931 年的业绩，其时该公司股息率为 40%。该公司曾竭力维系其股息，尽管历经大萧条该公司身价缩水。之后，市场投资者显然意识到该公司不可能持续支付这样一个水平的股息，而且在长时间里也不可能再有下一次重大的股息派发。他们显然已经对 40%这个股息率所蕴含的意义进行了思考。他们做出了正确的评判，正如我们后来所看到的。对于特定公司来说，这类比率有时会发生大幅调整，调整动作背后往往反映了管理者和投资者对公司未来现金流变数的切实理解。此处只是一个特例，在这个特例中，关于个体公司的

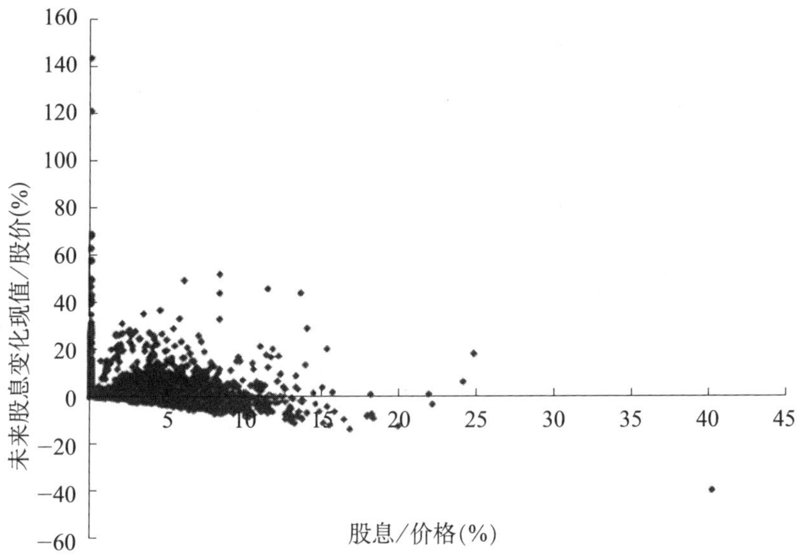

图 A.3　1926—1976 年 49 只美国个股未来股息变化现值及其股息价格比率对照图

资料来源：Jung and Shiller (2005).

专有知识使得有效市场模型成为能够较好逼近现实的模型。①

不动产价格

较之于股票市场，不动产市场的价值体量更大。根据美联储发布的美国财务统计数据，2013 年家庭和非营利组织拥有的不动产价值为 21.6 万亿美元，而其直接或间接持有的企业股权市值只有 20.3 万亿美元。②

然而，当我在上世纪 80 年代第一次与卡尔·凯斯合作就不动产价格展开联合研究时，我们发现，鲜有学术研究涉足不动产市场的有效性。人们对于不动产市场的理解非常苍白。"所有市场都必定有效"成为当时被广泛认同的主流假设。基于这一假设，许多经济学家，至少在他们那些广为追捧的言论中，认为不动产市场也一定有效。这个假设在我们看来非常不靠谱。一些不见经传的证据表明，与股票市场价格不

① Ang and Bekaert (2007) 认为在样本时间段或国家上，股息率对未来股息的预测不具鲁棒性，但他们的研究数据不包括个股数据。

② 参见 U. S. Federal Reserve Board, Z. 1, Financial Accounts of the United States, table B. 100 (Balance Sheet of Households and Nonprofit Organizations) and table B. 100. e (Balance Sheet of Households and Nonprofit Organizations with Equity Detail), December 9, 2013。

同，不动产价格根本不能通过“随机游走”来近似刻画。不动产价格经常沿着同一个方向，上行抑或下行，持续很多年。

当时，凯斯和我决定检验这一市场对于独户住房的有效性，但很快一个重要的绊脚石让我们无法继续研究：独户住房的交易频率极其低下，较之于股市交易可在几分钟完成，住房交易的时间间隔长达几年甚至几十年。我们无法在这类数据基础上通过主流方法检验市场有效性。对于独户住房市场的有效性检验来说，常规方法或者事件研究不具可能性，其只能建立在指数的基础上。

住房价格指数有很多，但它们都有其严重问题。美国国家房地产经纪人协会发布了现房销售中间价格，但这种价格经常不规律地跳跃，它只是所有住房在销售当时的中间价格，并没有对销售各个环节可能导致的价格变化予以控制。此外，该价格指数有着极强的季节成分。我们怀疑这种季节成分是因为夏季正值学年和就业市场转换季，那些选择在夏季卖房的人大多有着更大或者质量更好的房子，因而售价也更高。

在当时还有美国人口普查局发布的“新房价格”，亦称作“稳定的质量指数”。这个指数是一个更复杂的 Hedonic 模型指数（效用估价模型指数），其包括诸如楼层空间面积、卧室数量等恒定不变的所谓住房质量指标。然而，该指数对于检验市场长期有效性显然亦不具可信性，因为其依据每季度住房计算，而不考虑相应季度的住房盖的是什么，盖在哪里。

针对上述问题，在凯斯前期研究（Case，1986）的启发下，凯斯和我构建了我们自己的“重复销售”住房价格指数，根据我们的方法设计，该指数从单个现房价格变化数据中提取和推算价格变化（Case and Shiller，1987，1989，1990）。我们阐述了如何计算季节性指数，即便住房平均交易间隔远大于一个季节。凯斯的灵感大多受 Bailey，Muth，and Nourse（1963）的启发，但我们作了大量改进，更好地考虑了异方差性。之后，如那些著名股票价格指数所做的那样，我又设计了指数算法和相关权重值（Shiller，1991）。我们和我之前的学生艾伦·韦斯（Alan Weiss）一起，于 1991 年创办了凯斯-希勒-韦斯公司。我们首创了周期性发布实时重复销售价格指数的机制，同时我们利用这些指数针对独户住房生成自动价格估测模型（Shiller and Weiss，1999a）。现在我们的指数由 CoreLogic 公司负责计算，由标准普尔公司运营管理和发布。

图 A.4 显示了基于 CPI 通胀校正的季节性全国指数以及按照同样

方式剔除通胀和转换成实际价格的美国人口普查局稳定质量指数。

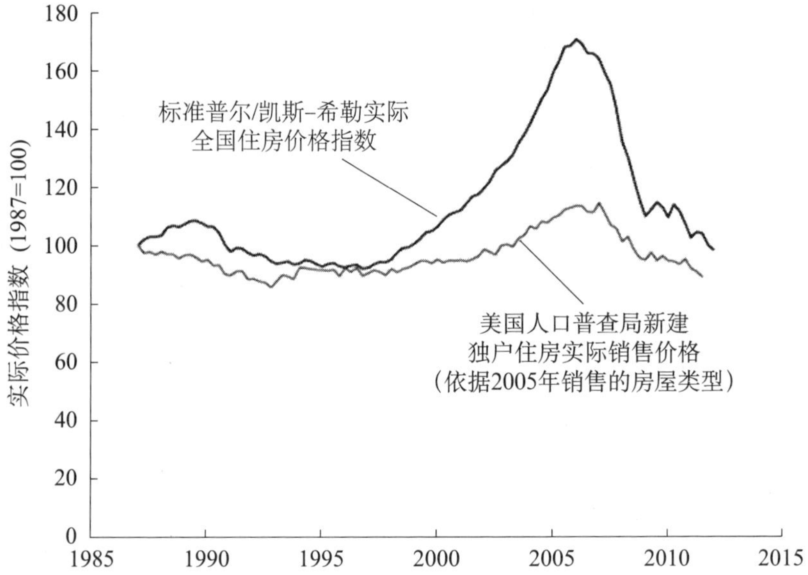

图 A.4　1987—2013 年两种美国住房价格指数除以消费者价格指数（CPI-U）

两种指数的标度均进行过缩放，以使得它们在 1987 年的标度值为 100。

如图 A.4 所示，在简单整理这些指数数据并观察图的走势后，我们发现了一些之前未曾预料的现象。首先，住房价格数据随时间的变化总体上极其平滑。除了少量季节性抖动，住房价格不断重复这样的模式：先是连续数年上涨，之后连续数年下跌。因此，住房价格行为的随机游走模型远远谈不上成立（Case and Shiller，1988）。住房价格或许可以按照式（4）所示的模型来刻画，其中 φ 参数极大，以至于意欲根据消息快进快出于市场的“聪明钱”无法成就其初衷。

其次，尽管我们最初计算这些指数时一些走势尚不明晰，但站在今天的角度，我们会发现，2000 年后，住房价格经历了一次巨大飙涨，而这在美国人口普查局稳定质量指数中并未得到充分显现。这次房价飙升的时间跨度和幅度在美国最近一百多年里是从未发生过的（Shiller，2005）。为什么 2000 年之后的住房价格繁荣和凋敝在我们的重复销售指数曲线中反映得如此显著？美国人口普查局稳定质量指数主要考察的是新建住房价格，而新的住房往往选址于那些受许可且前景看好的地区，一般位于拥挤的城区之外，价格水平也因此取决于基本的建造成本，因而随时间波动相对不大。而我们的指数所基于的住房样本更全面，其更能揭示市场的无效性，也呈现出更剧烈的价格起伏。

独户住房价格背后的无效性必定与市场条件有关，改善市场效率，必定意味着市场制度的调整。相比于股票市场，独户住房市场的无效性可部分追溯到市场相对更高的交易成本。对于职业交易者而言，通过预测价格变化以进出独户住房市场从而谋取利益的成本要高得多。对标价过高的独户住房进行短期交易十分困难。对于职业交易者来说，独户住房买卖不畅还可能有其他原因：高持有成本；低租金收入；租房者道德风险（租房者爱惜房产的动机相对不足）；难以把握那些可能导致独户住房需求发生改变的当地因素（因此外地机构投资者总是面临着被清洗出局、成为愚蠢的失败者的风险）。一些机构投资者最近活跃于新闻媒体中，表示它们将在住房市场中大展身手。它们能否如愿，我们拭目以待。

我们认为，如果住房价格指数可用于交易，市场有效性或得以提升（Case，Shiller，and Weiss，1993）。与标准普尔以及我们的宏观市场研究有限公司（MacroMarkets LLC）员工一起，基于我们所开发的美国十城市住房价格指数，我们帮助芝加哥商品交易所实施了住房期货市场构建计划。这些市场于 2006 年启动，今天仍然在交易，尽管与我们所期望看到的交易规模相差甚远。① 我们希冀通过这类新型市场从本质上改变不动产市场价格行为，通过价格分析和披露使得住房价格表现更接近于有效市场理论所蕴含的随机游走模式。

全世界不动产市场依旧低效。我们只能期待有一天，市场流动性让更多更符合有效市场法则的交易成为可能，正如理论学家们所期望的。

要实现不动产市场、股票市场以及任何投机性市场的有效性的提升，当下最有意义的事情莫过于洞悉市场失灵背后的成因，而这需要我们纳入经济学之外的其他学科，从更广泛的视角进行更严谨的论证。

行为金融学和行为经济学

行为经济学革命，旨在将心理学和其他社会科学引入经济学中，始

---

① 参见 Fabozzi，Shiller，and Tunaru (2009)。该期货市场创始人约翰·多兰开设了一个网站，http：//homepricefutures. com，以持续发布该市场的最新信息。在艾伦·韦斯以及萨姆·马苏奇（Sam Masucci）领导下，基于标准普尔/凯斯-希勒十城市指数，宏观市场研究有限公司也曾推出配对多空证券，“宏观股”（MacroShares），股票代码分别为 UMM（“主要大城市价格上行”，UP Major Metro）和 DMM（“主要大城市价格下行”，Down Major Metro）。该股票 2010 年 8—12 月在纽约证交所上市交易。

于上世纪 80 年代，但真正为公众所关注是上世纪 90 年代。1991 年，理查德·塞勒和我在国民经济研究局召开了我们的行为经济学研讨会，自那以后，行为金融学占领了行为经济学的主导地位。[①] 一批行为金融综述类文献相继发表，其中值得一提的如：Shleifer（2000），Barberis and Thaler（2003），Shiller（2003b），Shefrin（2008），Baker and Wurgler（2011）等。

行为金融学革命似乎是从市场无效性的证据开始并且逐渐变得有意义。一旦我们认识到有效市场理论不足以决定资产价格，我们便会倾向于寻找其他因素以理解市场波动。有关市场异象的研究文献指出的确有一些异常因素在发挥作用。Benos and Jochec（2013）的研究发现，爱国主义思想影响股票的价格，在战时美国股市，那些冠以“America (n)”或“USA”字眼的股票有着年 6% 的超正常回报。Saunders (1993) 发现纽约天气也对股票价格产生影响。如果诸如这类看似无关的事物能影响到股价，那些更合乎情理但尚未成熟的理论（有关中央银行、财政政策、能源价格、资本主义未来前景，等等）也会影响市场价格就不足为怪了。

大多数股市投资者都不会过多关注公司价值的基本面指标。人们可能会认为，这种不关注在某种意义上是理性行为，因为获取信息需要支付成本。Christopher Sims（2003）创造性地提出了一种理性忽视模型。但是将这种不关注理解为是一种系统性的投资者深思熟虑的理性表现，还不具说服力。

行为金融学的早期历史

上世纪 80 年代之前，行为金融大多“屈尊”于投资分析师的圈子，这些投资分析师并没有引起学术界的关注，在实际分析时他们也大多没有借用社会科学的研究成果。然而，这个时代亦不乏奇才。在众多分析师中，最值得一提的是本杰明·格雷厄姆和戴维·多德。正如他们 1940 年版《证券分析》一书所体现的，他们的投资策略主要基于他们对“无知、人性贪婪、大众心理、交易成本、对知情者和操控者所掷出骰子的赋权”等投资现象的观察。[②]

凯恩斯超前地提出了投机性市场思想。在其 1936 年的著作《就业、利息和货币通论》中，凯恩斯将投机性市场类比为他所见到的、由当地

---

① 参见 http：//www. econ. yale. edu/～shiller/behfin/index. htm。

② Graham and Dodd (2002)：276.

报纸所举办的读者选美竞赛活动。这一譬喻后来被广泛称作凯恩斯“选美竞赛”股票市场理论。在竞赛中，每一个读者受邀细阅一百张漂亮脸蛋照片，并从中选出他或她认为最漂亮的六张脸蛋。那些得到投票最多的六张脸蛋照片被认为是最受追捧的脸蛋。那些所选出的六张脸蛋最接近这个最受追捧榜单的读者将成为赢家。显然，要赢得比赛，一个理性的参赛者不会按照自己的偏好选择，相反，他们必须选出他们认为其他人认为最漂亮的六张脸蛋（一阶推测）。更甚者，他们必须选择他们认为其他人认为其他人认为最漂亮的六张脸蛋（二阶推测），或选出他们认为其他人认为其他人认为其他人认为最漂亮的六张脸蛋（三阶推测）。这种情况于股市亦然。如凯恩斯所言，“我相信，一些人会进行四阶、五阶甚至更高阶的推测”，较之于前文公式（4）所刻画的，他们更大程度地远离现实。凯恩斯认为这就是投机性市场的运作机制。那些活跃在一线的市场参与主体试图买入的不是实际价值，而是他们对资产在将来的大众最可接受的惯例价值预期。

凯恩斯的一个关键思想在于，长期投机性资产价值评估的实质是一个关于惯例的问题，正如在脸蛋选美中人们的评定一样。被大多数投资者所接受、作为惯例的价格，以及驻扎于集体意识中的价格，会在一个很长的时间里被作为真实价值，即便真实回报有时不能达到预期。如果一个资产的回报长期来看总是令人失望，人们最终会改变他们的观念，但可能需要一些时间。同时，许多资产，比如业主所持有的住房，并没有清晰测度的回报。建立在一个谬误的主流理论基础上的有关这些资产的误导性惯例价值估计将无限期地继续使用。所谓投资的有利条件（例如居住于大城市附近、造价高、土地集约程度高的独户住房，而不是租住于更廉价、更方便的城区高层公寓）实际上可能并不存在，而这一点大多数人永远无法明白。

惯例价值估计在任何时候都是一种微妙的现象，其反映了当时被许多投资者所认同，但从未悉心研究过的、反映了所谓专业智慧的主流理论。在选美竞赛中，参与者更不愿意去确认这种智慧的有效性，因为他们认为这种智慧已经根深蒂固于其他人的思维中。这让我想起了 Modigliani and Cohn（1979）的研究。他们的研究阐述了传统会计实务中的通胀性偏差引起大众对盈余的普遍低估现象。他们的研究实际上大致解释了为什么那几年股市一路下行，并最终于 1982 年触及历史谷底。然而，他们的研究在当时被埋没了，未能得到及时的回应，正如选美竞赛中所能见到的那样，没有人会预料到其他人会对这一研究做出太多回应。

1980 年后行为金融学的兴盛

作为真实价值的最可能判断，投机性价格某种程度上具有独特的权威性。这种观点至今仍不失其魅力，然而其不再受到经济理论学家们的特别追捧。Harrison and Kreps（1978），Morris（1996），Scheinkman and Xiong（2003），Wu and Guo（2004），Hong，Scheinkman，and Xiong（2006），Allen，Morris，and Shin（2006），Hong and Sraer（2011），Kubler and Schmedders（2012），以及 Barberis et al.（2013）等提出了与凯恩斯“选美”理论类似的投机性市场理论模型，这些模型强调投资者对将资产倒手给可能有着更乐观信念的其他人的预期。还有一些模型认为“泡沫”与同异质信念相关的杠杆周期有关，例如：Fostel and Geanakoplos（2008），Geanakoplos（2009），Cao（2010），He and Xiong（2012）。再比如，噪声交易模型（Kyle，1985；De Long et al.，1990；Campbell and Kyle，1993）已经开始引入投资者有限理性来替代完全理性经济人模型。

此外，一些金融市场模型使用诸如前景理论（Kahneman and Tversky，1979，2000）等人类行为模型替代理性的期望效用最大化假设。前景理论是一种在心理学实验证据上发展起来的有关个体面对风险时如何进行选择和决策的理论，其不是传统意义上的理性理论，因为其认同对理性行为基本公理的突破甚至否定（Savage，1954）。前景理论所刻画的人类行为对于心理学框架（framing）的随机变化性相当敏感；一些无关紧要的情境或表意的变化都可能导致人类行为的深刻差异。

Barberis，Huang，and Santos（2001）表明，那些从自身财富价值波动中谋取效用的前景理论投资者，在一定程度上促成了股票市场回报率的过度波动。“赌场盈利效应”（house money effect）可能使泡沫变得更大，正如赌场中的赌徒，在赢了一些钱后，他们对于风险的容忍度极大提升，因为他们觉得赢的是别人的钱，他们输得起（Thaler and Johnson，1990）。投资者们的“窄窗效应”（Barberis，Huang，and Thaler，2006），处置效应（售赢持亏）心理（Shefrin and Statman，1985）可以解释与有效市场理论相悖的其他证据。

心理学涉及许多人类行为准则。相关研究表明，这些准则对于评价有效市场理论有着重要意义。例如，证据表明，过度自信这一人类普遍的倾向可能导致投资者过度交易（Odean，2000），或导致公司 CEO 将内部资金挥霍到他们最看好的项目上（Malmendier and Tate，2005）。投资者过度关注新闻故事（Barber and Odean，2008）及对现金分红过度反应（Shefrin and Statman，1984）等，都是一种普遍倾向。

金融理论也取得了很大进展，这使得我们能更好地理解凯恩斯所提出的概率模糊性效应，这种模糊性从根本上让我们无法为概率赋以明确的数值（Bewley，2002；Bracha and Brown，2013）。

心理学家论证了人们在模棱两可的情况下会倾向于参考那些心理意义上最显著的随机信号来锚定自己的观点，即便这些信号本身明显不相关（Tversky and Kahneman，1974）。

神经科学领域已经开始探索人类大脑如何处理决策中的模棱性。Hsu et al.（2005）和 Huettel et al.（2006）基于功能性磁共振成像研究了大脑对有着清晰抑或含糊的概率的不同情况的反应。Huettel et al.（2006）认为，“模糊情境下的决策并不是风险决策的一种更复杂特例，相反，这两种决策形式的不确定性背后有着不同的机制”①。今天神经科学研究的飞速发展将可能为我们洞悉凯恩斯和他之后的其他研究者所强调的概率模糊性、动物精神以及人类幻想提供新的证据和方法。

对金融创新的启示

我们今天的金融制度是数个世纪以来的经验产物，这种经验形成于人们对投机性资产价格波动背后的各种重要信息披露和攫取机制以及各种难以预测的不规则市场行为的潜在作用的理解。② 市场在披露有关基本面的真实信息方面的可靠性算不上卓越，但也肯定不是微不足道。通过设计更有效的金融制度，这种可靠性得以不断提升。有效市场应被作为一种目标，而不是一个既定的事实。我们现有的金融制度是市场实验的结果，人们基于自身经历的市场实验来帮助设计和优化制度，同样，未来更好的制度取决于我们持续的市场实验和再设计、再优化。

如同机械工程，金融工程也必须重视人的因素，在各种制度设计中充分考虑人的天赋和弱点，以使其更好地服务于人。随着经验的积累（通过经历连续的金融危机），以及每一次信息技术的改进，金融创新能够使这些制度更好地服务于人。

---

① 参见 Huettel et al.（2006：765）。

② 对于行为金融学的创新，参见 Goetzmann and Rouwenhorst（2005）。

例如，几个世纪前，股票市场步入历史舞台，为投资营造了全新的条件和氛围。尽管这个市场会周期性产生过剩的泡沫，但其为人们开创新的激动人心的事业，捕获最新的重要信息，以及在“泡沫”的风险中寻求自我保护提供了有效的激励机制。

正如 David Moss（2002）所记述的，当 1811 年纽约通过世界上第一部涉及全部股市投资者的有限责任法律时，人们并不认为这种法令是一种最明智的机制设计，然而，今天回过头来看时，这项法令无疑对投资者心理产生了极其重要的影响。通过明确禁止因为公司犯罪行为而导致对股东的诉讼，这项法令让投资者买入心理上可承受的股份额度的负面风险得以控制（投资者不必担心某个投资会引起问题而将其送入债务人的监狱），同时这些法令允许投资者实施多元化组合投资而无需对每一个公司的运营管理进行详尽的调查。① 股票市场是一个令人兴奋的地方，正如赌场一样，但股票市场密切反映商业现实，其不以单纯娱乐为目标。同时股票市场是一个允许投资者分散和控制风险的地方。总之，对企业融资来说，股票市场是一个非常有效的媒介。

最近，人们一直在实验尝试股票市场的其他细节，比如内幕交易规则、风险自留规则、资本要求以及其他规则。这些规则与人类心理交互作用，可优化市场运作，但这种交互的影响效应无法基于已有理论予以准确预测。

我的大部分研究都涉及在新型金融体系设计过程中如何综合考虑金融理论与人的因素两个方面。针对这一主题，我撰写了多部著作：《谁在照看商店?》(1992)、《宏观市场》（1993)、《新金融秩序》（2003)、《次贷解决方案》（2008）以及《金融与和谐社会》（2012）等。我在这些著作中所传递的大多数思想是不完整的，未经检验的，这些思想的最终形式（如果有人试图去完成——也许在遥远的未来，凭借更强大的信息技术）尚难以预知。

这些著作以及相关文章中的思想涉及不同的主题和方向。不得不说，这些思想是开创性的。这些思想现在看来有些粗陋，如同第一架飞机刚刚设计出炉，待到它们成熟时，也许就楚楚动人了。

我的这篇演讲稿的首要主题是倡导从人类行为和市场运作出发设计民主化和人性化金融（Shiller，2011)。民主化的金融意味着需要使得金融制度更好地为现实中真实的个人服务，更好地处理个性化风险，并

① Moss（2002）详细回顾了 19 世纪早期有关责任规则的诸多讨论和实验，比如“双倍责任”（股东责任双倍于其最初投资额）或者股票卖出即责任终止等。

为个人发展提供机会。人性化的金融意味着需要考虑人们真实的想法和行为，使得金融制度更好地和人的实际行为实现互动。

莱昂内尔·罗宾斯在其1932年的著作《论经济科学的性质与意义》中，开创性地定义了“经济科学”，清晰地描述了这一科学的总体核心思想。自提出以来，罗宾斯关于“经济科学”的定义和描述博得了最普遍的认同。他曾如是写道：

> 经济学家研究稀缺资源的配置问题。他感兴趣于不同商品的不同稀缺程度产生不同估值比率的方式，他也感兴趣于资源稀缺条件变化如何影响该比率，不论这种改变是结果的改变还是过程的改变，也不论是从供给方还是从需求方来改变。①

价格在稀缺资源分配中扮演着重要角色，这一思想的起源至少可追溯到18世纪亚当·斯密的“看不见的手”的理论。围绕着这一思想，罗宾斯对经济学领域的精辟界定亦可谓蕴含着特定的智慧。然而，即便是今天，这一智慧仍不被作为外行的公众所理解。大多数人并不明白，我们还有我们后代所有的经济活动、所有的愉悦和满足，从根本上都受制于稀缺资源通过市场形成的价格。

然而，罗宾斯对经济学的影响深远的解读中存在一个问题。他对经济科学的定义似乎将经济问题毫无例外地描述为诸如能源、食品等生产资源的稀缺性，而没有考虑人类智力和心理资源的稀缺性。他把经济问题描述为人类与自然的对抗，而事实上许多经济问题只是人类在与自己作斗争。②

正如我们今天所能看到的，长期资产价格，比如股票、债券、房地产、商品的价格，期货、互换、期权等金融衍生品的价格以及类似于长期保险等其他相关资产的价格，对于经济学有着格外重要的意义，同时也存在着突出的问题。这些价格所表征的稀缺性，时至今日从未真正被客观和直接地揭示。这些资产的价格水平受投资者对星云般遥远未来的预期的影响。人们坚信：在特定时间上，投机性资产的市场价格折射了当时的偏好和技术。同时，也折射了投资者对未来偏好和技术的预期，比如是否可能探索到新的资源和技术源泉。这些价格还折射了当时的社会和心理普遍状态以及投资者对这些状态的未来变化的预期：诸如税收等政府政策的变化；收入不平等性以及社会和政府对这种不平等性的可

---

① Robbins (1932：15).

② 例如 Mullainathan and Shafir (2013)。

能反应等其他主要影响因素的变化；战争和其他灾难的潜在威胁；资产的可能运作以及资产政策的变化等。

费希尔·布莱克在1984年的美国金融学会主席就职演说中，提出了市场效率的新定义。他提出，“一个将商品的价格价值比率系数控制在2以内的市场，即价格高于价值的一半但低于价值的两倍是有效率的市场”，布莱克说“以这个定义判断，几乎所有市场在所有时间都是有效的”。①

即便布莱克的定义不乏其道理，已有的各种有效市场理论仍然是今天许多经济政策的制定和创新的基础。即便我们都认为费希尔·布莱克所言属实，也不会有人严词提议废除股票市场（该市场并不满足费希尔·布莱克的定义）。如果是这样，那么我们为什么不去思考构建其他尚未形成的风险市场呢？仅仅依靠历史事件推动以及对相关技术突破时机的把握，这些风险市场难以实现。

制度需要重新设计，以使得基本面更好地反映市场风险，进而将投资者思维框定到一个更长远的范围内，将他们的注意力框定到一些更重要的主题上。如Richard Thaler and Cass Sunstein（2009）所言，这种改变投资者思维框架的制度在本质上是一种“助推”（nudge），以在不作任何强制性要求的前提下为投资者指明一个正确的方向。他们这些思想所基于的是他们谓之“自由主义家长制”的哲学，这种哲学强调政府应通过激励而不是强制来实现行为的合规性。尽管我们行为经济学背后有着类似的哲学基础，但我不会刻意强调这个词语，因为这个词语似乎蕴含着一种自顶向下、顶层为政府的社会结构。金融资本主义的发展过程看似，或者说能成为，一种社会主体的自发组织过程，这个过程汇集了各行各业的人们在实现各种不同追求过程中的各种活动。一个更好的金融资本主义的愿景不应该是自上而下的。

金融创新的一些最新实验案例可以帮助我们清楚地认识创新如何提升一个不完美的金融世界。首先我们来看Ronnie Horesh（2000）所提出的社会政策性债券。由非营利性机构社会金融公司（Social Finance, Ltd.）助力、于2010年在英国首发的社会影响债券即是对这类债券的实现。这类市场事件将投机性兴致引向对社会问题的解决上。发行机构所选择社会问题的跨度既不宜过窄，亦不宜过长，目的在于更有效地通过金融来解决这些实体社会问题。

① Black（1986：533）.

再来看最近的一些众筹创新计划。这些众筹计划通过建立网站允许大量分散的投资者相互分享信息，他们中的每个人都可以不通过常规金融中介机构而直接向新企业注入为数不多的资金。这类众筹计划如雨后春笋般遍及世界诸多地方，伴随着一些项目网站如 kiva. org、kickstarter. com 等。在 2012 年《美国创业企业扶持法案》(Jumpstart Our Business Startups Act，简写为 JOBS 法案，亦称“乔布斯”法案）颁行之时，这些创业计划就已经准备好迎接一场风险资本转型。一方面，这种创新会而且一定会如脱缰之马导致无法控制的泡沫以及不知情投资者的滥用。而另一方面，如果设计和监管得当，它们也可以创造一种全新的方式来激发“动物精神”，同时将更多知情投资者的注意力引向风险投资领域。众筹的有效性可能更多地体现于其融资构想，其于实践尚有待验证：其收益无法做到立竿见影；其背后不仅仅是利益驱动，还隐藏着微妙的社会性、环境性和鼓动性目的；其背后的是非玄机，也只有一小部分人能真正参透。

再来看在美国 20 个州开放的新型营利性公司组织形式。作为营利性与非营利性企业的结合体，这种新形式从根本上改变了投资者的投资心理框架，助涨投资者的兴奋度，给投资者以更大的想象空间。① 我于 2012 年倡导了“非营利性参与企业”形式，这类企业形式使得“非营利”事业在思维层面上更似股权融资业务。这类企业形式若能得以实施，将可改善慈善事业，使其更有效地运作。

对于我们乐于见到的未来金融创新来说，前文提及的新型金融形态只是开端，其得益于我们对行为金融学与数理经济学越来越深入的理解以及不断发展的信息技术。特别的，金融市场范畴可进一步扩大，以使得风险交易发挥其最大潜力，为经济和社会创造更大利益。

我们可以通过扩大交易面以进一步民主化金融，包括将其他新近才开始测度但反映了对投资者最有意义的真实和重要风险信息的指数纳入到交易中。前面我间接提到 2006 年在芝加哥商品交易所上市的独户住房期货。如果这类住房期货市场能更成功地运作，其最终可为个人投资者提供一种意义重大的价格发现机制，其可能改变今天效率如此惨淡的不动产现货交易市场。如果住房期货市场能更成功地运作，其将促进更多风险管理产品的开发，如住房价值保险（Shiller and Weiss，1999b）或预设机动性抵押贷款（mortgages with preplanned workouts）(Shil-

① 参见 http：//benefitcorp. net/。

ler，2012，2014；Shiller et al.，2013）。

如果2008年金融危机之前有一个成熟的不动产市场，金融危机也不至于如此惨痛，因为市场将允许甚至鼓励人们对冲不动产风险。这场危机之所以如此严重，从根本上是由于住房购买者因举债而在房地产市场中无后路可退的境地，超过1 500万美国家庭的房屋市场价格缩水并低于按揭本金，他们的偿贷能力下降。说房地产市场出现“泡沫”，或者说我们应该创造更好和更具流动性的房地产市场，是不相矛盾的。

更进一步，我和其他一些学者曾主张开发基于国内生产总值或其他大型宏观经济总量的或有要求权市场，以帮助国家分担风险（Shiller，1993，2003b，2008；Athanasoulis and Shiller，2000，2001；Kamstra and Shiller，2009），也曾主张开发与其他重要经济变量（如职业性收入）相关的市场，以帮助人们分担与生计相关的风险（Shiller，1993；Shiller and Schneider，1998；Shiller，2003）。

如果欧洲国家政府债务是以GDP份额的形式存在的，那么始于2009年的严重的欧洲主权债务危机极可能不会发生，因为国家不至于有如此大的短期再融资问题，政府债务也会因GDP下降而得以缓冲。如果人们通过职业收入市场对冲风险以保护自己的福利，那么许多人就不至于因这场危机而损失惨重。

金融创新可以重塑人们的思想，使人们更好、更长期地考虑内在价值，比如我于1993年提出的“永久期货”①、美国证券交易所1989年开发的旨在推动指数流动的指数参与型股份概念及其上市应用②、我和我的同事曾试图推出的基于多种指数的长期“宏观股份”（Macroshare）③，以及涉及股价指数的股息期货市场等。对于股息期货市场，Michale Brennan（1999）曾认为，其可使得投资者注意力聚焦于决定指数价值的基本面因素上，而不是简单地聚焦于指数的未来转售价值。④

过去半个多世纪以来，通胀指数化债券的重要性逐渐得到投资者的

---

① Shiller（1993）对“永久期货”基于一种日结算公式进行了定义，其中涉及结算价格变动指标以及现金流指标。

② 参见Shiller（1993：40）。

③ 2006年，我们的宏观市场研究有限公司在美国证券交易所上市了20年期配对多空石油宏观股份，股票代码分别为UCR（“原油价格上行”，Up-Crude）和DCR（“原油价格下行”，Down-Crude）。自2006年11月至2008年6月，该配对证券正常交易，总价值曾一度达到16亿美元，但最终未能获得成功。

④ 参见Brennan（1999：12）。从2008年以来，面向股价指数的股息期货市场出现于许多欧洲和亚洲的交易所，虽然目前尚不清楚这些新兴市场是否已经如愿地重新定义了投资者思维。

认可，其发展称得上是一个重大的历史性成功，但其目前仍不完善。通过有针对性地重新定义投资者心理框架，这类市场以及其他涉及指数调整的市场机制的功能可得以进一步强化。如果通胀指数化记账单位（在我们的表述中，简称为指数化量化值）被广泛构建和使用，其将帮助投资者克服货币幻觉，使他们看清任何交易合同背后真正有意义的实际价值结果。我一直主张在这类指数化记账单位的起源地，包括智利（Shiller，2002）①、美国（Shiller，2003）和英国（Shiller，2009），推广这种记账模式。如果其能更早地广泛应用，那么发生在当下金融衰退之前的房地产泡沫可能得以阻止。这个泡沫得益于当时人们的一个普遍印象：纵观历史，独户住房一直有着较高的实际资本利得。而实际上，上个世纪以来，这种利得一般来说只是名义上的，是虚幻的（Shiller，2005）。

我们需要这样的金融创新，当然未必一定是我和其他学者所倡导的创新。因为在这些创新之前的创新，也即我们今天所拥有的金融制度，已经创造了巨大的繁荣，尽管其间间或掺杂着因为泡沫和金融危机而导致的巨大凋敝。除了金融资本主义，目前尚没有任何一种经济系统曾带给我们今天在世界大部分地方所能看到的繁荣。我们也有充分的理由相信随着金融资本主义的不断膨胀，我们将迎来更大的繁荣。

投资性资产价格中所呈现的行为模式，和市场部分有效的观点相一致，也印证了市场行为的复杂性。这种行为复杂性呼唤我们进行适当的金融创新和金融监管。金融制度变革通过创新性重塑交易风险，改变人们对交易对象的心理认知框架，重构企业与商业伙伴和竞争对手的社会关系，规避金融市场的过度行为和暴跌崩盘，更有效地帮助我们达成我们的最终目标。

致　谢

感谢 Nicholas C. Barberis，John Y. Campbell，Peter J. Dougherty，以及 Bengt Holmstrom 在文献解释方面提供的帮助，以及他们对演讲草稿所提出的意见。

---

① 智利在 1967 年创造了名为“发展单位”（简称 UF）的通胀指数化记账单位，并沿用至今。参见 http：//valoruf .cl/。这一创新有利于解决大众对于指标化的抵触（Shiller，1997）。

参考文献

Abarbanell, Jeffrey, and Reuven Lehavy. "Biased Forecasts or Biased Earnings? The Role of Earnings Management in Explaining Apparent Optimism and Inefficiency in Analysts' Earnings Forecasts." *Journal of Accounting and Economics,* 35 (2003): 105–46.

Abbott, Max Wenden, and Rachel A. Volberg. *Gambling and Problem Gambling in the Community: An International Overview and Critique.* Report No. 1 of the New Zealand Gaming Survey, 1999, p. 35.

Advisory Committee on Endowment Management. *Managing Educational Endowments: Report to the Ford Foundation* (Barker Report). New York: Ford Foundation, 1969.

Ahir, Hites, and Prakash Loungani. 2014. "There Will Be Growth in the Spring: How Do Economists Predict Turning Points?" *Vox,* April 14, 2014, http://www.voxeu.org/article/predicting-economic-turning-points.

Akerlof, George A., and Robert J. Shiller. *Animal Spirits: How Human Psychology Drives the Economy and Why This Matters for Global Capitalism.* Princeton, N.J.: Princeton University Press, 2009.

Allen, Franklin, Stephen Morris, and Andrew Postlewaite. "Finite Bubbles with Short Sale Constraints and Asymmetric Information." *Journal of Economic Theory,* 61 (1993): 206–29.

Allen, Frederick Lewis. *Only Yesterday.* New York: Harper and Brothers, 1931.

Ammer, Dean S. "Entering the New Economy." *Harvard Business Review,* September–October 1967, pp. 3–4.

Ang, Andrew, and Geert Bekaert. "Stock Return Predictability: Is It There?" Unpublished paper, Columbia University, 2004.

Arthur, Brian, John H. Holland, Blake LeBaron, Richard Palmer, and Paul Tayler. "Asset Pricing under Endogenous Expectations in an Artificial Stock Market," in W. B. Arthur, S. Durlauf, and D. Lane (eds.), *The Economy as an Evolving Complex System II.* Reading, Mass.: Addison-Wesley, 1997, pp. 15–44.

Asch, Solomon. *Social Psychology.* Englewood Cliffs, N.J.: Prentice Hall, 1952.

Ashton, Michael. "TIPS and CPI Futures—Practice Makes Perfect," paper presented at the American Economic Association Meetings, Boston, Mass., January 2014.

Athanasoulis, Stefano, and Robert J. Shiller. "World Income Components: Discovering and Implementing Risk Sharing Opportunities." *American Economic Review*, 91(4) (2001): 1031–54.

Avery, Christopher, and Peter Zemsky. "Multidimensional Uncertainty and Herd Behavior in Financial Markets." *American Economic Review*, 88(4) (1998): 724–48.

Bailey, Norman T. *The Mathematical Theory of Epidemics*. London: C. Griffin, 1957.

Baker, Malcolm, and Jeffrey Wurgler. "The Equity Share in New Issues and Aggregate Stock Returns." *Journal of Finance*, 55(5) (2000): 2219–57.

Bakshi, Gurdip S., and Zhiwu Chen. "Baby Boom, Population Aging and Capital Markets." *Journal of Business*, 67 (1994): 165–202.

Ballinger, Kenneth. *Miami Millions: The Dance of the Dollars in the Great Florida Land Boom of 1925*. Miami, Fla.: Franklin Press, 1936.

Banerjee, Abhijit V. "A Simple Model of Herd Behavior." *Quarterly Journal of Economics*, 107(3) (1992): 797–817.

Barber, Brad M., Yi-Tsung Lee, Yu-Jane Liu, and Terrance Odean. "Do Individual Day Traders Make Money? Evidence from Taiwan." Unpublished paper, University of California, Davis, 2004.

Barber, Brad M., Reuven Lehavy, Maureen McNichols, and Brett Trueman. "Can Investors Profit from the Prophets? Consensus Analyst Recommendations and Stock Returns." *Journal of Finance*, 56(1) (2001): 531–63.

Barber, Brad M., and Terrance Odean. "Online Investors: Do the Slow Die First?" *Review of Financial Studies*, 15(2) (2002): 455–89.

Barberis, Nicholas, Ming Huang, and Tano Santos. "Prospect Theory and Asset Prices." *Quarterly Journal of Economics*, 116 (2001): 1–53.

Barberis, Nicholas, Andrei Shleifer, and Robert Vishny. "A Model of Investor Sentiment." *Journal of Financial Economics*, 49 (1998): 307–43.

Barlow, Robin, Harvey E. Brazer, and James N. Morgan. *Economic Behavior of the Affluent*. Washington, D.C.: Brookings Institution, 1966.

Barro, Robert, and Xavier Sala-i-Martin. *Economic Growth*. New York: McGraw-Hill, 1995.

Barsky, Robert, and J. Bradford De Long. "Why Have Stock Prices Fluctuated?" *Quarterly Journal of Economics*, 108 (1993): 291–311.

Bartholomew, David J. *Stochastic Models for Social Processes*. New York: John Wiley and Sons, 1967.

Basu, Sanjoy. "The Investment Performance of Common Stocks Relative to Their Price-Earnings Ratios: A Test of the Efficient Markets." *Journal of Finance*, 32(3) (1977): 663–82.

Batra, Ravi. *The Great Depression of 1990: Why It's Got to Happen, How to Protect Yourself*, rev. ed. New York: Simon & Schuster, 1987.

Baxter, Marianne, and Urban Jermann. "The International Diversification Puzzle Is Worse than You Think." *American Economic Review*, 87 (1997): 170–80.

Bell, David E. "Regret in Decision Making under Uncertainty." *Operations Research*, 30(5) (1982): 961–81.

Benartzi, Shlomo. "Why Do Employees Invest Their Retirement Savings in Company Stock?" Unpublished paper, Anderson School, University of California, Los Angeles, 1999.

Benartzi, Shlomo, and Richard H. Thaler. "Myopic Loss Aversion and the Equity Premium Puzzle." *Quarterly Journal of Economics,* 110(1) (1995): 73–92.

———. "Naive Diversification Strategies in Defined Contribution Plans." *American Economic Review,* 91(1) (2001): 79–98.

———. "Save More Tomorrow: Using Behavioral Economics to Increase Employee Saving." *Journal of Political Economy,* 112(1) (2004): S164–S187.

Benartzi, Shlomo, Richard H. Thaler, Stephen P. Utkus, and Cass R. Sunstein. "The Law and Economics of Company Stock in 401(k) Plans." *Journal of Law and Economics,* 501(1) (2007): 45–79.

Bikhchandani, S. D., David Hirshleifer, and Ivo Welch. "A Theory of Fashion, Social Custom and Cultural Change." *Journal of Political Economy,* 81 (1992): 637–54.

Blanchard, Olivier, and Stanley Fischer. *Lectures on Macroeconomics.* Cambridge, Mass.: MIT Press, 1989.

Boldrin, Michael, and Michael Woodford. "Equilibrium Models Displaying Endogenous Fluctuations and Chaos: A Survey." *Journal of Monetary Economics,* 25(2) (1990): 189–222.

Bolen, D. W., and W. H. Boyd. "Gambling and the Gambler: A Review of Preliminary Findings." *Archives of General Psychiatry,* 18(5) (1968): 617–29.

Bootle, Roger. *The Death of Inflation: Surviving and Thriving in the Zero Era.* London: Nicholas Brealey, 1998.

Borio, Claudio, and Patrick McGuire. "Twin Peaks in Equity and Housing Prices?" *BIS Quarterly Review,* March 2004, pp. 79–93.

Bowman, Karlyn. "A Reaffirmation of Self-Reliance? A New Ethic of Self-Sufficiency?" *Public Perspective,* February–March 1996, pp. 5–8.

Brennan, Michael. "Stripping the S&P 500." *Financial Analysts Journal,* 54(1) (1998): 12–22.

Brooks, Robin. "Asset Market and Savings Effects of Demographic Transitions." Unpublished Ph.D. dissertation, Yale University, 1998.

Brown, Stephen J., William Goetzmann, and Stephen A. Ross. "Survival." *Journal of Finance,* 50(3) (1995): 853–73.

Bruno, Michael, and William Easterly. "Inflation Crises and Long-Run Growth." *Journal of Monetary Economics,* 41(1) (1998): 2–26.

Bulgatz, Joseph. *Ponzi Schemes, Invaders from Mars, and Other Extraordinary Popula Delusions, and the Madness of Crowds.* New York: Harmony, 1992.

Bullock, Hugh. *The Story of Investment Companies.* New York: Columbia University Press, 1959.

Bunn, Oliver, Anthony Lazanas, Robert J. Shiller, Arne Staal, Cenk Ural, and Ji Zhuang. "Es-CAPE-ing from Overvalued Sectors: Sector Selection Based on the Cyclically Adjusted Price-Earnings (CAPE) Ratio." *Journal of Portfolio Management,* 41(1) (2014): 16–33.

Bunn, Oliver, and Robert J. Shiller. "Changing Times, Changing Values—A Historical Analysis of Sectors within the US Stock Market 1872–2013." New Haven, Conn.: Yale University, Cowles Foundation, 2014, http://cowles.econ.yale.edu/P/cd/d19b/d1950.pdf.

Burnam, Tom. *More Misinformation.* Philadelphia: Lippincott and Crowell, 1980.

Campbell, John Y., and John Ammer. "What Moves Stock and Bond Markets? A Variance Decomposition for Long-Term Asset Returns." *Journal of Finance,* 48(1) (1993): 3–38.

Campbell, John Y., and John H. Cochrane. "By Force of Habit: A Consumption-Based Explanation of Aggregate Stock Market Behavior." *Journal of Political Economy,* 107(2) (1999): 205–51.

Campbell, John Y., Andrew Lo, and Craig Mackinlay. *The Econometrics of Financial Markets.* Princeton, N.J.: Princeton University Press, 1997.

Campbell, John Y., and Robert J. Shiller. "The Dividend-Price Ratio and Expectations of Future Dividends and Discount Factors." *Review of Financial Studies,* 1 (1988): 195–228.

———. "The Dividend Ratio Model and Small Sample Bias: A Monte Carlo Study." *Economics Letters,* 29 (1989): 325–31.

———. "Valuation Ratios and the Long-Run Stock Market Outlook." *Journal of Portfolio Management,* 24 (1998): 11–26.

———. "Valuation Ratios and the Long-Run Stock Market Outlook: An Update," in Richard Thaler (ed.), *Advances in Behavioral Finance II.* New York: Sage Foundation, 2005.

Campbell, John Y., Robert J. Shiller, and Luis M. Viceira. "Understanding Inflation-Indexed Bond Markets." *Brookings Papers on Economic Activity,* 1 (2009): 79–120.

Campbell, John Y., and Luis M. Viceira. *Strategic Asset Allocation: Portfolio Choice for Long-Term Investors.* Oxford: Oxford University Press, 2002.

Campbell, John Y., and Motohiro Yogo. "Efficient Tests of Stock Return Predictability." Working Paper No. w10026, Cambridge, Mass.: National Bureau of Economic Research, October 2003.

Case, Karl E. "The Market for Single-Family Homes in the Boston Area." *New England Economic Review,* May–June 1986, pp. 38–48.

———. "Measuring Urban Land Values." Unpublished paper, Wellesley College, October 26, 1997.

Case, Karl E., John M. Quigley, and Robert J. Shiller. "Comparing Wealth Effects: The Stock Market vs. the Housing Market." Cambridge, Mass.: National Bureau of Economic Research Working Paper No. 8606, November 2001.

Case, Karl E., Jr., and Robert J. Shiller. "The Behavior of Home Buyers in Boom and Post-Boom Markets." *New England Economic Review,* November–December 1988, pp. 29–46.

———. "The Efficiency of the Market for Single Family Homes." *American Economic Review,* 79(1) (March 1989): 125–37.

———. "A Decade of Boom and Bust in the Prices of Single-Family Homes: Boston and Los Angeles 1983 to 1993." *New England Economic Review,* March–April 1994, pp. 40–51.

———. "Is There a Bubble in the Housing Market?" *Brookings Papers on Economic Activity,* 2 (2003): 299–362.

Case, Karl E., Robert J. Shiller, and Anne Kinsella Thompson. "What Have They Been Thinking? Homebuyer Behavior in Hot and Cold Markets." *Brookings Papers on Economic Activity,* 2 (2012): 265–98.

Cassidy, John. *Dot.con: How America Lost Its Mind and Money in the Internet Era.* New York: Perennial Currents, 2003.

Chen, Joseph, Harrison Hong, and Jeremy C. Stein. "Breadth of Ownership and Stock Returns." *Journal of Financial Economics,* 66 (2002): 171–205.

Chevalier, Judith, and Glenn Ellison. "Are Some Mutual Fund Managers Better than Others? Cross-Sectional Patterns in Behavior and Performance." *Journal of Finance,* 54(3) (1999): 875–99.

Christiansen, Eugene Martin, and Sebastian Sinclair. *The Gross Annual Wager of the United States, 2000.* Christiansen Capital Advisors, 2000.

Chwe, Michael Suk-Young. *Rational Ritual: Culture, Coordination, and Common Knowledge.* Princeton, N.J.: Princeton University Press, 2003.

Clark, John Bates. "The Gold Standard of Currency in the Light of Recent Theory." *Political Science Quarterly,* 10(3) (1895): 383–97.

Cochrane, John. *Asset Pricing.* Princeton, N.J.: Princeton University Press, 2001.

Cohen, Randolph. "Asset Allocation Decisions of Individuals and Institutions." Harvard Business School Working Paper Series, No. 03-112, 2003.

Cohen, Randolph, Christopher Polk, and Tuomo Vuolteenaho. "The Value Spread." *Journal of Finance,* 58 (2003): 609–42.

Cole, Kevin, Jean Helwege, and David Laster. "Stock Market Valuation Indicators: Is This Time Different?" *Financial Analysts Journal,* 52 (1996): 56–64.

Collins, Allan, Eleanor Warnock, Nelleke Acello, and Mark L. Miller. "Reasoning from Incomplete Knowledge," in Daniel G. Bobrow and Allan Collins (eds.), *Representation and Understanding: Studies in Cognitive Science.* New York: Academic Press, 1975, pp. 383–415.

Consumer Federation of America. "Lower-Income and Minority Consumers Most Likely to Prefer and Underestimate Risks of Adjustable Rate Mortgages." http://www.consumerfed.org/072604_ARM_Survey_Release.pdf. Washington, D.C.

Cooper, John C. B. "Price Elasticity of Demand for Crude Oil: Estimates for 23 Countries." *Opec Review,* 27(1) (2003):1–8.

Coronado, Julia Lynn, and Steven A. Sharpe. "Did Pension Plan Accounting Contribute to a Stock Market Bubble?" Finance and Economics Discussion Series No. 2003-38. Washington, D.C.: Board of Governors of the Federal Reserve System, 2003.

Cowles, Alfred III, and associates. *Common Stock Indexes,* 2nd ed. Bloomington, Ind.: Principia Press, 1939.

Cutler, David, James Poterba, and Lawrence Summers. "What Moves Stock Prices?" *Journal of Portfolio Management,* 15(3) (1989): 4–12.

Daniel, Kent, David Hirshleifer, and Avanidhar Subrahmanyam. "Investor Psychology and Security Market Over- and Underreaction." *Journal of Finance,* 53(6) (1998): 1839–86.

Davis, Morris A., and Jonathan Heathcote. "The Price and Quantity of Residential Land in the United States." Washington, D.C.: Board of Governors of the Federal Reserve System, Finance and Economics Discussion Series No. 2004-37, 2004.

De Bondt, Werner, and Richard H. Thaler. "Does the Stock Market Overreact?" *Journal of Finance,* 40(3) (1985): 793–805.

Dent, Harry S. *The Great Boom Ahead: Your Comprehensive Guide to Personal and Business Profit in the New Era of Prosperity.* New York: Hyperion, 1993.

———. *The Roaring 2000s: Building the Wealth & Lifestyle You Desire in the Greatest Boom*

in History. New York: Simon & Schuster, 1998.
———. *The Roaring 2000s Investor: Strategies for the Life You Want*. New York: Simon & Schuster, 1999.
Desmond, Robert W. *The Information Process: World News Reporting to the Twentieth Century*. Iowa City: University of Iowa Press, 1978.
Deutsch, Morton, and Harold B. Gerard. "A Study of Normative and Informational Social Influences upon Individual Judgment." *Journal of Abnormal and Social Psychology*, 51 (1955): 629–36.
Dice, Charles Amos. *New Levels in the Stock Market*. New York: McGraw-Hill, 1929.
Diggins, John Patrick. *The Proud Decades: America in War and in Peace 1941–1960*. New York: W. W. Norton, 1988.
Dimson, Elroy, Paul Marsh, and Mike Staunton. *Triumph of the Optimists: 101 Years of Global Investment History*. Princeton, N.J.: Princeton University Press, 2002.
Dornbusch, Rudiger, and Stanley Fischer. "The Open Economy: Implications for Monetary and Fiscal Policy," in Robert J. Gordon (ed.), *The American Business Cycle: Continuity and Change*. Chicago: National Bureau of Economic Research and University of Chicago Press, 1986, pp. 459–501.
Dumke, Glenn S. *The Boom of the Eighties in Southern California*. San Marino, Calif.: Huntington Library, 1944.
Ehrlich, Paul R. *The Population Bomb*. New York: Ballantine Books, 1968.
Eichengreen, Barry. *Golden Fetters: The Gold Standard and the Great Depression: 1919–1939*. New York: Oxford University Press, 1992.
Eichholtz, Piet A. "A Long Run House Price Index: The Herengracht Index, 1638–1973." Unpublished paper, University of Limburg and University of Amsterdam, 1996.
Elias, David. *Dow 40,000: Strategies for Profiting from the Greatest Bull Market in History*. New York: McGraw-Hill, 1999.
Elton, Edwin J., Martin Gruber, and Christopher R. Blake. "The Persistence of Risk-Adjusted Mutual Fund Performance." *Journal of Business*, 69 (1996): 133–37.
———. "Survivorship Bias and Mutual Fund Performance." *Review of Financial Studies*, 9(4) (1996): 1097–1120.
Fair, Ray C. "How Much Is the Stock Market Overvalued?" Unpublished paper, Cowles Foundation, Yale University, 1999. A revised version of this paper was published as part of Ray C. Fair, "Fed Policy and the Effects of a Stock Market Crash on the Economy: Is the Fed Tightening Too Little and Too Late?" *Business Economics*, April 2000, pp. 7--14. Also available at http://fairmodel.econ.yale.edu/rayfair/pdf/1999c.pdf.
———. "Fed Policy and the Effects of a Stock Market Crash on the Economy: Is the Fed Tightening Too Little and Too Late?" *Business Economics*, April 2000, pp. 7–14. Also available at http://fairmodel.econ.yale.edu/rayfair/pdf/1999c.pdf.
Fama, Eugene. "Efficient Capital Markets: A Review of Theory and Empirical Work." *Journal of Finance*, 25 (1970): 383–417.
———. "Two Pillars of Asset Pricing" (Nobel Lecture), *American Economic Review*, 104(6) (2014): 1467–85.
Fama, Eugene, and Kenneth French. "The Cross Section of Expected Stock Returns." *Journal of Finance*, 47 (1992): 427–66.
Federal Reserve Board. "Humphrey-Hawkins Report July 22, 1997, Section 2: Economic

and Financial Developments in 1997." http://www.federalreserve.gov/boarddocs/hh/1997/july/ReportSection2.htm.

Figlewski, Stephen. "The Informational Effects of Restrictions on Short Sales: Some Empirical Evidence." *Journal of Financial and Quantitative Analysis,* 16 (1981): 463–76.

Fischel, William A. *Regulatory Takings: Law, Economics and Politics.* Cambridge, Mass.: Harvard University Press, 1995.

———. *The Homevoter Hypothesis: How Home Values Influence Local Government Taxation, School Finance, and Land-Use Policies.* Cambridge, Mass.: Harvard University Press, 2001.

Fischhof, Baruch, Paul Slovic, and Sarah Lichtenstein. "Knowing with Uncertainty: The Appropriateness of Extreme Confidence." *Journal of Experimental Psychology: Human Perception and Performance,* 3 (1977): 522–64.

Fisher, E. M. *Urban Real Estate Markets: Characteristics and Financing.* New York: National Bureau of Economic Research, 1951.

Fisher, Irving. *The Stock Market Crash—and After.* New York: Macmillan, 1930.

Fleming, Michael J., and John R. Sporn. "Trading Activity and Price Transparency in the Inflation Swap Market." *Economic Policy Review, Federal Reserve Bank of New York,* 19(1) (May 2013): 45–58.

Fleming, Thomas. *Around the Pan with Uncle Hank: His Trip through the Pan-American Exposition.* New York: Nutshell, 1901.

Foot, David K., and Daniel Stoffman. *Boom, Bust & Echo: How to Profit from the Coming Demographic Shift.* Toronto: McFarlane, Walter & Ross, 1996.

French, Kenneth R., and Richard Roll. "Stock Return Variances: The Arrival of Information and the Reaction of Traders." *Journal of Financial Economics,* 17 (1986): 5–26.

Friedman, Benjamin M. *The Moral Consequences of Economic Growth.* New York: Alfred A. Knopf, 2005.

Froot, Kenneth, and Emil Dabora. "How Are Stock Prices Affected by the Location of Trade?" *Journal of Financial Economics,* 53(2) (1999): 189–216.

Froot, Kenneth, and Maurice Obstfeld. "Intrinsic Bubbles: The Case of Stock Prices." *American Economic Review,* 81 (1991): 1189–1214.

Galbraith, John Kenneth. *The Great Crash: 1929,* 2nd ed. Boston: Houghton Mifflin, 1961.

Gale, William G., and John Sabelhaus. "Perspectives on the Household Saving Rate." *Brookings Papers on Economic Activity,* 1 (1999): 181–224.

Gallin, Joshua. "The Long-Run Relation between House Prices and Income: Evidence from Local Housing Markets." Washington, D.C.: Board of Governors of the Federal Reserve System, Finance and Economics Discussion Paper Series No. 2003.17, 2003.

Garber, Peter. *Famous First Bubbles: The Fundamentals of Early Manias.* Cambridge, Mass.: MIT Press, 2000.

Geanakoplos, John. "Common Knowledge." *Journal of Economic Perspectives,* 6(4) (1992): 53–82.

Geanakoplos, John, Olivia S. Mitchell, and Stephen P. Zeldes. "Social Security Money's Worth," in Olivia S. Mitchell, Robert J. Myers, and Howard Young (eds.), *Prospects for Social Security Reform.* Philadelphia: University of Pennsylvania Press, 1999, pp. 79–151.

Ger, Gueliz, and Russell W. Belk. "Cross-Cultural Differences in Materialism." *Journal of Economic Psychology,* 17 (1996): 55–77.

Gibson, A. H. "The Future Course of High Class Investment Values," *Banker's Magazine* (London), 115 (1923): 15–34.

Gibson, George. *The Stock Markets of London, Paris and New York*. New York: G. P. Putnam's Sons, 1889.

Gigerenzer, G. "How to Make Cognitive Illusion Disappear: Beyond 'Heuristic and Biases.'" *European Review of Social Psychology*, 2 (1991): 83–115.

Gilchrist, Helen, Robert Povey, Adrian Dickenson, and Rachel Povey. "The Sensation-Seeking Scale: Its Use in a Study of People Choosing Adventure Holidays." *Personality and Individual Differences*, 19(4) (1995): 513–16.

Glaeser, Edward. "Reinventing Boston: 1640 to 2003." Cambridge, Mass.: National Bureau of Economic Research Working Paper No. 10166, 2004.

Glaeser, Edward, and Albert Saiz. "The Rise of the Skilled City." Cambridge, Mass.: National Bureau of Economic Research Working Paper No. 10191, 2004.

Glassman, James K., and Kevin A. Hassett. *Dow 36,000: The New Strategy for Profiting from the Coming Rise in the Stock Market*. New York: Times Business/Random House, 1999.

Goetzmann, William, and Roger Ibbotson. "Do Winners Repeat? Patterns in Mutual Fund Performance." *Journal of Portfolio Management*, 20 (1994): 9–17.

Goetzmann, William, and Massimo Massa. "Index Fund Investors." Unpublished paper, Yale University, 1999.

Gordon, Robert J. "U.S. Productivity Growth since 1879: One Big Wave?" *American Economic Review*, 89(2) (1999): 123–28.

Goyal, Amit, and Ivo Welch. "Predicting the Equity Premium with Dividend Ratios." *Management Science*, 49 (2003): 639–54.

Graham, Benjamin, and David Dodd. *Securities Analysis*. New York: McGraw-Hill, 1934.

Grant, James. *The Trouble with Prosperity: A Contrarian Tale of Boom, Bust, and Speculation*. New York: John Wiley and Sons, 1996.

Grebler, Leo, David M. Blank, and Louis Winnick. *Capital Formation in Residential Real Estate: Trends and Prospects*. New York and Princeton, N.J.: National Bureau of Economic Research and Princeton University Press, 1956. http://papers.nber.org/books/greb56-1.

Greenlees, J. S. "An Empirical Evaluation of the CPI Home Purchase Index 1973–8." *American Real Estate and Urban Economics Association Journal*, 10(1) (1982): 1–24.

Greenspan, Alan. "The Challenge of Central Banking in a Democratic Society." Speech before the American Enterprise Institute for Public Policy, Washington, D.C., December 5, 1996. Available at http://www.federalreserve.gov/BOARDDOCS/SPEECHES/19961205.htm.

Greetham, Trevor, Owain Evans, and Charles I. Clough, Jr. "Fund Manager Survey: November 1999." London: Merrill Lynch & Co., Global Securities Research and Economics Group, 1999.

Griffin, John M., and G. Andrew Karolyi. "Another Look at the Role of the Industrial Structure of Markets for International Diversification Strategies." *Journal of Financial Economics*, 50 (1998): 351–73.

Grinblatt, Mark, and Matti Keloharju. "Distance, Language, and Culture Bias: The Role of Investor Sophistication." *Journal of Finance*, 56(3) (2001): 1053–73.

Gross, William H. "On the 'Course' to a New Normal," *http://www.pimco.com/EN/* Insights/Pages/Gross%20Sept%20On%20the%20Course%20to%20a%20New%20 Normal.aspx.

Grossman, Sanford J., and Robert J. Shiller. "The Determinants of the Variability of Stock Market Prices." *American Economic Review,* 71 (1981): 222–27.

Gustman, Alan L., and Thomas L. Steinmeier. "Effects of Pensions on Savings: Analysis with Data from the Health and Retirement Survey," *Carnegie Rochester Conference Series on Public Policy,* 50 (1999): 271–324.

Hamilton, James T. *All the News That's Fit to Sell: How the Market Transforms Information into News.* Princeton, N.J.: Princeton University Press, 2004.

Heaton, John, and Deborah Lucas. "Stock Prices and Fundamentals." Unpublished paper, Northwestern University, 1999.

Heston, Steven L., and K. Geert Rouwenhorst. "Does Industrial Structure Explain the Benefits of International Diversification?" *Journal of Financial Economics,* 36 (1994): 3–27.

Hjalmarsson, Erik. "Predicting Global Stock Returns with New Methods for Pooled and Long-Run Forecasting Regressions." Unpublished paper, Yale University, 2004.

Holden, Sara, and Jack VanDerhei. "401(k) Plan Asset Allocation, Account Balances, and Loan Activity in 2003." *Investment Company Institute Perspective,* 10(2) (2004): 1–16.

Homer, Sidney. *A History of Interest Rates.* New Brunswick, N.J.: Rutgers University Press, 1963.

Hong, Harrison, and Jeremy Stein. "A Unified Theory of Underreaction, Momentum Trading, and Overreaction in Asset Markets." *Journal of Finance,* 54(6) (1999): 2143–84.

Hovakimian, Armen, and Ekkachai Saenyasin. "U.S. Analyst Regulation and the Earnings Forecast Bias around the World." *European Financial Management,* 20(3) (June 2014): 435–61.

Hoyt, Homer. *One Hundred Years of Land Values in Chicago: The Relationship of the Growth of Chicago to the Rise in Its Land Values.* Chicago: University of Chicago Press, 1933.

Huberman, Gur, and Wei Jiang. "Offering versus Choice in 401(k) Plans: Equity Exposure and Number of Funds." Unpublished paper, Columbia University, New York, 2004.

Huberman, Gur, and Tomer Regev. "Speculating on a Cure for Cancer: A Non-Event That Made Stock Prices Soar." *Journal of Finance,* 56(1) (2001): 387–96.

Ibbotson Associates. *Stocks, Bonds, Bills and Inflation: 1999 Yearbook, Market Results for 1926–1998.* Chicago: Ibbotson Associates, 1999.

Inglehart, Ronald. "Aggregate Stability and Individual-Level Flux in Mass Belief Systems." *American Political Science Review,* 79(1) (1985): 97–116.

International Monetary Fund. *International Financial Statistics.* Washington, D.C., 1999.

Investment Company Institute. *Mutual Fund Fact Book.* Washington, D.C., 1999.

Jegadeesh, Narasimhan, and Sheridan Titman. "Returns to Buying Winners and Selling Losers: Implications for Stock Market Efficiency." *Journal of Finance,* 48 (1993): 65–91.

Jones, Charles M., and Owen A. Lamont. "Short Sale Constraints and Stock Returns." *Journal of Finance,* 66(2–3) (2002): 207–39.

Jorion, Philippe, and William N. Goetzmann. "Global Stock Markets in the Twentieth Century." *Journal of Finance,* 54(3) (1999): 953–80.

Jung, Jeeman, and Robert J. Shiller. "Samuelson's Dictum and the Stock Market." *Economic Inquiry*, 43(2) (2005): 221–26.

Katona, George. *Psychological Economics*. New York: Elsevier, 1975.

Kennickell, Arthur B. "A Rolling Tide: Changes in the Distribution of Wealth in the U.S., 1989–2001." http://www.federalreserve.gov/pubs/oss/oss2/papers/concentration.2001.10.pdf. Washington, D.C.: Board of Governors of the Federal Reserve System, September 2003.

Keren, Gideon. "The Rationality of Gambling: Gamblers' Conceptions of Probability, Chance and Luck," in George Wright and Peter Ayton (eds.), *Subjective Probability*. Chichester, England: John Wiley and Sons, 1994, pp. 485–99.

Keynes, John Maynard. *A Treatise on Money*. New York: Macmillan, 1930.

———. *The General Theory of Employment, Interest and Money*. New York: Harcourt Brace & World, 1961.

Khurana, Rakesh. *Searching for a Corporate Savior: The Irrational Quest for Charismatic CEOs*. Princeton, N.J.: Princeton University Press, 2002.

Kindleberger, Charles P. *Manias, Panics and Crashes: A History of Financial Crises*, 2nd ed. London: Macmillan, 1989.

King, Robert G., and Ross Levine. "Finance and Growth: Schumpeter May Be Right." *Quarterly Journal of Economics*, 108 (1993): 717–37.

Kirman, Alan. "Ants, Rationality and Recruitment." *Quarterly Journal of Economics*, 108(1) (1993): 137–56.

Klehr, Harvey. *The Heyday of American Communism: The Depression Decade*. New York: Basic Books, 1984.

Kleidon, Allan. "Variance Bounds Tests and Stock Price Valuation Models." *Journal of Political Economy*, 94 (1986): 953–1001.

Kotlikoff, Laurence J., and Scott Burns. *The Coming Generational Storm*. Cambridge, Mass.: MIT Press, 2004.

Krugman, Paul. "How Fast Can the U.S. Economy Grow?" *Harvard Business Review*, 75 (1977): 123–29.

Lambert, Craig. "Trafficking in Chance." *Harvard Magazine*, 104(6) (July–August 2002): 32.

Lamont, Owen A., and Richard H. Thaler. "Can the Market Add and Subtract? Mispricing in Stock Market Carve-Outs." *Journal of Political Economy*, 111 (2003): 227–68.

Lange, Oscar. "Is the American Economy Contracting?" *American Economic Review*, 29(3) (1939): 503–13.

Langer, E. J. "The Illusion of Control." *Journal of Personality and Social Psychology*, 32 (1975): 311–28.

LaPorta, Rafael, Florencio Lopez-de-Silanes, and Andrei Shleifer. "Corporate Ownership around the World." *Journal of Finance*, 54 (1999): 471–518.

Lawrence, Joseph Stagg. *Wall Street and Washington*. Princeton, N.J.: Princeton University Press, 1929.

Lee, In Ho. "Market Crashes and Informational Avalanches." *Review of Economic Studies*, 65(4) (1998): 741–60.

Lehmann, Bruce N. "Fads, Martingales, and Market Efficiency." *Quarterly Journal of*

Economics, 60 (1990): 1–28.

Leland, Hayne. "Who Should Buy Portfolio Insurance." *Journal of Finance*, 35 (1980): 581–94.

LeRoy, Stephen, and Richard Porter. "Stock Price Volatility: A Test Based on Implied Variance Bounds." *Econometrica*, 49 (1981): 97–113.

Lewellen, Jonathan. "Predicting Returns with Financial Ratios." *Journal of Financial Economics*, 64 (2004): 209–35.

Liang, J. Nellie, and Steven A. Sharpe. "Share Repurchases and Employee Stock Options and Their Implications for S&P 500 Share Retirements and Expected Returns." Finance and Economics Discussion Series 1999-59. Washington: Board of Governors of the Federal Reserve System, 1999.

Lin, Hsiou-Wei, and Maureen F. McNichols. "Underwriting Relationships, Analysts' Earnings Forecasts and Investment Recommendations." *Journal of Accounting and Economics*, 25(1) (1998): 101–27.

Lintner, John. "The Distribution of Incomes of Corporations among Dividends, Retained Earnings and Taxes," *American Economic Review*, 46 (1956): 97–113.

Loomes, Graham, and Robert Sugden. "Regret Theory: An Alternative Theory of Rational Choice under Uncertainty." *Economic Journal*, 92 (1982): 805–24.

Loughran, Tim, and Jay R. Ritter. "Uniformly Least Powerful Tests of Market Efficiency." *Journal of Financial Economics*, 55 (2000): 361–89.

Lucas, Robert E. "Asset Prices in an Exchange Economy." *Econometrica*, 46 (1978): 1429–45.

Mackay, Charles. *Memoirs of Extraordinary Popular Delusions and the Madness of Crowds*. London: Bentley, 1841.

Maier, N. R. F. "Reasoning in Humans. II. The Solution of a Problem and Its Appearance in Consciousness." *Journal of Comparative Psychology*, 12 (1931): 181–94.

Mandelbrot, Benoit. *Fractals and Scaling in Finance: Discontinuity, Concentration, Risk*. New York: Springer-Verlag, 1997.

Marsh, Terry A., and Robert C. Merton. "Dividend Variability and Variance Bounds Tests for the Rationality of Stock Market Prices." *American Economic Review*, 76(3) (1986): 483–98.

McCarthy, Jonathan, and Richard W. Peach. "Are Home Prices the Next 'Bubble'?" *Federal Reserve Bank of New York Economic Policy Review*, 2004.

McLean, R. David, and Jeffrey Pontiff. "Does Academic Research Destroy Return Predictability?" Unpublished paper, University of Alberta, 2014.

Mehra, Raj, and Edward C. Prescott. "The Equity Premium Puzzle." *Journal of Monetary Economics*, 15 (1988): 145–61.

Meltzer, Allan H. "Monetary and Other Explanations of the Start of the Great Depression." *Journal of Monetary Economics*, 2 (1976): 455–71.

Merton, Robert K. *Social Theory and Social Structure*. Glencoe, Ill.: Free Press, 1957.

Mian, Atif, and Amir Sufi. "Summary of 'the Consequences of Mortgage Credit Expansion.'" *Proceedings, Federal Reserve Bank of Chicago* (May 2008): 129–32.

Milgram, Stanley. *Obedience to Authority*. New York: Harper and Row, 1974.

Milgrom, Paul, and Nancy Stokey. "Information, Trade, and Common Knowledge." *Econometrica*, 49 (1982): 219–22.

Miller, Edward M. "Risk, Uncertainty and Divergence of Opinion." *Journal of Finance,* 32 (1977): 1151–68.

Miller, Merton. "Behavioral Rationality in Finance: The Case of Dividends," in Robin M. Hogarth and Melvin W. Reder (eds.), *Rational Choice: The Contrast between Economics and Psychology.* Chicago: University of Chicago Press, 1986, 267–84.

Mitchell, Mark L., and Jeffrey M. Netter. "Triggering the 1987 Stock Market Crash: Antitakeover Provisions in the Proposed House Ways and Means Tax Bill." *Journal of Financial Economics,* 24 (1989): 37–68.

Modigliani, Franco, and Richard A. Cohn. "Inflation, Rational Valuation, and the Market." *Financial Analysts Journal,* 35 (1979): 22–44. Reprinted in Simon Johnson (ed.), *The Collected Papers of Franco Modigliani,* Vol. 5. Cambridge, Mass.: MIT Press, 1989.

New York Stock Exchange. *The Public Speaks to the Exchange Community.* New York, 1955.

———. *New York Stock Exchange Fact Book.* New York, 1998.

Niederhoffer, Victor. "The Analysis of World News Events and Stock Prices." *Journal of Business,* 44(2) (1971): 193–219.

Niquet, Bernd. *Keine Angst vorm nächsten Crash: Warum Aktien als Langfristanlage unschlagbar sind.* Frankfurt: Campus Verlag, 1999.

Nisbett, Robert E., and Timothy DeCamp Wilson. "Telling More than We Can Know: Verbal Reports on Mental Processes." *Psychological Review,* 84(3) (1977): 231–59.

Noguchi, Yukio. *Baburu no Keizaigaku (Bubble Economics).* Tokyo: Nihon Keizai Shimbun Sha, 1992.

Nordhaus, William D., and Joseph G. Boyer. "Requiem for Kyoto: An Economic Analysis of the Kyoto Protocol." Cowles Foundation Discussion Paper 1201. New Haven, Conn.: Yale University, November 1998.

Noyes, Alexander Dana. *Forty Years of American Finance.* New York: G. P. Putnam's Sons, 1909.

Orman, Suze. *The 9 Steps to Financial Freedom.* New York: Crown, 1997.

———. *The Courage to Be Rich: Creating a Life of Material and Spiritual Abundance.* Rutherford, N.J.: Putnam, 1999.

Parker, Richard. "The Media Knowledge and Reporting of Financial Issues," presentation at the Brookings-Wharton Conference on Financial Services, Brookings Institution, Washington, D.C., October 22, 1998.

Pennington, Nancy, and Reid Hastie. "Reasoning in Explanation-Based Decision Making." *Cognition,* 49 (1993): 123–63.

Petersen, James D., and Cheng-Ho Hsieh. "Do Common Risk Factors in the Returns on Stocks and Bonds Explain Returns on REITs?" *Real Estate Economics,* 25 (1997): 321–45.

Piketty, Thomas, *Capital in the Twenty-First Century.* Cambridge, Mass.: Belknap Press of Harvard University Press, 2014.

Pitz, Gordon W. "Subjective Probability Distributions for Imperfectly Known Quantities," in Lee W. Gregg (ed.), *Knowledge and Cognition.* Potomac, Md.: Lawrence Erlbaum Associates, 1975, pp. 29–41.

Pliny the Younger. *Letters and Panegyrics,* trans. Betty Radice. Cambridge, Mass.: Harvard University Press, 1969.

Posen, Adam S. "It Takes More than a Bubble to Become Japan." Washington, D.C.: Peterson Institute for International Economics, Working Paper No. 03-9, October

2003. http://www.piie.com/publications/wp/03-9.pdf.

Poterba, James, and Lawrence Summers. "Mean Reversion in Stock Prices: Evidence and Implications." *Journal of Financial Economics,* 22 (1988): 26–59.

Presidential Task Force on Market Mechanisms. *Report of the Presidential Task Force on Market Mechanisms* (Brady Commission Report). Washington, D.C.: U.S. Government Printing Office, 1988.

Pressman, Steven. "On Financial Frauds and Their Causes: Investor Overconfidence." *American Journal of Economics and Sociology,* 57 (1998): 405–21.

Quattrone, G. A., and Amos Tversky. "Causal versus Diagnostic Contingencies: On Self-Deception and the Voter's Delusion." *Journal of Personality and Social Psychology,* 46(2) (1984): 237–48.

Reid, A. A. L. "Comparing Telephone with Face-to-Face Contact," in Ithiel de Sola Poole (ed.), *The Social Impact of the Telephone.* Cambridge, Mass.: MIT Press, 1977, pp. 386–414.

Ritter, Jay R. "The Long-Run Performance of Initial Public Offerings." *Journal of Finance,* 46(1) (1991): 3–27.

———. "Uniformly Least Powerful Tests of Market Efficiency," *Journal of Financial Economics,* 55 (2000): 361–89.

Ritter, Jay R., and Richard S. Warr. "The Decline of Inflation and the Bull Market of 1982–1997." *Journal of Financial and Quantitative Analysis,* 37(1) (2002): 29–61.

Roll, Richard. "Orange Juice and Weather." *American Economic Review,* 74 (1984): 861–80.

———. "Price Volatility, International Market Links, and Their Implication for Regulatory Policies." *Journal of Financial Services Research,* 2(2–3) (1989): 211–46.

Romer, Christina. "The Great Crash and the Onset of the Great Depression." *Quarterly Journal of Economics,* 105 (1990): 597–624.

Romer, David. *Advanced Macroeconomics.* New York: McGraw-Hill, 1996.

Rublin, Lauren R. "Party On! America's Portfolio Managers Grow More Bullish on Stocks and Interest Rates." *Barron's,* May 3, 1999, pp. 31–38.

Schäfer, Bodo. *Der Weg zur finanziellen Freiheit: In sieben Jahren die erste Million.* Frankfurt: Campus Verlag, 1999.

Scherbina, Anna. "Stock Prices and Differences in Opinion: Empirical Evidence That Prices Reflect Optimism." Working paper, Kellogg Graduate School of Management, April 2001.

Shafir, Eldar, Peter Diamond, and Amos Tversky. "Money Illusion." *Quarterly Journal of Economics,* 112(2) (1997): 341–74.

Shafir, Eldar, Itamar Simonson, and Amos Tversky. "Reason-Based Choice." *Cognition,* 49 (1993): 11–36.

Shafir, Eldar, and Amos Tversky. "Thinking through Uncertainty: Nonconsequential Reasoning and Choice." *Cognitive Psychology,* 24 (1992): 449–74.

Sharpe, Steven A. "Re-examining Stock Valuation and Inflation: The Implications of Analysts' Earnings Forecasts," *Review of Economics and Statistics,* 84(4) (2002): 632–48.

———. "How Does the Market Interpret Analysts' Long-Term Growth Forecasts?" *Journal of Accounting, Auditing and Finance,* 20(2) (Spring 2005): 147–66.

Shefrin, Hersh. *Beyond Greed and Fear: Understanding Behavioral Finance and the Psychology of Investing.* Boston: Harvard Business School Press, 2000.

Shiller, Robert J. "The Volatility of Long-Term Interest Rates and Expectations Models of the Term Structure." *Journal of Political Economy*, 87 (1979): 1062–88.

———. "Can the Federal Reserve Control Real Interest Rates?" in *Rational Expectations and Economic Policy*, ed. Stanley Fischer. Cambridge, Mass.: National Bureau of Economic Research and University of Chicago Press, pp. 117–67, 1980. http://www.nber.org/chapters/c6262.pdf.

———. "Do Stock Prices Move Too Much to Be Justified by Subsequent Movements in Dividends?" *American Economic Review*, 71(3) (1981): 421–36.

———. "Consumption, Asset Markets and Macroeconomic Fluctuations." *Carnegie-Rochester Conference Series on Public Policy*, 17 (1982): 203–38.

———. "The Marsh-Merton Model of Managers' Smoothing of Dividends." *American Economic Review*, 76(3) (1986): 499–503.

———. "Portfolio Insurance and Other Investor Fashions as Factors in the 1987 Stock Market Crash," in *NBER Macroeconomics Annual*. Cambridge, Mass.: National Bureau of Economic Research, 1988, pp. 287–95.

———. "Comovements in Stock Prices and Comovements in Dividends." *Journal of Finance*, 44 (1989): 719–29.

———. *Market Volatility*. Cambridge, Mass.: MIT Press, 1989.

———. "Market Volatility and Investor Behavior." *American Economic Review*, 80 (1990): 58–62.

———. "Public Resistance to Indexation: A Puzzle." *Brookings Papers on Economic Activity*, 1 (1997): 159–211.

———. "Why Do People Dislike Inflation?" in Christina D. Romer and David H. Romer (eds.), *Reducing Inflation: Motivation and Strategy*. Chicago: University of Chicago Press and National Bureau of Economic Research, 1997, pp. 13–65.

———. "Social Security and Institutions for Intergenerational, Intragenerational and International Risk Sharing." *Carnegie Rochester Conference Series on Public Policy*, 50 (1999): 165–204.

———. "Measuring Bubble Expectations and Investor Confidence." *Journal of Psychology and Markets*, 1(1) (2000): 49–60.

———. "From Efficient Markets Theory to Behavioral Finance." *Journal of Economic Perspectives*, 17 (2003): 83–104.

———. *The Subprime Solution: How Today's Global Crisis Happened and What to Do about It*. Princeton, N.J.: Princeton University Press, 2008.

———. *Finance and the Good Society*. Princeton, N.J.: Princeton University Press, 2012.

———. "Speculative Asset Prices" (Nobel Lecture). *American Economic Review*, 104(6) (2014): 1486; also appearing here as the appendix to this book.

Shiller, Robert J., and Andrea Beltratti. "Stock Prices and Bond Yields: Can Their Comovements Be Explained in Terms of Present Value Models?" *Journal of Monetary Economics*, 30 (1992): 25–46.

Shiller, Robert J., and John Y. Campbell. "Yield Spreads and Interest Rate Movements: A Bird's Eye View." *Review of Economic Studies*, 58 (1991): 495–514.

Shiller, Robert J., Fumiko Kon-Ya, and Yoshiro Tsutsui. "Investor Behavior in the October 1987 Stock Market Crash: The Case of Japan." *Journal of the Japanese and International Economies*, 5 (1991): 1–13.

———. "Why Did the Nikkei Crash? Expanding the Scope of Expectations Data

Collection." *Review of Economics and Statistics,* 78(1) (1996): 156–64.

Shiller, Robert J., and John Pound. "Survey Evidence on the Diffusion of Interest and Information among Investors." *Journal of Economic Behavior and Organization,* 12 (1989): 47–66.

Shiller, Robert J., and Jeremy J. Siegel. "The Gibson Paradox and Historical Movements in Real Long Term Interest Rates." *Journal of Political Economy,* 85(5) (1977): 891–98.

Shiller, Robert J., Rafał M. Wojakowski, M. Shahid Ebrahim, and Mark B. Shackleton. "Mitigating Financial Fragility with Continuous Workout Mortgages." *Journal of Economic Behavior and Organization,* 85 (2013): 269–85.

Shleifer, Andrei. *Inefficient Markets: An Introduction to Behavioral Finance.* Oxford, England: Oxford University Press, 2000.

Siegel, Jeremy J. "The Real Rate of Interest from 1800–1990: A Study of the U.S. and the U.K." *Journal of Monetary Economics,* 29 (1992): 227–52.

———. *Stocks for the Long Run,* 1st ed. Burr Ridge, Ill.: Richard D. Irwin, 1994.

———. *Stocks for the Long Run,* 5th ed. New York: McGraw-Hill, 2014. Also available at http://jeremysiegel.com.

———. *The Future for Investors.* New York: Crown Business, 2005.

———. 2014. "The Shiller CAPE Ratio: A New Look," paper presented at the Q-Group Conference, October 2013 (http://www.q-group.org/wp-content/uploads/2014/01/2013fall_siegelpaper.pdf).

Smith, Edgar Lawrence. *Common Stocks as Long-Term Investments.* New York: Macmillan, 1924.

Smith, Vernon L., Gary L. Suchanek, and Arlington W. Williams. "Bubbles, Crashes and Endogenous Expectations in Experimental Spot Asset Markets." *Econometrica,* 56 (1988): 1119–51.

Stambaugh, Robert, Jianfeng Yu, and Yu Yuan. "The Long of It: Odds that Investor Sentiment Spuriously Predicts Anomaly Returns." Working Paper No. 18231, Cambridge, Mass.: National Bureau of Economic Research, July 2012.

Stanley, Thomas J., and William D. Danko. *The Millionaire Next Door: The Surprising Secrets of America's Wealthy.* New York: Pocket Books, 1996.

Stein, Emmanuel. *Government and the Investor.* New York: Farrar and Reinhart, 1941.

Sterling, William P., and Stephen R. Waite. *Boomernomics: The Future of Your Money in the Upcoming Generational Warfare.* Westminster, Md.: Ballantine, 1998.

Strahlberg, Dagmar, and Anne Maass. "Hindsight Bias: Impaired Memory or Biased Reconstruction." *European Review of Social Psychology,* 8 (1998): 105–32.

Straub, William F. "Sensation Seeking among High- and Low-Risk Male Athletes." *Journal of Sports Psychology,* 4(3) (1982): 243–53.

Sutton, Gregory D. "Explaining Changes in House Prices." *Bank of International Settlements Quarterly Review,* September 2002, pp. 46–55.

Swensen, David. *Pioneering Portfolio Management.* Glencoe, Ill.: Free Press, 2000.

Taleb, Nassim N. *Fooled by Randomness: The Hidden Role of Chance in Life and in the Markets,* 2nd ed. New York: Texere, 2004.

Taub, Jennifer. *Other People's Houses: How Decades of Bailouts, Captive Regulators, and Toxic Bankers Made Home Mortgages a Thrilling Business.* New Haven, Conn.: Yale University Press, 2014.

Thaler, Richard H., ed. *Advances in Behavioral Finance II.* New York: Sage Foundation, 2005.

Thaler, Richard H., and Eric J. Johnson. "Gambling with the House Money and Trying to Break Even: The Effect of Prior Outcomes on Risky Choice." *Management Science,* 36 (1990): 643–60.

Thompson, William N. *Legalized Gambling: A Reference Handbook.* Santa Barbara, Calif.: ABC-CLIO, 1994.

TIAA-CREF Institute. "Participant Asset Allocation Report." http://www.tiaa-crefinstitute.org/Data/statistics/pdfs/AAdec2003.pdf.

Tobias, Andrew. "The Billion-Dollar Harvard-Yale Game." *Esquire,* December 19, 1978, pp. 77–85.

Torous, Walter, Rossen Valkanov, and Shu Yan. "On Predicting Stock Returns with Nearly Integrated Explanatory Variables." *Journal of Business,* 78(1) (2005): 937–66.

Triano, Christine. "Private Foundations and Public Charities: Is It Time to Increase Payout?" http://www.nng.org/html/ourprograms/campaign/payoutppr-table.html#fulltext. National Network of Grantmakers, 1999.

Tsatsaronis, Kostas, and Haibin Zhu. "What Drives Housing Price Dynamics: Cross-Country Evidence." *BIS Quarterly Review,* March 2004, pp. 65–78.

Tversky, Amos, and Daniel Kahneman. "Judgment under Uncertainty: Heuristics and Biases." *Science,* 185 (1974): 1124–31.

U.S. Department of Labor, Pension and Welfare Benefits Administration. "Participant Investment Education: Final Rule." 29 CFR Part 2509, Interpretive Bulletin 96-1. *Federal Register,* 61(113) (1996): 29,585–90. Also available at http://www.dol.gov/dol/pwba/public/regs/fedreg/final/96–14093.htm.

Valkanov, Rossen. "Long-Horizon Regressions: Theoretical Results and Applications." *Journal of Financial Economics,* 68 (2003): 201–32.

Vanguard Group, Inc. "How America Saves 2013." https://pressroom.vanguard.com/content/nonindexed/2013.06.03_How_America_Saves_2013.pdf.

Van Strum, Kenneth S. *Investing in Purchasing Power.* Boston: Barron's, 1925.

Vissing-Jorgensen, Annette, and Arvind Krishnamurthy. "The Effects of Quantitative Easing on Interest Rates: Channels and Implications for Policy." *Brookings Papers on Economic Activity,* 2 (2011): 215–87.

Vuolteenaho, Tuomo. "What Drives Firm-Level Stock Returns?" *Journal of Finance,* 57 (2002): 233–64.

Warren, George F., and Frank A. Pearson. *Gold and Prices.* New York: John Wiley and Sons, 1935.

Warther, Vincent A. "Aggregate Mutual Fund Flows and Security Returns." *Journal of Financial Economics,* 39 (1995): 209–35.

Weber, Steven. "The End of the Business Cycle?" *Foreign Affairs,* 76(4) (1997): 65–82.

Weissman, Rudolph. *The Investment Company and the Investor.* New York: Harper and Brothers, 1951.

Welte, John W., et al. "Gambling Participation in the United States—Results from a National Survey." *Journal of Gambling Studies,* 18(4) (2002): 313–37.

Willoughby, Jack. "Burning Up: Warning: Internet Companies Are Running Out of Cash—Fast." *Barron's,* March 20, 2000, pp. 29–32.

Womack, Kent. "Do Brokerage Analysts' Recommendations Have Investment Value?" *Journal of Finance,* 51(1) (1996): 137–67.

World Bank. *Averting the Old Age Crisis.* New York: Oxford University Press, 1994.

Wurgler, Jeffrey. "Financial Markets and the Allocation of Capital." *Journal of Financial Economics,* 58 (2000): 187–214.

Zaret, David. *Origins of Democratic Culture: Printing, Petitions, and the Public Sphere in Early-Modern England.* Princeton, N.J.: Princeton University Press, 1999.

Zuckerman, Marvin, Elizabeth Kolin, Leah Price, and Ina Zoob. "Development of a Sensation-Seeking Scale." *Journal of Consulting Psychology,* 28(6) (1964): 477–82.

图书在版编目（CIP）数据

非理性繁荣/（美）罗伯特·J. 希勒著；李心丹等译 .—3 版 .—北京：中国人民大学出版社，2016. 12
（诺贝尔经济学奖获得者丛书）
ISBN 978-7-300-23743-5

Ⅰ.①非… Ⅱ.①罗… ②李… Ⅲ.①资本市场-研究-美国 Ⅳ.①F837.125

中国版本图书馆 CIP 数据核字（2016）第 304214 号

“十三五”国家重点出版物出版规划项目
诺贝尔经济学奖获得者丛书
非理性繁荣（第三版）
罗伯特·J. 希勒（Robert J. Shiller） 编著
李心丹 俞红海 陈莹 岑咏华 译
Feilixing Fanrong

出版发行	中国人民大学出版社		
社　　址	北京中关村大街 31 号	**邮政编码**	100080
电　　话	010－62511242（总编室）		010－62511770（质管部）
	010－82501766（邮购部）		010－62514148（门市部）
	010－62515195（发行公司）		010－62515275（盗版举报）
网　　址	http://www.crup.com.cn		
经　　销	新华书店		
印　　刷	北京宏伟双华印刷有限公司		
规　　格	160 mm×235 mm　16 开本	**版　　次**	2016 年 12 月第 1 版
印　　张	21.75 插页 1	**印　　次**	2025 年10月第13次印刷
字　　数	360 000	**定　　价**	68.00 元